李华瑞——著

回望贺兰

西夏文明史再研究

中华书局

图书在版编目(CIP)数据

回望贺兰:西夏文明史再研究/李华瑞著. —北京:中华书局，
2025.7. —ISBN 978-7-101-17122-8

Ⅰ.K246.307

中国国家版本馆 CIP 数据核字第 20258ST100 号

书　　名　回望贺兰:西夏文明史再研究
著　　者　李华瑞
责任编辑　王传龙
装帧设计　毛　淳
责任印制　韩馨雨
出版发行　中华书局
　　　　　(北京市丰台区太平桥西里 38 号　100073)
　　　　　http://www.zhbc.com.cn
　　　　　E-mail:zhbc@zhbc.com.cn
印　　刷　河北品睿印刷有限公司
版　　次　2025 年 7 月第 1 版
　　　　　2025 年 7 月第 1 次印刷
规　　格　开本/920×1250 毫米　1/32
　　　　　印张 17⅛　插页 18　字数 410 千字
印　　数　1-2000 册
国际书号　ISBN 978-7-101-17122-8
定　　价　98.00 元

　　李华瑞，浙江大学敦和讲席教授，博士生导师，教育部"长江学者"特聘教授，中国宋史研究会会长。主要从事宋史、西夏史的研究，已出版个人专著专集17部、编著9部、合编著作11部，在《中国社会科学》、《历史研究》、《中国史研究》等期刊发表学术论文近300篇，在国内外学界产生重要影响。

黑水城遗址

黑水城出土双身彩塑佛像

黑水城出土阿弥陀佛来迎图

黑水城出土大势至菩萨图

黑水城出土文殊菩萨像

黑水城出土西夏唐卡十一面八臂观音像

黑水城出土玄武大帝图

宁夏宏佛塔出土西夏文残雕版001号

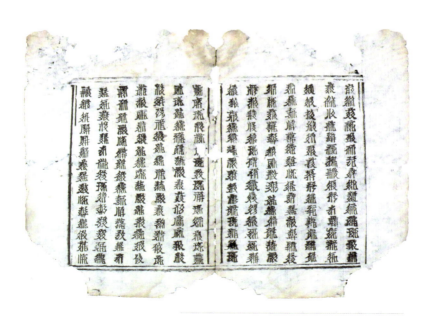

莫高窟北区出土西夏文活字版《诸密咒要门》

西夏文《大宝积经》卷第二十七封面和卷首

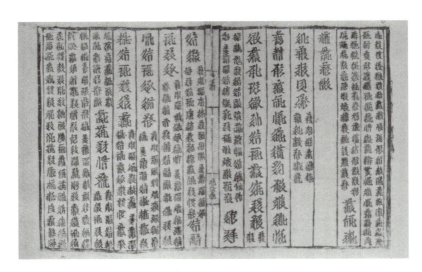

西夏文《孙子兵法三注》九变篇第八

重修凉州护国寺感通塔碑西夏文碑

西夏陵一、二号陵（双陵）

西夏陵三号陵全景

西夏陵出土男性人像石碑座

西夏陵出土鎏金大铜牛

西夏陵出土西夏文残碑中宋将郭成的记载

西夏陵园出土汉文残碑拓片

三号陵出土墨绿釉海狮

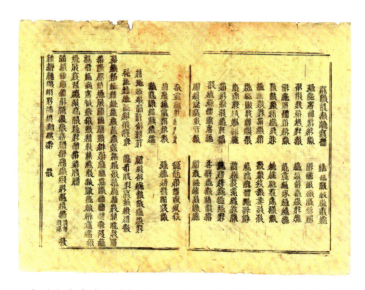

贺兰山拜寺沟方塔出土西夏文活字本《吉祥遍至口和本续》

贺兰山拜寺沟方塔

宁夏同心县康济寺塔

银川承天寺塔

贺兰山拜寺口双塔

甘肃张掖大佛寺

国家图书馆藏刻本《西夏译经图》

榆林窟第2窟南壁中间的说法图(西夏)

榆林窟第3窟西壁北侧的文殊变（西夏）

榆林窟第3窟西壁南侧普贤变中的唐僧取经图(西夏)

榆林窟第3窟东壁南侧五十一面千手观音变中的舂米、杂技图（西夏）

榆林窟第3窟东壁南侧五十一面千手观音变中的犁耕图（西夏）

榆林窟第3窟东壁南侧五十一面千手千眼观音变中的酿酒图(西夏)

榆林窟第3窟东壁南侧五十一面千手千眼观音变中的锻铁图(西夏)

榆林窟第3窟壁画中的商人遇盗图（西夏）

榆林窟第3窟西夏壁画普贤变

榆林窟第 3 窟东壁南侧五十一面千手千眼观音变（西夏）

榆林窟第29窟国师和男供养人

《西夏纪事本末》所载《西夏地形图》

目　录

引言　研究的缘起和概念界定

一、研究的缘起

本书是2018年申报的国家社科基金重点项目,当时的申请书按照要求有如下的陈述。

自20世纪初以来,与本课题研究的成果大致在四个方面取得较大进展:

第一,是继续明清以来对西夏史料的钩沉,并从以汉文文献为主,逐渐扩大到西夏考古文物、西夏文文献,从而构成西夏历史研究史料来源三足鼎立的格局。经过一个世纪的考古文物发掘,翻译、考释西夏文文献、佛教经典,订正旧史谬误,补缀遗缺,特别是20世纪末以来陆续出版了《党项与西夏资料汇编》、《俄藏黑水城文献》、《英藏黑水城文献》、《日本藏西夏文文献》、《法藏敦煌西夏文文献》、《斯坦因第三次中亚考古所获汉文文献》(非佛经部分)、《中国国家图书馆藏西夏文献》、《中国藏西夏文献》、《中国藏黑水城汉文文献》、《中国藏黑水城民族文字文献》、《俄藏黑水城艺术品》、《西夏文物》(多卷本)等文献资料集,西夏历史史料已颇具规模。俄国 E. И. 克恰诺夫《西夏史纲》,吴天墀《西夏史稿》,《剑桥中国辽西夏金元史》,李蔚《简明西夏史》,李范文《西夏通史》,史金波《西夏文化》《西夏社会》《西夏经济文书研究》,杜建录《西夏经济史研究》等著作的问世,也使西夏的历史面貌越来越清晰地展现在世人面前。

第二,是引入马克思主义唯物史观和西方社会科学方法,打破旧的西夏历史编纂体系,使问题讨论逐渐成为研究主流。20世纪90年代以前讨论的问题有五个方面:一、关于西夏王族拓跋氏的族属问题;二、关于西夏历史分期与社会性质问题;三、西夏文化所受的影响问题;四、西夏灭亡后党项族的下落问题;五、西夏的历史作用及其贡献问题。此外,讨论的问题还有:西夏的国名与名号、政治制度、历史人物评价、佛经与佛教史、文化史、民族关系、历史地理等。进入21世纪,西夏历史研究又出现新动向,研究问题的主流倾向与改革开放前二十年有很大不同。即:由以讨论传统政治史、经济史、西夏国家性质、民族关系为主,向以文献考释、佛教文化和社会史为主转变。经济史研究由社会经济关系、土地制度转向契约关系、商业贸易和具体的经济现象。

第三,要特别指出西夏图像史的研究为本课题打下了坚实基础,如史金波总主编的《西夏文物》已出版或正在出版的宁夏编、内蒙古编、甘肃编,陈炳应《西夏文物研究》,史金波、白滨、吴峰云编著《西夏文物》,许成、杜玉冰《西夏陵》,雷润泽等编著《中国古代建筑:西夏佛塔》,宁夏文物考古研究所编著《闽宁村西夏墓地》,宁夏文物考古研究所编著《拜寺沟西夏方塔》,许成、杜玉冰编著《西夏陵:中国田野考古报告》,宁夏文物考古研究所、银川西夏陵区管理处编著《西夏三号陵——地面遗迹发掘报告》,宁夏文物考古研究所编著《山嘴沟西夏石窟》上下册,韩小忙等《西夏美术史》,谢继胜《西夏藏传绘画:黑水城出土西夏唐卡研究》,景永时编《西夏语言与绘画研究论集》,汤晓芳主编《西夏艺术》,陈育宁、汤晓芳《西夏艺术史》等论著,都是很好的参考文献。

第四,是与本课题所涉内容直接相关的成果,吴峰云、杨秀山合著的《探寻西夏文明》是一部全面介绍西夏历史文化的通俗读物,图文并茂。史金波、白滨、庄电一等人的少数几篇论文也大致属于这个范围。

此外,与本课题相关的西夏文化的属性比较受关注,中国大陆学者多从汉化的角度进行论说,即大陆学者通常认为西夏是中国中古时期的少数民族党项族建立的地方政权,虽受到吐蕃、回鹘等文化的影响,但仍然是一个以汉化文化为主的国家。而域外学者则有不同认识,俄国学者通常把西夏视作一个中亚国家,1993年,俄国学者 Λ. Π. 捷连吉耶夫-卡坦斯基《西夏物质文化》一书在序言中开宗明义:"公元10世纪曾建立过大夏国的党项民族在距今七个多世纪以前就已经从中亚的版图上消失了。"Е. И. 克恰诺夫(Е. И. Кычанов,1932—2013)是著名的西夏学者,2012年是其八十诞辰,而俄罗斯科学院东方研究所为其出版的祝寿论文集就定名为《中亚唐古特》。早在20世纪80年代比利时学者吕光乐(Luc Kwanten)也有相类的观点:"事实上,目前正进行的语言和历史研究给人的印象是存在两个完全不同的国家。从语言学观点看,它即使不是藏-缅国家,那也是一个汉-藏国家,而从历史学观点看,它即使不是一个帝国,那也是一个中亚国家。"

如前述自从上世纪初迄今已有百余年,不论是以释读西夏文为主的西夏学,还是西夏历史研究,都取得了很大成绩。在许多问题上,经过争鸣、讨论取得共识,譬如,西夏的汉化问题,国内的一般教科书和学术论著都将西夏看作党项族建立的汉化地方政权。但是,毋庸讳言,对于何谓"西夏文明(1038—1227)"这类大问题迄今却没有人回答。譬如在2015年11月9—11日,由国家文物局、宁夏回族自治区人民政府主办的"西夏陵突出普遍价值学术研讨会"上,国家文物局副局长童明康说,迄今为止,"尚未摸清西夏文明的内涵,在党项族起源和民族关系,西夏政权的历史地位和影响以及文化交流和宗教传播等一些关键问题方面,至今仍未形成具有说服力的学术成果和统一认识"(《宁夏日报》2015年11月12日专版04、05)。虽然这个说法不一定符合西夏学的研究现状,但是西夏文明的内涵到底是什么?西夏文明与汉文明、中亚文明是什么关系?西夏文明在中华文明形成过程中具有什么样的作用和地位?这些问题目前在西夏学界和唐宋元史学界尚没有专门的研究。特别是有些俄国和欧美学者把西夏视作一个中亚国家,国内学界迄今未见回应和讨论。

　　这是本书研究西夏文明属性的缘起。

二、西夏文明的概念界定

　　鉴于上述,为了探讨西夏文明,界定其内涵是非常必要的。本书认为西夏文明是西夏对汉唐河陇、河套(朔方)①华夏文明

---

① "河陇"概念可参阅杨发鹏《汉唐时期"河陇"地理概念的形成与深化》,《中国边疆史地研究》2010年第2期,第26—32页。"河陇"是(转下页)

的重建。那么汉唐时期的河陇、河套（朔方）华夏文明应当包含哪些内容呢？要回答这个问题首先要确定汉唐华夏文明包括哪些内容，笔者以为如果细究可以从很多方面来表述，但大致包括张广达先生所讲的四个方面：一是非常早熟的官僚体系，自上而下、等级分明的官僚及其属吏执行以刑法和行政为主要内容的律令；二是以儒家以及道家为核心的意识形态，或者称为学术体系、价值体系；三是中国长期消化、孕育发展出一套汉化的佛教；四是以中国的汉字为核心，发展出一个汉字文化圈。①河陇、河套是汉唐的行政辖区，讨论河陇、河套华夏文明自然离不开这四个方面的内容，不过需要指出，河陇、河套地区自古是一个多民族聚居区，其华夏文明不尽同于中原地区，亦即打着较深的民族融合及绚丽多彩的少数民族文化的烙印，这是河陇、河套地区华夏文明的重要特征。毋庸置疑，西夏重建汉唐河陇、河套华夏文明的演进以及与唐宋华夏文明关系的演进亦如《中华文明史》总绪论所言："中华文明是多元的，但中华文明的演进过程，不是多元文明互相灭绝，而是互相整合。中华文明的演进过程，在很大程度上可以视为不同地域的文明以及不同民族的文明，在交往过程中整合为一体的过程。整合的模式是以中原华夏文明为核心，核心向周围扩散，周围向核心趋同，核心与周围互相补充、

（接上页）河西、陇右的简称，它是一个约定俗成的地理概念。"河陇"在中国古代主要指陇山以西、西域以东的广大地区。迨及唐代，"河陇"还涵盖了广大的西域地区。自汉武帝开拓河西以来，这一地区在全国的地位就变得非常重要。"河陇"地理概念形成于汉代，在两晋南北朝时期渐入人心，到了唐代这一概念得到深化。西夏故地大部分属于河陇地区，还包括唐朝关内道银、夏州以北的地区，亦即河套地区。

① 张广达：《王国维在清末民初中国学术转型中的贡献》，载《史家、史学与现代学术》，广西师范大学出版社，2008年。第42—44页。

互相吸收、互相融合。"①

　　本课题以回答"西夏是一个中亚国家吗?"为中心议题,主要围绕上述对西夏文明概念界定的几个方面来观察和讨论11—13世纪西夏对河陇、河套华夏文明的重建。换言之,在利用和梳理现今国内外研究西夏历史已取得的丰硕成果基础上,力争对学界和社会的存疑:"尚未摸清西夏文明的内涵,在党项族起源和民族关系,西夏政权的历史地位和影响以及文化交流和宗教传播等一些关键问题方面,至今仍未形成具有说服力的学术成果和统一认识",做出较为全面、系统的回应。

---

① 袁行霈、严文明、张传玺、楼宇烈主编:《中华文明史》第一卷,北京大学出版社,2006年,第12页。

第1章　党项与西夏史料的流布及价值

　　"史料"作为历史学研究的一个学术名词,应是20世纪随着新史学的产生而产生。[1]虽然至迟在明代已有"史料"体裁的史书,但是正如四库馆臣为明人董复表编的《弇州史料》所作提要云:"无所考正,非集非史,四库中无类可归。约略近似,姑存其目于传记中,实则古无此例也。"[2]史料是历史研究的对象,现今有十数种工具书和专书为"史料"定义,主要含义可归纳为以下三种:"过去流传下来可用于编纂和研究历史所用的资料。包括文献、实物、口碑三种形式。"(《中国历史辞典·第一册》)"是了解、认识、研究和编纂历史所用的资料,也是人类社会历史在发展过程中所遗留下来的痕迹。它主要包括史迹遗存与文字记录或历史文献两大类。"(《史学理论大辞典》)"由于历史具有一度性即一去不复返的特点,因此,它不可以重演和再现,人们对于历史的认识不能依靠实验和观察等手段,而只能够依赖于史料。史料是历史到史学,即由客观的历史到人对历史的主

---

[1] 编纂于1915—1935年的《辞海》(舒新城等主编,1936年出版,中华书局1981年重印)没有设"史料"词条,即是最好的说明。

[2] (清)永瑢等撰:《四库全书总目》卷六二《弇州史料三十卷》,中华书局,1965年,第562页。

观认识之间的媒介。史料一般分作史迹遗存、历史文献、口碑和民族调查资料。"(《中国小学教学百科全书·历史卷》)根据史料的定义,党项与西夏的史料就是党项与西夏国发生、发展、消亡过程中的史迹遗存、文字记录和口碑资料。具体地说就是唐五代辽宋西夏金元时期的汉文党项与西夏史料、西夏文文献和考古发现。

一、史料学、历史文献学视域下的党项与西夏史料的认知

按照史料的流布形式,其分类有文字史料、实物史料和口传史料。按照史料的性质,其分类有原始史料、撰述史料、文艺史料和传抄史料。还有按照史料的版本、内容来分类的,不一而足。但不论怎样说,文字史料的载体是文本亦即文献,如何看待文献记述史料就出现"横看成岭侧成峰"的不同认识。

众所周知,对于历史学工作者而言,对史料的搜集辨识、考镜源流、去伪存真,原本是基本功。但是随着史料的日积月累,史学编纂著述的日益纷呈,特别是随着20世纪新史学的诞生,对历史研究对象史料的研究,也在学科分化中形成了史料学、历史文献学(或言古典文献学)和史学史等学科。而且随着时间推移,特别是20世纪80年代以来,学科间的壁垒日益强化。不论是史料学还是历史文献学,其研究大致可分为两类:一类研究搜集、鉴别和运用史料的一般规律和方法,可称为史料学通论;另一类研究某一历史时期或某一史学领域史料的来源、价值和

利用,可称为具体的史料学。①

　　文献学是以文献为本体的学问,就其主干来看,可以说是关于文本的学问。其范围主要是研究文献的形态、文献的整理方法、文献的鉴别、文献的分类与编目、文献的收藏、文献形成发展的历史、各种文献的特点与用途、文献的检索等。②"历史文献就是蕴含有真实历史内容的书面文字资料。""以历史文献为研究对象的历史文献学,不仅面对众多类别的文字资料,而且研究手段也多种多样,目录学、版本学、辨伪学、金石学、档案学及古文书学等等,各有其独立的研究方法和各成体系,而又统括于历史文献学之中。"③

　　显然史料学和历史文献学虽然有所分工,角度不同,但都是以研究史料为主。学科分立对于某一方面的专门研究可以细致和深入,但弊端也很明显,即学科相轻日益明显。

　　从党项第一次出现在汉文史籍至蒙古灭亡西夏,西夏遗民渐次融入元朝境内各民族间,历史走过了大约八百年的时间。元朝史臣没有给西夏修一部正史,西夏建国后,又没有如辽金仿照中原政权建立较为完整的修史制度,而西夏中后期撰写的少许西夏王族历史资料在战火中消失殆尽,是故党项与西夏汉文史料多散见于中原王朝史官、边臣和士大夫的记载,几无完整详尽系统的叙述。明清以来,为恢复党项与西夏历史的面貌,就开始了从唐五代宋辽金元史乘辑录相关资料的工作。但是从史料

① 陈高华、陈智超:《中国古代史史料学》前言,天津古籍出版社,2006年,第1页。
② 杜泽逊:《文献学概要》(修订本),中华书局,2007年,第4页。
③ 乔治忠:《对"史料学"、历史文献学与史学史关系的探析》,《学术研究》2009年第9期。

学、历史文献学和学术史的角度较为全面梳理和整理党项与西夏汉文史料的流布及价值始于20世纪80年代。

1.从史料学的角度介绍党项与西夏史文献和史料

白寿彝《中国通史》第七卷陈振主编的《五代辽宋夏金时期》上下册、李范文主编的《西夏通史》都对党项西夏史料有极为简要的概述。

汤开建、罗矛昆《西夏史料概述》(《宁夏社会科学通讯》1985年第6期)和白滨《党项史研究》,是从研究党项与西夏史的角度对其史料进行概述。

汤开建、罗矛昆将西夏史料分成三部分:宋以前的党项史料(43种)、宋辽金时期的西夏史料(129种,不包括西夏文)、元以及元以后的西夏史料(36种)。前两部分又按基本史料和一般史料分述,基本史料主要是官史和私史,一般史料则是大型类书、文集、笔记、稗史、杂录;第三部分因选录不多,没有分基本和一般史料,而是一并总述。概述注重文献的版本和史料记述的侧重点。由于是首次较为全面、系统缕述党项与西夏史料,因而对于初涉党项西夏史的学者有很大裨益。

白滨《党项史研究》第二章"史料简介"将汉文史料较汤开建、罗矛昆的划分更为细致,分作:1.唐以前党项史料,2.唐代党项史料,3.五代时期党项史料,4.宋、辽、金时期党项、西夏史料,5.元代及元以后党项、西夏史料。介绍史籍也是按官史、私史、文集、笔记、其他,分门别类介绍,较为重要的典籍如《隋书》、《北史》《旧唐书》《新唐书》《通典》《唐会要》《册府元龟》、《资治通鉴》《文苑英华》《太平御览》、旧新《五代史》《五代会要》《全唐文》《宋史》《辽史》《金史》《续资治通鉴长编》、

《宋会要辑稿》《东都事略》《隆平集》《武经总要》《元史》等，还一一做简要的导读，分析其史料价值之所在。有的典籍，特别指出其版本对史料使用的影响，如在细致介绍《续资治通鉴长编》时指出："今日通行的浙局本是清代被改译过的本子，清修《四库全书》时，馆臣'奉命改译辽、金、元三史人地官名'，《长编》中党项、西夏的人、地、官名都在改译之列。但《四库全书》在改译时，有的改了，有的未改，一部书里，有时一个地名出现两种译文，会让人误为两个地方。目前正在出版中的中华书局标点本依据《宋史》及宋元史籍将其一一改回，但也有遗漏。所以利用《长编》的党项、西夏史料时都要根据版本的不同详加考核。"①在讲到宋代史籍时说："宋人著作流传至今，或后人辑录、编集的约千种以上，约有半数左右涉及西夏史事的记载。"可见白滨先生的考察是相当深入广泛的，其估计也无疑是符合事实的。白滨先生与汤开建、罗矛昆都将西夏史料下限定在元朝灭亡前后，并且强调："对明、清以后编撰的西夏史籍要作认真的考核，以衡量其价值。"②这种慎重的态度是非常可取的。

20世纪80年代以来，国内出版了多种有关中国古代史史料学的著作，其中以陈高华、陈智超《中国古代史史料学》为代表，从1983年北京出版社初版以后，天津古籍出版社和中华书局又于2006年和2016年先后出了修订本和第三版。是书对西夏史史料的介绍，简明而较为全面，分作七部分，具体如下。1.宋、辽、金史的《夏国传》及有关的纪、志、列传。认为西夏应与我国历史上其他封建王朝一样，设有纂修实录、国史的机构，可惜的是，

---

① 白滨：《党项史研究》，吉林教育出版社，1989年，第73页。
② 白滨：《党项史研究》，第74、84页。

第1章　党项与西夏史料的流布及价值　｜　11

西夏的实录和国史都没有流传下来。并且指出:"宋、辽、金三史的《夏国传》(《西夏传》)的记事都是从本国的角度出发,记载西夏与各自国家的关系,概括起来,不外是和平时期的朝贡关系和冲突时期的战争情况。而对西夏国内的情况,特别是社会阶级结构、生产力水平等等方面,语焉不详,记载是很不完全的。"这个评语可谓点睛之笔。2.宋人著作,包括宋代基本史料、宋人文集、宋人笔记三部分。3.金、元人著作。4.有关唐史、五代史诸书,主要是西夏建国前的党项史史料。5.西夏文文献,介绍了《俄藏黑水城文献》《英藏黑水城文献》《中国藏西夏文献》,特别提及"在各种西夏文文献中,法律文书对于研究西夏历史是最重要的资料。《天盛改旧新定律令》是一部仿唐、宋律令编纂的西夏法典,内容丰富,涉及社会生活的许多方面"。6.清人和近人著作(详见后论)。7.考古文物发现。[1]

顾吉辰《宋人西夏著作考》(《天水师专学报》1989年第1期),首次对宋代目录文献和史籍文献中的宋人西夏著作作了较为全面的稽考,列出包括今存和今已佚两部分的43种宋人西夏著作。

以上从史料学的角度梳理和介绍唐五代宋辽金元士大夫书写的党项和西夏史料,是党项和西夏存续期间同时代人的历史见证,是故其史料性质对于研究党项与西夏而言是第一手资料。

2. 从历史文献学的角度对党项和西夏史料的梳理

这以胡玉冰《传统典籍中汉文西夏文献研究》为代表。胡玉冰的著作共分四章,按时代先后分述:宋代、辽代、金代汉文西夏文

---

[1] 陈高华、陈智超:《中国古代史史料学》,第281—285页。

献;元代汉文西夏文献;明代汉文西夏文献;清代汉文西夏文献。这与前述汤开建、罗矛昆、白滨以介绍史料分布为主不尽相同。

西夏虽然只是一个由党项族建立而偏居西部的地方政权,不论是其幅员还是经济文化发展程度,都无法与宋朝相提并论,但是宋在与西夏交往过程中却常常处于尴尬的地位,以至宋神宗慨叹:"然夏国自祖宗以来,为西方巨患,历八十年。朝廷倾天下之力,竭四方财用,以供馈饷,尚日夜惴惴然,惟恐其盗边也。"①南宋初年李纲也感叹说:"谋画之臣竭智于内,介胄之士用命于外。"②所以宋朝官府文件、国史和士人奏章、著述留下了大量的有关西夏政治经济、军事法律、人文地理、民族风俗、语言文字、宗教信仰、文化艺术等方方面面的资料。这些资料构成了西夏社会历史汉文文献的主干部分。

对此,作者在论说宋代汉文西夏文献时亦有类似的看法:"为帮助朝廷制定出有效的御夏策略,以尽快解决迫在眉睫的边患问题,一批介绍西夏王朝民族、地理、语言文字、风俗习惯、宗教信仰、军事外交等诸多情况的文献在宋朝应运而生了。宋人编写的这些汉文西夏文献为了解西夏提供了较为真实、可靠的材料,而且这些文献也成了宋以后史家编纂西夏史最直接的史料来源。""编著者几乎都是曾参与对夏作战的武将,编写内容以与西夏相关的军事、地理、风土人情为主。"③蒙古直接灭亡了

---

① (宋)李焘:《续资治通鉴长编》(以下简称《长编》)卷三四九,元丰七年十月癸巳,中华书局,2004年,第8376页。

② (宋)李纲:《梁溪先生文集》卷一四四《御戎论》,《宋集珍本丛刊》第37册,线装书局,2004年,第524页。

③ 胡玉冰:《传统典籍中汉文西夏文献研究》,中国社会科学出版社,2007年,第22、23页。以下仅随文标注页码。

西夏,而西夏遗民又主要是在元朝境内生存繁衍并逐渐与其他民族融合,故元代汉文西夏文献是西夏灭亡史和西夏遗民活动的主要载记者。

综合地看,该书有几个明显的优点。

第一,对宋元时期西夏汉文文献作了迄今最为全面详尽的梳理和研究。在白滨先生对重要典籍进行导读的基础上,增加了文献数量,扩大了考订范围,包括:

(1)宋代6种汉文西夏专题文献:1.曾巩《隆平集》,2.《宋大诏令集》,3.赵如愚《宋朝诸臣奏议》,4.江少虞《宋朝事实类苑》,5.彭百川《太平治迹统类》,6.李心传《建炎以来朝野杂记》。

(2)宋代22种汉文御夏"议边"文献:1.薛向《边陲利害》、《陕西建明》,2.曾致尧《清边前要》《西陲要纪》,3.赵瑜《安边致胜策》,4.刘质《边防要论》,5.陈贯《形势》《选将》《练兵论》,6.张宗海《景德安边论》,7.盛度《景祐边计十事》,8.景泰《边臣要略》《平戎议》,9.徐复《边防策》,10.丁度《备边要览》,11.张方平《平戎十策》,12.魏庭坚《四夷龟鉴》(已佚),13.王琥《平戎方略》(内容不详),14.蔡稟《通志论》,15.贾昌朝《庆历边备六事》,16.范仲淹《攻守策》,17.姚仲孙《防边龟鉴》,18.田况《兵策》,19.吴遵路《陕西御戎要略》《边防杂事》,20.范育《清野备敌法》,21.郭申锡《边鄙守御策》,22.任颛《治戎精要》。

(3)宋代17种包含西夏史料的史籍文献:1.钱若水《太宗皇帝实录》,2.曾布《曾布日录》,3.李焘《续资治通鉴长编》,4.《宋会要》,5.徐梦莘《三朝北盟会编》("会编中散见的这些西夏史料主要集中在马扩《茆斋自叙》、赵良嗣《燕云奉使录》、晁公悫《金人败盟记》《林泉野记》《神麓记》等文献中"),6.熊克《中兴小纪》，7.朱熹《五朝名臣言行录》，8.吕祖谦（误，应是吕中）《类编皇朝大事记讲义》，9.杜大珪《名臣碑传琬琰集》，10.宋起《种太尉传》，11.李埴《皇宋十朝纲要》，12.李心传《建炎以来系年要录》，13.陈均《宋九朝编年备要》（皇朝编年纲目备要），14.杨仲良《通鉴长编纪事本末》，15.《续编两朝纲目备要》，16.徐自明《宋宰辅编年录》，17.宇文懋昭《大金国志》（第128—145页）。

对上述45种汉文西夏文献，该书不仅将传世文献作为主要介绍对象，而且对文献本身作具体考证。亦即从文献作者生平（包括姓氏字号、籍贯、生卒年月、仕履、学术成就）、成书年代、文献内容及史料来源、史料价值评议、版本源流等方面作了较为细致的研究，丰富了对于宋代汉文西夏文献的认识。

另外开列出宋代36种散见的西夏史料笔记（第145—158页），宋人69种散见的西夏史料文集（第158—169页）。

白滨先生说大约有500种宋代传世文献涉及西夏史事，胡玉冰梳理的宋代传世文献约计150种，虽然不及三分之一，但是基本涵盖了宋代传世文献的主要部分，其他文献或重复或只言片语，实际的价值不能有更多的实质性增加。

第二，该书按照编纂年代的时序，将正史中的《宋史》《辽史》《金史》置于元代汉文西夏文献一章叙述，在讨论元代史家的西夏史观、元代西夏文献的聚积与散佚之后，较为详尽地叙述宋、辽、金三史《夏国传》的编修过程、资料来源、特点及价值，同时对三史本纪、志书、表和列传中散见的西夏史料也一一作了介绍和评议。

此外论述今存元代史籍、文集和其他文献散见西夏史料：1.《圣武亲征录》，2.苏天爵《国朝名臣事略》，3.《宋史全文》，4.李志常《长春真人西游记》,5.释念常《佛祖历代通载》;以及数种石刻文献、方志文献和元人28种散见西夏史料的文集。

辽金虽然也是西夏的宗主国,但是辽金二国的西夏史料留下的太少,袁桷搜访的宋辽金三史图书中,"可以肯定是记载西夏事的书有两部,即《赵元昊西夏事实》和《西夏事宜》。这两部西夏书历代公私目录均未见著录"。清人黄任恒撰《补辽史艺文志》史部载记类曾著录有《夏国史》,但其内容已不为后世所知。元人修《金史·西夏传》,提及《西夏世次》20卷(又称《西夏国谱》),从其书名大致可以推测是一部西夏人编修的以叙夏国帝王世次为主的编年史书,可惜也没有保留下来。胡玉冰以为:"从编修质量来看,《辽史·西夏外记》是三史《夏国传》中最差的,史料错误较多。"(第194页)这个看法言之有理。

第三,相对于过去的研究,有较大新贡献的是对宋代汉文西夏地理文献的梳理。作者指出:"从目前掌握的材料看,在一些西夏文文献中有零星的西夏地理史料,在西夏汉文文献中,西夏地理史料则较罕见,而在汉文西夏文献中却存有相对较多的西夏地理史料。""成于宋代的西夏地理文献的数量最多,这些文献是宋以后西夏地理文献编修的基础。如传世的元、明、清三代西夏地理文献都是在宋代西夏地理文献的基础上编写的。因此我们在研究西夏地理时应该把宋代西夏地理文献作为基本文献来加以利用。"(第60页)"利用传世文献的记载对西夏地理进行研究是目前西夏地理较常使用的方法。通过梳理传世的西夏地理文献,可以对西夏国的地理位置、山川地貌、疆域形成、政区沿革、交通道路、西夏与周边地区的地缘关系以及西夏国的生态气候等问题进行研究。"(第63页)可以说这是宋代汉文西夏文献史料价值的突出表现。

大量的西夏地理文献散见于宋人文集及《宋朝诸臣奏议》、宋代文献的西夏专题部分、两宋时期私家撰写的全国性地理志、宋代部分史籍和笔记等四部分中。根据梳理,宋代汉文西夏地理文献可归纳为三类:专书文献、地图文献、图经文献。"成于宋代的西夏地理文献绝大多数已经亡佚了,留存至今的西夏地理文献对于研究西夏地理就具有了重要的史料价值。在传世的西夏地图文献中,唯一一幅以西夏国地理为绘制主题的《西夏地形图》,学者对其成图时间说法不一。在《华夷图》、《地理图》《历代地理指掌图》《东震旦地理图》《契丹地理之图》等宋代地图中都有对西夏地理信息的标注,只是内容详略不一。专书和专题文献中,《西夏堡寨》所述虽然不以西夏地理为主要对象,但对于研究西夏地理仍然有重要的参考价值,《武经总要·西蕃地界》提供的与西夏有关的地理信息是宋人文献中最为集中和丰富的。"宋代西夏地图文献以《玉海》所记为最多、最集中。

　　亡佚的西夏地图文献和地理专书:1.《西夏贺兰山图》,2.滋福殿藏含西夏地理信息的地图(《陕西二十三州地图》《灵州图》《甘、沙、伊、凉等州图》《环庆清远军至灵州地图》),3.《河西陇右图》,4.《鄜延边境图》,5.《麟州屈野河界图》,6.孙巽《夏国枢要》,①7.游师雄《元祐分疆录》,8.赵珣《聚米图经》。

---

① (元) 马端临:《文献通考》卷二〇〇《经籍考二十七》载:"《夏国枢要》二卷。晁氏曰:皇朝孙巽纂。记夏房兵屯会要、土地肥硗、井泉涌涸、谷粟窖藏、酋豪姓氏、名位司存,与夫城池之完缺、风俗之所向,编为两帙,上之朝。"(中华书局,2011年,第5742页)(宋) 晁公武撰,孙猛校证:《郡斋读书志校证》卷七《伪史类》载:"右皇朝孙巽纂。记夏房兵屯会要、土地肥硗、井泉涌涸、谷粟窖藏、酋豪姓氏、名位司存,与夫(转下页)

传世的西夏地图文献:1.《华夷图》《地理图》和《舆地图》中的"党项夏国",2.《历代地理指掌图》中的"夏"及"夏国"("在《圣朝元丰九域图》中,西夏国在地域标注中有非常醒目的'西夏'字样。在这幅图的说明文字中,对西夏国的沿革做了较为详细的说明:'然自祖宗以来,服叛不常。朝廷易其小寇,不即讨除彼盗有之地,故《元丰九域志》列之为化外云。'"),3.《东震旦地理图》(志磐所编《佛祖统纪》所附)《十五国风地理之图》及《契丹地理之图》,4.《事林广记》载图中的"西夏"、"西夏国。"

传世的西夏地理专书和专题文献,《西夏堡寨》"介绍的全都是宋夏边境地区宋朝境内的堡寨,所以严格来说,《西夏堡寨》还不算是专门的西夏地理文献。在传世的宋代地理文献中,真正算得上是西夏专门地理文献的是《武经总要》前集卷十八下《边防·西蕃地界》中的部分内容"(第96页)。

第四,注重已亡佚文献的稽考,如:1.刘温润《西夏须知》、《羌尔雅》,2.刘焕《西行录》,3.张舜民《南迁录》《永乐客话》,4.吴思《契丹西夏录》,5.《西夏杂记》(仅见于《遂初堂书目》),6.《契丹夏州事迹》,7.《夏台事迹》。对这些已佚文献的作者、成书背景、文献内容作了尽可能的考订,对于尚存的文献在后世的流传及影响也作了说明。

刘焕《西行录》,作者解释云:"全书已亡佚,在有些史书中还可辑得其佚文。《西夏书事》卷四之端拱二年九月条后附刘焕

(接上页)城池之完缺,风俗之所尚,编为两帙,上之于朝。"(上海古籍出版社,2011年,第293页)《宋史》卷四八六《外国二·夏国下》载:"今史所载追尊谥号、庙号、陵名,兼采《夏国枢要》等书,其与旧史有所抵捂,则阙疑以俟知者焉。"(中华书局,1977年,第14030页)

《西行录》:'贺兰山西北回鹘么罗王子、邈拏王子部落甚盛,向无统属。端拱中,李继迁破灭之,其地遂成碛。'考《宋史》卷四九〇《回鹘传》,端拱二年九月,么啰王子、邈拏王子及回鹘都督石仁政、越黜黄水州巡检四族来贡,宋赐以锦袍、银带。未言李继迁攻灭诸部落事。尽管《西行录》记事与其他史书略有出入,但作为宋人的记述,其可信度还是很高的,至少可以提供一些异文材料,以便于后世史家辩明史实真相。"又如《夏台事迹》,作者解释云:"吴广成在《西夏书事凡例》中曾说:'王氏偁(按:应为称)《西夏事略》、刘氏温润《西夏须知》、孙氏巽《夏国枢要》及《夏台事迹》诸书,言人人殊。较之正史,不无舛错。'此处所举《夏台事迹》似乎清朝道光初年还存有,吴广成参考此书来编西夏史。"(第50页)

当然,该书也存在一些问题,主要是将研究对象的史料与文献研究史的界限不分,这种不分在很大程度上是因现今学科分类越来越细造成的。

胡玉冰正是从历史文献学学科角度进行分类和研究的。"统而言之,凡记述内容直接或间接与西夏相关的各种汉文文献都可称作汉文西夏文献,此为广义的汉文西夏文献。"(第4页)"狭义的汉文西夏文献是指,记述内容直接与西夏有关的各种汉文文献。主要包括记事涉及夏州地方政权史、夏国史及夏国与周边民族关系史中的各种汉文文献。本文以狭义汉文西夏文献为考述重点。"(第5页)"成书于宋元时期的文献史料价值最高,这些是汉文西夏文献中最基本的文献。成书于明清时期的西夏专书文献主要是对宋元汉文西夏文献的撮抄和改编。"(第5页)"从西夏文献的研究来看,海内外学者重点关注的是西夏国原始文献(以西夏文和汉文文献为主)的整理和研究,对史、子、集诸部中汉文西夏文献整理和研究所取得的成就并不突出，成果数量也比较少。据笔者统计，自20世纪30年代迄今，关于汉文西夏文献的研究论文数量不足百篇。"（第7页）笔者按：这恰恰说明宋元史料研究与明清西夏史研究之间界限分明。

"汉文西夏文献的研究成果以对专书的考证成果为最丰富。学者主要以宋辽金三史《夏国传》《宋西事案》《西夏书》、《西夏书事》《西夏志略》《西夏纪事本末》《西夏艺文志》《西夏文缀》《述善集》及《西夏地形图》等传世的西夏文献为考证对象。"（第10页）

"汉文西夏文献是中国古典文献不可分割的一部分。"（第18页）

"（1）本课题首次把汉文西夏文献作为一类自具特点的特殊古文献来进行全面系统的研究，当会丰富中国古典文献学研究的内容。（2）有助于西夏学研究的深入进行，有助于西夏学研究水平的提高，使相关研究成果更加科学、合理。"（第18页）笔者按：前一点正确，后一点不尽然。

"对于明清西夏专史，学者多从史源学角度进行研究，研究角度不够全面，研究方法较为简单。"（第20页）笔者按：这恰恰是混淆了史源学与古典文献学的界限。史源就是史源，古典文献的着眼点不是史学研究者的对象。

"传世的专书文献主要以宋元文献为辑录史料的来源，考证清楚专书文献的史料来源，可以明确各文献的史料价值及其不足，避免使用了不可靠的文献而得出不科学的结论，避免以讹传讹。"（第20页）

"文献的史料价值。成于宋元时期的汉文西夏文献是研究西夏的基本文献，这是学界的共识，但成于明清时期的西夏专史,学界对其史料价值看法不一。"胡玉冰"通过考证,结合相关文献的比较分析,力求对不同时期汉文西夏文献的史料价值做出较为客观公允的评价,纠正以往学者在认识上的偏颇,为学者利用汉文西夏文献提供有益的借鉴意见"(第21页)。

笔者以为,明清时期的汉文西夏专史具有学术上的研究参考价值,不能作为原始史料征引。这里不是认识上的偏颇,而是书写历史、研究历史的基本原则,不能混淆。从历史文献学学科的角度,每一部文献都有正本清源的必要,如对明代"祁承爜《宋西事案》的史料来源问题,有学者认为主要取材于宋代史籍的'正史'及其有关的纪传、奏议,实际上,《宋西事案》卷上的大部分史料节录自《宋史纪事本末》,而卷下几乎所有奏议都节录自《历代名臣奏议》。周春《西夏书》,过去学者多沿用清人的说法,认为内容为十卷,其实应为十五卷。关于《西夏志略》,并不像有些学者猜测的那样是由学者独立撰著的史学著作,它是清代学者将《古今图书集成》和《续通志》中西夏史料汇编部分抄录出来,内容上未作任何改动,合二为一后冠以《西夏志略》之名单行于世的"(第21页)。凡此种种,都可以说明,在历史文献学科上是搞清楚了《宋西事案》《西夏书》《西夏志略》的本来面目,因此在文献学史上乃至学术研究史上是有其价值、有其贡献的,这一点当然值得肯定。但是即使如此,这几部书从研究西夏历史依据史料的要求来说,并没有史料的利用或使用价值,这也是不能混淆的。尤其要指出,搞清《西夏志略》伪作的本来面目,本是一件值得赞誉的做法,可是画蛇添足还要讨论《西夏志略》的史料价值及不足,认为《西夏志略》"在传世的几部汉文西夏史籍中还是有它自己的独特的利用价值的"(第343页),这种宽容的态度不仅不利于学术发展,而且是很有害的。

因为这在一定程度上鼓励了抄袭（当然如果抄袭者在序跋中说明是对《古今图书集成》《续通志》的编辑，那应另当别论，但是抄袭者并没有这样做，以致耗费了许多学者钩沉考稽的努力），是对原编辑者知识产权的不尊重。至于作者说"《志略》将二书中的西夏史料依据原貌抄录出来，合二为一，使其单独行世，不仅对原书的利用价值丝毫未损，而且还省去了学者的翻检之苦，有利于古今学者对西夏史料集中进行利用和研究"（第342页），对此笔者更不能同意，尤其是对"古今"的"今"学者。因为在印刷不发达的古代，查找和翻检图书不易，这种"伪作"对于"古"学者可能有一些利用价值，但是对现今的学者决没有。培养好的历史学工作者，首先要做的就是在初学阶段培养他们使用原始史料的自觉，为何不径直从宋元史料中搜集做起，而要从二手文献中翻检材料呢？更何况进入21世纪以来，电子检索已为寻找原始史料提供了极为便利的条件。从这个角度必须对该书的观点"求全责备"。

当然明清人辑录的西夏专史，可以作为熟悉史实的工具书阅读，但是征引史料则一定要查史实的史源出处。作为辑录西夏专史，辑录者对史实的解释或所加按语，在研究某一事件或某一人物或某些典章制度时，可以作为一种意见或一家之言来对待。

可能是限于编写和研究内容的框架，该书并没有涉及唐五代有关汉文党项史料的衰辑和梳理。众所周知，魏晋隋唐五代的党项史研究与西夏史研究是一个整体，不可或缺，正如韩荫晟先生所言："自唐代以来，党项族就散居于我国西北广大地区。五代以来，宋和辽、金境内都居住许多党项族。西夏境内虽然居住着大量汉族和其他少数民族，其政府机构也曾任用许多汉人和其他族人,但她毕竟是以党项拓跋氏族为核心的封建王朝。因此,研究党项必须包括西夏,而研究西夏则必须突出党项。"(《党项与西夏资料汇编》前言)缺少对唐五代汉文党项史料或文献的梳理和研究,不仅反映出从历史文献学(古典文献学)学科对史料的整理和研究所存在的局限,而且在一定程度上降低了这部书的学术和使用价值。

另外一个不足是对宋元明清时期经部文献没有给以重视,不过,过去的研究者还从没有人论及过。

3.关于吴广成《西夏书事》的价值

如前所述,胡玉冰对《西夏书事》的价值有较多的肯定,对此笔者有不同的意见。由于这部书对西夏史研究产生过较大影响,故单独进行评议。在清末学者撰写的西夏历史著作中,吴广成的《西夏书事》问世最早,篇幅也最大,加之它既有编年也有纲目,查阅起来比较方便,所以戴维理亚1898年首次向国际东方学界介绍西夏历史时,几乎就全以《西夏书事》为依据。自此之后,这部书就一直被视为研究西夏史的首要参考著作。

综合各方面的因素来看,吴广成《西夏书事》在清末学者撰写的西夏历史著作中成就最高,其贡献主要表现在以下三个方面。第一,钩沉和系统归纳了宋元人的记载。吴广成在搜集资料上是很下功夫的,"寒暑十周,始葳厥事","是编分年析月悉遵三史帝纪、夏国附传,或尊王氏偁(笔者按:"称"应为"偁")《东都事略》、李氏焘《通鉴长编》及薛氏应旂《宋元通鉴》、商氏辂《宋元续纲目》,王氏宗沐、徐氏乾学、毕氏沅《通鉴后编》、《续通鉴》诸书……至于前贤章奏、郡国图经以及家乘、志铭、丛谈、野说见有不同,词多相戾,窃附己意订正之。然必详溯根原,借征确据,非敢凭空臆断焉"。①由此可见,吴广成对宋元人的记载不同于一般的辑佚,而是根据自己的研究对史料作了一定整合。第二,对西夏政治军事事件、制度、人物作了初步的勾勒,对《宋史·夏国传》有较多补充,直到现今仍然被一些研究西夏政治军事史的学者所征引。第三,宋夏关系史叙述最为突出。宋人对西夏的记载多限于双方的来往,因而留下宋夏关系方面的材料最为丰富,所以《西夏书事》的内容也主要是从附丽于周边王朝(五代、辽、宋、金、元)的材料中反映出的民族关系,特别是从与宋朝的关系来考察西夏党项人自兴起到灭亡的历史活动,甚至在某种意义上可以说《西夏书事》实际上就是以宋人文献为主的一部宋夏关系史。②

　　贡献之外,吴广成《西夏书事》的局限也有三点。第一,所引资料一律不注出处,这直接影响了《西夏书事》的可信度。虽然编者自己强调对征引的材料"必详溯根原,借征确据,非敢凭空臆断焉",但也很难让后人完全相信,因为无法分清哪些言之有据,哪些是作者引申发挥,整理过的文献毕竟是二手资料,会在不同程度上存在臆断、错讹的遗憾。同时,吴广成大量引用明清时期的二手历史著作,更是降低了《西夏书事》的使用价值。学者如此评价此书:"我们应该有把握地断定,吴广成写下的东西并不都是从古书里忠实摘录的,而是加入了他本人的许多杜撰和演义成分。坦率地说,即使是演义,吴广成的著述态度

<hr>

① (清)吴广成撰,龚世俊等校证:《西夏书事校证》凡例,甘肃文化出版社,1995年,第2页。
② 李华瑞:《黑水城出土文献与西夏史研究》,《中国史研究》2008年第4期。

也是不负责任的……"①这一评价可谓鞭辟入里。关于对《西夏书事》的使用,笔者一向认为不适合作为原始资料征引,而是作为带有研究性质的重要著作来参考。第二,体例、观点陈旧。吴广成比照前人修霸史的成例,仿朱熹纲目体,对西夏三百年历史多有评论,除了少数评价较为客观外,大多数评价都充斥着纲常礼教的观念和所谓的寓褒贬的春秋笔法,让人难以卒读。其材料的取舍,也与此有一定关系。第三,对西夏后期历史叙述过于简略。《西夏书事》主要依赖宋人记载,南宋以后与西夏交往基本隔绝,有关西夏的记载遽减,因而吴广成也只能付之阙如。全书42卷,前两卷叙述唐僖宗至后周显德六年党项族兴起的历史,卷三十四至卷四十二叙述北宋灭亡至西夏灭亡约一百年的历史,两者相加仅10卷,而叙述北宋时期相应的西夏历史占32卷。②最后重申笔者的基本观点:明清时期的汉文西夏专史,具有学术上的研究参考价值,不能作为原始史料征引。

二、韩荫晟《党项与西夏资料汇编》述评

韩荫晟(1919—2003),辽宁沈阳市人。1946年毕业于东北大学历史系,其后任东北大学助教、讲师。1956年受聘于中国科学院历史研究所。1961年以来先后在宁夏博物馆、宁夏社会科学院工作。韩荫晟编纂《党项与西夏资料汇编》始于20世

① 聂鸿音:《西夏遗文录》,《西夏学》第2辑,宁夏人民出版社,2007年,第135页。
② 参看李华瑞:《黑水城出土文献与西夏史研究》,《中国史研究》2008年第4期。

60年代初,上卷第一、二册中传记类和人物传志,于1983年先行出版,嗣后上卷一册增加散见资料编年辑录上,中卷六册,下卷一册,补遗一册,都550余万言,于2000年由宁夏人民出版社出齐。该书出版后,王天顺撰写《四十寒暑甘寂寞,五百万言足千秋——评韩荫晟〈党项与西夏资料汇编〉》,①作了翔实而中肯的评价,但从西夏史研究使用和辨析文献的角度仍有一些问题可以再做讨论。以下略呈管见。

该书所收限于汉文资料,始于隋初,终于元末,约800年党项与西夏的基本史实。不计重复,全书征引300余种文献,按传统典籍分类法,有正史、编年史、别史、政书、文集、笔记、碑刻、方志、类书、释道类、杂著类等十余类,引用书目见各卷卷末。

韩荫晟先生言:"我毕生心血尽瘁于此书,但出版后,发现仍有不少缺憾,元人文集,采录未遍;金石文字,殆有遗篇;考古资料,未及搜访;地方文献,埋没者多。续编、修订,只好俟诸后人了!"这是汇编资料者一般所具有的竭泽而渔的心态,值得尊重。事实也确实如此,这部资料汇编仍没有穷尽,因为韩先生书稿编成后,新印行的《四库全书存目丛书》《四库全书存目丛书补编》《四库未收书辑刊》《辽金元石刻文献全编》《宋代石刻文献全编》《全宋笔记》《全宋文》《全宋诗》等都没能利用,所以还可继续穷尽。但是就汉文资料的搜集而言,想要再收集到足以推翻已有的主流材料可能性甚小,大致只能补苴罅漏。

全书分三部分编辑资料。第一部分传记类,分三组编写:"早在隋初,党项族即已著录于史册,降及宋代,西夏政权虽已建立,但《宋史》仍为境内党项族立有专传。以故辑录唐、宋诸

———————
① 载《国家图书馆学刊》2002年增刊《西夏研究专号》。

史《党项传》为第一组。""由于辗转因袭,重出者多,故可合校则合校。各篇具体处理方法,篇首别作说明。西夏政权建立后,宋、辽、金各朝分别立有西夏专传,辑《西夏(夏国)传》为第二组。""石刻纪事,可补史料之缺,录《碑传》为第三组。"

第二部分人物传志,分上下两篇,宋代以前为上篇,元代以后为下篇。有谱可考稽者,按氏族集中编排。人物附传仍紧附原传之后,非其族系者,另拟标题。资料来源以二十四史中之有关部分为主,杂著中之传记、碑铭、墓志次之。传、志以外之有关资料,辑为附录。按年代及内容分别列于有关人物传、志之后,以便检阅。非党项族人物,其生平除与党项或西夏关系外几无其他事迹者,录为附传,列于篇末。疑似人物,或具说明于传前,或作考证于传后。重出之人物传记,可合校者合校,内容出入较大、史源先后难辨者并存。

第三部分散见资料编年(包括散见之人物资料)占全书的近90%,是该书的价值所在。这部分辑录说明云:"党项历史较长,散存资料很多,遍索有关史籍,其上限只能推溯到公元五六六年,前此则年代失考。本编以公元系年,注以历朝帝王年号。参考资料详于正文或有显著差异者注入,否则只注明'参见'。出处多见者皆准此例。本编分上下中三卷,上卷所收资料,止于公元九六九年。"(第607页)中卷始于宋建隆元年(公元960年),止于靖康元年(公元1126年),共六册。下卷始于宋建炎元年(公元1127年),止于元末(公元1368年)。"是时南宋与西夏交往少,其文献述西夏事无多,唯刘光世、折彦质、杨惟忠、李显忠等或党项支属或源于西夏,其事迹悉收入本辑。元代西夏后裔,人数虽多,但事迹简略;因资料稀少,尤应珍视。其有关资料,搜集所得者,亦编年辑录,止于一三六三年。此后,西夏后裔失载。不可编年资料,分别附于各该朝代之后。"（第6083页）无从编年资料,分类附录于后。全部资料均按其内容分段和标点,以便阅读。疑似资料,均予以考订,务求翔实。无从考订的资料存疑,录于切近年月之后。

1.《党项与西夏资料汇编》的贡献

第一,《汇编》集明清以来辑录党项与西夏汉文史料之大成,其辑录资料所涉范围之广、资料来源种类之多、资料取舍用功之勤、资料辨析用力之深,皆前此未之见矣。《汇编》的史料价值远在明清人所辑西夏史之上,最大区别在于:《汇编》的资料是史料性的,而明清人在辑录的同时总要按自己的理解编写西夏的历史。由于史料来源有限,资料取舍考订不精,或者如《西夏书事》将数条材料按己意进行整合,加之用当时的历史正统观,使得党项与西夏历史被曲解,并改编史料原貌,故而明清人的辑录充其量是带有个人色彩的研究性著作,而非史料更非史料学意义上的史料,绝不可以当作史料征引。由此也不能不慨叹,西夏史学界过去大多不重视史源,不重视史料学意义上的史料,对清人著作过于依赖,而韩先生这部书又推到2000年才出版,使得西夏史研究走了不少弯路,同时出版以来既没有引起足够的重视,也没有得到很好的利用,确实是个遗憾。当然必须指出,明清时期尚没有现今的"史料"和"史料学"概念,在很大程度上经史相杂,所以韩先生能够取得超越明清以来所有的汉文党项与西夏史实辑录,乃是时代使然。

第二,正如韩先生自己所言:"编纂《汇编》一书我本来就是当作史料学研究工作去做的。现在一般人把它当作普通史料汇集的书实是未获我心。"①而韩先生所说"当作史料学研究工作"来汇集党项与西夏资料,在方法上是直接继承了中古以后宋代史学的长编考异法。民国时期,宋代史学得到陈寅恪、傅斯年、蒙文通、钱穆等史学大师的高度评价,誉之为中国古代史学的最高峰,②宋代史学方法所取得的成就始自司马光的《资治通鉴考异》,也就是"长编考异法",其后为李焘编北宋编年史和李心传编南宋前期编年史所继承。四库馆臣总结说:

> 昔陈寿作《三国志》,裴松之注之,详引诸书错互之文,折衷以归一是,其例最善。而修史之家,未有自撰一书,明所以去取之故者,有之,实自光始。其后李焘《续通鉴长编》、李心传《建炎以来系年要录》,皆沿其义。虽散附各条之下,为例小殊,而考订得失则一也。

> 司马光编集《通鉴》时,有一事用三四出处纂成者,因参考异同,别为此书,以正其谬误而归之于一。盖前代纪事之书,传闻异词,稗官固喜造虚言,本史亦不皆实录。光所采者,自正史外,相传凡二百二十二家……旁搜博引,抉摘幽隐,择可信者而从之。有旧史所不详者,亦皆参互考证而明其所以阙疑之故。既著其文于《通鉴》,又本弃取之意,辨论而折衷之,使读者晓然于记载之得失是非,而不复有所

① 王天顺:《回忆我和韩荫晟先生的一段交往》,《宁夏社会科学》2003年第5期。
② 桑兵指出,民国前期"推崇宋代史学而非仅仅重视宋代历史,并且诩为中国传统史学的高峰,陈寅恪即使不能称最,也是少数前驱之一。况且在讲究宋代史学方法方面,很少有人能出其右"(《民国学人宋代研究的取向及纠结》,《近代史研究》2011年第6期)。

歧惑,千古史法之精密,实未有过于是者。①

　　韩先生编纂《汇编》深谙宋代史学考异之法,其考异成果反映在每条正文之下韩先生所作的注文中。据王天顺先生的统计:"《汇编》一书共收录资料正文16900条(附录未计),对每条资料,他都要搜求异本,广集他书,综合运用对校、本校、他校、理校以及对勘碑铭等方法,订正其字句的脱、衍、错、讹。并将'参见'文献中的相关资料录入注中,以资补阙备异。"②《汇编》各条正文之后的注文多少不等,注文多者,如所录《元史·李恒传》后有注115条,正文仅1800字,《察罕传》后有注112条,其余各条正文之后,有注文四五十条、六七十条者相当多,个别的仅有一二条。各条正文题目之下,都注明未曾采录的参见文献,最少的有一种,最多的有八种。韩先生用这些参见文献与正文对勘,以碑文与文献对勘订正其文字衍、脱、讹、误,校雠其异同。数十万条注文,大半是这些内容。分开来看,每条不过解决一二个字或十数个字的问题,合起来则数量十分巨大。正是由于编者不遗锱铢之细,方成丘山之巨,从文字上梳理了党项、西夏历史的材料,极大地便利了读者。概言之,韩先生平生尽瘁之作《汇编》的史料学成就,即表现在文字校勘、史实考证、文献的有序排列和备异补阙三个方面。③这是对《汇编》极为中肯的

---

① 以上两段引文,分别出自《四库全书总目》《文渊阁四库全书提要》之《资治通鉴考异》提要。
② 王天顺:《四十寒暑甘寂寞,五百万言足千秋——评韩荫晟〈党项与西夏资料汇编〉》,《国家图书馆学刊》2002年增刊《西夏研究专号》。
③ 王天顺:《四十寒暑甘寂寞,五百万言足千秋——评韩荫晟〈党项与西夏资料汇编〉》,《国家图书馆学刊》2002年增刊《西夏研究专号》。

评议。

第三,从《汇编》看汉文党项与西夏资料的史料价值,有以下四方面的表现。

1.毋庸置疑,《汇编》所载叙的党项与西夏史实是西夏人之外唐五代宋辽金元各王朝朝野对西夏的认识和评价,或者说汉、契丹、女真、蒙古眼中的党项和西夏。但是要特别注意的是,反映西夏建国前党项族发展史和蒙古灭亡西夏及元朝时西夏后裔的汉文文献,是西夏时期所存留文献(不论是汉文还是西夏文资料)所不能取代的,因为汉文党项史料、元代唐兀氏人物传记资料,是中原王朝根据观察了解党项人、唐兀人的生活实况而记录,况且党项族和唐兀人中有识之士要么在中原政权供职,要么作为党项酋长首领,受宋辽金元的封授,与中原王朝有着密不可分的关系。党项人没有留下文字,而西夏自守畛域,敌对并峙,自己的著述也没有留下来相应的记录。所以中原王朝的记录就是最直观的第一手资料,这与西夏文创制以后所留下来的文献具有同等价值。由此想到韩荫晟先生说过的话:"党项羌是地道的中国土生土长的民族,其活动没有越出现在中国的国界,不像历史上有些民族的活动是跨越国界的。"[①]这句话掷地有声,党项族的发展史,几乎没有其他文字记载,而且党项与吐蕃、回鹘、蒙古的关系也主要借助汉文献的记载,是故党项与这些民族的关系,不能同与汉族政权的关系相提并论,又凭什么要把吐蕃的传说历史与汉文献相提并论?

2.党项和西夏传、党项族人物传志(包括党项族在宋为边

---

① 王天顺:《回忆我和韩荫晟先生的一段交往》,《宁夏社会科学》2003年第5期。

将、宋夏缘边边将）等资料,载叙了早期党项族的兴起、迁移、分布过程,宗族部族组织形式,夏州藩镇的形成、拓跋势力消长,李继迁、李德明、李元昊的建国历程,政权机构,典章制度,早期官职渊源。官职、聘使、帝王尊号、年号、庙号、风俗、政令、服饰、礼乐、地理（辖境）郡县、都市、军队、学校、宗教、战争过程、和约、世袭、后宫,"其设官之制,多与宋同。朝贺之仪,杂用唐、宋,而乐之器与曲则唐也"。"今史所载追尊谥号、庙号、陵号,兼采《夏国枢要》等书。"①记述党项西夏风俗,物产,民众,西夏朝贡,聘使来往流水账,战争,婚姻,等等。虽然有些载叙相当简略,但是可以毫不夸张地说,西夏绝大多数的官名、地名、族名来自汉文献,李继迁之前祖先的历史有赖汉文献得以保存。皇帝世系有赖于汉文献保存。所有这些是考古资料和西夏文资料所不能相提并论的。

3.《汇编》第三部分主要载叙隋唐五代与党项的关系、宋辽金蒙元与西夏关系（主要是战争、朝贡、聘使、民间交往,还有相当大部分资料涉及宋对西夏的战略决策、边防互动）,其中宋夏关系是其荦荦大者,中卷六册编年史即以宋夏关系史为主流,蒙古灭亡西夏及元代西夏人物传记资料构成《汇编》第二大方面,第三是辽金与西夏的关系。同时第三部分散见资料对第一、第二部分资料载叙的史实内容有较大补充。

值得特别一提的是,前揭散见资料编年（包括散见之人物资料）约占全书的90%,而宋人的著述又占了绝大多数,这不仅说明宋代对西夏的重视,更说明西夏对外交往的方向,绝大多数时间是在西夏东面的宋朝,其次才是西面的吐蕃、回鹘和北面的

①《宋史》卷四八六《外国二·夏国下》,第14028、14030页。

蒙古,西夏史研究迄今对于西部的边界都还不是很清楚,这正是缺乏史料载叙之结果。或许有人说没有材料不等于没事发生过,但是历史没有如果,没有假设,一分材料说一分话。

4.从杜建录主编的党项与西夏史料汇编索引工程《党项西夏文献研究——词目索引、注释与异名对照》(简称《文献研究》)看《汇编》的史料价值。《文献研究》是一部具有索引工具书性质的党项与西夏历史百科全书。分六卷四册,都500余万字,2011年由中华书局出版。是书在《汇编》基础上,扩大征引书目,全面收录汉文文献中有关党项与西夏地理、人物、职官、国名、纪年、民俗、社会、宗教、部落及其他方面的词目,同时对党项与西夏地理、宗族、姓氏、人物、官职异名逐一列表对照,并附党项与西夏世袭表、西夏帝号表、西夏纪年表、西夏交聘表等。

杜建录在序言中说:"著名史学家韩荫晟先生耗费了30余年的心血,编纂出500万言的《党项与西夏资料汇编》,奠定了汉文西夏文献的基础,成为西夏文献整理研究的丰碑。然而《党项与西夏资料汇编》按编年体排列,没有音序或笔画索引,读者使用起来有诸多不便;同时该资料汇编出版后,又有大量新资料的刊布和发现,如收录在《中国藏西夏文献》金石编中的夏州拓跋政权墓志铭、《俄藏黑水城文献》中的相关资料,加上《续资治通鉴长编》《宋大诏令集》《宋朝诸臣奏议》等一批善本古籍点校出版,纠正了影印本的许多错误。因此在《党项与西夏资料汇编》的基础上,对文献资料进一步研究,完成资料索引、标注与异名对照,是一项必需的工作。"《汇编》词目16900多条,而《文献研究》词目多达50000余条。但是在学界讨论争议较多的问题上《汇编》所收遗漏较少,譬如卷二宗族卷,根据"所有党项与西夏宗族(注明所在地,包括西夏州郡与宋朝沿边州郡)"的数据统计党项族族名、部落名总计581个,其中《汇编》收录502个,《文献研究》增补79个;"沿边吐蕃(包括潘罗支、唃厮啰、河湟或熙河吐蕃)、回鹘等少数民族部落与族帐(注明所在政权或所在地)"总计293个,其中《汇编》250个,《文献研究》增补43个。

再如宋辽金元对西夏国家和西夏人的称谓,颇能反映当时官私的看法,具体如下。

夏国844次、西夏565次、夏506次、夏人506次、西人452次、西界125次、西鄙45次、夏台14次、大夏12次、李氏8次、西夏国3次、西朝1次、邦泥定国(又作邦泥鼎国,大白高国西夏语称)2次,计3083次。

羌667次、西羌78次、羌人76次、羌豪51次、羌族24次、夏羌5次、黠羌5次、羌虏6次,计912次。

夷狄59次、羌戎31次、戎狄21次、蛮夷11次,计122次;戎242次、西戎236次、戎人31次、夏戎16次,计525次;狄44次、夷65次、虏8次、胡10次、夏虏12次,计139次。以上三者,合计786次。

蕃部678次、蕃343次、西蕃162次、蕃兵118次、蕃落97次、蕃族83次、蕃户43次、蕃人13次、蕃僧12次、蕃夷9次、蕃戎9次、番9次,计1576次。

熟户231次、属户50次、熟羌10次、属羌18次,计309次。

夏贼86次、贼界37次、西贼78次、蕃贼41次,计242次。

通过是书索引可以了解很多信息,对于认识《汇编》的价值颇有益处。笔者按:特别是宋辽金元对西夏国家和西夏人的称谓,无可辩驳地表明西夏属于华夏文明,绝没有将西夏视作中亚文明。

2.《党项与西夏资料汇编》存在的几个问题

1.一般地说,整理文献资料应当考虑五个方面:史源考、引书考、疑年考、版本考、史事考。韩先生辑录史料的编例大致照顾到这五个方面:"所收资料以初见为主,因袭者不录,但注明参见。转引资料及有关专著可补正初见资料之脱误者,则注入有关条文,或作正文。同书重出资料,以纪、传为主,志、表为辅,纪、传失载者,则录志、表为正文。《宋史》与《辽史》《金史》纪事,每有真伪难辨者,则两存其说,互为参证。重修书,若《新唐书》《新五代史》《新元史》之类,所载事迹有同于旧史而详略悬殊者,不易校注,亦并存之。唐宋人所著杂史、文集、笔记等,内容超出主要资料者,则作为原始资料收录。"但是韩先生同时强调:"以二十四史中有关部分之资料为主,旁及当代史学著作、文集、金石史料。引用书目见各卷卷末。"这种编排方式,从史源学的角度来说,是值得辨析的。

《通典》记述南北朝、隋时期的党项是沿袭《隋书》《北史》,但唐初至中期则早于新旧《唐书》,从史源学的角度来说,《通典》不仅编纂时间早于新旧《唐书》,而且依据的史料也早于新旧《唐书》。《文献通考》与《宋史》相比,其宋代的史料价值不比《宋史》低,《文献通考》依据的史料也是宋人的国史,而且早于宋史的编纂,有人在比勘典章制度时以为《文献通考》优于《宋史》,甚至认为《宋史》编纂者参考过《文献通考》。可见引述相同史实时,应当是《文献通考》早于《宋史》,虽然《文献通考》党项传没有《宋史》党项传详细,但应当列为参考。《文献通考》卷三二二《舆地考》八,对于《古雍州》陕北、河东、灵夏、朔方之地的考述,特别是唐中叶以后的辖属变化,是颇有史料价值的。

又如《续资治通鉴长编》，早在1998年笔者就曾指出其与《宋史》史料价值的比较，"以《宋史》作为论述西夏史实的首选材料的做法，已无可厚非。只是从史料学的角度来看，《宋史》繁芜，失于考订，一向为史家诟病。而《长编》记述可信程度较高，也为史界公认，且记述的内容系广泛搜集《实录》《国史》《会要》等各种官私记载，比主要取材于官史中记述最略的纪传体国史《宋史》更为翔实"。需要补充的是，蒙古人获得的宋人记录因战火并不完备，且修史时已距宋朝灭亡近一百年，修史时间只有两三年。而《长编》则不同，李焘不仅可以看到完备的实录、国史以及同时代的宋人著作，而且历时四十载，又经过学习司马光的长编考异法对材料的辨析，所以同源的资料当然应是《长编》在前，《宋史》在后。由此可以进一步引申，从史源学的角度，同一条史实，如皇帝诏书、大臣奏议、内外制、墓志铭等，只要在存留至今的文献中，史料的源出顺序应当是：个人文集、《宋名臣奏议》《宋会要》《长编》《东都事略》《玉海》《文献通考》《宋史》。

2.《汇编》选择资料的时限是566—1368年，凡这个时间段留下来的资料即是党项与西夏的史料，换言之，这个时限的历史过程的种种痕迹和活动主体人群的生命是不能重复的，因此这个时限留下来的所有文字、文物、口传等资料也是不能重复的，过了这个时限就属于后人研究历史的文献或成果。

举例说，《宋史》是元朝史臣编纂的，但他们依据的是宋人留下的各种资料，而这些资料在编纂完成后大多散失了，有的永远泯没，所以《宋史》因保存了宋人的记录而被视作宋代的史料。明清人编纂了上百部新宋史，为什么没有一部能取代《宋史》呢？就是因为明清人不能再看到宋人留下的《日历》《实录》《国史》，而明清人能看到的文集、笔记、碑刻等等资料迄今大多仍在流传。明清人编写的新宋史既没有依据他们见不到的宋人记述，又依据至今还在流布的宋人记录，因而他们编写的新宋史就不具备史料的原始性，这就是明清人编的新宋史不能取代《宋史》的原因所在。

由此来看《汇编》的引书就存在瑕疵。王天顺先生曾回忆2002年中国宋史研究会第十一届年会《汇编》在小组讨论遇到的质疑："有广东来的一位教授提出《新元史》不能当作史料而《汇编》中征引《新元史》的许多材料，这很成问题。我答辩：《新元史》能否当史料，要和《元史》比较后才可下结论。韩先生把《汇编》中著录的《元史》材料，一一和《新元史》中的同类材料作了比勘，足证二书互有详略正误，《新元史》为什么不能当史料。"①就历史著作编纂水平来说，柯劭忞的《新元史》确实是一部水平很高的著作，但是《新元史》编纂有两个基础，一是以《元史》为主，二是利用了《元朝秘史》和《元史译文证补》。但是明朝史臣编纂《元史》之后散失的资料，不可能再重现，而《元朝秘史》和《元史译文证补》迄今仍在刊布，《新元史》提供了哪些新史料呢？很少。所以《新元史》是补充、订正《元史》的高水平"研究"著作，但不能作为原始史料，这也是不言自明的。如果要引用第一手资料，为什么不直接引用载叙了已散佚又不能重现元人历史记录的《元史》，和现今能看到的新材料《元朝秘史》与《元史译文证补》，而要引用《新元史》呢？所以

① 王天顺：《回忆我和韩荫晟先生的一段交往》，《宁夏社会科学》2003年第5期。

一定要区分,唐五代辽宋金元"时下"人的记载和后人对唐五代辽宋金元时期历史活动(包括历史文献)研究著作之间的联系和分野。

由此而论,《汇编》上卷引书清邵远平《元史类编》、近人屠寄《蒙兀儿史记(蒙史)》、近人柯劭忞《新元史》,中卷引书清厉鹗《辽史拾遗》,下卷引书清萨囊彻辰《蒙古源流》、清洪钧《元史译文证补》、清施国祁《金源札记》、近人宗典《柯九思史料》,不宜作为原始史料书籍来辑录。

3.《汇编》第9册补遗卷,辑录明清人编纂的方志29种,多处征引《甘肃新通志》《陕西通志》所载叙的资料。用不是辽宋金元时期的资料补遗,不仅不能补苴罅漏,反而有损于全书的学术价值。众所周知,方志的价值主要体现在当时人编纂当时当地的历史活动的方方面面。对于前朝的追记,一般价值不高。具体到对党项与西夏资料的载叙更是如此。这主要是因为宋元留存下来的方志数量极为有限,而大量明清方志对唐五代宋辽金乃至更早时代的追记多是从前朝正史、编年史、文集、碑刻等撷取,而这些资料一般现今都能看到,现今难以看到的唐五代宋辽金夏资料,其实在明清时期已佚。譬如前述明代编纂的两部宁夏方志就是显例,两位作者的西夏知识并不比我们现今知道的更多,除了补充辑录极少数的碑刻资料外,所知极其有限。当然明代天一阁方志大量存续宋代的资料,因而颇受治宋史学者的关注。这主要是因为天一阁方志修志时尚能见到宋代方志,而由于宋代方志绝大多数都不存,故天一阁明代方志价值很高。但是今天水以西从宋初就不在其疆域之内,是故不论是天一阁明代方志还是《永乐大典方志辑佚》,都没有有关明代的西北方志的资料来源,所以从史源学的角度而言补遗卷所用方志史料

价值很低。而且有的方志本身是辑录现存唐宋文献,为何在补遗中要重出呢? 公元933年第22条:

> 芦关,在县北一百五十里(县册),有东西二城遗址(《雍胜略》)。延昌北有芦子关,长庆四年,筑城于关北,以护塞外(《唐书·地理志》)。盖(按:此为芦之误)子关属夏州,在塞门镇北,去镇一十八里(《元和志》),后唐长兴四年,李彝超以夏州拒命,命药彦稠等讨之,进屯芦关,彝超遣党项抄掠,官军自芦关退保金明(《通鉴》)。自芦关南入塞门为金明路,旧有芦关塞(赵珣《聚米图经》)。淳化五年,李继周以阿都关、塞门、芦关等寨最居边要,遂规修筑寨城(《宋史李继周传》)。(第7235页)

显然《陕西通志》是辑录概述唐宋文献的记载,而且所引文献今天皆可查到。虽然所叙并无错讹,但是这已属于地方史研究的性质,而不应作为原始材料再一次辑录,《陕西通志》的编写已属二手材料,再辑录则属三手资料。这种情况在散见资料编年辑录补遗中不是仅见而是见于多处。① 尽管明清方志中辑录的地名、路线及方位注释可补充和细化正文材料,在研究西夏历史时有一定参考价值,但也不适宜作为原始资料。

《玉海》是大型类书,是宋人编纂的少数高质量的类书之一,保存了大量宋实录和国史的资料。不过这部书的编纂主要是为报考博学鸿词科的士人科举所用,按照《汇编》的编例,《玉海》的材料应属于参见。不仅如此,《玉海》叙述西夏史实时多

---

① 为何要违反编例呢? 笔者以为这样的做法可能不是韩先生亲为。

是概括整合原始资料,反映在《汇编》一书,所补《玉海》的资料多与第三部分正文重出,譬如《散见资料编年辑录补遗》公元631—1044年系事第58条,实则对中卷第一册公元1044年系事第5条、第14条、第20条、第39条、第40条,公元1005—1006年系事第93—97条、第107—114条、第120条,①所辑录资料的概括整合,明显改变了资料的原貌,显然有违全书编例宗旨。

《汇编》有的材料并不是原始资料,但是却作为正文补充,譬如《散见资料编年辑录补遗》公元1045—1088年系事第77条,所引《草木子》卷三:"王介甫为相,命门客李复圭为将,使攻西夏永(水)洛城,丧师亦数万。是皆取非才于亲昵,皆由君不知将,将不知兵,未有不败其国者也。"(第7327页)这条材料所记史实韩先生自己已在注文中判断有误,可是为何又把这条严重违背《汇编》编例主旨、有明显错误的明人笔记材料作为补遗呢?殆不可解。

《汇编》选择史料书籍的版本比较审慎,但所选《续资治通鉴长编》为清光绪辛巳(1881)浙江书局校刊本,此本并未改正四库全书本对《长编》的改动,譬如将"回鹘"改为辉和尔,虽然韩先生也注意到此本与中华书局标点本不同:"辉和尔"作"回鹘",②但是引述资料时并没有回改,使得"辉和尔"与其他文献的"回鹘"互见,造成不必要的混乱。

党项不是自称而是他称,故韩先生提出研究党项要与西夏视作一个整体,而研究西夏要突出党项,不是对西夏主体民族的合理提法。西夏人并不称自身为党项,就是弥人或番人也是区

①《汇编》中卷第一册,第1375、1381、1388、1446、1450—1452、1453页。
②《汇编》中卷第一册,第1471页。

别西夏国内讲不同语言的民族而已。西夏人用西夏语创作的文史宗教作品很有限,大量典籍翻译自汉文作品,所以正确的做法应当是一视同仁,不必过于突出"党项",这是受现代民族识别影响的一种表现,在强调民族差异的同时更应强调民族的文化认同。另外史料中涉及党项族源的问题,《汇编》多以其主观意见为是。

《汇编》补遗卷所列引用书目有一些鲁鱼亥豕之误。上卷引书:《元史类编》作者元邵远平,应为清邵远平;《东都事略》宋王偁,应为宋王称。中卷引书:《三朝北盟会编》宋徐梦莘,应为宋徐梦莘;《契丹国志》元叶隆礼,应为宋叶隆礼;《大金吊伐录》金失名,应为金佚名;《京口耆旧传》失名,应为佚名;《能改齐漫录》,应为《能改斋漫录》;《容齐随笔》,应为《容斋随笔》;《涑水纪闻》,应为《涑水记闻》;《铁围山丛谈》宋蔡絛,应为宋蔡絛;《清波杂志》宋周辉,应为宋周煇。补遗卷引书:《文昌杂录》宋罗元英,应为宋庞元英;《霏雪录》明镏績,应为明镏績;《河南通南》清顾栋高,应为《河南通志》清孙灏,等等。全书正文也不乏此类鲁鱼亥豕之误。

《汇编》最大的遗憾是"党项"误用作"黨项",补遗卷用的是正写"党项",与前八册不同。虽然编者在序言中作了解释,"因正文软片十年前既已打出,不便一一修改,此次重印时只将书名改正"。但是这个词非一般词,而是主体词,不能有错。即使再晚点出版或再花些功夫也应纠正。一部以党项为主题的史料书,而令其错误一仍其旧,不能不是一桩莫大的遗憾。

三、黑水城出土文献与西夏文史料

　　1908年8月俄国探险家科兹洛夫（Пётр Кузьмич Козлов，1863—1935）率探险队进入哈拉浩特（黑水城，位于内蒙古自治区阿拉善盟额济纳旗达来呼布镇东南约25公里处的戈壁荒漠中），并且首次进行了发掘。此后在1909年5月，科兹洛夫探访西藏东部之后又重返哈拉浩特，专门对这座神秘的故城进行了广泛的发掘，在哈拉浩特城郊掘开一座著名的古塔，这座古塔"送给探察队大量宝物，是一座拥有各种书籍、文卷和抄本的完整书库"。①黑水城大量的西夏文写本和刻本，就是这样发现的。黑水城文献以西夏文数量最多，在俄国有九千多个编号，约占总数的90%，汉文次之，不足10%，也有零星的藏文、蒙古文、回鹘文、叙利亚语和突厥语等文献。但是因为种种原因，这批文献基本处于与世隔绝的状态，尤其是汉文文献与西夏文佛教文献，俄方仅编制发表部分专题叙录，大大限制了海内外对这批文献的综合、专题性研究。正如沈卫荣所言："与敦煌文献在世界范围内得到广泛的重视和利用，促成了对连接东西之间丝绸之路研究，或曰敦煌研究这一于世界学术界广泛影响的新学科形成了鲜明对比的是，由于在过去的百年间很少有人能够直接地接触和利用这些俄藏黑水城文献，故它们并没有像敦煌文献一样为国际东方学各学科之研究的进步带来巨大的推动。特别是其

---

① 〔苏〕科兹洛夫：《蒙古、安木多（Амдо）和故城哈拉浩特》，莫斯科﹣彼得格勒，1923年，第103页。

中与藏传密教相关的汉文和西夏文文献,长期被束之高阁,其价值未曾被学者们充分认识。而仅从迄今我们对它们的初步研究来看,这些文献的发现足以改变11—14世纪西域佛教史的整体面貌,特别是对藏传佛教于西域和中原传播的历史,我们从中得出了全新的认识。"①于是在1996年中国社会科学院民族研究所、上海古籍出版社和俄罗斯圣彼得堡东方研究所联合陆续推出《俄藏黑水城文献》,到2021年已出版30册。

　　黑水城出土文献中最有价值的是西夏文文献,"西夏学研究缺少原始文献资料的伤心史从此结束"。这或许正是黑水城出土文献最重要的意义所在。西夏统治者信奉佛教,在境内大力推行佛教,动用大量人力、物力翻译、抄刻佛经。这些佛教经典有译自汉文藏经的,有译自藏文大藏经的,也有自己编纂的,这一类佛教文献约占80%。俄国学者占尽天时地利率先整理西夏文献,推出了世俗著作解说目录:西夏译汉文著作;字典和语音表;西夏文学原著;历书、图标、图样;咒文、医书;西夏法律文献。②孟列夫(Л. Н. Меньшиков)则对汉文遗书钩沉目录,内容包括十一部分:一、佛教作品,二、儒家和道家的作品,三、医书、历书、占卜书,四、历史著作,五、字书,六、文学作品,七、木版画和印章,八、文书,九、关于书籍和印刷史的资料,十、黑水城出土汉文遗书中发现的历史资料,十一、书籍业技术方面的

---

① 沈卫荣、侯浩然:《文本与历史:藏传佛教历史叙事的形成和汉藏佛学研究的建构》,中国藏学出版社、北京大学出版社,2016年,第267页。

② З. И. 戈尔芭切娃、Е. И. 克恰诺夫:《西夏文刊本与写本》,《民族史译文集》第3集,1978年,第1—13页。详见〔俄〕叶·伊·克恰诺夫著,崔红芬、文志勇译:《俄藏黑水城西夏文佛经叙录》,甘肃文化出版社,2021年。

资料。①

　　史金波、聂鸿音在俄国学者整理的基础上,进一步理清西夏文世俗文献目录约计46种,除去译自汉文文献的作品外,再参照《俄藏黑水城文献》第7卷至第10卷西夏文世俗文献提要,胪列西夏文世俗文献史料如下。

　　《音同》不分卷,西夏兀啰文信校集,义长重校,正德六年(1132)刻本。西夏字书,收西夏字五千八百余。以声类为纲,列为重唇、轻唇、舌头、舌上、牙、齿头、正齿、喉、来日九章,每章又分若干纽,同入一纽的西夏字于当时为同音字,各字下有简略释义。是现存西夏文字典中收字最多的一种,从中亦可见西夏语音系统概貌,为研究西夏语音的重要文献。

　　《音同》不分卷,西夏兀啰文信校集,乾祐年间(1170—1193)梁德养重校,西夏旧刻本三部。西夏字书,体例全同义长重校本,唯列纽及列字次第颇异,其中一部有纸背行书补注。

　　《音同》不分卷,据梁德养校本翻刻而成,纸背有佚名注释,小字行书,内容为正面注释之补充,从中可分析西夏字义。

　　《文海宝韵》全题"大白高国文海宝韵",二卷,"杂类"一卷,西夏旧刻详注本。"切韵"体西夏韵书,全书分"平声第一"及"上声入声第二",其中平声分韵九十七,上声入声分韵八十六,另有"杂类"以声类别纽,附于全书之末,字下注释体例全仿《切韵》,唯多《说文解字》式字形说解。

　　《文海宝韵》全题"大白高国文海宝韵",二卷,"杂类"一卷,西夏旧写略注本。西夏韵书,分韵列字与上述详注本全同,唯注释甚略,亦多有常用字不予音义者,与上述详注本之关系犹

---

① 〔俄〕孟列夫:《黑城出土汉文遗书叙录》,宁夏人民出版社,1994年。

宋刊《广韵》详注本之与元刊《广韵》略注本。

《音同文海宝韵合编》不分卷,西夏字书,部类及字纽排列同梁德养重校本《音同》,字下注释同《文海宝韵》详注本,并多有一字至二字注明声调。西夏字书训释以此书为最详。

《五音切韵》不分卷,西夏旧写巾箱本六种。西夏韵图,每图仅列五音而不标字母清浊,体例似较汉文《韵镜》《切韵指掌图》为古。一本卷尾题"乾祐癸巳年月",是抄于1173年。另一本每图多有插页,以碎纸叠粘附于版心,录《文海宝韵》诸字于上。

《天盛改旧新定律令》二十卷,卷首"律令名略"二卷,西夏天盛年间(1149—1169)崀名地暴等奉敕修,有旧写本及天盛年间刻本多种,内容全同。西夏法典,修纂时似曾参考《唐律疏议》及《宋刑统》,然除"十恶"、"八议"二门直接译自《唐律疏议》外,其余诸条款与中原律令颇异。集刑法、诉讼、行政、民法诸法之大成,全面反映了西夏乃至中原的政治、经济、社会面貌,为研究西夏学及中国法律史的珍贵资料。

《法则》九卷,西夏旧写本二种。西夏法典,撰述年代不详,唯卷中屡言"律令曰"云云,则似成书于《天盛改旧新定律令》之后。按《法则》与下述《亥年新法》内容及体例迥异,不得视为一书。

《亥年新法》十七卷,西夏旧写本多种,字体各异,内容全同。西夏法典,为《天盛改旧新定律令》部分条款之修订增补。一本卷末题写于光定辛巳年(1221),则"亥年新法"之"亥年"盖指西夏神宗乙亥年(1215),或早至桓宗癸亥年(1203)。

《贞观玉镜统》四卷,西夏贞观年间(1101—1113)崇宗敕编,西夏旧刻本。军事法典,记西夏兵制、军纪及奖惩规则。为

研究西夏治军思想和军事制度的首要著作。中国学者又有译为
"贞观玉镜将"、"贞观将玉镜"者。

《告状案》旧写状纸数种,形式略同国家图书馆及北京大学
图书馆藏"瓜州审案记录"。

《黑水城守将告近禀帖》写本一纸,西夏乾定二年(1224)
波年仁勇撰。现题为黄振华所拟。

《黑水城副将上书》写本一纸,西夏乾定三年(1225)孔塔
铁撰,述黑水城覆亡前一年之守军情况。

《天盛二十二年卖地文契》写本一纸,西夏天盛二十二年
(1170)耶和氏宝引立契。现题为黄振华所拟。

《光定未年借谷文契》写本一纸,西夏光定元年(1211)耶
和来犬山立契。

《乾定申年借谷文契》残写本一纸,西夏乾定二年(1224)
折慕长寿宝立契。

《官阶封号表》西夏旧刻卷子,录皇帝、太子至七品臣僚称
号及封号,为研究西夏政府组织和政治制度的重要资料。

《番汉合时掌中珠》不分卷,西夏乾祐二十一年(1190)骨
勒茂才撰,乾祐年间张氏初刻本。番汉文合璧"杂字"体字书,
词语为番汉互义、番汉互音四行对译,总类以天地人三才归部。
概述因有对译汉文,故为解读西夏文字的关键著作,至今所知西
夏字之基础字及近似读音大多来自此书。其内容多方面反映了
西夏社会情况,是研究西夏的珍贵文献。

《番汉合时掌中珠》不分卷,西夏乾祐二十一年骨勒茂才
撰,乾祐年间张氏复刻增补本二种。是书与初刻本大同,唯第七
页多"逊星"、"扫星"等十则词语,云"此掌中珠者三十七面内
更新添十句",前后诸页内容亦与初刻本小异。

《纂要》不分卷,西夏旧刻本。番汉语对照"杂字"体字书,每则西夏词语下有注释,皆以西夏字音译汉语,云"汉语某某",体例独特。

《三才杂字》不分卷,有西夏初刻本、乾祐十八年(1187)杨山复刻本及乾定二年(1224)习字等多种,内容全同。西夏字书,择《音同》常用词语依天地人分部而成。西夏文书题四字,直译为"三才字杂"。

《义同》四卷,西夏乾祐十九年(1188)梁习宝撰,梁德养校定。写本。"急就章"体字书,每句七言,间有八言者,共用西夏字四千余,无注释。

《新集碎金置掌文》一卷,西夏息齐文智编,有耶西般若茂写本及习字纸两种。"千字文"体字书,全文千字,每句五言。有不少研究西夏社会的重要资料。

《医方》残页。西夏旧写本数纸,记汤药配伍及用药剂量,药物为汉语音译,疑为中原医书之夏译本。

《庚子年至癸亥年历》西夏旧写本,番汉文合璧历书,始西夏崇宗元德庚子年(1120),迄桓宗天庆癸亥年(1203)。

《庚申年历》西夏旧写本,历书,考为西夏仁宗大庆庚申年(1140)。

《谨謰》不分卷,西夏旧写卷。卜算书,是书迄今未获解读。

《贤智集》不分卷,西夏沙门宝源集,西夏旧刻本。释家劝世文。

《圣立义海》五卷,西夏乾祐十三年(1182)刻字司复刻本。西夏类书,体例仿中原《艺文类聚》,记载西夏自然地理及社会风俗甚详。

《西夏诗集》五卷,西夏乾祐十六年(1185)刻字司刻本。

分《赋诗文》《大诗》《月月乐诗》《道理诗》《聪颖诗》各一卷,每卷录杂言体长诗一首,内容及形式颇具西夏民间风格。为西夏时期重要文学著作。

《宫廷诗集》不分卷,西夏乾祐年间(1170—1193)写本及写卷各一种。杂言体诗集,似为西夏臣僚应制之作,

《新集锦合道理》一卷,西夏乾祐七年(1176)梁德养初编,十八年王仁持增补,旧写本及乾祐年间蒲梁尼刻本二种。西夏民间谚语格言集,每句少则三言,多至二十余言,两句为一联,对仗颇工。内容反映西夏民族的哲学思想、伦理道德和风俗习惯,是研究西夏的重要文献。

《新集慈孝传》二卷,西夏曹道乐新集译,西夏旧写译稿,间有校改。传记史书,故事原出汉刘向《列女传》及《唐书》以前正史,经夏人节译或改写成书,故文字与原书多有不合。①

黑水城文献不仅藏于俄国,而且藏于英国、法国、日本、德国、美国、芬兰、瑞典。

1914年英国人斯坦因(Marc Aurel Stein)步科兹洛夫后尘,也到黑水城寻找挖掘,得到不少西夏遗物,交与大英博物馆。英国国家图书馆收藏黑水城文献多达4000号7300多件,法国国家图书馆收藏敦煌西夏文文献250多件。英国藏西夏文献主要有大量的社会历史经济法律文书、儒家典籍和佛教经典,其子目主要有:1.汉文古籍西夏文译本:《孝经序》《孙子兵法》《将苑》《经史杂抄》。2.西夏文学作品:谚语集《新集锦合辞》、五

---

① 史金波、聂鸿音:《俄藏西夏文世俗文献目录》,《传统文化与现代化》1998年第2期。俄罗斯科学院东方研究所圣彼得堡分所、中国社会科学院民族研究所、上海古籍出版社:《西夏文世俗部分提要》,上海古籍出版社,1997年。

言诗《新集碎金置掌文》,及译自汉籍的《德事要文》,僧人传记《寄照国师传》《沙门善海奉诏集》。3.历书、图表。4.医方和星占卜筮。5.西夏文法律文书:刊本及写本的《天盛改旧新定律令》,军事法律文书《贞观将玉镜》。6.西夏文佛教文献。

英藏黑水城西夏世俗文献,涉及的范围十分广泛,主要有西夏供养人题记、供养人发愿文、词咏偈语、语词音韵以及有关西夏医学、音乐、道教、历法、军事、法律、经济、历史、官私印章、族姓、文册等资料,还有西夏僧人传记、文集等遗书,特别是还有夏、藏文注音对照残卷,极富研究价值。2005年,西北第二民族学院和上海古籍出版社出版《英藏黑水城文献》。①

2005年,宁夏社会科学院和中国国家图书馆编纂,上海古籍出版社出版《中国国家图书馆藏西夏文献》(1—4册),至此,除即将开始的《俄藏黑水城文献西夏文佛教文献》部分外,俄、英、中这世界三大西夏文献藏家的藏品、传世九成以上的西夏文献都已经公之于世,结束了西夏学研究缺少原始文献资料的历史。2008年由塔拉、杜建录、高国祥主编的《中国藏黑水城汉文文献》收录黑水城出土汉文原始文献4213件。

在黑水城文献出土的影响带动下,在西夏故地的宁夏、甘肃等地又陆续发现了一批西夏文献、文物资料,包括西夏文书、碑文、石刻、题记、印章、牌符、钱币、壁画、绘画等。这些种类繁多的西夏文物资料,具有重要的历史价值,在许多方面可以弥补汉文史籍之不足,特别是对敦煌莫高窟、安西榆林窟的西夏洞窟进行分期,从考古发掘的角度对西夏王陵、宁夏贺兰县宏佛塔

---

① 束锡红:《西夏文献学研究》,南京师范大学中国古典文献学博士学位论文2007年。

出土文物进行系统的整理,为西夏艺术史研究提供弥足珍贵而又无法替代的资料。①可以说这些考古文物,在汉文文献和西夏文文献之外,构成西夏史研究不可或缺的第三大类资料来源。这些考古文物资料大多数是在20世纪80年代开始系统总结和梳理。如罗福颐辑、李范文释《西夏官印汇考》,李范文编释《西夏陵墓出土残碑粹编》,陈炳应《西夏文物研究》,史金波、白滨、吴峰云编《西夏文物》,牛达生、许成《贺兰山文物古迹考察与研究》,许成、韩小忙《宁夏四十年考古发现与研究》,许成、杜玉冰《西夏陵》,雷润泽等编著《中国古代建筑:西夏佛塔》,宁夏文物考古研究所编著《闽宁村西夏墓地》,宁夏文物考古研究所编著《拜寺沟西夏方塔》,许成、杜玉冰编著《西夏陵:中国田野考古报告》,杨森编著《西夏钱币汇考》,宁夏文物考古研究所、银川西夏陵区管理处编著《西夏三号陵——地面遗迹发掘报告》,宁夏文物考古研究所编著《山嘴沟西夏石窟》上下册,等等。除以上出土和新发现的西夏文献史料外,还有大量的文书、碑刻资料。②

值得一提的是,史金波等《中国藏西夏文献综述》(《西夏学》第2辑)对20世纪初以来收集、发掘、出土并分藏于北京、宁夏、内蒙古、陕西等地的西夏文文献和遗物作了全面系统的梳理和叙述。北京地区,国家图书馆所藏全部文献共8000多页面,是除俄罗斯圣彼得堡东方学研究所以外,世界上入藏西夏文献最多的部门。我国目前所存宋、元时期的文献皆是珍贵文献。国家图书馆珍藏的西夏文文献属宋元时期,十分宝贵。北京大

---

① 汤晓芳主编:《西夏艺术》,宁夏人民出版社,2003年。
② 史金波:《西夏经济文书研究》,社会科学文献出版社,2017年;《西夏军事文书研究》,甘肃文化出版社,2021年;杜建录《党项西夏碑石整理研究》,上海古籍出版社,2015年。

学图书馆藏西夏文文献数量不多,但来源复杂。其中包括正面为《瓜州审案记录》,背面是《六祖大师宝坛经》的写本3纸。这3纸可能都是收集品,还不是一起入藏的。国家博物馆、社科院考古所、故宫博物院等也有少量西夏文献。

宁夏博物馆所收藏的西夏文物除个别是征集的以外,多为考古发掘品,数量已经达到千余件。编辑《中国藏西夏文献·西夏陵残碑卷》共收录西夏陵出土和采集到的西夏文残碑1333块、汉文残碑767块,计2100块,并将贾敬颜先生藏西夏陵园残碑拓片197片也收录其中。全书总计收录残碑拓片2297块(片),供西夏学界同仁研究参考。

从20世纪60年代到80年代,内蒙古自治区文物工作队对黑水城遗址进行了全面、系统、科学的考古发掘。黑水城出土的西夏文刻本和写本佛经,其产生年代可考的多在西夏中晚期。西夏王朝自始至终大力推行佛教,但在其前期译经较多,而中晚期则以校经、刻经、写经、施经为主流,因此黑水城出土的西夏佛经中,以西夏中晚期为多数。

陕西西安市文物保护考古所所藏西夏文书皆为佛教经卷,共6种,其中除原编号29259的《大方广佛华严经》卷九为汉文与西夏文押捺并存一经外,余者皆为西夏文佛经。

《中国藏西夏文献·碑石、题记卷》由碑、石、砖刻(含瓷、银、铜器刻)与题记两大类组成,题记类又分墙壁题记、木质题记、瓷器题记、银铜器题记、丝麻织品题记等。①

---

① 另可参见杜建录:《中国藏西夏文献碑刻题记卷综述》,《西夏学》第1辑,2006年;杜建录:《中国藏西夏文献叙录》,《西夏学》第3辑,2008年;杜建录:《中国藏西夏文献总目录》,《西夏学》第3辑,2008年。

第2章　党项、Tangut名词在中外文献中的流变

　　建立西夏的主体民族,汉语称作"党项",党项名称最早见于《隋书·党项传》,司马光《资治通鉴》最早系年于陈至德四年(隋开皇六年)即公元586年,[①]中古北族突厥语称党项为𐰴𐰣𐰍𐰴([Tangut]，唐古特),最早见于公元735年的《毗伽可汗碑》。[②]而西夏人却始终没有承认过。即如研究者所称:"在现代西夏学看来是不可或缺的'党项'一词在原始的西夏文文献

---

① (宋)司马光编著,(元)胡三省音注:《资治通鉴》卷一七六《陈纪十》,中华书局,1956年,第5485页。

② 毗伽可汗碑位于今蒙古国和硕柴达木湖附近,地理坐标约为北纬47.5度,东经102.5度。1889年夏天,俄国学者雅德林采夫(N.Yadrintsev)就发现了阙特勤碑和毗伽可汗碑。最早解读古突厥文的丹麦学者汤姆森(Vihelm Thomsen),就是依据Geikel于1892年在赫尔辛基出版的有关报告(罗新:《走访突厥三大碑》)。关于突厥汗国这一时期的立碑情况,《旧唐书》记载:"(开元)二十年,阙特勤死,诏金吾将军张去逸、都官郎中吕向,赍玺书入蕃吊祭,并为立碑。上自为碑文,仍立祠庙,刻石为像,四壁画其战阵之状。"(《旧唐书》卷一九四《突厥传上》,第5177页)林幹:《突厥与回纥史》,内蒙古人民出版社,2007年,第263页。

中却根本没有出现。"①而汉文献也没有如记载鲜卑、突厥、吐蕃、回鹘、契丹等族历史都对其族名的来源有所交代那样记述党项一词的内涵。正是因为这个原因,"党项"名称究竟为何意,迄今在学术界也没有统一的认识。②关于党项一词是中古北族突厥语唐古特(Tangut)的对音,还是唐古特是党项的对音,学术界也没有统一的认识,而且俄国、欧美、日本研究党项与西夏的学者一方面主要依靠使用汉文献对党项与西夏的记载进行研究,另一方面又用唐古特来指称党项或西夏(详见后)。是故笔者试图从中外文献的相关记载看二者的流变,来澄清党项、唐古特之名孰先孰后,分析俄国、欧美、日本学者缘何以"Tangut"指称党项或西夏。

一、从中外文献的相关记载看二者的流变

1.汉文献记述的"党项"流变

党项最早的活动大致始见于魏周之际,党项名词的出现可追溯至周武帝天和初(566),杨素的叔父杨文思"复治冀州事。党项羌叛,文思率州兵讨平之"。③党项与中央王朝发生关系是在开皇四年(584)"有千余家归化",第二年,"拓拔宁丛等各

---

① 聂鸿音:《关于西夏主体民族起源的语文学思考》,《宁夏社会科学》1996年第5期。
② 详见周伟洲:《早期党项史研究》,中国社会科学出版社,2004年,第7页。
③ (唐)魏征等撰:《隋书》卷四八《杨文思传》,中华书局,1973年,第1294页。

率众诣旭州内附,授大将军,其部下各有差"。①自《隋书》为党项立传之后,中国的主要典籍,如《通典》、新旧《唐书》《唐会要》、新旧《五代史》《册府元龟》《资治通鉴》《续资治通鉴长编》《宋会要辑稿》《宋史》《辽史》《金史》,都有大量党项史料,但是在官方文件里,按照《续资治通鉴》所载至北宋宣和七年(1125)以后"党项"一词开始淡出汉文史籍。

汉文献对党项的记载经历了四个阶段,第一阶段是《隋书》和《北史》所载党项兴起,与《后汉书》西羌传所述西羌历史的结束相衔接。隋朝建立之时,汉魏晋南北朝时期的"西羌"渐趋衰微,宕昌、白兰(白狼)乃是西羌的余波,北周灭亡宕昌和白兰(白狼)之后,党项刚刚兴起,势力还很分散,尚没有形成大的部落或正在形成大部落,所以《隋书》云:

> 党项羌者,三苗之后也。其种有宕昌、白狼,皆自称狝猴种。东接临洮、西平,西拒叶护,南北数千里,处山谷间。每姓别为部落,大者五千余骑,小者千余骑。织牦牛尾及羖羺毛以为屋。服裘褐,披毡,以为上饰。俗尚武力,无法令,各为生业,有战阵则相屯聚。无徭赋,不相往来。牧养牦牛、羊、猪以供食,不知稼穑。其俗淫秽蒸报,于诸夷中最为甚。无文字,但候草木以记岁时。三年一聚会,杀牛羊以祭天。人年八十以上死者,以为令终,亲戚不哭,少而死者,则云大枉,共悲哭之。有琵琶、横吹,击缶为节。②

---

① 《隋书》卷八三《党项传》,第1846页。
② 《隋书》卷八三《党项传》,第1845页。

其后关于党项初期社会形态的文字被《北史》及后世的正史、政书所承袭。

到了唐朝中期，《通典》是记载党项发展第二阶段的汉文献。党项部落从分散向形成大的联盟发展，先后出现八个强大部落、六府部落："有细封氏、费听氏、往利氏、颇超氏、野辞氏、房当氏、米擒氏、拓拔氏，而拓拔最为强族。"① "党项有六府部落，曰野利越诗、野利龙儿、野利厥律、儿黄、野海、野窄等。居庆州者号为东山部落，居夏州者号为平夏部落。"② 这是党项主体势力向陕北迁徙的重要阶段。其后这些史实又为其他汉文献所沿袭。

第三阶段是成书于后晋的《旧唐书》和宋仁宗朝的《新唐书》，其标识是增加了拓跋部的崛起和发展，《旧唐书·党项羌》云：

> 有羌酋拓拔赤辞者，初臣属吐谷浑，甚为浑主伏允所昵，与之结婚。及贞观初，诸羌归附，而赤辞不至。李靖之击吐谷浑，赤辞屯狼道坡以抗官军。廓州刺史久且洛生遣使谕以祸福，赤辞曰："我被浑主亲戚之恩，腹心相寄，生死不贰，焉知其他。汝可速去，无令污我刀也。"洛生知其不悟，于是率轻骑袭之，击破赤辞于肃远山，斩首数百级，虏杂畜六千而还。太宗又令岷州都督李道彦说谕之，赤辞从子思头密送诚款，其党拓拔细豆又以所部来降。赤辞见其

---

① （唐）杜佑撰，王文锦等点校：《通典》卷一九〇《边防六·西戎二·党项》，中华书局，1988年，第5169页。

② （后晋）刘昫等撰：《旧唐书》卷一九八《党项羌》，中华书局，1975年，第5293页。

宗党离,始有归化之意。后岷州都督刘师立复遣人招诱,于是与思头并率众内属,拜赤辞为西戎州都督,赐姓李氏,自此职贡不绝。其后吐蕃强盛,拓拔氏渐为所逼,遂请内徙,始移其部落于庆州,置静边等州以处之。其故地陷于吐蕃,其处者为其役属,吐蕃谓之"弭药"。①

《新唐书》在《旧唐书》基础上又增加拓跋部镇压黄巢起义的史实:

> 始,天宝末,平夏部有战功,擢容州刺史、天柱军使。其裔孙拓拔思恭,咸通末窃据宥州,称刺史。黄巢入长安,与鄜州李孝昌坛而坎牲,誓讨贼,僖宗贤之,以为左武卫将军,权知夏绥银节度事。次王桥,为巢所败,更与郑畋四节度盟,屯渭桥。中和二年,诏为京城西面都统、检校司空、同中书门下平章事。俄进四面都统,权知京兆尹。贼平,兼太子太傅,封夏国公,赐姓李。嗣襄王煴之乱,诏思恭讨贼,兵不出,卒。以弟思谏代为定难节度使,思孝为保大节度、鄜坊丹翟等州观察使,并检校司徒、同中书门下平章事。王行瑜反,以思孝为北面招讨使,思谏东北面招讨使。思孝亦因乱取鄜州,遂为节度使,累兼侍中。以老荐弟思敬为保大军兵马留后,俄为节度使。②

---

①《旧唐书》卷一九八《党项羌》,第5291—5292页。
②(宋)欧阳修、宋祁撰:《新唐书》卷二二一上《党项》,中华书局,1975年,第6218页。

第2章 党项、Tangut名词在中外文献中的流变 | 57

至此，党项羌拓跋部的兴起成长与吐蕃的盛衰共同构成了隋唐时期继汉魏以降"西羌"发展的新阶段。

第四个阶段是新旧《五代史》开始将党项拓跋部（李姓）与其他党项分别立传。即党项拓跋部《李仁福传》与《党项羌传》分立。值得注意的是，《旧五代史》将《李仁福传》置于"世袭列传"，而将《党项传》置于外国传；《新五代史》将《李仁福传》置于"杂传"，而《党项传》则置于"四夷"附录。显然新旧《五代史》的编纂者将党项拓跋部视作唐朝后期的藩镇，而没有归入外国或四夷。其后记载宋代历史的主要官私史籍如《册府元龟》《宋会要》《文献通考》《宋史》等都延续了这种做法，正如《宋史·夏国传》所论："拓跋氏考诸前史可见也。自赤辞纳款于贞观，立功于天宝，思恭以宥州著节于咸通，夏虽未称国，而王其土久矣。子孙历王五代。宋兴，太祖即西平王加彝兴太尉，德明在祥符间已追帝其父于国中，逮元昊始显称帝，厥后因之，与金同亡。概其历世二百五十八年。"[①]党项拓跋部在唐末五代实际上已是进入帝制国家体制的一个政治实体，与仍然分散在宋的西部边区、辽和金境内的党项诸部落有了质的不同，亦即与部落联盟阶段的党项诸部分道扬镳了。[②]

---

① 《宋史》卷四八六《外国二·夏国下》，第14030页。

② 周伟洲云：唐末党项拓跋氏的崛起，成为割据夏州的一大势力。这就使拓跋氏从整个党项族中游离出来，成为统治上层。其所统治的夏州、宥州、银州、绥州地区，包括了汉、回鹘、西域胡及党项等族。这一点具有十分重要的意义：一方面以党项拓跋氏为中心的割据势力，逐渐成为分散于各地的党项部的中心；另一方面却又使党项拓跋氏一族高居于党项诸部之上，迅速汉化，与其余党项诸部走上了不同的发展道路。这就是五代至宋的史籍中，将党项拓跋氏及其所建西夏与其他党项诸部分开立传的主要原因（《早期党项史研究》，第111页）。

值得注意的是,成书于1145年的朝鲜史籍《三国史记》卷五、卷二八和成书于19世纪的朝鲜史籍《大东地志》卷四,都有党项城的记载,党项城存在的时间是公元475年、643年。党项城在阳湾一带,大致属于马韩54国中的"爱襄国",此后3—4世纪被编入百济领域的该地区称为党城,其后随着对外交流的频繁,又称党项城,百济鼎盛时与唐朝交往后又称为"唐项城"。韩语"党"与"唐"发音相同,都是"dang"。但是韩国学者目前不能回答唐朝之前半岛有党项城的具体史实。有待今后深入研究。①

在这里需要特别指出的是,契丹人使用契丹小字对音作"唐古",与《辽史》所载"唐古"相同,是指辽境内的部落名称或官名。②这是突厥语"Tangut"目前所知最早的汉语对音。

但是在唐宋所有汉文献均未见汉语对音"唐古特"。

2.非汉文献记述的唐古特流变

记述唐古特最早的非汉文献是突厥语《毗伽可汗碑》(735),其东面第24行:"当我十七岁时,我出征𐰇𐰚𐰑(党项,tangut),我

---

① 韩国史籍的相关记载是由韩国中央大学曹福铉先生提供。

② 参见刘浦江、康鹏:《契丹小字词汇索引》,中华书局,2014年,第340页,参考文献所录《萧仲恭墓志》《耶律仁先墓志》《萧图古辞墓志》。另参见〔日〕丰田五郎著,萧爱民译:《耶律仁先墓志所见的契丹小字官名》,《北方民族文化新论》,哈尔滨出版社,2001年,第383页;韩宝兴:《契丹小字〈耶律仁先墓志〉考释》,《内蒙古大学学报(哲学社会科学版)》1991年第1期。近期再次与康鹏教授确认契丹小字唐古的确切含义,康鹏复函胪列说有四个含义:一、以唐古代指西夏,二、以唐古指称党项,三、以唐古指称唐古部族,四、以唐古作为人名。

击败了党项人民,在那里获取了其男儿、妇女、马匹、财物。"①

　　自此以后二百多年中,唐古特一词绝少出现在包括碑刻在内的历史文献中,直到9世纪后期至10世纪,在吐鲁番出土的粟特文买婢契中:"吐鲁番发现的1件粟特语文书(T. ii. D. 94)记录了9至10世纪粟特人在欧亚大陆的经商路线。这条商路自西而东为拂林、苫国、波斯、安国、吐火罗、石国、粟特、石汗那、汉盘陀、佉沙、于阗、龟兹、焉耆、喀喇沙尔、高昌、萨毗、吐蕃、吐浑、弭药和薄骨律。"②

　　上引自林梅村先生的文章,但弭药似应翻作唐古特。③据此,美国学者邓如萍(Ruth W. Dunnell)归纳总结说:"唐古特一词的阿尔泰语形,反而是经过中亚的媒介,来自图伯特(按:吐蕃)人的自称。不同的唐古特民族的名称,出现于和阗文和

────────

① 林幹:《突厥与回纥史》,第263页。"阿尔浑河畔的突厥铭,最初是在一八八九年被俄国N. Yardrinzeff所领导的探险队发现的。发现的地点在阿尔浑河右岸的和硕柴达木湖旁边。当时发现的,有两个碑铭,即阙特勤和苾伽(毗伽)可汗碑。"将此碑文的德文英文译本翻译介绍到国内的是韩儒林先生(马长寿:《论突厥人和突厥汗国的社会变革(下)》,《历史研究》1958年第4期)。

② 林梅村:《粟特文买婢契与丝绸之路上的女奴贸易》,《西域文明:考古、民族、语言和宗教新论》,东方出版社,1995年,第71页。按:荣新江先生曾告诉笔者:"如果说比突厥文献更早的粟特文献中,应当没有唐古特。如果说晚期(10世纪左右)的粟特语文献中,《国名表》(Nafnāmak)中有唐古特。"

③ 荣新江在《出土文献所见丝绸之路概说》(《北京大学学报(哲学社会科学版)》2016年第1期)引了林梅村教授论文中的吐鲁番出土的粟特文买婢契,笔者以为文中弭药肯定是党项地区,后经荣新江教授确认粟特文的原文是tnghwt,译作唐古特更佳。之后新江先生就把林梅村所引的外文资料的原文发给笔者,这大致是见于粟特文较早的记载。

粟特文的文书,并且和波斯、阿拉伯、叙利亚文的图伯特或图伯特人的名称形式类似。其必然的结论是,唐古特这个名称成为中亚和北亚人用以称呼北部图伯特人和居住在安多－阔阔淖尔（Amdo-kokonor）地区的其他部族。因此,唐古特这个名称大量地散见于11至14世纪及其以后的突厥文、波斯文、阿拉伯文的史料,如喀什噶里的著作《纳昔里史纪》（*Tabakāti-Nāsiri* 约1260）、术外尼（Juvaini）和拉施德哀丁的《史纪》《拉施迪史纪》（*Tārīkh-i-Rašidi* 16世纪）等。也可能见于加利西安－伏利尼安（Galician-Volynian）的编年史,在斯拉夫族的编年史中作为初次提出的一个东亚民族,同时也见于后来主要据15至17世纪伊斯兰史料编制的、包括乌孜别克联盟在内的部族表中。"①

　　11世纪70年代,畏兀儿人穆罕木德·喀什噶里用阿拉伯语注解、编刊的《突厥大词典》（*Dīwān Luγāt at-Turk*）涉及西夏,但该书是按照唐朝时期突厥对党项的称呼"唐古特"进行叙事,而且把"唐古特"列为突厥的部落之一。"喀什噶里没有把唐古特人和图伯特人（汉文的吐蕃）相混,图伯特人虽然居于突厥的土地,但叫Tübbüt。Tübbüt不见于喀什噶里的突厥部族表。喀什噶里在其书中的另一处给唐古特下了这样一个界说:'突厥的一个部族名,他们靠近中国而居,但声明源自阿拉伯。'丹柯夫（Dankoff）指出,最后一句也可读作:'他们声明,我们（即我们突厥族?）源自阿拉伯。'更有趣的是丹柯夫据喀什噶里原文重新组织的一段韵文,这段韵文明显地描写了唐古特征服一个叫

<hr>

① 〔美〕R. W. 邓内尔（邓如萍）:《唐古特是什么民族?——论唐古特的族源和族名》,《民族译丛》1985年第4期。索介然译自西德《亚洲史学报》第18卷第1期,1984年英文版。

作 Qātūn(Khātūn 可敦)Sīni 地方的战役,这个地名,意为'皇后之墓',并说它位于唐古特和中国（意为契丹的领土）之间。这很可能说的是关于唐古特征服甘肃走廊（1020—1030）的事件,而且和甘州回鹘进行了一场苦战。"①

　　Tangut 是突厥的一个部族名,是靠近中国（指契丹）的定居民族。"关于突厥诸部语言的分野,作者作了更加详细的记述:'操最纯正的语言的是那些只懂一种语言、未曾与波斯人相混、也未曾在其他地区居住过的人。通晓两种语言及与城镇有往来的人,如粟特人、Käncäk 人、Argu 地区人,讲话时就带了一定的柔性。和阗、吐蕃和住在突厥人境内的一些唐古特人/党项人就属于第二类型。"②

　　景教教徒畏兀儿人（今译维吾尔）拉班·扫马（叙利亚语: ܪܒܢ ܨܘܡܐ;Rabban Sauma,1225 年—1294 年 1 月 10 日）,或称巴·扫马（Bar Sauma）。1276 年,扫马和马古斯得到忽必烈的许可,前往耶路撒冷朝圣,经过四年的跋涉,两人经过了西夏、和田、喀什、苦盏等地,最终到达伊尔汗国首都蔑剌哈城（今伊朗境内马腊格）,见到了景教大主教马·登哈（Mar Dinha）。19 世纪后期发现了写于伊尔汗国时代的《拉班·扫马和马克的西行记》手抄本。据俄国西夏学者克恰诺夫介绍:"从叙利亚文写成的《大总管雅巴拉哈三世及拉班·扫马传》中的一篇文章中,我们了解到这些:唐古特人大主教的斋戒,两名景教僧徒从北京去

────────────

① 〔美〕R. W. 邓内尔（邓如萍）:《唐古特是什么民族? ——论唐古特的族源和族名》。参见白玉冬:《"可敦墓"考——兼论十一世纪初期契丹与中亚之交通》,《历史研究》2017 年第 4 期。

② 张广达:《关于马合木·喀什噶里的〈突厥语词汇〉与见于此书的圆形地图》,《中央民族学院学报》1978 年第 2 期。

往耶路撒冷,畏兀儿人在种族属性方面与西夏境内的基督徒兄弟是一致的,……不管怎样,13世纪中叶在西夏故地杂居着西夏遗民——唐古特人、汉人、吐蕃人、维吾尔人及其他我们不了解或是了解但不能将它们等同起来的民族共同体。"①这是叙利亚文有关"唐古特"的记载。

13—14世纪的马可·波罗(Marco Polo,1254—1324)是著名的旅行家,作于13—14世纪的《马可波罗游记》,用法文和波斯语记述了元代的西夏行省沙州、肃州、甘州、凉州唐古特人的生活状态及宗教。

13—14世纪编著的《蒙古秘史》(现存汉文本《元朝秘史》)将西夏称为"唐兀惕"。"也速该汗因他来投奔,亲自率领军队把古儿汗赶走到合申(注释:合申为汉语"河西"之音转,即西夏)。"②"亦难察汗派出军队(攻打王汗),王汗经过三座城逃走,逃到了合剌契丹(西辽)的古儿汗处。(后来,)他背叛了古儿汗,经过畏兀儿的城、唐忽惕(注释:唐忽惕,《秘史》又译唐兀惕,即"党项"之音转,为蒙古人对党项族建立的西夏国〔1038—1227〕的称呼)。"③

14世纪初波斯人拉施特编写的《史集》将西夏称为"唐兀惕地区"(wilãyat-Itankqūt)。这个"唐兀惕"在有的文献中也被称为"党项国",《史集》第三编载有各有君主的九个较大的部落、民族(主要是突厥语族部落、民族)志:客列亦惕、乃蛮、汪古

①〔俄〕叶甫盖尼·克恰诺夫著,李梅景、史志林编译:《元帝国时期(13—14世纪)唐古特民族与宗教变更》,《甘肃广播电视大学学报》2015年第5期。
②《蒙古秘史》第150节。
③《蒙古秘史》第151节。

惕、畏兀儿、别克邻、乞儿吉思、哈剌鲁、钦察，其中唐兀惕[It(a)nkqūt]部落：

> 这个部落大部分住在城市和村镇里，但它非常好战，并拥有庞大的军队。唐兀惕人曾多次与成吉思汗及其宗族（兀鲁黑）作战。他们的君主名叫龙-沙答儿忽（lūnk-šādargū）。在唐兀惕人国内，有许多由城市、村落和堡寨组成的领地，还有许多走向不同的山脉。整个（国家）位于一座横亘其前的大山之旁；山名阿剌筛[大概指现今宁夏回族自治区贺兰山山脉，它沿着河套从西南向东延伸——译者注]。这个国家的边境附近就是乞台（在当时系指中国的北方边境地区[马可波罗书作Cataya，据他说，那里有许多基督教徒、偶像教徒和伊斯兰教徒]；摩至那[又作蛮子]系指华南——译者注）。南家思、蛮子、成-帖木儿都在这个国家的附近。
>
> 在窝阔台合罕时代，那里常有[蒙古]军队，在忽必烈合罕时曾派遣……[原阙]。
>
> 以前，蒙古人称这个地区为合申（qāsinī）。窝阔台合罕的儿子、海都的父亲合申死后，禁用合申的名称。从此，这个国家重新被称为唐兀惕，迄今还称以此名。在成吉思汗和窝阔台合罕时代，曾几度前往该地区并派去军队；因为唐兀惕人是一个好战而又强大的部落，所以经常起来作乱。他们终于被征服了，[但后来]重又举叛。①

①〔波斯〕拉施特主编，余大钧、周建奇译：《史集》第一卷第一分册，商务印书馆，2017年，第240—244页。

以下记载蒙古征服西夏和征用西夏人的史实。另外在中译本第28、77、102、130—132、140、143、144、148、197页都有唐兀惕的记载。

明代大致延续《宋史》《辽史》《金史》对西夏的看法。值得注意的是,明代人在《河西译语》有一条十分引人注目的译语:"河西国:倘吾的。"据聂鸿音研究,此处"倘吾的"无疑是Tangut的对音,这个词在元代多译作"唐兀"或"唐兀惕",一般认为指当年的西夏故地。[①]明初翰林译员出于教学蒙古语的需要,将《蒙古秘史》用汉字音写蒙古语原文,逐词傍注汉译,并分段作了节译,题名《元朝秘史》。另外明代后期人王圻《续文献通考》卷三三〇载:"'(吐蕃)或云出自党项,伪称唐古特。'按:党项为汉时西羌别种,至唐代仍有党项羌,至宋代曾建国,史称西夏,与吐蕃同时存在,此说无足论矣。"[②]"伪称唐古特"可能是从元以后指称地域而来,由此可见元朝以后党项、吐蕃在官方文献中发生了混淆。

非汉文文献对音"党项"为"唐古"(当然具体对音翻译字词上有所差别),从上引材料可知,有突厥语、于阗塞语、契丹语、女真语、藏语、蒙古语、波斯语、叙利亚语和满语等。在这些语种中对音汉文献中的党项为"唐古"主要见于突厥语和蒙古语。除了于阗塞语外,其他语种"唐古"指称党项均是受突厥语,特别是受成吉思汗征西夏又死于征战过程中的历史故事的影响。

---

① 聂鸿音:《再论河西译语》,《文献》2019年第5期。
② 林冠群:《唐代吐蕃史研究》,联经出版事业股份有限公司,2011年,第35页。

二、党项与"Tangut"（唐古特）之间关系蠡测

从时间发展序列来看,非汉文的"Tangut"（唐古特）对音所指内涵是有很大变化的。突厥碑铭中的"Tangut"是指党项部落,因为8世纪前半叶党项羌还没有出现高级政治体。而毗伽可汗与党项部族交战时期,突厥族与党项族均早已被唐朝安置在河套地区边界,且此前也曾共同参与唐朝征伐吐谷浑的战争,[1]在北朝隋唐相遇之际,党项和突厥都在唐朝初期编修前代史书中列有专传,当时党项人没有文字,留在突厥文碑的记载自然只能是来自唐朝官方命名的音译。

与突厥语、蒙古语有亲缘关系的契丹语、女真语中出现的"唐古",除了人名、官名外,主要是指党项部落,蔡美彪认为《金史》中的唐古部,始设于辽圣宗时。辽圣宗设置了三十四属部,以唐古户置部,研究者多以为乃蒙古斯之异译。但《辽史·营卫志》说它是"以唐古户置"。大抵辽金文献中所谓唐古,犹如阻卜或鞑靼用以泛称北方诸族一样,系用以泛称西北诸族及不知名的部落,并非专指党项族人,更不是专称西夏。[2]这大致得到学界的认同。但是《辽史》和《金史》中也有"党项"的记载,这如何解释?有学者推断说:"契丹统治者为了区分两种性质不同的党项部落,采用了两种不同的译名,将那些顺服归化了的

---

① 张万静:《突厥和党项关系略考》,《宁夏社会科学》2006年第6期。
② 蔡美彪:《乣与乣军之演变》,《元史论丛》第二辑,中华书局,1983年,后收入氏著《辽金元史考索》,中华书局,2012年,第224页。

党项部落称之为‘唐古’，即将党项最原始的称呼还归了顺化的党项部落，而将那些尚未顺服归化的党项部落则仍称之为‘党项’。"①这种解释似有道理，却难以成立。这是因为，突厥人打败唐古特人比汉语文献出现党项要晚近二百年，二百年前并无类似归顺突厥的任何记载。据研究，"党项族是魏晋以后出现的一个杂糅融合了北方诸种部落的新的民族共同体"。②唐太宗以后，"内徙党项所居之河套南北，还杂有许多原突厥降户、昭武九姓胡等，他们之间的交往及相互影响是自不待言的。正因为党项的内迁西北，与属阿尔泰语系的北方诸族杂居错处，交往密切"。③"综合以往的研究，说明《隋书·党项传》中的‘党项’涵义，应是在‘东起临洮、西平，西拒叶护’这一范围之内所居住的鲜卑、羌、匈奴等多种族的部落集合体的总称。"④可见早期在漠北的党项族中有类似的突厥部落应是可信的。而契丹早期历史正在漠北，其征服的党项部落中包括"唐古"。但是唐朝贞观以后党项被迫内迁，与漠北渐行渐远了，随着契丹人进入汉语区域并建立国家，党项已是糅合了突厥降户和操阿尔泰语的部落，成为以羌族为主体的民族共同体，遂接受汉语的"党项"称谓。经查，《辽史》涉及"党项"记载165处，绝大多数都是与讨伐党项、党项进贡以及战争相关，说明《辽史》所记党项是辽朝境内外

① 汤开建:《关于弥罗国、弥药、河西党项及唐古诸问题的考辨》,《西北第二民族学院学报（哲学社会科学版）》2000年第1期。
② 汤开建:《关于弥罗国、弥药、河西党项及唐古诸问题的考辨》,《西北第二民族学院学报（哲学社会科学版）》2000年第1期。
③ 周伟洲:《早期党项史研究》,第74、143—145页。参见赵海霞:《鲜卑折掘氏与党项折氏》,《西北民族研究》2011年第2期。
④ 黄兆宏:《"党项"涵义辨析》,《文史杂志》2013年第5期。

散落没有完全融入辽朝，又相对独立的部落，与《宋史·党项传》所载北宋西部边区内外的党项部落的性质是一样的，而"唐古"除了姓名和官名外，应当是辽朝内部东北部的部族，与《突厥大词典》所记"唐古"部族相类。也就是说《辽史》所言"党项"属于党项羌，而所记"唐古"则是辽朝境内具有突厥族特点的部族。

需要补充的是，创制于10世纪前期的契丹小字对音"唐古"，要早于《突厥大词典》将党项人对音唐古人列为突厥部落来看待的记述。但如前所述，契丹人用本民族的语言译作汉语"唐古"，与此同时，所有的唐宋汉文史料没有这样的译音记载，这也从一个侧面证明突厥语的"Tangut"（唐古特）是对音汉语的"党项"，所以笔者不能同意有些学者所谓"党项"是来自对音"Tangut"（唐古特）的说法，亦即"断定'唐古'一词应是党项族的最原始的称呼，应早于'党项'一词"。[①]况且"中央欧亚的游牧骑马民族已知最早的文字史料，是突厥第一汗国时代（552—630）的布古特碑。该碑以粟特语粟特文字书写，被认为出自突厥内部的粟特人。而突厥碑文是第二汗国时代（682—745）出现的，是历史上最早的游牧民族以自己的文字（突厥鲁尼文）记录自己的语言（古突厥语）的碑文，在骑马游牧民族的文化史上具有划时代的意义"。[②]更不用说迄今尚没有在宋以前的汉文史籍中发现对音"唐古"的痕迹。

另外，还有一点需要强调，如果是汉语对音突厥语，按汉代以后中国史书的书写方式，应当将党项置于四夷中的北狄叙

---

① 汤开建：《关于弥罗国、弥药、河西党项及唐古诸问题的考辨》，《西北第二民族学院学报（哲学社会科学版）》2000年第1期。

② 〔日〕铃木宏节撰，罗新译：《暾欲谷碑文研究史概论》，《中国史研究动态》2006年第1期。

事，①但《隋书》及后世正史都将党项置于西羌之后，显然这也从一个侧面说明党项不是鲜卑族，也就是说党项族整体不属于突厥语系的部族。

美国学者邓如萍曾引日本学者的观点称："唐古特和党项都来自图伯特（Tibet，西藏）语的复合词。更可能的是，唐古特一词的阿尔泰语形，反而是经过中亚的媒介，来自图伯特（按：吐蕃）人的自称。"②以此说明唐古特不完全是党项的对音。这个说法只能是一种猜测，因为吐蕃与唐朝正式发生关系是在唐太宗贞观八年（634），而且这一年吐蕃因怀疑吐谷浑对其与唐联姻作梗，而发动战争，打败吐谷浑，同时"又攻党项、白兰羌，破之"。③唐朝鉴于吐蕃对党项的进攻压迫，开始有计划地内迁党项。前面已说到党项见于正史是在公元566年，要比与吐蕃发生联系早近70年，不能用吐蕃的所谓自称来指称党项族。当然邓如萍也没有被日本学者所误导，她还是明确表示，《突厥大词典》的作者"喀什噶里没有把唐古特人和图伯特人（汉文的吐蕃）相混，图伯特人虽然居于突厥的土地，但叫Tübbüt。Tübbüt

---

① 有学者指出，历代中国北方诸族族名，许多是以gu音字结尾的，如："蒙古"、"汪古"、"仆骨"、"拔野古"、"纥骨"、"乌古"、"护骨"、"纥升骨"、"多滥葛"、"兀的哥"、"术不姑"等，西北地区还有一个现代"裕固"民族。腭化了的gu音又作ghu或ghur，即"纥"、"兀"、"侯"、"羽"等，相应的族名则有："蒙兀"、"回纥"、"乌洛侯"、"契苾羽"等，东北地区还有个现代"达斡尔"族。这些以"古"和"纥"或其谐音作其部名尾音的部落，可能多与东胡—鲜卑系民族有某种渊缘（朱学源：《鲜卑民族及其语言（上）》，《满语研究》2000年第1期）。

② 〔美〕R. W. 邓内尔（邓如萍）：《唐古特是什么民族？——论唐古特的族源和族名》，《民族译丛》1985年第4期。

③ 《新唐书》卷二一六上《吐蕃传上》。

不见于喀什噶里的突厥部族表"。①

　　用"唐古"代称西夏则多见于《元朝秘史》《元史》,但指称西夏更多使用"唐兀"。清人毕沅等《续资治通鉴》只有一处用"唐古特"指称西夏故地。即咸淳四年(蒙古至元五年)三月丁丑,"蒙古罢诸路女直、契丹、汉人为达噜噶齐者,回回、辉和尔(回鹘)、奈曼、唐古特人仍旧"。②

　　可以说唐古、唐兀惕、唐古特等对音的普遍使用是在蒙古人建立元朝之时。"进入蒙元时代以后,则最常用来指西夏的原住民及其后裔。例如《元朝秘史》说到西夏百姓时一律用'唐兀惕、'(tangɣut,党项),说到地名时一律用'中合申'(qašin,河西),分别强调的是其民族属性和地理属性。同样,《元史》里介绍入元的党项人时也多使用'唐兀氏'而较少使用'河西人'。"③此话甚是。④

─────────

① 〔美〕R. W. 邓内尔(邓如萍):《唐古特是什么民族?──论唐古特的族源和族名》,《民族译丛》1985年第4期。

② (清)毕沅撰:《续资治通鉴》卷一七八,咸淳四年三月丁丑,中华书局,1957年,第4878页。

③ 聂鸿音:《再论河西译语》,《文献》2019年第5期。

④ 唐古特是中国西北地区一个独立的国家,这个名字在中世纪的中亚旅行者中广为人知。唐古特最终在1227年亡于著名的成吉思汗,其后被划分成五个州,马可波罗用了好几章的篇幅来描述这片地区。当时这里叫作甘肃,是用甘州和肃州这两个主要城市的名字拼合而成的,其地界大致相当于中国现代的甘肃。那里的原住民在汉语里称作"党项",在蒙古语里称作"唐兀"[Tangu]或者带复数词缀的"唐古特"[Tangut],我们正是从蒙古人那里得到这个名称。他们的族人与西南比邻的藏族有密切的亲缘关系,普尔热瓦尔斯基(Prejevalsky)上校收集的当地词汇表反映了这一点,他还对其地域和民众的性格作了有趣的描述。参〔英〕卜士礼(S. W. Bushell):《唐古特的西夏王朝,其钱币和奇特的文字》(初次发表于1895—1896年),载孙伯君编:《国外早期西夏学论集》(一),民族出版社,2005年,第42页。

通过以上对"党项"和"唐古特"概念的文献梳理,可以总结出下面八个显著特点。

1.党项和"Tangut"是汉民族和中古时期中国北族、中亚游牧民族对西夏主体民族的他称。

2.汉文献对党项特别是党项早期历史记载之翔实,其他任何资料无出其右者(包括西夏文文献)。

3.除了以上提及的正史而外,在汉族旧史家(主要是宋朝人)编写的编年史、别史及其方志、碑铭、笔记小说等材料中,尚没有发现与非汉文史籍对音"唐古"指称党项的记载。

4.唐宋汉族史家一律将西夏主体民族按照西羌后继者来书写,而包括突厥语、蒙古语、通古斯语的阿尔泰语系的文献则将西夏主体民族视作突厥族中的一支。

5.《辽史》所言"党项"属于党项羌,而所记"唐古"则是辽朝境内具有突厥族特点的部族。

6.非汉文文献除了对成吉思汗征讨西夏和蒙元时期统治下的西夏故地有较多记载外,对"Tangut"(党项)早期历史的社会形态、社会风俗、社会组织几乎没有留下任何有价值的研究资料。①

7.蒙元时代改变了"Tangut"指称党项部落的原始意义,而

---

① 尽管西田龙雄从西夏语与藏语饮牛乳的相似、藏族传说、蒙古语言等,证明此藏语传说史料与西夏《夏圣根赞歌》的一致性,以此说明西夏的早期历史,来肯定《红史》的价值,但除个别事例外,大多问题不能直接与党项早期历史的历史轨迹相印证,也是不言自明的(《西夏文字解读》,宁夏人民出版社,1998年,第2—27页)。但正如陈庆英指出的:《红史》《王统世系明鉴》《汉藏史籍》《贤者喜宴》的说法都不尽准确,"宋、辽、金、元的改朝换代和西夏的立国在今天已是中学生必备的历史常识,但是对于元明时在西藏寺院中生活的史学家们来说,却是难以掌握的难题"(陈庆英:《简论藏文史籍关于西夏的记载》,《中国藏学》1996年第1期)。

成为西夏国的代称。

8.党项与 𐕣𐕗𐕣（Tangut）关系的演变:6世纪中叶"党项"→8世纪前期𐕣𐕗𐕣（Tangut）→10—16世纪唐古、唐兀、唐兀惕、唐古特→17世纪以后唐古特→今。

三、俄国、欧美、日本学者缘何以"Tangut"指称党项

　　党项的早期历史资料几乎只见于汉文献,但是在俄国、欧美和日本西夏学界,"Tangut"几乎成了一个专用名词。从而出现一个颇为诡异的现象,他们一面引汉文史籍中的党项史料,一面论述的却是唐古特。譬如说日本学者冈崎精郎讨论党项早期历史时,先引《隋书》《通典》等书《党项传》的记载:"牧养牦牛、羊、猪以供食。不知稼穑。""不知耕稼。""不事生产,好为窃盗,常相陵劫。"可是进入讨论时却是一口一个唐古特:"除了谈隋、唐时代的唐古特原来过着游牧生活外,再没有谈别的。""那么,原来是骑马民族的唐古特,为什么在经过了几个世纪以后会丧失了他们游牧的特性呢? 回答这个问题,不能不考虑自唐初以来唐古特向东方的迁移。关于唐古特迁移的详细情况,由于在我过去所著的《唐古特古代史研究》(第一编第一章)中业已叙述,因此,在此省略。"① 又如俄国著名西夏学者克恰诺夫则把

①〔日〕冈崎精郎:《唐古特的游牧与农耕——以西夏崩溃时期的问题为起点》,《民族译丛》1981年第1期。青山摘译自日本《江上波夫教授古稀记念论集》民族、文化篇,1978年。

西夏称为唐古特："唐古特人是很久以前就居住在中国西部边界的羌族人的后代。在公元4—6世纪从西羌分离出的宕昌人及在公元6世纪末又分离出的党项人是唐古特人的祖先。公元7世纪中叶党项族的一部分迁往鄂尔多斯并占据了现在甘肃和陕西省的一些区域。之后党项深入黄河以北的地区并到达黄河西部的阿拉善,可能到达额济纳河。"[①]在克恰诺夫看来西夏主体民族是党项人,但由拓跋氏建立的唐古特则是一个中亚国家。美国学者邓如萍与克恰诺夫相反,她称党项人为唐古特,而称呼西夏则用英文译音。[②]

那么,为什么会出现这种情况呢?细究起来大致有如下几个原因。

其一,据研究,突厥王朝统治时期,粟特文化在中亚遭到了毁灭性打击,到11世纪中期,通行于中亚至东亚的粟特语差不多已经消亡。而6世纪以后到8—10世纪,生活在蒙古草原和阿尔泰山东部的突厥人源源不断地迁到中亚,在中亚一带出现"突厥化",突厥语言对这一地区有很大影响,[③]突厥语"Tangut"也随之"突厥化",如上所述直接影响了蒙古语对党项和西夏的指称。非汉语学者接受中国史,最有影响的史乘源自属于阿尔泰语系的元朝蒙古人的记录和传播。美国学者邓如萍说:"'Tangut'(党项)这个字最初必定是来源于某种阿尔泰语系的

---

① 〔俄〕克恰诺夫著,王颖、张笑峰译:《唐古特国的起源问题》,《西夏学》第7辑。Е.И.Кычанов, История Тангсгского Государства, Санкт-Петербург: Санкт-Петербургского сударственного университета, 2008, 35—44.

② 〔德〕傅海波、〔英〕崔瑞德编:《剑桥中国辽西夏金元史》,中国社会科学出版社,1998年,第172—177页。

③ 参见蓝琪主编:《中亚史》第三卷,商务印书馆,2020年,第362、369页。

形式,此后很可能是通过中亚的媒介——可能是于阗语或粟特语,从吐蕃的自称衍生出来的。"①这只是一种猜测,并没有文献根据。实际上,蒙古语和《元朝秘史》以唐兀惕、唐兀氏指称原西夏故地和西夏后裔对后世产生的影响,远远超过汉文献党项一词的影响。因为宋朝的影响远不能与元朝相比,一是因为元朝在宋朝之后更接近近现代,二是宋守内虚外,文化保守,除了汉语文化圈和东南亚而外,宋的影响极其有限,即使是到了北宋后期,东南亚地区的国家和部落仍把到宋朝做生意称作"住唐"。后来,"党项(汉文中又作"唐古特"或"唐兀")就成了北亚和中亚地区对于某些居住在安都—青海湖、甚至甘肃地区的部落群体的通称。这个名称一直使用到了19世纪。在以后的汉文、突厥文、阿拉伯文的文献中,以及19、20世纪前往汉藏交界地区的西方探险家的传记中,都广泛使用了这个称谓"。②这个说法前半句的猜测可能有些道理,但是说到后来的传布则过于简单,且不尽符合事实。

17世纪出现的三部蒙古史传文学——《蒙古黄金史纲》、罗藏丹津《黄金史》、萨囊彻辰《蒙古源流》,以及1667年成书的编年史——善巴《阿萨喇克其史》,是几部珍贵的蒙古文史书。关于成吉思汗出征西夏,史料多来源于《蒙古秘史》,唐古特一

① 西方学者认为西藏文化主要受到中亚、波斯、印度地区的影响。较少提及与中原汉文化之间的关系,有之,则多以为绝不像唐朝历史文献所记载,对中国文化那么的倾心,而汉史料所载吐蕃自与李唐和亲后,师法李唐所作的努力,认系夸张不实的记载(参见林冠群:《汉藏文化关系新事例试析》,《陕西师范大学学报(哲学社会科学版)》2013年第3期)。由此认为西夏党项族与吐蕃文化同源,故亦倾向于受中亚、漠北、印度的影响(参见《剑桥中国史辽西夏金元史》)。
② 〔德〕傅海波、〔英〕崔瑞德编:《剑桥中国辽西夏金元史》,第174—175页。

词因此得到继续传播。近人编写的《青史演义》中有西夏和唐古特两个王国出现,之所以会出现这种情况,据研究是因为取材不同:"就历史性而言,'唐古特'与'西夏'各自截然不同的史料来源是导致其并存的根本原因。总的来说《青史演义》中'西夏'故事来源于汉文史籍(诸如《元史》《续资治通鉴》等)中'成吉思汗征西夏'的史实;而对于'唐古特'政权,《青史演义》更多是以流传至今的诸蒙古史籍(比如《黄史》《蒙古源流》等)中'成吉思汗征西夏'的故事为蓝本的。"①所以可以想见,《马可波罗游记》《拉班·扫马传》(Rabban Sauma,1225—1294)、《史集》描述蒙古帝国领土,蒙古指称西夏故地的唐兀惕、唐兀氏、唐古特便由这些文献传向世界。

其二,元朝后期纂修《宋史》《辽史》《金史》时,并没有给西夏修一部正史,而是将西夏史减缩内容附在三史,《宋史》夏国传只有23000多字,《辽史》和《金史》西夏传记均不足两千字,西夏史连同其主体民族渐渐淡出史学的主流视野,以致被人们遗忘,直到清朝考据史学为西夏钩沉史迹编出《西夏纪事本末》《西夏书事》等书,但是知道的人还是不多。20世纪初,俄国探险家科兹洛夫在额济纳旗黑水城发现西夏文献9000多号,轰动世界,当时西方学者探寻中国西北边疆史地方兴未艾,西夏学成为一门国际显学,苏俄学者着人先鞭。而俄国学者接受唐古特这个名词,有两个原因。一是与17世纪俄国向外扩张有密切关系,如苏俄学者所说:"蒙古学产生于17世纪之初,它在历史上是与俄国向东方的推进密切联系在一起的。因为俄国到了

---

① 胡守静:《〈青史演义〉中"唐古特"与"西夏"辨析》,《西夏研究》2017年第1期。

东方之后同蒙古人发生直接的接触,并与他们建立起贸易和政治联系。为了发展这些事务关系,就需要拥有在实践中真正掌握蒙古语的人员,而这种人在当时却是极少的。最初开始教授蒙古语言是由于对翻译人员的需要。1724年遂在伊尔库茨克沃茨涅新斯克寺院里开设了第一所这样的学校。"[1]在学习蒙古语和蒙古历史的过程中,依据蒙古史料编纂蒙古历史著作,他们所接受的西夏概念和西夏历史肯定是来自蒙古人惯用的唐古特(tanyut)。二是清代以后,唐古特或唐古忒已演变成专指四川西北的西藏地区。乾隆初年的《西藏志》云:"西藏一隅,诸鉴多未详载,考其地即西吐蕃也,唐曰乌斯国,明曰乌斯藏,今曰图伯特,又曰唐古忒。"[2]清代唐古忒所辖范围包括:"东至四川界,西至大沙海,南至云南界,北至青海及回部界,延袤六千余里。其地有四:曰卫、曰藏、曰喀木、曰阿里,共辖六十余城,互市在四川西徼打箭炉之地。""顺治十年,受封其国称图伯特,即唐古忒。"[3]18、19世纪沙俄向中亚渗透,觊觎清朝的唐古特地区(西藏),党项与吐蕃族历史上的亲缘关系自然会使俄国学者熟悉唐古特一词。

其三,书写和研究突厥史的著作的误导。《突厥大词典》广泛地介绍了喀喇汗王朝时代维吾尔和突厥语系各民族政治、经

① (苏)И. И. 约里什:《蒙古学》,中国社会科学院民族研究所历史研究室资料组《民族译文集》第7集,1979年,第50页(内部资料)。
② 佚名:《西藏志》,张羽新:《中国西藏及甘青川滇藏区方志汇编》第2册,学苑出版社,2003年,第3页。
③《皇朝通志》卷二七,文渊阁四库全书景印本,台湾商务印书馆,1986年,第644册第291页。另参见邓前程、黄辛建:《"唐古特"的意涵演变及其史学价值——以清代西藏地方志为中心的考察》,《西北民族论丛》第19辑,中国社会科学出版社,2019年。

济、历史、地理、文化、宗教、哲学、伦理方面的知识和风土人情，但是对于喀喇汗王朝之外的历史并不是很熟悉，譬如依然用"桃花石"指称中原王朝，对于同时期的西夏仍然用唐朝突厥族对党项的称呼"唐古特"。再如波斯人编撰的《史集》将唐古特人归入突厥族，苏联学者 И. П. 彼特鲁舍夫斯基批评说："拉施特和他的大多数同时代人一样，将亚洲以游牧为生的民族，无论属突厥语系抑蒙古系，统称之为突厥人，而且有些民族，他又时而称为突厥，时而称为蒙古；唐兀惕（西夏）人，及东北部的藏人，也被归入了突厥。换句话说，我们这位作者书中的突厥一词，与其说是人种学上的名词，毋宁说是社会习惯上的用语。拉施特给突厥和蒙古种族作的分类，所遵照的也是中古时代东方通行的世系原则，其根据是部落（更确切些说，部落的领袖汗和王公）起源于一个共同英雄祖先的无稽传说，他也引录了这些传说。作为官方史学代表人物的拉施特，也不可能采取另外的原则。"①中译本的译者对相关史实的按语也指出了这种谬误："拉施特把起源极为不同的中央亚细亚的各种游牧部落，不仅说突厥语的，甚至连说蒙古语的、唐兀惕语和通古斯－满语的，都称为突厥。由此可见，我们这位史学家的突厥一词，并非民族学和语言学上的用语，而是一种社会习惯，即'游牧人'的意思。因此，拉施特的用语，不能用作确定某一部落起源的根据。"②即使到了现代，有些西方学者仍然重复《史集》编纂者的含糊方式处理亚洲游牧部落："我使用突厥来表示所说语言或与突厥语言关

① 〔苏〕И. П. 彼特鲁舍夫斯基：《拉施特及其历史著作》，转引自《史集》第一卷第一分册，第64—65页。

② 〔波斯〕拉施特主编，余大钧、周建奇译：《史集》第一卷第一分册，第190页。

系密切的及最早出现于公元6世纪中叶的任何部落;蒙古表示所讲语言与真正蒙古语关系密切,并于公元12世纪首次出现的任何部落。""公元8世纪的突厥语是曾被使用过的大多数同类语言中的一种。突厥语除了几个借词外,主要是汉语和吐火罗语,也许有一些未被证实说它是绝对'纯洁'的。从那以后,突厥人的历史是十分清楚的。""因此结论是:除了吐谷浑的问题不明外,宇文、奚(Tatabi)和契丹肯定是蒙古语部落,其余全部,即匈奴、乌桓(乌古斯?)、鲜卑、慕容、拓拔(Tavčač)及柔然都是突厥语部落。"①这种误导往往从突厥语的角度看待党项,理所当然称之为"唐古特"。

---

① 〔英〕G.克劳森著,牛汝极、黄建华译:《突厥、蒙古、通古斯》,《西北民族研究》1991年第2期。

第3章 党项羌的起源与党项拓跋氏的族属

　　关于西夏建国前党项族的族源族属,特别是建立西夏王朝的王族拓跋氏的族属,是学界长期争论而没有得到解决的问题。20世纪前半叶最早提出党项源出羌族者为王静如、聂历山（Н.А.Невский）、寺本婉雅、冈崎精郎诸先生踵续。①但是他们多是从语言对音的角度讨论党项源流的问题,其论证尚需历史文献及相关史实的支持。及至20世纪后半叶,国内学者在研讨西夏文和西夏国名时,也曾不同程度涉及西夏民族族属问题,且意见分歧较大。为此,白滨先生曾作过专题介绍。②2004年周伟洲先生在新版《早期党项史研究》绪论中单列一节介绍"党项拓跋氏的族属问题"。③20年前笔者曾应杜建录教授邀请,撰写

---

① 王静如:《西夏国名考》,《西夏研究》第1辑,北平国立中央研究院历史
　语言研究所,1932年。〔苏〕聂历山:《关于西夏国名》,《苏联科学院东方
　研究所集刊》,1963年。〔日〕寺本婉雅:《西藏古代民族の研究（下）》,
　《支那仏教史学》第1卷第3号,1937年。〔日〕冈崎精郎:《唐代党项的
　发展》,《东方史论丛》第1卷,养德社,1947年。
② 白滨:《西夏王族拓跋氏的族属问题》,《党项史研究》,第143—154页。
③ 周伟洲:《早期党项史研究》,第8—16页。

过《20世纪西夏党项拓跋部族属与西夏国名研究》,[①]现在回过头再看当时所写,遗漏资料较多,甚感汗颜。20世纪90年代黑水城出土和国内所藏的大量西夏文献和碑刻资料陆续公布,西夏学研究在21世纪过去的20年里取得很大发展,成果迭出,问题讨论日趋深入细致。其中西夏党项拓跋氏族属问题的讨论亦取得了较大进展。

一、学术史回顾

自20世纪初发现黑水城出土文献以后,西夏学渐成为国际显学,西夏语言和西夏历史的研究都取得很大突破,但是将族属问题正式提出讨论的,大致始于1955年唐嘉弘发表的《关于西夏拓跋氏的族属问题》一文。翌年,杨志玖在《历史教学》上回答读者提出"西夏是不是羌族?"的问题,其观点与唐嘉弘截然不同,由此开始了西夏拓跋氏族属问题的论争,迄今已走过近70年的历程。根据近70年讨论的情况来看,大致形成了四种意见:1.认为党项族是羌族的一支,党项拓跋部亦为羌系。2.认为西夏党项族属羌系,而统治者拓跋氏出自元魏拓跋氏。3.认为党项族和党项拓跋氏均出自鲜卑。4.认为西夏主体民族是多民族融合形成的。下面先从党项源于羌族说说起。

1.党项拓跋源于羌族说
持此说的人有杨志玖、周伟洲、韩荫晟、李范文、陈炳应、白

---

① 杜建录主编:《二十世纪西夏学》,宁夏人民出版社,2004年,第8—24页。

滨、史金波、李志清、张云,以及陈寅恪、吕思勉、尚钺、顾颉刚、金宝祥、漆侠等。

周伟洲《唐代党项》(后改名《早期党项史研究》)一书全面论述了党项的族源及原分布地,是党项源于羌族说的代表作。"中国史籍中有党项专传的是唐魏征等撰的《隋书》、唐李延寿所撰《北史》,杜佑的《通典》中也有《党项传》。五代、北宋时修纂的《旧唐书》《新唐书》《五代会要》、新旧《五代史》,元代所修的《宋史》等,都有党项专传。这些重要的史籍,或直接称党项为'党项羌',或记其源于'三苗之后',或云'汉西羌之别种(或遗种)也'。所谓'三苗之后',乃因汉代史籍称羌'出自三苗,姜姓之别'。总之,史籍所记党项是源于羌。""党项羌应是汉魏后居于今青海、甘南和四川西北的西羌诸部发展而来,是居于这些地区的西羌在北周后的泛称。""从目前已知的文献史料和出土的实物资料来看,党项拓跋氏(即西夏皇族)无论在语言,还是在生活习俗,如发式、服饰、婚姻、葬俗、复仇方式、信仰等方面,都与党项族的其他氏族部落一样,与古代羌系民族更为接近,其族源于汉魏的西羌可能更符合历史真实。"

史金波从语言的角度论证了党项源自羌系:"番语是西夏主体民族番族(即党项族)人所操的语言,是番文化的重要组成部分。包括嵬名氏在内的番族都把番语视为自己的民族语言。可庆幸的是,西夏人给后世留下了多种类型的、反映番语音韵的字典、辞书。""经过几代西夏学家对这些材料从语音、词汇、语法各方面进行分析研究,已经得出一个基本结论:番语(即西夏语)属汉藏语系缅语族。至于西夏语在藏缅语族中属彝语支,还是属羌语支,抑或是一个单独的语支,还在研究探讨之中。一般操藏缅语族语言的民族属羌系民族。因此西夏语的特点及其系属可视为番族为羌系民族的一个重要论据。"①

聂鸿音先生也从西夏语与其主体民族的关系的讨论中得出与史金波较为一致的看法:"西夏语中与其主体民族称号有关的词都可以在藏缅语族语言中找到解释,这与学界对西夏语系属的总体研究结论相合,它说明该国主体民族在建国前很可能是讲汉藏语的,与讲阿尔泰系语言的鲜卑族似无发生学关系。现存的西夏字典中保留了少量阿尔泰系词语,这只能看成是少数民族文化间的影响,而不代表西夏词汇的主流,何况就数量而言,西夏语中的阿尔泰语借词也远远少于藏语借词。""在西夏统治者心目中,他们是古西羌人的后代。"②

著名的藏学家、法国学者石泰安分析党项人与吐蕃人同属羌系:吐蕃人的原始部族叫"猕乌",即"矮人"或"侏儒"。党项羌人也"自称猕猴种",而"猕"字又可以指党项羌一个部族的王家姓氏,即"宕昌"。在羌人中,猕猴与白绵羊经常出现。羌人为了与戈族人相区别而自称"猕族"。利用羊髀骨进行占卜的方法广泛存在于突厥人、蒙古人、吐蕃人、纳西人和西夏人中。羌族人与古代吐蕃人具有许多亲缘关系,但又明显不同,不过羌族是吐蕃民族形成的一种重要成分。吐蕃王朝的中心是在拉萨东南的雅砻江流域。初看起来,有关猴祖的传说似乎更适宜于西藏南部的喜马拉雅山麓,而实际上又可以同时指东部的

---

① 《西夏境内民族考》,《庆祝王钟翰先生八十寿辰学术论文集》,辽宁大学出版社,1993年,第409页。

② 聂鸿音:《关于西夏主体民族起源的语文学思考》,《宁夏社会科学》1996年第5期。

羌族人,也就是汉藏走廊地区的民族杂居地区。①

日本学者杉山正明认为党项族是藏系的一支。"党项族的兴起,在时间和情形方面都出人预料地和沙陀相似。汉字记写为'党项'的唐兀族,原本居住在西藏东部的高山地带和河流纵横交错的平川上。按现在的省界划分,属于四川省的西半部分中偏北的一带地区。而现今的四川省超出原来称为四川地方的盆地状地块,大大向西扩张,面积达到不自然的巨大程度。7世纪吐蕃政权在西藏高原建立,党项的一部分人归属于该政权。"②

张云认为党项与吐蕃有直接的渊源关系。"党项人自称'弥人',且与藏史中传说的董氏(ldong)部落有关。""我们认为,《后汉书·西羌传》中的'东吾'、'东号'、'当煎'、'当阗'以及'东羌',即与藏文史书中的'董'(ldong)或'东'(stong)部族有关。而'迷吾'、'迷唐'等,则与'弭药'或'弥人'有关。他们是党项的祖先部落。"同时他还从藏语中找出了早期党项八部的音译原型。③

2.党项拓跋氏源于鲜卑说

持此说的人有唐嘉弘、王忠、吴天墀、汤开建、李蔚、朱学渊

---

① 〔法〕石泰安著,耿昇译,王尧校订:《汉藏走廊古部族》,中国藏学出版社,2013年。参见耿昇编译:《石泰安教授关于汉藏走廊古部族的研究》,《青海民族学院学报》1989年第4期。

② 〔日〕杉山正明:《疾驰的草原征服者:辽西夏金元》,广西师范大学出版社,2014年,第237—238页。

③ 《党项名义及族源考证》,《首届西夏学国际学术会议论文集》,宁夏人民出版社,1998年,第29—33页。

等。近二十年来似乎肯定拓跋氏源自鲜卑说的较多。

　　唐嘉弘较早地论证西夏王族拓跋氏族属属于鲜卑族系,而非羌系的党项羌,[①]但进入80年代,唐嘉弘改变了自己的看法(详见后)。王忠认为:"西夏民族以党项羌为主,王族则是统治党项羌的鲜卑族拓跋部。"[②]吴天墀在《西夏史稿》再版后记中,坚持一贯的观点,主张对党项共同体的族属一分为二,即党项中的统治族西夏拓跋氏出自元魏拓跋氏,而党项中的被统治族则是人数众多的羌人。其后又专门撰文,在综合唐嘉弘、王忠等人意见基础上作了较为详尽的论证,提出六点理由:"(一)早在元昊二百年前唐人林宝撰写的《元和姓纂》就说拓跋守寂是'东北蕃',亦即鲜卑族;而拓跋守寂就是西夏王室的祖先。而且宋代郑樵《通志·氏族略》第5《代北复姓》条也采录了这个说法。(二)鲜卑人进入羌族地区建立政权的有慕容氏吐谷浑,乞伏氏西秦,秃发氏南凉,是不乏其例的。拓跋氏在党项族中形成统治地位,其事相类;且从拓跋赤辞和吐谷浑的特殊亲昵关系及鲜卑族姓在西夏统治集团占有重要地位这一事实来看,把党项拓跋氏列入鲜卑族,将更能说明某些历史情况。(三)在党项共同体内部既有统治族拓跋氏与被统治族羌人的区分,虽年深月久,混合同化,矛盾之迹已不显著,但细加探索,双方对立的消息,仍然难以掩盖。(四)文献所记,带有标帜性的西夏风俗制度,多沿袭北方民族,而与羌俗有异。(五)党项拓跋氏有'弭药'的称号,吐蕃建国时已具较高文化水平,又魏、周时期北方贵族酋豪有

<hr/>

①《关于西夏拓跋氏的族属问题》,《四川大学学报(哲学社会科学版)》1955年第2期。
②《论西夏的兴起》,《历史研究》1962年第5期。

以'弭药'及'弭俄突'命名之习,殆'弭药'称号所自出。这也说明党项拓跋应属鲜卑而非羌族。(六)新近发现明代编的《河西译语》中的河西语(即党项语)含有颇大的阿尔泰语系的语言成分,与现代学者认为属于南方民族语言系统的西夏语差异很大,这种现象只有党项拓跋氏本是鲜卑族,才易得到合理解释。"

汤开建从20世纪80年代连续发表数篇文章支持唐嘉弘的观点,并有所发展。他认为对于西夏国人自述西夏拓跋氏源出于鲜卑拓跋氏,与元魏同出,既不能轻信,也不能简单否定,而需要找出确凿根据。拓跋鲜卑与羌族的关系,可以归纳为三点:1.文献中的"党项羌"并非纯粹的羌族,而是以鲜卑和羌人融合而成的新的民族共同体。2.由于拓跋鲜卑成了党项族内的统治者,而党项族内主要成分应是"羌",故当时人称拓跋氏为"羌酋"。3.由于拓跋鲜卑长期受羌文化的影响,他们在很大程度上逐渐"羌化"。因此,他们在当时人的心目中鲜卑的印象已基本消失,故史书多称之为"羌",而不言鲜卑。

近年来研究鲜卑族的青年学者在考察吴天墀等人的观点上作了进一步的论证。苗霖霖认为:"党项族是以鲜卑部为统治中心、羌族部落为主体的民族。而党项族统治者拓跋部则是鲜卑秃发部与乞伏部的后裔,在南凉、西秦两个政权相继灭亡后,进入吐谷浑之中,出于凸显与当时北方最大鲜卑政权北魏的关系,但又在某方面以示区别的复杂心理,而将部落名改为'拓拔',既与北魏拓跋部音同,而又字异。吐谷浑政权衰亡后,拓拔部进入党项中,成为其部落中心,并联合了当地的折掘、乙弗等鲜卑部落,共同构成了民族的统治阶层,控制着当地诸羌族部落。"①

　　吕建福通过研究吐谷浑与党项的关系,明确说其论据支持鲜卑说,尤其支持吐谷浑鲜卑说。吐谷浑统治时期,鲜卑部落管辖属部羌人,往往成为羌人首领,这种统辖制度遗留后世,见于西夏。而且从吐谷浑到西夏,鲜卑人充任羌人首领乃是多种史实证明了的惯例。所以西夏的主体民族向来不是单一、纯粹的一个民族,而是由羌、浑两个民族组成的。②

　　美国学者邓如萍概述西方学者的主流观点:"在汉文史料里,唐古特最初叫作党项,认为是一个西羌部族集团,作为统治阔阔淖尔草原的鲜卑吐谷浑的臣属和盟国。当3—7世纪时,发生了一个居于汉—藏边界的羌部族和说阿尔泰语的鲜卑部族的大混合,唐古特人就是从这个大混合中产生的。""唐古特族是一个图伯特化的鲜卑贵族,统治着广大的羌族,非常类似前于他们的吐谷浑。不论唐古特族拓跋氏是图伯特化的鲜卑贵族,或是阿尔泰化的党项贵族,这个问题弄不清楚也无关紧要,但他们统治的居民远不止一个羌族。"③

　　俄国著名学者克恰诺夫在回答"党项拓跋与北魏时期(386—534)的鲜卑拓跋是否有共同的祖先"这个问题时,认为两者具有共同的祖先。认为党项拓跋氏是秃发作为鲜卑拓

① 苗霖霖:《党项鲜卑关系再探讨》,《黑龙江民族丛刊(双月刊)》2014年第4期。又见氏著《中国古代北方游牧民族行国体制研究——以鲜卑为中心的探讨》,黑龙江人民出版社,2019年。
② 吕建福:《羌浑并为西夏主体民族考》,《西北民族论丛》第2辑,中国社会科学出版社,2003年。
③ 〔美〕R. W. 邓内尔(邓如萍):《唐古特是什么民族?——论唐古特的族源和族名》,《民族译丛》1985年第4期。

跋的一个直接分支,进入羌族地区打败羌族,而且迅速受羌人语言的同化而丧失了自己的语言,随着时间的推移,完全有可能从该分支中分离出党项族。他在注中引了罗立夫·斯坦因的论证,指出西夏拓跋起源于北魏拓跋家族的可能性。在《晋书》中指出,北魏朝衰落以后,该朝的遗民居住在Сунчжоу(松州,现在四川的松潘县〔Сунпань〕),保留自己的姓氏拓跋(参见Stein,1951,p.234),之后说:"所有反对者都提不出反对这种观点的理由,因为松州直接位于党项的边界地区,而第一批关于党项拓跋族的记述是在公元6世纪后半叶,稍晚于北魏之衰落(534)。""总之,唐古特人是很久以前就居住在中国西部边界的羌族人的后代。在公元4—6世纪从西羌分离出的宕昌人及在公元6世纪末又分离出的党项人是唐古特人的祖先。"①

2018年段志凌、吕永前发表《唐〈拓拔驮布墓志〉——党项拓拔氏源于鲜卑新证》一文,用碑刻材料为拓跋氏族属鲜卑说提供了新的有力证据。一是《拓拔驮布墓志》所云党项拓拔氏与元魏同源,与《元和姓纂》、崔致远《贺杀黄巢贼徒状》、《李仁宝墓志》、《李彝谨墓志》、《李继筠墓志》等资料,对"唐弘嘉、吴天墀等学者'鲜卑'说","再次佐证,理应采信"。二是印证了后魏、吐谷浑、党项拓拔氏同出一源。三是党项族是以鲜卑部为统治中心、羌族部落为主体的民族共同体或多种部落的集合体。持此观点的学者主要有顾颉刚、汤开建、金宝祥、黄兆宏、苗霖霖等。从拓拔驮布部族与多个民族融合发展的历程来看,这些学

---

① 〔俄〕克恰诺夫著,王颖、张笑峰译:《唐古特国的起源问题》,《西夏学》第7辑,2011年。Е. И. Кычанов, История Тангутского Государств, Санкт-Петербург:Санкт-Петербургского сударственного университета,2008,35-44.

者的论断无疑是极有见地的。另外,试对"羌族说"论据予以辨析。认为《拓拔驮布墓志》所载有力地佐证了吴天墀和魏英邦二位先生"党项与党项拓拔氏并不能简单划等号"的观点。同时认为主拓跋氏羌属说对《元和姓纂》内容正确性的质疑是需再重新认识和商榷的。①

3. 新的研究迹象和旧说的变异与争论

除了以上这两种对立观点之外,自20世纪80年代出现了两个新的迹象。

一是不论西夏主体民族是出自羌系还是源于鲜卑,在其形成发展变迁过程中,已不是由历史上的单一民族发展而来,它是一个经过多民族融合后产生的新的共同体。这是多年来讨论所取得的共识。如汤开建说:"党项族是魏晋以后出现的一个杂糅融合了北方诸种部落的新的民族共同体。特别是从甘、青、川边境地区迁入河套地区以后,又长期与残存在这一地区的北方各胡族(如匈奴、突厥、沙陀、鞑靼、吐浑)杂处、通婚,更增加了这一民族的混血成分。尤其是唐后期党项势力大发展时,当时居住在河套南北的一些势力较为微弱的部落加入党项这个民族共同体中,当时的唐人称党项为'杂虏'、'杂种'、'杂羌',这恐怕是很重要的原因。"②

持党项羌为羌族的学者周伟洲先生说:"由于党项、吐谷浑、室韦等处于杂居的状态,三者社会发展情况相近,相互影响

---

① 《唐〈拓拔驮布墓志〉——党项拓拔氏源于鲜卑新证》,《中国国家博物馆馆刊》2018年第1期。

② 汤开建:《关于弥罗国、弥药、河西党项及唐古诸问题的考辨》,《西北第二民族学院学报(哲社版)》2000年第1期。

至深。此外内徙党项所居之河套南北，还杂有许多原突厥降户、昭武九姓胡等，他们之间的交往及相互影响是自不待言的。正因为党项的内迁西北，与属阿尔泰语系的北方诸族杂居错处，交往密切，因而党项无论从风俗习惯或是语言文化，都深受北方民族的影响。这就是后来内徙党项建立的西夏政权中，政治、经济和文化无不带有北方民族特点的根本原因。"同时也承认党项族有鲜卑的成分："府州党项折氏源于鲜卑折掘氏是可信的。"①

二是对于党项源于鲜卑说不再限于党项羌统治者拓跋氏而是把党项族划入鲜卑族。1981年8月在银川举行的西夏研究学术讨论会上，唐嘉弘在提交会议的论文《论西夏拓跋氏、甲绒、吐蕃和羌人的族源关系》中，发展了他自己在前文中的观点，提出了把党项划入鲜卑族系的说法。1988年他又在纪念王静如教授从事学术活动60周年的论文集中提交《再论西夏拓跋氏的族属问题》一文，再次否定了党项是羌族的传统说法，而提出党项为鲜卑。②唐嘉弘更明确地指出历史上的拓跋氏有鲜卑拓跋氏、党项拓跋氏、西夏拓跋氏和吐谷浑拓跋氏。这四支拓跋氏"均由'鲜卑·匈奴'族群的拓跋氏增殖裂变，演化而成。他们都曾建国于群羌故地"。③

汤开建受唐嘉弘启发，亦随之改变了自己的主张，即党项的

① 周伟洲：《早期党项史研究》，第74，143—145页。参见赵海霞：《鲜卑折掘氏与党项折氏》，《西北民族研究》2011年第2期。
② 白滨：《西夏王族拓跋氏的族属问题》，《党项史研究》，第143—154页。
③ 唐嘉弘：《再论西夏拓跋氏族的族属问题》，《中国民族史研究（二）》，中央民族学院出版社，1989年。

族属来自鲜卑。①2009年,汤开建重新修订1996年发表的《党项源流新证》一文,对自己过去的观点作了较大的补充论证,并且回应了对主张党项族属羌系的反驳。值得注意的是,汤开建第一次"考对各种汉、夏、藏文文献,其中透露的种种信息均可证明,党项最早的原居地在东北地区,特别是朝鲜半岛有'党项城'的记录更可证明,党项族源为东北民族。凡此种种,我认为党项应源出鲜卑,而非羌或藏"。②汤开建的这篇文章可谓是主张党项源自鲜卑说迄今最为系统的论述。旅美学者朱学渊亦从民族语言的发展解读西夏民族的族源,他说学界在争论西夏民族的族源时,很少有人设想他们是"西戎"之裔。其实,"党项"就是"东胡","弭药"就是"靺鞨"。《隋书·党项传》说它"自称猕猴种","猕猴"就是"弭药"或"靺鞨"之异音。看来,西夏民族既认同鲜卑—东胡系的祖先,亦认同通古斯—靺鞨系的祖先,他们是来自北方的通古斯、鲜卑系部落。③

唐嘉弘和汤开建的观点,自然受到坚持不论党项族还是党项拓跋氏均源于羌族的学者的激烈反对。周伟洲《早期党项史研究》在原《唐代党项》一书"关于党项拓跋氏的族属问题"基础上,修订的《党项拓跋氏的族属问题》对汤开建、吴天墀的观点进行了全面的质疑,指出文献和碑铭中,多有将西夏统治者与"羌"人对立起来的论述,至于文献中记载西夏的风俗制度,多沿袭北方民族,集中反映了持党项族(包括拓跋氏)源于羌

---

① 汤开建:《党项源流新证》,《宁夏社会科学》1996年第1期。
② 汤开建:《党项源流新证》,《暨南史学》第一辑,2002年。
③《中国北方诸族的源流》,中华书局,2002年,第276—278页。

系说的反对意见。①其后2004年周伟洲在研究主羌说的《拓拔守寂墓志》(唐开元二十五年),和主鲜卑说的《破丑氏夫人墓志》(后唐长兴元年)、《李仁宝墓志》(后晋开运三年)三通碑刻之后,仍然坚持党项拓跋氏源于羌族说。强调"前述诸墓志恰好暴露和揭示了党项拓拔氏攀附北魏皇族鲜卑拓跋氏的'马脚'及其过程"。并继续质疑《元和姓纂》的记载:"林宝撰《元和姓纂》卷十拓跋氏条中,就将拓拔守寂一族与元魏拓跋氏联系在一起,云其'亦东北番也'。过去,学界为此记载争论不休,事实上《元和姓纂》一书往往将各个姓氏之来源未加清厘,捕风捉影、轻信攀附、冒认祖先之例比比皆是。""由此可见,至少在开元、天宝时,党项拓拔氏自认为的祖先是源于西北羌族的。元和时林宝《元和姓纂》所记不足凭信。""至唐末拓拔思恭成为雄踞夏州的藩镇之后,史籍及出土文物对其祖源的记载才发生了根本的变化。也就在此之后,汉化日深的党项拓拔氏雄踞夏州,赐姓李氏,于是耻于再言其祖源于西北之戎狄——羌族,而当时又有党项拓拔氏源于阴山贵种、元魏帝室拓跋氏之说,在当时姓氏、种族攀附之风的影响下,自然就顺理成章地攀附上元魏帝室鲜卑拓跋氏为其祖先。这也就是出现在五代时党项拓拔氏(李氏)的墓志,甚至文献中,云其祖先为元魏拓跋氏后裔之由来。"②

另外,虽然周伟洲认为党项折氏源自鲜卑族,但是"这里还必须说明的是,党项折氏之源于鲜卑,并不能证明党项拓跋氏亦

---

① 《唐代党项》,三秦出版社,1988年,第7—13页。另参见李范文:《再论西夏党项族的来源与变迁》,《首届西夏学国际学术会议论文集》,第1—19页。

② 周伟洲:《陕北出土三方唐五代党项拓拔氏墓志考释——兼论党项拓拔氏之族源问题》,《民族研究》2004年第6期。

源于鲜卑。因为党项折氏原为鲜卑折掘氏,魏晋时迁于青海与党项等杂处,有大量史籍记载为证;而鲜卑拓跋氏何时迁入今青海、甘南和四川西北党项原始地则未见有记载。其次党项内徙以后,居于河套南北,与漠北及当时诸族杂居错处,有的民族(如汉、突厥、西域胡及鲜卑诸部)逐渐融入党项之中,府州折氏就是一个最好的例证。故折氏与党项拓跋氏的族源可以说是两回事,不能混而为一"。①

4.几点评议

对西夏主体民族族源的讨论,虽然迄今未能取得共识,且分歧依旧,但经宏观考察和个案分析,讨论已愈来愈深入,这对澄清和认识西夏民族的由来与发展,以及探索相关的问题有着重要意义。为了进一步开展研究,这里综合上述谈几点浅见。

学界分歧表现在:是羌族融合、分化、吸收其他民族形成党项羌,"也可能在西夏时期番族(即党项族)的范围较宽,并且是一个界限不很严格的人们共同体。……总之,如果把西夏番族看成是一个可以容纳其他民族成分的族体,那么,其中有鲜卑族或其他别的民族成分也都是可以理解的",②还是鲜卑族融合、分化、吸收其他民族形成党项族,"由于党项族力量不断发展强大,遂有多个民族融入党项族内,使党项发展成为一个多民族的共同体,而且成分极为复杂。……亦有一部分羌人也融进了党项部落之中"。③这种共识下的分歧应当说是学术争鸣的进步,

---

① 周伟洲:《早期党项史研究》,第145页。
② 史金波:《西夏境内民族考》,《庆祝王钟翰先生八十寿辰学术论文集》,第409页。
③ 汤开建:《党项源流新证》,《宁夏社会科学》1996年第4期。

它为今后取得进一步的共识打下了坚实基础。

持西夏主体民族（包括党项拓跋氏）源自羌系说法的人数众多，且有基本史籍为凭，似形成一种定论。但对持鲜卑说者所举证据的驳斥并没有作出令人信服的否定，特别是进入21世纪以来新出土的墓志为党项拓跋氏源自鲜卑提供了强有力的证据，仅从质疑《元和姓纂》和党项拓跋氏攀附说亦难以令人信服。当然，持鲜卑说者，不断发掘新的材料，变换新的角度，似亦可以成为一家之言，但是将党项羌划入鲜卑族，迄今仍未发掘直接确实的证据，而是多属间接性的历史逻辑性推测。更为重要的是，鲜卑族在隋唐之际，不论是作为民族实体还是政权实体都已消亡而融入其他民族中。所以把隋唐以后的党项再划入鲜卑族，其不能成立的道理也是不言而喻的。

那么近70多年来，双方都有强有力的证据，这个问题为什么不能解决，依然还是两种对立的意见？究其原因，笔者以为与研究方法和心态的偏执分不开。譬如说语言是人类历史的化石。而"族名"作为血缘的语言标识，可能产生于人类语言的早期发育阶段，而它们又往往转化为语言最稳定的深层沉淀：姓氏、人名和地名。因此，通过揭示族名、地名、人名、姓氏的语属信息，来达成某些历史、人类科学的基本结论，是探讨古代民族源流、名称、名号的有效方法之一。事实上，对西夏主体民族（包括党项拓跋氏）族源的探讨，已经较广泛地运用了历史语言信息，且均是对立双方依托的重要证据，某种程度上解决了一些问题，从而推进了问题的讨论。但，毋庸讳言，目前讨论其所以分歧依旧各执一词，与运用历史语言，特别是古代音韵学中的形声字、通假异文、古人的读音、声训、对音等方法过于宽泛或简单随意不无关系。运用和解释历史语言资料既要符合历史语言的内在规律,又要注意历史与逻辑的统一,不能对历史文献中的个别词语简单随意地望文生义或穿凿附会,否则就会差之毫厘,谬以千里。换言之,胡适之先生提倡的"大胆假设,小心求证",仍然是探究西夏民族族属问题时所应遵循的基本方法。

二、党项兴起前羌系族群的概念及其演变

进入21世纪以来,党项族属于羌系为越来越多的学者所赞同,但是党项拓跋氏是党项族还是鲜卑族仍然是讨论的焦点,而且双方都拿出了过硬的碑刻资料。①为什么对立的双方都不能说服对方呢? 仔细考虑双方对资料的解释和商榷意见,似各有偏执,尚需再辨析。

为了说明党项拓跋氏的族属,有必要对党项源于"三苗"等说法作一正本清源的讨论。

持党项族为羌系说的最根本的材料就是正史和政书的记载,为了便于讨论,将持羌系说的正史、政书材料列于下。

《后汉书》卷八七《西羌传》:

---

① 参见周伟洲:《陕北出土三方唐五代党项拓拔氏墓志考释——兼论党项拓拔氏之族源问题》,《民族研究》2004年第6期。周伟洲:《早期党项拓跋氏世系补考》,《西夏研究》2015年第4期。杜建录、白庆元、杨满忠、贺基德:《宋代党项拓跋部大首领李光睿墓志铭考释》,《西夏学》第1辑,2006年。杜建录:《夏州拓跋部的几个问题——新出土五代宋初夏州拓跋政权墓志铭考释》,《西夏研究》2013年第1期。段志凌、吕永前:《唐〈拓拔驮布墓志〉——党项拓拔氏源于鲜卑新证》,《中国国家博物馆馆刊》2018年第1期。

西羌之本,出自三苗,姜姓之别也。其国近南岳。(衡山也。)及舜流四凶,徙之三危,(三危,山,在今沙州敦煌县东南,山有三峰,故曰三危也。)河关之西南羌地是也。(河关,县,属金城郡。已上并《续汉书》文。)滨于赐支,至乎河首,绵地千里。赐支者,《禹贡》所谓析支者也。南接蜀、汉徼外蛮夷,西北接鄯善、车师诸国。所居无常,依随水草。地少五谷,以产牧为业。其俗氏族无定,或以父名母姓为种号。①

《隋书》卷八三《党项传》:

党项羌者,三苗之后也。其种有宕昌、白狼,皆自称猕猴种。②

《北史》卷九六《宕昌传》、《党项传》:

宕昌羌者,其先盖三苗之胤。③
党项羌者,三苗之后也。④

《通典》卷一八九《边防五·西戎一》序略:

---

① (南朝宋)范晔撰,(唐)李贤等注:《后汉书》卷八七《西羌传》,中华书局,1965年,第2869页。
② 《隋书》卷八三《党项传》,第1845页。
③ (唐)李延寿撰:《北史》卷九六《宕昌传》,中华书局,1974年,第3190页。
④ 《北史》卷九六《党项传》,第3192页。

西羌本出三苗，盖姜姓也。其国近衡山。（今长沙、衡阳、零陵、江华等郡地。）及舜，徙之三危，（三危山，今在敦煌郡敦煌县界。）汉金城之西南羌地是也。（今金城、会宁、安乡、西平等郡之西南地。）滨于赐支，（《续汉书》曰：河关西可千余里，有河曲，羌谓之赐支，盖析支也。按汉河关县，属金城郡，则今安乡郡也。其赐支在其西。又按《风俗通》云："羌者其先本戎贱，主牧羊，故羌字从羊。"）至于河首，绵地千里。南接蜀汉徼外蛮夷，西北接鄯善、车师诸国。所居无常，依随水草。地少五谷，产牧为业。其俗氏族无定，或以父名母姓为种号。[1]

《旧唐书》卷一九八《党项羌》：

党项羌，在古析支之地，汉西羌之别种也。[2]

《册府元龟》卷九五六《外臣部·种族》：

党项羌者，三苗之裔也。其种有宕昌、白狼，皆自称猕猴种。又云西羌之别种。魏晋后，西羌微弱，其后连吐谷浑，有大部落，众皆强盛，其族有招抚等。唐时，有六府部落，曰：野利越诗、野利龙儿、野利厥律、儿黄、野海、梅野萃等，居庆州者，号为东山部落；居夏州者，号平夏部落。宕昌国，在河南国之东南、益州之西北、陇西之西，羌种也。

<hr>

① 《通典》卷一八九《边防五·西戎一》序略，第5125页。
② 《旧唐书》卷一九八《党项羌》，第5290页。

其先盖三苗之裔。①

《新唐书》卷二二一上《党项》：

　　党项，汉西羌别种。②

《新五代史》卷七四《四夷附录第三》：

　　党项，西羌之遗种。其国在《禹贡》析支之地。③

《宋史》卷四九一《党项》：

　　党项，古析支之地，汉西羌之别种。④

《文献通考》卷三三四《四裔考十一·党项》：

　　党项羌，三苗之后，在古析支之地。汉西羌之别种，有
宕昌、白狼，皆自称猕猴种。⑤

---

① （宋）王钦若等编纂，周勋初等校订：《册府元龟》（校订本）卷九五六《外
　 臣部·种族》，凤凰出版社，2006年，第11073页。
② 《新唐书》卷二二一上《党项》，第6214页。
③ （宋）欧阳修撰，（宋）徐无党注：《新五代史》卷七四《四夷附录第三》，
　 中华书局，1974年，第912页。
④ 《宋史》卷四九一《外国七·党项》，第14137页。
⑤ 《文献通考》卷三三四《四裔考十一·党项》，第9222页。

从上面所引,不论是讲羌族之始源,还是讲党项羌之始源,基本上都是祖述《后汉书·西羌传》:一是源自三苗,二是属姜姓,三是为西部牧羊人。但是多年来研究党项族族属的学者们都对上述记载的真实性从没有表示过怀疑。其实近三四十年来,这方面的讨论已有相当多的成果给出了新的解释。

1.重新认识正史编纂的历史书写。对于与华夏—汉(唐以前是华—夏或华夏,唐以后是汉)人群相对应的非华夏—汉人群,古代汉文文献在不同语境中使用不同的统称性词汇。在两汉之际,随着经学地位的日益提高,经学对史学编纂的主导思想日趋合流。"经学系统中关于异族的知识,具有强烈的华夏自我中心倾向,应视为华夏单方面的建构。但是,由于华夏在帝国秩序中的话语霸权,这些他称命名中的一部分,转化为周边人群认同的自称族名。"[1]战国以下的人总喜欢把"夷、蛮、戎、狄"四名分配"东、南、西、北"四方。例如《礼记·王制》里说:

> 东方曰夷,被发文身,有不火食者矣。南方曰蛮,雕题交趾,有不火食者矣。西方曰戎,被发衣皮,有不粒食者矣。北方曰狄,衣羽毛穴居,有不粒食者矣。[2]

在西方,"羌"与"戎"都是大名,戎是西方诸族的通称,为表示其地望则曰"西戎"。羌似是某一族的专名,但因他们所占的地方太大,逐渐成了通称,前引《后汉书·西羌传》就把西

---

① 胡鸿:《能夏则大与渐慕华风——政治体视角下的华夏与华夏化》,北京师范大学出版社,2017年,第133页。
② 《十三经注疏》,中华书局,1980年,第835页。

98 | 回望贺兰:西夏文明史再研究

方诸族都收了进去的,因此西方诸族也不妨称为"西羌"或"羌戎"。又因西方诸族之中,氏亦甚大,所以往往连称"氏羌"。我们现在要作细密的分析,使得这一族不为那一族所混淆,几乎成为不可想象的事。①

《后汉书》继承《史记》和《汉书》按经学理念编撰华夏周围非华夏民族列传的主旨,以夷蛮戎狄的框架编次诸传,虽然将西部族群传改为《西羌传》,但是占据的实际是《西戎传》的位置,西羌被视为西戎的继承者。这种观念在西汉经学知识体系中是普遍被接受的,李巡《尔雅注》编造的"六戎"之中有"耆羌",《说文》以羌为"西戎牧羊人"。②应劭《风俗通》也说"羌本西戎,卑贱者也",③而且在叙述殷周时期的戎狄时,两次插入儒家的经典典籍的内容。前引《通典》正文中的小字注是后世继承和定格经史对照的一种反映。聂鸿音认为《说文》对羌的解释:"羌,西戎牧羊人也。从人从羊,羊亦声。南方蛮闽从虫,北方狄从犬,东方貉从豸,西方羌从羊:此六种也。"不仅注意到羌既指牧羊,同时更是涵盖方位的指向,在众讨论者当中可谓只眼。④

2.上古时期的羌族是一个泛称。近年对羌族有很深研究的王明珂先生在《羌在汉藏之间——川西羌族的历史人类学研究》新版序言中说:"羌"曾是古华夏心目中的西方牧羊人或西

① 顾颉刚:《从古籍中探索我国的西部民族——羌族》,《社会科学战线》1980年第1期。
②（汉）许慎撰,陶生魁点校:《说文解字》弟四上,中华书局,2020年,第120页。
③（汉）应劭撰,王利器校注:《风俗通义校注·佚文·祀典》,中华书局,1981年,第488页。
④ 聂鸿音:《关于西夏主体民族起源的语文学思考》,《宁夏社会科学》1996年第5期。

方异族概念,它代表古华夏自觉的我群西方边缘(the sense of otherness)。因此探索华夏历史记忆中"羌人"概念的转变,也便是探索华夏自觉的(或主观认定的)我群西方边缘之变迁。另外他在追思研究羌族的四川著名学者李绍明时说:"虽研究取径不同,但对于目前汉、藏、彝与许多西南民族中都有古'羌人'之裔这一点,则与李先生以及顾颉刚、马长寿、任乃强等先生之见无不同。差异只在于,……其后裔散在今日中国各民族中的古'羌人'对我而言仍多只是华夏心目中的异族范畴,而很难追索其作为'民族'的客观本质与内涵。事实上,在《论氐和羌戎的关系》文中,李先生也认为古代'羌'为一泛称而非某民族自称,只是他不同意古华夏是毫无特殊指涉地使用这一族号来称西方异族。"①

3.上古时期的"三苗"是神话传说大于历史记述。顾颉刚先生在20世纪80年代之初即已说过:《后汉书·西羌传》说"西羌之本,出自三苗,姜姓之别也",似乎说到羌人必当从三苗开头。一部《尚书》才二十八篇,而称说"三苗"或"苗民"的已有《尧典》《皋陶谟》《禹贡》《吕刑》四篇,又似乎这是古代史上的一件大事,不容不讲。我所以竟没有讲,为的是我们所见到的三苗故事只有神话的价值而没有历史的证明。记三苗的神话的有《吕刑》和《山海经》,我已写在另一篇论《山海经》的文章里了。至于《尧典》《皋陶谟》《禹贡》三篇,乃是战国、秦、汉间人把神话加以历史化的作品,我们不该再信。②

---

① 王明珂:《李绍明先生的羌族研究》,《西南民族大学学报(人文社科版)》2009年第12期。
② 顾颉刚:《从古籍中探索我国的西部民族——羌族》,《社会科学战线》1980年第1期。

当然这是从历史实证角度考虑魏晋之后羌与商周时羌之间的历史联系,但正如王明珂先生所言:"汉晋华夏史家所述的羌人祖源历史,文中显示作者视羌为被华夏英雄祖先(黄帝、舜与秦汉帝国之伐羌将领)打败而驱于边缘的污化英雄(逃奴与'好为乱者')的后代,文中又隐喻着'羌'为华夏的一部分(姜姓别支、炎帝后代),但为华夏边缘(炎帝为败于黄帝之手的古帝王)。"①换言之,借助神话传说将羌视作华夏一部分则是汉晋以来史家的共识。

4.秦汉魏晋甘青地区特别是河湟一带的土著羌人尚没有形成"统一的高级政治体"。王俊杰先生在《论商周的羌与秦汉魏晋南北朝的羌》一文中将中国古籍上记载的先秦至魏晋南北朝时期羌的发展历史分作三个阶段:"商周时期的羌是对西北方面诸游牧部落的泛称,而不是一个族名,在商代末年虽然也有个别部落以羌为名,但是伴随着西周灭商,他们当中的一部分进入中原建立姜姓诸国,成了华夏族的组成部分;另一部分留在西北的姜氏之戎到春秋时也迁入中原并融合于华夏之中。因此,商周时期的羌部落已先后消逝,并未形成一个羌族。至于商周时期的戎则是华夏族对于对立的非华夏各部落的泛称。当时被称为戎的各部落出于不同的渊源,分布于不同的地区,彼此隔绝,而且生活习俗以至语言各不相同,根本没有作为一个民族共同体的条件。因此,商周的羌和戎都不是民族,也不能把二者混为一谈。"王先生还分析了《史记》《汉书》没有为羌族立传的原因,以为"他(司马迁)知道商周的羌与秦汉的羌名同而实异,

① 王明珂:《华夏边缘——历史记忆与族群认同》(增订本)序论二《"什么是中国人"再思考》,浙江人民出版社,2016年,第20—21页。

他也了解秦汉的羌同战国的戎毫无关系,他看到秦汉的羌是长期与内地隔绝的羌中土著部落,只是由于这些羌部落与汉政府刚刚开始发生关系,他还不清楚他们的历史,甚至对他们的现状也很少了解。既然如此,那也就只好宁付阙如了"。"东汉前期,班固写《汉书》,在《史记·大宛传》的基础上作了大量补充,增改为《西域传》,但仍然没有为羌立传。原因看来还是对部落分散无相长一的羌人难以弄清。"

　　"秦汉以后的羌同先秦的羌、戎并无任何渊源关系,他们是自古以来就居住在河湟一带的土著部落。""直到南朝刘宋时期,范晔写《后汉书·西羌传》把先秦的羌与戎混同起来,又把秦汉以后的羌同战国时期的戎挂上了钩,从而使秦汉的羌与商周的羌上挂下连,编排了一个若明若暗的体系。这样,关于羌的来历问题似乎由他作出了解答。范晔把商周时期的羌与戎混为一谈,这显然是错误的。"范晔的唯一根据是关于羌的始祖无弋爱剑出自戎的传说。但是"把爱剑说成是诸羌的始祖是站不住脚的。至于以无弋爱剑为中介,把羌与戎挂起钩来,进而使秦汉的羌与商周的羌上挂下连成为一系,显然是附会而又牵强的,是完全不能成立的"。①"秦汉的羌是汉代对河湟地区土著游牧部落的泛称。他们与商周的羌虽然同称为'羌',但二者之间没有

---

① 有关《后汉书·西羌传》对无弋爱剑的描述,有学者以为:"从无弋爱剑作为秦国亡奴的身份符号以及劓女所暗示的罪人身份看,这不太可能是羌人的本土记忆,因而这个以无弋爱剑及其子孙为主线搭建的谱系也极有可能只是华夏单方面的建构。"(胡鸿:《能夏则大与渐慕华风——政治体视角下的华夏与华夏化》,第155页)也有学者以为:"实际上是一则较为完整且带有神话色彩的祖源传说,也可以说是羌人对祖先的一种集体记忆。"(薛生海:《无弋爱剑史事考》,《西南民族大学学报(人文社科版)》2010年第2期)笔者以王俊杰和胡鸿的说法为是。

渊源关系；秦汉的羌处于军事部落联盟阶段，近似于民族而尚未形成民族。"

"魏晋南北朝时期，内迁诸羌在民族矛盾尖锐激烈的历史条件下初步形成民族，但很快又融合于汉族。分布于河湟地区的诸羌因受鲜卑吐谷浑的控制，始终处于部落分散状态，未能完成从部落联盟向民族的过渡。"①

法国学者石泰安也将羌族自殷商时代出现以来三千多年的历史共分为三个阶段。第一个阶段是公元前1500年—公元前200年左右。他们居住在距商人不远的地方，即陕西和山西的西部。羌人与姜人具有某种关系。第二个阶段是汉至唐时期。他们活动在陕西、甘肃和青海一带。他们是吐蕃中部藏人的先祖。羌人在其历史上的第三个阶段迁移到了四川西北部的金川、洮河与岷江流域、杂谷脑和汶川地区。他们与嘎族人作斗争，与吐蕃人有着密切的关系。②综上所论，《后汉书》及其后世沿袭者所描绘的西羌祖先是一个人为演绎而缺乏历史实证的族群。如果追溯羌族或党项羌的族属，应当追溯到黄河上游甘青地区特别是河湟一带的土著羌人。正如考古学界所认定的："黄河上游的甘青地区，是历史上羌人的主要活动范围和羌民族的祖地，特别是青海的河湟流域地带，历来被认为是古羌人的发源地。""现在似可以初步确认，齐家文化是古代羌文化形成的时期。齐家文化之后，分化出了不同青铜文化的羌文化的不同支

① 王俊杰：《论商周的羌与秦汉魏晋南北朝的羌》，《西北师院学报》1982年第3期。
② 〔法〕石泰安著，耿昇译，王尧校订：《汉藏走廊古部族》，中国藏学出版社，2013年。参见耿昇编译：《石泰安教授关于汉藏走廊古部族的研究》，《青海民族学院学报》1989年第4期。

系,成为诸羌系。如果这个观点能够成立,那么,就同时还可以认为,齐家文化之前的马家窑文化等诸前齐家的文化,都有可能是先羌文化,是孕育羌文化的一个历史阶段或羌文化酝酿的时期。"①从原始社会进入文明社会以后的羌族,在先秦至汉代从未形成一个像草原北族匈奴、鲜卑等族那样强大而统一的高级政治体。即使是魏晋十六国时期,内迁的羌族曾有过"自觉"的表现,如建立姚秦,但很快又融入汉民族和其他民族间,生活于甘青特别是河湟一带的土族羌族,更是分散而居,尚处于部落联盟阶段。魏晋之后随着鲜卑—吐谷浑和吐蕃进占这一地区,这里的羌族遂分别成为以鲜卑—吐谷浑拓跋氏为首领的党项羌的渊薮和吐蕃中部藏人的先祖。学界的相关研究揭示:在民族迁徙、融合和征战过程中,羌族族群总是扮演被汉族、匈奴、鲜卑、吐谷浑诸"高级政治体",或内徙,或编民,或兼抚,或吸纳,或消灭的角色,尽管在此过程中他们也会与这些"高级政治体"发生激烈的战斗和血拼。一直到党项拓跋部兴起,"羌族"的自觉才达到一个新阶段。②

所以要讨论党项的族属应当从魏晋以降土著羌人生活区各民族迁徙交融过程来探讨,而不是沿正史的臆测重复缺少证

① 叶茂林:《甘青地区史前考古与早期羌文化探索》,《四川文物》2016年第6期。

② 详见王俊杰:《论商周的羌与秦汉魏晋南北朝的羌》,《西北师院学报》1982年第3期。赵海霞:《鲜卑折掘氏与党项折氏》,《西北民族研究》2011年第2期。黄兆宏:《"党项"涵义辨析》,《文史杂志》2013年第5期。魏长青、杨铭:《魏晋南北朝时期羌族部落考》,《青海民族研究》2014年第1期。苗霖霖:《党项鲜卑关系再探讨》,《黑龙江民族丛刊(双月刊)》2014年第4期。又见氏著《中国古代北方游牧民族行国体制研究——以鲜卑为中心的探讨》,黑龙江人民出版社,2019年。

据链的旧说。如前所述,目前越来越多的学者倾向党项族是羌族融合鲜卑、吐谷浑等族而形成的新的族群,从前述学术前史可知,讨论党项和鲜卑之间的关系,持党项拓跋氏源于鲜卑说和持党项族源于鲜卑说的学者都不约而同强调了鲜卑—吐谷浑对党项拓跋部形成的重大影响,所论虽然颇丰,但是说明在鲜卑—吐谷浑控制下羌族自身的发展状况,其实王俊杰先生在前揭文章中就已回答了这个问题,且认识颇为深刻,对于了解党项拓跋部的形成背景很有意义。

　　魏晋南北朝时期有许多政权都曾经不同程度地控制了一部分羌人,其中对诸羌部落影响最大的是长期雄踞于羌区的吐谷浑。鲜卑吐谷浑的发展和强大是十六国之末和进入南北朝以后的事情,也正是南凉和西秦等鲜卑政权灭亡以后的事情。十六国后期,南凉灭亡后以秃发氏为首的鲜卑部落、[1]西秦灭亡后以乞伏氏为中心的鲜卑部落,都有很大一部分退保羌区加入了吐谷浑。除此以外,还有游牧于青海湖以西的鲜卑乙弗部二万余落,在吐谷浑开始强大以后不再见于记载,唯一的可能就是加入吐谷浑,成为吐谷浑的组成部分了。有这样多的鲜卑人加入,毫无疑问,吐谷浑实际上应是一个鲜卑集团。吐谷浑从名实上都

[1] 魏晋时期鲜卑秃发部也曾在宁夏活动过。秃发部是从拓跋氏中分出的一支。在秃发匹孤为首时,率部众从塞北(今内蒙古阴山一带)向西迁,先到达河西北面,即今内蒙古额济纳旗至宁夏北部。公元256—263年,魏镇西将军邓艾纳秃发降众数万,"置于雍、凉之间,与民杂居"(《资治通鉴》卷七九,晋武帝泰始五年二月,第2509页)。"其地东至麦田、牵屯,西至湿罗,南至浇河,北接大漠。"(《晋书》卷一二六《秃发乌孤》,中华书局,1974年,第3141页)即东起今甘肃靖远和宁夏固原,西至今青海湖东,南到今青海贵德,北接今腾格里沙漠、巴丹吉林沙漠。因散居于河西(泛指黄河以西),所以史称"河西鲜卑"。

是指的鲜卑人而不是羌人,作为吐谷浑支柱和核心力量的是鲜卑人而不是羌人。也就是说,吐谷浑是由鲜卑人组成的国家而不是以羌人为主、代表羌人的国家政权。不仅如此,在吐谷浑统治时期,鲜卑诸部作为吐谷浑的基本势力与诸羌部落互相错居,实际上还起到了对于诸羌进行控制和隔离的作用,产生了阻止诸羌部落互相结合的作用。这恰巧就是南北朝时期在吐谷浑统治下诸羌长期处于部落分散"不相统摄"很难结合成为一个民族共同体的原因之一。可见,吐谷浑的形成绝不意味着诸羌部落已形成了共同体。因此我们认为,这一时期吐谷浑直接控制的诸羌基本上还是一些孤立的部落,并没有形成一个羌族。

但是,在某些受吐谷浑控制时间较短、程度较轻以及与之毗邻地区的诸羌,情况毕竟有所不同,他们之中有一些开始组成部落联盟,向着结合成民族共同体迈出了第一步。譬如北朝时期在今甘肃陇南地区宕昌一带及甘南藏族自治州地区出现的宕昌羌,在宕昌之南白水上游及川西北一带还有一个称为邓至的羌人集团。与羌有关的部落在今青海省东南部的玉树一带与西藏、四川邻近的地区还有一个党项。党项见于记载是北朝末年宕昌、邓至灭亡以后的事。很明显,到唐代还没有完全脱离部落阶段的党项在南北朝时期当然也不可能形成民族。①

这一研究近年得到新近研究的支持和佐证,魏长青、杨铭对魏晋南北朝时期生活在青海、甘肃、川西北一带和陕、晋以及川、滇之间的20个羌人部落分布状况钩沉史料,按照文献编年的顺序逐一作了较细致的考证,这些羌族部落或据地称王,或归附某

---

① 以上叙述均见王俊杰:《论商周的羌与秦汉魏晋南北朝的羌》,《西北师院学报》1982年第3期。

政权受其辖制,时而起事,活动频繁。"其称谓缘由也不一而足。若他们居于山水之间,则大多以山川命名,如漒川羌、马兰羌、白水羌、黑水羌;若以居地命名,则有卑和羌、河州羌、秦州羌等;若以方位命名,则南羌、北羌;若以种落命名,则烧当羌、集木且羌、白马羌、黄牛羌;黑羌、青羌之属,似以服饰颜色区分;赤葩渴郎、输报、句岂等则可疑为古羌语的读音或音转。""对照秦汉时期羌族部落的名称多为较原始的种姓称呼的情况,魏晋南北朝时期羌族部落的名称已经更多地体现为山川名、地名或方位名称,这种情况表明从秦汉以来到南北朝时期,羌族在当时的政权更迭、民族迁徙中,逐步成为了中原王朝的郡县编民,而且渐渐融入其他民族、主要是汉族中来了。"[①]

另外,王俊杰、魏长青、杨铭均提到《北史·附国传》记述南北朝末期的零散羌人部落:"其东北连山绵亘数千里,接于党项。往往有羌,大小左封、昔卫、葛延、白狗、向人、望族、林台、春桑、利豆、迷桑、婢药、大硖、白兰、叱利摸徒、那鄂、当迷、渠步、桑悟、千碉,并在深山穷谷,无大君长。其风俗略同于党项,或役属吐谷浑,或附附国。"[②]这些依附于吐谷浑或附国的小部落显然更落后、更分散,更谈不上是民族了。

秦汉魏晋南北朝时期,羌族一直没有形成"高级政治体",

<hr>

① 魏长青、杨铭:《魏晋南北朝时期羌族部落考》,《青海民族研究》2014年第1期。

②《北史》卷九六《附国传》,第3194页。关于"附国"的民族性质学界有不同看法,岑仲勉先生和马长寿先生认为是吐蕃部落。任乃强提出商榷:"隋附国为党项族(羌族)之农业古国。"杨嘉铭则提出综合意见:附国应是由四大部分组成的:藏族本身的原始土著先民、党项羌族、白兰羌部、嘉良夷(《关于"附国"几个问题的再认识》,《西藏研究》1990年第1期)。

且绝大多数时期都处在分散聚族而居的部落阶段。以上这些研究，从一个侧面揭示了颇有启发意义的信息，即在民族迁徙、融合和征战过程中，羌族族群总是扮演被汉族、匈奴、鲜卑、吐谷浑诸"高级政治体"，或内徙，或编民，或兼抚，或吸纳，或消灭的角色，尽管在此过程中他们也会与这些"高级政治体"发生激烈的战斗和血拼。一直到党项拓跋部兴起，"羌族"的自觉才达到一个新阶段。

三、西夏皇室"攀附"、"冒认"说献疑

现再回过头聚焦于党项拓跋姓氏问题。

持党项拓跋族属鲜卑者，也依凭了诸多宋人的著述和正史的记载。《旧五代史》世家传提及夏州拓跋思恭后人，明确说："李仁福，世为夏州牙将，本拓拔氏之族也。"[①]司马光《涑水记闻》记述元昊称帝时给宋朝上表称："臣本自祖宗出于帝冑，当东晋之末运，创后魏之初基。"[②]《续资治通鉴长编》《宋史》亦有类似记载："臣祖宗本出帝冑，当东晋之末运，创后魏之初基。"[③]《辽史》云："西夏，本魏拓跋氏后，其地则赫连国也。"[④]《金史》："其臣罗世昌谱叙世次称，元魏衰微，居松州者因以旧姓为托跋

---

① （宋）薛居正等撰：《旧五代史》卷一三二《世袭列传第一》，中华书局，1976年，第1746页。
② （宋）司马光撰，邓广铭、张希清点校：《涑水记闻》卷一一《元昊称帝》，中华书局，1989年，第212页。
③ 《宋史》卷四八五《外国一·夏国上》，第13995页。
④ 《辽史》卷一一五《二外国记·西夏传》，中华书局，2016年，第1675页。

氏。按《唐书》党项八部有托跋部,自党项入居银、夏之间者号平夏部。"①

《元和姓纂》卷十"拓跋"引《魏书》释拓跋姓来历和改姓元氏之经过,其后有"开元后,右监门大将、西平公、静边州都督拓拔守寂,亦东北蕃矣"一段文字。②黄巢起义军被镇压时,崔致远代拟的《贺杀黄巢贼徒状》中说:"拓跋相公(指拓拔思恭)、东方尚书(东方速)或力微(北魏神元帝拓跋力微)裔孙,或曼倩(西汉东方朔)余庆。"③此显然将党项拓拔思恭一族视为元魏拓跋氏之后裔,与林宝《元和姓纂》的记叙是相同的。2018年段志凌、吕永前用碑刻材料为拓跋氏族属鲜卑说提供了新的有力证据,以为2013年新出土的《拓拔驮布墓志》所云党项拓拔氏与元魏同源,与《元和姓纂》、崔致远《贺杀黄巢贼徒状》《李仁宝墓志》《李彝谨墓志》《李继筠墓志》等资料,对"唐弘嘉、吴天墀等学者'鲜卑'说","再次佐证,理应采信"。④正史几乎异口同声说党项是羌族,这应没错,但是绝大多数文献言及拓跋氏都与元魏挂钩,这也是基本史实,不能用正史说党项是羌族而否定拓跋氏不具有鲜卑血统。《宋史》为西夏立两个传——夏国传和党项传,实际上宋人是把建立西夏的拓跋部视作鲜卑,夏国传本身也是这样叙述,党项传则是明确指羌族,与

---

① 《金史》卷一三四《外国上·西夏传》,中华书局,1975年,第2876页。

② 《元和姓纂》卷十,文渊阁四库全书景印本,台湾商务印书馆,1986年,第890册第753页。

③ 〔新罗〕崔致远撰,党银平校注:《桂苑笔耕集校注》卷六《贺杀黄巢贼徒状》,中华书局,2007年,第136页。

④ 段志凌、吕永前:《唐〈拓拔驮布墓志〉——党项拓拔氏源于鲜卑新证》,《中国国家博物馆馆刊》2018年第1期。

《隋书》、新旧《唐书》、新旧《五代史》等量齐观。而且党项传只叙述至元昊建国前。而这时北宋周边、辽朝境内都有党项部落，可为什么叙述到元昊建国前呢？一是李氏从中唐以来是中原王朝的节镇藩镇，不能与羌戎羌胡等少数民族同等看待，二是李氏所在拓跋部是西夏的统治民族，与党项羌不尽相同，三是拓跋氏建立的夏国依靠的主体是党项族。另外宋人在泛称西部民族时往往把党项、吐蕃都称作羌人，只有具体提及党项或吐蕃时才用他们的专称。①

对于这样强有力的证据，持族属羌族说者的反驳有二：一是一律斥之为"冒认"和"高攀"，表示西夏皇族自己的出生不同寻常。二是认为《元和姓纂》不可靠。这样的反驳能够成立吗？攀附之说看上去有道理，因为至少唐宋时期修家谱述籍贯往往是要攀附的，即便是宋朝建立者赵氏在修玉牒时也要向上追溯。宋代文献追溯赵匡胤家族渊源，曾给出三个根据：第一，追溯至《史记》所载五帝中颛顼后人嬴姓的始祖伯益。第二，宋神宗时有臣僚根据《史记·赵世家》，把赵氏皇族追溯至春秋晚期晋国著名的"赵氏孤儿"赵武。第三，则是把赵氏远祖认定为西汉名臣赵广汉。其实这三种追溯都没有靠谱的史实根据，但是宋朝官修的《国史》和《会要》所载玉牒都确认第三种说法。这大致主要是因为赵广汉是西汉涿郡人，而赵匡胤的祖父辈恰恰生活在涿郡。可见虽然贵为天子，赵氏也不能脱俗，也要追溯自己的先世。问题是攀附要分攀附历史上的显贵门第，和追溯自己的祖姓两个层面，显然元昊上表有这两种含义。历史上的汉族大姓，名人辈出，唐宋时修族谱或追溯郡望，或攀附某一名

---

① 参见陈玮：《西夏番姓大族研究》，甘肃文化出版社，2017年，第30—31页。

人,这是通常的做法,故有多种书写。但是拓跋姓,在唐宋时只有一个来源,即鲜卑。

持拓跋族属为羌系的学者说党项拓跋与鲜卑拓跋不是一回事,并举出宋人和元人的说法为证。"李靖之击吐谷浑也,厚赂党项,使为乡导。党项酋长拓跋赤辞来。"①"招讨党项使王仲升斩党项酋长拓跋戎德,传首。"②"宥州刺史拓跋思恭,本党项羌也。"③李范文先生云:"胡三省注《资治通鉴》更是明确说:'拓跋起于鲜卑之裔,自谓托天而生,拔地而长,故以为姓。此后魏所本者也。昔唐时党项诸部,亦自有拓跋一姓,我朝西夏,其后也。'《通鉴释文辩误》卷十载:'史炤《释文》曰:拓跋本代北之魏复姓',胡三省曰:'元魏之拓跋氏起于代北,党项之拓跋氏起于西陲,宋朝之西夏,党项拓跋之后也。宝元、康定之间,凭陵中国,慢书狎至,使其出于元魏,亦必张大而言之,而未尝语及者,非其所自出也。'"④

但是作这样的论证,是否考虑过党项酋长拓跋氏又来自何处? 唐人林宝《元和姓纂》、宋人郑樵《通志》都列出了羌族的几个大姓,"无弋"、⑤"党氏、傍氏、口氏、敛氏"、⑥"钳耳氏、莫折氏、荔菲氏、弥姐氏、夫蒙氏、携蒙氏(已上西羌人,不详所

---

①《资治通鉴》卷一九四,贞观九年七月辛亥,第6115页。

②《资治通鉴》卷二二〇,乾元元年九月丙子,第7060页。

③《资治通鉴》卷二五四,中和元年三月辛酉,第8249页。

④ 详见李范文:《试论西夏党项族的来源与变迁》,《西夏研究论集》,宁夏人民出版社,1983年,第10—11页。

⑤《元和姓纂》卷二 "无弋":"秦厉公时羌人无弋爱剑之后,今陇西人。"文渊阁四库全书景印本,第890册第558页。

⑥(宋)郑樵:《通志》卷二八《夷狄大姓》,文渊阁四库全书景印本,第373册第324页。

出)"。① 邓名世《古今姓氏书辩证》卷三八云 :"又羌族有河西折氏,世家云中,为北蕃大族。自唐以来,世为麟、府节度使。"②在汉魏晋隋唐羌族中唯独不见拓跋一姓的踪影。即使到了以党项羌为主体的西夏建国后,"事实上,不仅仅是党项,就连被西夏皇族屡加炫耀的'拓跋'这个姓氏在西夏文献中也毫无踪迹"。③ 西夏文词典和讲姓氏的西夏文献没有出现"拓跋"姓氏,从皇族来说,因为已改为"嵬名",自然不会再有"拓跋",那其他党项羌为何也没有呢?④这不是恰好证明党项羌拓跋姓氏与鲜卑拓跋氏的不可分吗?

至于说《元和姓纂》不可靠,如果能够指出与问题讨论具体不实的所在,就像四库馆臣指出林宝把白居易家谱搞错,这样说才是有说服力的,否则就不免有点意气用事,为反驳而反驳。《元和姓纂》有错误,但不能一笔抹杀,正如四库馆臣所言 :"宝以二十旬而成书,援引间有讹谬,且当矜尚门第之时,各据其谱牒所陈,附会攀援均所不免",有些错误挺严重,"洪迈《容

① (宋) 郑樵 :《通志》卷二九《关西复姓》,文渊阁四库全书景印本,第 373 册第 340 页。

② (宋) 邓名世撰 :《古今姓氏书辩证》卷三八《折》,文渊阁四库全书景印本,第 922 册第 362 页。原为"西河折氏"。

③ 详见聂鸿音 :《关于西夏主体民族起源的语文学思考》,《宁夏社会科学》1996 年第 5 期;另彭向前《早期党项八大部西夏姓氏考》:"自元昊改姓嵬名后,再不见'拓拔'一姓,西夏文姓氏中也不见'拓拔'二字的写法。《金史·交聘表》中,西夏频繁派往金朝的使臣中,倒是'嵬名'一姓屡见不鲜。由此看来,应该是整个拓跋氏都改名为'嵬名氏'了。"(《西夏研究》2014 年第 2 期)

④ 详见佟建荣 :《西夏姓氏辑考》"西夏蕃姓辑考""西夏汉姓辑考",宁夏人民出版社,2013 年,第 5—202 页。

斋随笔》称《元和姓纂》诞妄最多,盖有由也",尽管如此,《元和姓纂》的整体价值还是应当充分肯定:"然于唐人世系则详且核矣。"更为重要的是,"其论得姓受氏之初,多原本于《世本》《风俗通》。其他如《世本》《族姓记》《三辅决录》以及《百家谱》、《英贤传》《姓源韵谱》《姓苑》诸书,不传于今者,赖其征引,亦皆班班可见。郑樵氏作《氏族略》,全祖其文,盖亦服其该博也"。①可见就总体而言,《元和姓纂》的讹谬与成就相比,毕竟是瑕不掩瑜。《元和姓纂》原书久已失传,清修四库全书时,四库馆臣从《永乐大典》辑出佚本,用宋邓名世《古今姓氏书辩证》等详加订正,重新厘为18卷,是为《四库全书》辑本。其后清孙星衍、洪莹及近人罗振玉都做过校补。岑仲勉又重行校勘,现有中华书局排印本。这部书的重要性于此可见一斑。

《元和姓纂》虽然至宋朝已颇散佚,但是《元和姓纂》对"拓跋"姓及拓跋守寂族属的解释,郑樵《通志·氏族略》并祖其文。②顾颉刚说郑樵的真学问,原不在精上,也不在博上,乃在"部伍"和"核实"的两个方法上。所谓"核实",是指郑樵逢古人不合适处不肯留一点余地。而且唐宋之际发生的巨大社会变化,首先见于郑樵《通志》卷二五《氏族略第一》:"自隋唐而上,官有簿状,家有谱系。官之选举必由于簿状,家之婚姻必由于谱系。……此近古之制,以绳天下,使贵有常尊,贱有等威者也。所以人尚谱系之学,家藏谱系之书。自五季以来,取士不问家

---

① (清)永瑢等撰:《四库全书总目》卷一三五《元和姓纂》提要,第1143页。
② (宋)郑樵:《通志》卷二九《代北复姓》,文渊阁四库全书景印本,第373册第336页。

世,婚姻不问阀阅。"①由此可见,郑樵祖其文,说明作为通家又精于校勘的郑樵对《元和姓纂》这条记述的肯定。

还有一点,持羌族说的学者以为唐朝时汉化日深的党项拓跋氏雄踞夏州,赐姓李氏,于是耻于再言其祖源于西北之戎狄——羌族,这个说法很值得商榷,因为这个说法是在把党项拓跋氏这个姓先入为主地确定为来自羌系而后进行逻辑推理的。而且这个推理是有矛盾的,虽然党项拓跋氏汉化日深,但是总归改不了他们的"夷狄"身份,更何况对于中原王朝来说,"夷夏大防"思想中的"狄"、"胡"、"羌"没有太大的区别。身为羌族酋领,而又轻贱自己属下的羌民,于理不通。李继迁、李元昊均以党项大族身份相号召,团结族人,强调自己的"蕃人"身份,是他们起兵反宋和建立西夏国的重要依据。

唐太宗在国内采取中国古代史上少有的开明政策,突破了以往的"贵中华贱夷狄"的华夷观,②唐太宗说:"自古皆贵中华,贱夷、狄,朕独爱之如一,故其种落皆依朕如父母。"③"待其达官皆如吾百寮、部落皆如吾百姓。"④据《资治通鉴》的记载,唐太宗去世时,"四夷之人入仕于朝及来朝贡者数百人,闻丧皆恸哭,翦发、劙面、割耳,流血洒地"。⑤即便是到了唐朝中期以后依然持续了这个局面,孙光宪《北梦琐言》云:"唐自大中至咸

---

① (宋)郑樵:《通志》卷二五《氏族略第一》,文渊阁四库全书景印本,第373册第254页。
② 参见黄松筠:《华夷理论演变与中华民族形成》,《社会科学战线》2019年第9期。
③《资治通鉴》卷一九八,唐太宗贞观二十一年五月庚辰,第6247页。
④《资治通鉴》卷一九五,唐太宗贞观十三年七月庚戌,第6148页。
⑤《资治通鉴》卷一九九,唐太宗贞观二十三年四月辛未,第6268页。

通,白中令入拜相,次毕相諴、曹相确、罗相劭,权使相也,继升岩廊。崔相慎曰:'近日中书,尽是蕃人。'蕃人,盖以毕白曹罗为蕃姓也。"①在这样的背景下,有着北魏帝胄血统的后人拓跋氏何以要卑贱自己呢?

其实党项拓跋氏族属与党项拓跋姓氏的源流是有联系而又有区别的问题,实则是一个铜板的两面。所以把党项拓跋氏族属与党项拓跋姓氏捆绑在一起讨论,这是现今党项拓跋氏族属问题一直争论不休难有定论的主要症结之一。

由此可见,持拓跋氏族属羌族说者不能一味地强调附会和攀附,而是需要举出党项羌何以有拓跋这个姓,亦即党项羌拓跋氏究竟来自何处。这是问题最关键的症结,但是现今所有的材料似并不能反驳这个姓来自鲜卑。

民国时期吴景敖《西陲史地研究》考党项八部拓跋氏云:"位于洮、岷西南,一度设置叠州之'叠布'(今甘肃迭部),以至松州西北甘松故地之'铁巴'诸部皆为'拓跋'之转音。"②近期又有学者经调查说"拓跋部"是唐朝史官的"译音"。经考古调查,这一部落可以写作"铁布"或"迭部",因有迭部山而得名。③这两种说法实际上并没有史料证据链,只是猜想推测而已。

① (宋)孙光宪撰:《北梦琐言》卷五《中书蕃人事》,朱易安、傅璇琮等主编:《全宋笔记》第一编第一册,大象出版社,2003年,第59页。
② 周伟洲:《早期党项史研究》,第5页。
③ 温玉成:《〈西夏颂祖歌〉新解读》,《大众考古》2017年第1期。

四、党项拓跋姓氏源于鲜卑其来有自

再看陕西出土的拓跋氏的几通墓碑,按照汉魏晋以来的传统,写墓志一般都要追述墓主家世和姓氏郡望,《拓拔驮布墓志》《李仁宝墓志》《李彝谨墓志》《李继筠墓志》均云党项拓拔氏与元魏同源,只有《拓拔守寂墓志》说"出自三苗,盖姜姓之别"。①单从追述祖源来讲,出自三苗不过是重复没有真实意义的神话传说而已,尽管当时人会认为那是一个真实的故事,可是墓志不能还原三苗到唐代拓跋氏是怎样来的,这在古代可以大而化之,但是这样的追述不能回答现今历史学者的追问,而族源上溯至北魏拓跋,有着清晰的历史证据链。

鲜卑族起于北方,经济、文化都十分落后,只有部落即部族,而无姓氏。据《宋书·张畅传》云:"畅因问虏使姓,答曰:我是鲜卑,无姓。"②北魏建国后,氏族才逐渐清晰,并有新的氏族出现。据《魏书·官氏志》载:"魏氏本居朔壤,地远俗殊,赐姓命氏,其事不一……安帝统国,诸部有九十九姓。至献帝时,七分国人,使诸兄弟各摄领之,乃分其氏。自后兼并他国,各有本部,部中别族,为内姓焉。"拓跋弘分兄、弟为七姓,"七分国人",又命其叔父之胤为乙旃氏,疏属曰车焜氏,连同皇室拓跋氏,共

---

① 碑文图版、录文均见史金波、陈育宁主编:《中国藏西夏文献》金石编《碑石题刻》卷,甘肃人民出版社、敦煌文艺出版社,2005年。段志凌、吕永前:《唐〈拓拔驮布墓志〉——党项拓拔氏源于鲜卑新证》,《中国国家博物馆馆刊》2018年第1期。

② (南朝梁)沈约撰:《宋书》卷五九《张畅传》,中华书局,1974年,第1600页。

计宗室十姓,"百世不通婚"。①

北魏太和二十年(496),魏孝文帝下诏,令鲜卑胡姓均改为汉姓:"北人谓土为拓,后为跋。魏之先出于黄帝,以土德王,故为拓跋氏。夫土者,黄中之色,万物之元也;宜改姓元氏。诸功臣旧族自代来者,姓或重复,皆改之。"②

拓跋氏所改之元氏,因枝繁叶茂,子孙众多,北朝、隋、唐时代,许多后裔活跃于政治舞台,其后子孙繁衍,播迁各地,是为当代汉族元氏之大宗。唐末五代及宋、元之交,由于战乱,中原士族大量南迁,不少元氏族人亦随之迁往江南,辗转播迁,分居各省。亦有向北、向西迁移者。③

北魏孝武帝永熙三年(534),宇文泰拥立魏孝文帝的孙子南阳王元宝炬为帝,即魏文帝元宝炬,改元大统,西魏开始。公元551年,元宝炬死,长子元钦嗣位。公元554年,元钦被宇文泰所废,不久被毒死。元宝炬四子元廓即位,称元年,为了迎合宇文泰胡化运动而被迫改复姓拓跋。"魏氏之初,统国三十六,大姓九十九,后多绝灭。至是,以诸将功高者为三十六国后,次功者为九十九姓后,所统军人,亦改从其姓。"④《资治通鉴》记其

---

① (北齐)魏收撰:《魏书》卷一一三《官氏志》,中华书局,1974年,第3005—3006页。关于拓跋魏早期的发展史,可参见姚大力:《论拓跋鲜卑部的早期历史——读〈魏书·序纪〉》,《复旦学报》2005年第2期;倪润安:《拓跋起源问题研究述评》,《文物春秋》2011年第1期。

②《资治通鉴》卷一四〇,魏元帝景元二年,第2459页。有关拓跋名称的来历、与突厥语的对音问题及北魏皇族姓氏的源流等,可参见罗新:《论拓跋鲜卑之得名》,《历史研究》2006年第6期;郭硕:《"拓跋"、"鲜卑"合称与拓跋氏族称问题》,《人文杂志》2016年第2期。

③ 元树林:《元姓漫谈》,《寻根》2009年第5期。

④《周书》卷二《文帝下》,中华书局,1971年,第36页。

事:"(宇文)泰废魏主,置之雍州,立其弟齐王廓。去年号,称元年,复姓拓跋氏。九十九姓改为单者,皆复其旧。魏初统国三十六,大姓九十九,后多灭绝。泰乃以诸将功高者为三十六姓,次者为九十九姓,所将士卒亦改从其姓。"①

上述清晰地表明,西魏之后鲜卑皇室宗族融入隋唐及后世汉族和其他民族的有两个姓氏——"元氏"和"拓跋氏"。但是需要指出的是,从北魏孝文帝改拓跋姓为元氏至西魏复改元姓为拓跋氏,将近六十年,虽然时间不算长,但已不完全是北魏孝文帝改姓前的拓跋氏皇族则无疑,而是掺杂了鲜卑、汉、羌和匈奴等民族成分的那些功高诸将和所将士卒。但拓跋姓来自鲜卑并未改变。过去的研究认为党项拓跋很可能是鲜卑——吐谷浑拓跋进入河湟所为,②现再从西魏重新改姓为拓跋氏来看,就更能说明问题。

西魏领有洛阳以西的辖区,正是党项羌活动的主要区域之一,在时间上也多有契合,西魏恭帝元年(554)改姓,而开皇五年(585)首次见于正史当中的党项"拓拔宁丛等各率众诣旭州内附,授大将军,其部下各有差"。③另外,《资治通鉴》开皇九

---

① 《资治通鉴》卷一六五,承圣三年正月癸巳,第5111页。《容斋三笔》卷三《元魏改功臣姓氏》,中华书局,2005年,第454页。

② 顾颉刚说:"拓跋部的部众系党项羌人,由于北魏的后裔到党项羌里作了领袖,遂以他们的姓为部落的名称,如同吐谷浑和吐蕃的情况一样。"(《从古籍中探索我国的西部民族——羌族》,《社会科学战线》1980年第1期)唐嘉弘:《关于西夏拓跋氏的族属问题》,《四川大学学报(社会科学版)》1955年第2期。鲜卑进入西北地区,可以参见周伟洲:《魏晋十六国时期鲜卑族向西北地区的迁徙及其分布》,《民族研究》1983年第5期。

③ 《隋书》卷八三《党项传》,第1846页。

年（589）记事说大臣元谐谋反，"或告谐与从父弟上开府仪同三司滂、临泽侯田鸾、上仪同三司祁绪等谋反，下有司案验，奏：'谐谋令祁绪勒党项兵断巴、蜀。'"①查《隋书·元谐传》可知在隋朝兼灭吐谷浑时，元谐是行军元帅，②元谐攻打吐谷浑，获胜之后无疑俘虏有大量党项部落，其后才有令祁绪统帅党项兵谋反之举。元谐即拓跋鲜卑人，这是鲜卑族大姓统领党项兵的具体实例。而前引西魏改元氏为拓跋姓，多是功臣大将，其拥有党项部落自不待多言。

拓跋氏不仅融入党项羌，而且融入吐蕃。吐蕃后期鄯州节度使尚婢婢有大将拓跋怀光。③拓跋怀光与党项羌里的拓跋氏大致属于一个性质，即姓氏祖源于鲜卑而后融合于吐蕃，是吐蕃

---

① 《资治通鉴》卷一七七，隋文帝开皇九年四月壬戌，第5522页。

② "时吐谷浑寇凉州，诏谐为行军元帅，率行军总管贺娄子幹、郭竣、元浩等步骑数万击之。上敕谐曰：'公受朝寄，总兵西下，本欲自宁疆境，保全黎庶，非是贪无用之地，害荒服之民……'时贼将定城王钟利房率骑三千渡河，连结党项。谐率兵出鄯州，趣青海，邀其归路。吐谷浑引兵拒谐，相遇于丰利山。贼铁骑二万，与谐大战，谐击走之。贼驻兵青海，遣其太子可博汗以劲骑五万来掩官军。谐逆击，败之，追奔三十余里，俘斩万计，虏大震骇。"（《隋书》卷四〇《元谐传》，第1171页）

③ 大中二年十二月，"吐蕃论恐热遣其将莽罗急藏将兵二万略地西鄙，尚婢婢遣其将拓跋怀光击之于南谷，大破之，急藏降"（《资治通鉴》卷二四八，唐宣宗大中二年十二月，第8037页）。咸通七年（866）二月，吐蕃"论恐热寓居廓州，纠合旁侧诸部，欲为边患，皆不从。所向尽为仇敌，无所容。仇人认告拓跋怀光于鄯州，怀光引兵击破之"（《资治通鉴》卷二五〇，唐懿宗咸通七年二月，第8113页）。十月，"拓跋怀光以五百骑入廓州，生擒论恐热，先刜其足，数而斩之，传首京师。其部众东奔秦州，尚延心邀击，破之，悉奏迁于岭南。吐蕃由是衰绝，乞离胡君臣不知所终"（《资治通鉴》卷二五〇，唐懿宗咸通七年十月甲申，第8115页）。

的大将。

北魏改拓跋为元姓后,其后人以洛阳为郡望,在隋唐五代时做官的很多,五代南楚有大臣拓跋恒,是鲜卑皇族的后裔。《资治通鉴》记事云:天成二年八月"楚王殷始建国,立宫殿,置百官,皆如天子,或微更其名:翰林学士曰文苑学士,……以姚彦章为左丞相,许德勋为右丞相,李铎为司徒,崔颖为司空,拓跋恒为仆射,……恒本姓元,避殷父(马元丰)讳改焉。"①后马希范当国时开天策府,置十八学士,拓跋恒与廖光图、李弘皋、徐仲雅等十八人为学士,号称"天策府十八学士"。②

最后,看一下宋人邓名世《古今姓氏书辩证》所记"拓跋"条:

> 拓跋,出自姬姓。黄帝生昌意,受封北土,黄帝以土德王。北俗谓土为拓,谓后为跋,故以拓跋为氏。或说自云拓天而生,拔地而长,遂以为氏。裔孙始均仕尧时,逐女魃于弱水北,人赖其勋,舜命为田祖,历三代至秦汉,不交南夏。至成皇帝毛,统国三十六,大姓九十九,威振北方,成帝十二世,至献帝,生圣武皇帝诘汾,田于山泽,天女受命相偶。明年以所生男授帝,是为神元皇帝,生力微,……寔生道武皇帝珪,始称魏,珪生明皇帝嗣,嗣生太武皇帝焘,焘生景穆太子晃,晃生文成皇帝濬,濬生献文皇帝弘,弘生孝文皇帝宏。

> 太和二十年正月丁卯,诏改姓元氏,自是拓跋氏降为庶姓,散在夷狄。唐时党项以姓别为部,而拓跋氏最强。有

---

①《资治通鉴》卷二七六,天成二年八月己卯朔,第9008页。
②《新五代史》卷六六《楚世家第六》,拓跋恒作拓拔常,第824页。

拓跋赤辞与从子思头,其下拓跋细豆皆降,擢西戎州都督,赐姓李。又有静边州刺史拓跋朝光,乐州刺史拓跋乞梅。其居夏州者号平夏部,天宝末,战有功,擢容州刺史、天柱军使。裔孙拓跋思恭,咸通末讨巢贼,僖宗以为夏绥银宥节度使、同平章事,赐姓李,其弟思谏、思钦,皆节度使。[1]

上引材料的前半段基本是因袭改写自《魏书》序纪和官氏志,后半段则是叙述拓跋氏改姓之后流入党项在唐朝时的演变。

从这些史实来看,《金史》说西夏编写皇族世系是承"元魏衰微,居松州者因以旧姓为拓跋氏",[2]应是有所本而绝非空穴来风。

五、结论:拓跋姓氏,一个历史记忆的符号

陈炳应先生早年否定党项拓跋源于鲜卑说,曾提出这样的疑问:"元昊要称帝,抛弃中原王朝的赐姓,这是必然的,但为什么不恢复其先祖用过的'拓跋'(如拓跋赤辞、拓跋思恭等)呢?"陈先生自己的解释是:"我认为'拓跋'是部落名,开头用以为姓。后来随着部落内分支的不断增多和扩大,各分支的社会地位分化,便各自为姓氏,不再用部落名为姓了。所以,在有关西夏政权的史籍中,出现一百五十个以上的姓,却不见'拓

---

① 邓名世:《古今姓氏书辩证》卷三八《拓跋》,文渊阁四库全书景印本,第922册第366—367页。
② 《金史》卷一三四《外国上·西夏》,第2876页。

跋'一姓,就是最好的证明。"①对此近期彭向前进一步阐明:"元昊废弃宋赐姓赵后,并没有恢复旧姓拓跋,而是改姓嵬名,此举有两个目的:一是对外摆脱北宋的控制而独立建国;一是对内突出业已发展为皇族的拓跋氏在整个党项羌中的地位。"②这个阐释是有道理的,需要补充的是,元昊如果要恢复北魏皇姓,也应是孝文帝改姓之后的"元氏",而非"拓跋氏"。这也恰好证明元昊祖上是较早进入羌族聚居区后未能改为元氏的一支。元昊的攀附不能被宋朝接受,而且在"庆历和议"中他已接受宋朝封授的"国主"名衔,又何能正大光明地自称帝业呢?所以既不用唐朝的国姓,也不用宋朝的国姓;既不用鲜卑族汉化之前的拓跋姓,也不用汉化之后的元氏,重新独树一帜改为"嵬名",这是符合元昊称霸的历史逻辑的。

聂鸿音先生在二十多年前就指出:西夏"时代的汉文资料中也有'鲜卑'一姓,如翻译《圣胜慧到彼岸功德宝集偈》的鲜卑宝源、在榆林窟绘有供养像的西壁智海等。'鲜卑'姓氏的出现固然可以证明西夏国民中存在出自鲜卑民族的成分,但这一事实同时也证明了鲜卑民族在全体西夏国民中所占的比例肯定不大,其他不姓鲜卑的人大多并非出自鲜卑民族,就像元代有'唐兀'一姓,而不姓唐兀的人一般都不出自河西一样。另外值得注意的是:'鲜卑'这个词在西夏时代仅仅用为姓氏,从来也没有作为民族名称而出现,它和吐蕃、汉、契丹、回鹘等词明显地不是一回事情。这显然启发我们设想,早期的鲜卑民族成

---

① 陈炳应:《西夏文物研究》,第357—359,63页。
② 彭向前:《元昊改姓考》,《青海民族大学学报(社会科学版)》2013年第2期。

员在西夏时代已经基本融入了主体民族之中,以至西夏国民不再把他们当作吐蕃、汉之类的独立民族来看待,也无需像西夏《天盛律令》所规定的那样,设置一个'回夷务'之类的专门机构来管理他们。在民族等级森严的西夏社会里,鲜卑人的后代享有和主体民族同等的政治地位,西壁智海被封为'国师',西壁讹答官至'太傅',看来鲜卑(西壁)在当时很可能是个名门望族"。①

上引聂鸿音先生的论述不仅是为了佐证笔者所论的观点,更重要的是,经过上述的辨析,申明笔者的核心观点,即讨论党项拓跋氏族属是确定现今民族(ethnic group)定义的族属,不应与党项拓跋姓氏源流的讨论捆绑在一起。任何姓氏三四百年之后只是历史记忆的一个符号,承认党项拓跋姓氏源自鲜卑,并不意味着唐宋时期党项族中的拓跋氏就一定还是鲜卑族,众所周知,隋唐之际鲜卑族作为民族实体和政权实体已融入其他民族中,基本消亡了。

所以准确地说,西夏建国前的党项拓跋氏是具有鲜卑血缘的党项羌人。

---

① 聂鸿音:《关于西夏主体民族起源的语文学思考》,《宁夏社会科学》1996年第5期。

第4章　党项社会的发展、交融与党项拓跋氏政权的性质

党项发展经历了四个阶段。其一,北朝后期出现部落制,羌族与吐谷浑、鲜卑族融合,高级政治力量进入羌族从而形成党项羌。其二,党项内属,唐朝设置羁縻府州时期。其三,唐朝方镇时期的拓跋氏。唐朝前期党项羌拓跋氏崛起,唐朝赐李姓。拓跋氏助唐镇压黄巢起义,形成边区藩镇(定难军节度使),至宋初属性基本不变。其四,李继迁叛宋,元昊追封继迁为太祖,表明西夏雏形已形成。

一、部落联盟氏族阶段

《隋书》卷八三《党项传》是描述党项社会最早的汉文文献,学界也多以其描述来研究党项早期社会状况。

> 党项:……东接临洮、西平,西拒叶护,南北数千里,处山谷间。每姓别为部落,大者五千余骑,小者千余骑。织牦牛尾及粘羺毛以为屋。服裘褐,披毡以为上饰。俗尚武

力,无法令,各为生业,有战阵则相屯聚。无徭赋,不相往
来。牧养牦牛、羊、猪以供食,不知稼穑。其俗淫秽蒸报,
于诸夷中最为甚。无文字,但候草木以记岁时。三年一聚
会,杀牛羊以祭天。人年八十以上死者,以为令终,亲戚不
哭。少而死者,则云大枉,共悲哭之。有琵琶、横吹,击缶
为节。①

　　这段文字所描述的党项社会的特征是:1.部落分散,每姓别
为部落,大者五千余骑,小者千余骑。2.服饰、居住习俗,与草原
游牧民族相类:"织牦牛尾及羖羊毛以为屋。服裘褐,披毡以为
上饰。"②3.无法令,无文字,无徭役,社会组织相对涣散。4.崇
尚武力,以战阵相屯聚。5.虽部落之间各为生业,不知稼穑,以
畜牧为主,但"居山谷间",已不完全是游牧,在山地间不可能实
行集约型游牧经济管理方式。"牧养牦牛、羊、猪以供食",则是
有了圈养牧业,而且有了原始农业,因为养猪业是原始农业驯化
野生植物和动物重大技术突破的标志之一,表明党项羌不是单
纯的游牧民族。6.婚姻状况与北方草原游牧民族相类,存有"妻
后母"制度。亦即收继婚姻。特别强调了"于诸夷中最为甚",

---

① 《隋书》卷八三《党项传》,第1845页。
② 克恰诺夫认为宕昌和党项的经济管理方式与西羌有很大区别。他们过
　　着定居生活,并且由游牧生活向与游牧有关的畜牧业生活方式转变。Е.
　　И. Кычанов, История Тангутского Государства, Санкт-Петербург:
　　Санкт-Петербургского сударственного универсистета, 2008, 35—44
　　(《唐古特国的起源问题》,《西夏学》第7辑,上海古籍出版社,2011年)。

说明私有制发展已有较高水平。[1]7.社会交往方面有定时聚会：“三年一聚会，杀牛羊以祭天。”聚会时伴有歌舞：“有琵琶、横吹，击缶为节。”

对于党项早期社会的性质，过去从五个社会形态理论多判定为氏族社会和军事联盟阶段。若仅从汉族史家的描述来看，确实具有氏族社会和军事联盟阶段诸特征，但是对于党项社会性质的判断，不能简单只据党项社会本身或汉族史家的描述。因为，党项族在形成过程中受到北方游牧民族的影响，而北方民族如鲜卑、吐谷浑都已进入较高的社会阶段，党项族形成过程中就会打有这种烙印，这是其一。

其二，隋炀帝统治时党项已开始接触中原王朝，而且中原王朝也开始关注和管理党项。开皇五年（585）拓跋宁丛等各率部诣隋旭州（今甘肃临潭附近）内附，隋授拓跋宁丛大将军称号。“其部下各有差。十六年，复寇会州，诏发陇西兵以讨之，大破其众。又相率请降，愿为臣妾，遣子弟入朝谢罪。高祖谓之曰：‘还语尔父兄，人生须有定居，养老长幼。而乃乍还乍走，不羞乡里邪！’自是朝贡不绝。”[2]

是岁（588），吐谷浑裨王拓跋木弥请以千余家降隋。隋主曰：“普天之下，皆是朕臣，朕之抚育，俱存仁孝。浑贼惛狂，妻

① 克恰诺夫认为：“当时的姓氏应该理解为由部落首领领导的、具有同族血缘亲属关系的父权部落，并且（以部落首领为代表）拥有一定的领地。那些重新分出的男系氏族实行异族通婚制，因此同一姓氏的族人之间禁止结婚。结婚以后，妻子来到丈夫家里，丈夫死后，妻子也不重新使用自己原来的姓氏，而是可以成为丈夫兄弟的妻子或丈夫其他姓氏妻子所生的儿子的妻子。”（《唐古特国的起源问题》，《西夏学》第7辑，2011年）

②《隋书》卷八三《党项传》，第1846页。

子怀怖,并思归化,自救危亡。然叛夫背父,不可收纳。又其本意正自避死,今若违拒,又复不仁。若更有音信,但宜慰抚,任其自拔,不须出兵应接。其妹夫及甥欲来,亦任其意,不劳劝诱也。"①

由此可见,党项族早期并不是铁板一块,其较为强盛的党项部落开始积极接触高级的文明形态。众所周知,判断社会发展形态性质,既要看其内部发展,还要观察其外部的冲击因素。像摩尔根《古代社会》对印第安人原始状态的研究即是在印第安人较为固定和封闭的环境尚没有解体的时代做出的研究,而党项社会从其形成之日起就受到来自北方草原民族和来自农耕文明的影响,并没有处于固定封闭的状态。

其三,汉族史家观察的局限。汉族史家对周边民族记载的详略与他们的强弱和对中原王朝的威胁大小成正比。这种正比又表现在对中原王朝威胁的两种类型:一种是直接威胁中原王朝政权的生死存亡,一种是边患无穷,但对中原王朝政权威胁不大,前者如匈奴、鲜卑、突厥乃至吐蕃,后者以羌族(包括党项羌)最为典型。因此相对地说,汉族史家对匈奴、鲜卑、突厥、吐蕃的社会、政治组织记载的就比较详尽,而对羌族、党项羌社会组织的记载总是较为简略和笼统,因而从其简略的记载中,羌族、党项羌社会组织很少变化,

前引《隋书》所记党项羌颇多祖述成书于5世纪的《后汉书·西羌传》:

> 滨于赐支,至乎河首,绵地千里。……所居无常,依随

---

① 《资治通鉴》卷一七六,长城公祯明二年,第5502页。

水草。地少五谷，以产牧为业。其俗氏族无定，或以父名母姓为种号。十二世后，相与婚姻，父没则妻后母，兄亡则纳釐嫂，故国无鳏寡，种类繁炽。不立君臣，无相长一，强则分种为酋豪，弱则为人附落，更相抄暴，以力为雄。杀人偿死，无它禁令。其兵长在山谷，短于平地，不能持久，而果于触突，以战死为吉利，病终为不祥。堪耐寒苦，同之禽兽。虽妇人产子，亦不避风雪。性坚刚勇猛，得西方金行之气焉。①

而《隋书》之后，成书于9世纪的《通典》又与《隋书》的记载大同小异：

> 宕昌羌，后魏时兴焉，亦三苗之胤，与先零、烧当、罕开诸部姓别，自立酋帅，皆有地分，不相统摄，宕昌即其一也。俗皆土著，居有栋宇。其屋，织牦牛尾及羖羊毛覆之。无法令，又无徭赋。唯征伐之时，乃相屯聚；不然，则各事生业，不相来往。皆衣裘褐，牧养牦牛、羊、豕，以供其食。俗有蒸报。无文字，但取木荣落以记岁时。三年一相聚，杀牛羊以祭天。俗重虎皮，以之送死。②

---

① 《后汉书》卷八七《西羌传》，第2869页。
② 《通典》卷一九〇《边防六·西戎二·宕昌》，第5168页。按：《通典》所录"宕昌羌"大致是沿袭《周书》《北史》的记载。吴天墀先生曾就宕昌羌与党项羌的关系进行过考辨，以为不论是分布区域，还是社会组织、生产、生活、婚姻以至风俗、信仰等无不相同，不存在种族上的差别，宕昌、邓至羌人为兴起的党项羌吸收了（《西夏史稿》，广西师范大学出版社，2006年，第2—3页，注1）。今从之。

党项羌，在古析支之地，汉西羌之别种。魏晋以降，西羌微弱。周灭宕昌、邓至之后，党项始强。南杂春桑、迷桑等羌，北连吐谷浑。其种每姓别自为部落，一姓之中复分为小部落，大者万余骑，小者数千骑，不相统一。有细封氏、费听氏、往利氏、颇超氏、野辞氏、房当氏、米禽氏、拓拔氏，而拓拔最为强族。俗皆土著，有栋宇，织牦牛及羊毛覆之。俗尚武，无法令赋役。其人多寿，年至百五六十岁。不事生产，好为窃盗，常相陵劫。尤重复仇，仇人未得，必蓬头垢面，跣足蔬食，要斩仇人而后复常。男女并衣裘褐，仍被大毡。不知耕稼，土无五谷。气候多风寒。以牦牛、马、驴、羊、豕为食。五月草始生，八月霜雪降。求大麦于他界，酝以为酒。妻其庶母及伯叔母、嫂、子弟之妇，淫秽蒸报，诸夷中最为甚，然不婚同姓。老死者以为尽天年，亲戚不哭，少死者则仰天云枉而悲哭，焚之，名为火葬。无文字，但候草木以记岁时。①

再之后成书于10世纪的《旧唐书》卷一九八《党项羌》，《唐会要》卷九八《党项羌》，以及11世纪中叶的《新唐书》，与《通典》的史源如出一辙，只是个别地方小异。如有关党项羌的食物，《隋书》"牧养牦牛、羊、猪以供食"，《通典》"以牦牛、马、驴、羊、豕为食"，《唐会要》"以牦牛、马、骡、羊、豕为食"，基本相同，只有《旧唐书》"畜牦牛、马、驴、羊，以供其食"，和《新唐书》"畜牦牛、马、驴、羊以食"，未提及养猪业，略有不同。《隋书》"三年一聚会，杀牛羊以祭天"，《通典》《旧唐书》《新唐书》均

---

① 《通典》卷一九〇《边防六·西戎二·党项》，第5169—5170页。

有,只有《唐会要》无。①

　　20世纪对于党项社会发展,按照五个社会形态理论的解释,有两种不同意见:一种认为党项从氏族公社制阶段,未经过奴隶制而直接过渡到封建制;一种认为党项从氏族制经过奴隶制而发展到封建制。对于这两种观点孰是孰非,姑且不论,但有一点值得注意的是,两种观点都将党项内迁作为党项社会发生质变的关键节点,尽管向何种社会演变还有不同意见。公元6世纪左右党项已处于氏族制度走向瓦解的原始社会末期。7世纪70年代内迁后,在定居内地的300年中,唐朝先进的生产力和生产方式给党项人以极大的影响,使党项社会发生了巨大的变革。正如吴天墀先生所言:"党项羌部落内迁定居之后,生产力发展很快,在单一的牧畜业外,还增添了农业和一部分手工业的新内容。这是因为他们定居的陕北、河套一带,秦、汉以来已是汉族封建文明发展着的地区。生产技术知识和水利灌溉工程都早奠有一定的基础。"②这是从经济发展角度论述唐朝设置党项羁縻州给党项社会带来的巨大变化。其实唐朝设置党项羁縻州在使党项融入华夏民族、沐浴华夏文明方面所起的作用也是非常突出的,只可惜过去的研究多把党项社会的发展与国家对立起来,总是强调党项族自身发展,和党项社会在华夏文明中的特殊性,而忽略唐王朝对党项社会发展的促进和统领作用。下面的论述希望对过去的研究和论述有所补益。

---

①《隋书》《通典》所载内容已见于前文所引,其他参见(宋)王溥撰:《唐会要》卷九八《党项羌》,中华书局,1960年,第1756页;《旧唐书》卷一九八《党项羌》,第5291页;《新唐书》卷二二一上《党项》,第6214页。
② 吴天墀:《西夏史稿》,第119页。

二、唐朝置羁縻州的特点

随着中原王朝对党项的关注日益增加,党项社会的发展自6世纪下半叶开始有了新的变化。这是因为中原王朝的关注打破了党项社会主要依靠内部因素的发展,结束了党项社会与周边民族自然交往或因利益冲突发生争战的状态,开始纳入高级文明社会的影响因子,特别是唐朝设置羁縻府州进行管理,彻底改变了党项社会的发展方向。以往学界已经关注到唐朝为了隔断党项与吐谷浑的联系,和受吐蕃势力崛起的相逼,将党项内徙而设置羁縻府州的史实,并作了有益的讨论。[①]但是不可否认的是,研究党项史的学者多是从党项族的迁徙、分布和民族政策的角度而言,很少从羁縻府州制度对党项社会发展的促进和影响角度进行观察。其实学界从20世纪80年代以来对唐代羁縻府州制度已有很多很成熟的研究,可惜没有得到研究党项史学者的重视。而且据笔者的梳理发现,唐代羁縻府州制度对党项社会的影响最大也最持久。因为唐代羁縻府州制度大多存在于唐代前期,而党项的三次迁徙却始终"享有"羁縻府州制度的待遇。

为了说明问题,有必要对唐朝羁縻府州制度的特点作一些概括。

---

① 周伟洲:《早期党项史研究》第三章"唐代党项的内徙与分布";杨浣:《试析唐代党项羁縻府州制》,《宁夏大学学报(人文社会科学版)》2000年第4期。

现今对唐朝羁縻府州制度的研究,基本上围绕《新唐书·地理志七·羁縻州》序言的解释和增补而展开。

> 唐兴,初未暇于四夷,自太宗平突厥,西北诸蕃及蛮夷稍稍内属,即其部落列置州县。其大者为都督府,以其首领为都督、刺史,皆得世袭。虽贡赋版籍,多不上户部,然声教所暨,皆边州都督、都护所领,著于令式。今录招降开置之目,以见其盛。其后或臣或叛,经制不一,不能详见。突厥、回纥、党项、吐谷浑隶关内道者,为府二十九,州九十。突厥之别部及奚、契丹、靺鞨、降胡、高丽隶河北者,为府十四,州四十六。突厥、回纥、党项、吐谷浑之别部及龟兹、于阗、焉耆、疏勒、河西内属诸胡、西域十六国隶陇右者,为府五十一,州百九十八。羌、蛮隶剑南者,为州二百六十一。蛮隶江南者,为州五十一,隶岭南者,为州九十二。又有党项州二十四,不知其隶属。大凡府州八百五十六,号为羁縻云。①

通过对这段序言的疏解,学界对羁縻府州的特点已有概括性的总结。

林超民以为唐朝羁縻府州有四个特点:第一,"即其部落列置州县",也就是以部落的活动范围作为羁縻府州行政区划的基础;第二,以蕃首酋长为都护、都督、刺史,递相统率,皆得世袭,并由都护府或边州都督统领节制;第三,居民不直接向国家缴纳赋税,户口不呈送户部,由本部酋长向朝廷进献象征臣服的方物

---

① 《新唐书》卷四三下《地理志七下》,第1114页。

土产,同时向都护府或都督府进呈一定的贡纳;第四,可以保留本部兵卒,守疆卫土,受都护府的节制,服从朝廷的调遣。①

王小甫先生将羁縻府州的特点概括为:第一,羁縻府州是为保证唐朝的安全和边疆的稳定而设置的,必须执行唐朝法令;第二,各府州设都督、刺史等官职,由本部首领担任;第三,羁縻府州按规定属边州都督或都护管领;第四,各府州有无版籍不定;第五,其名称往往采用当地或附近城镇、部落的名称。②

除了上述概括性论述外,由于《新唐书·地理志》序言较为简略,学界又从不同角度作了更广泛的诠释,加深了对唐代羁縻府州性质、属性、特点的认识。概括起来有如下几方面。

1.设置时间。

"唐兴,初未暇于四夷,自太宗平突厥,西北诸蕃及蛮夷稍稍内属,即其部落列置州县。"四夷内属即其部落列置州县这种办法,并非创自太宗时代。至太宗贞观时,由于大量设置了这种州县,才定制称为"羁縻州",用以区别于普通州县;以此普通州县对羁縻州而言,即被称为"正州"。"即其部落列置州县",也就是以部落的活动范围作为羁縻府州行政区划的基础。

羁縻州基本上分两种:一种设置于边外各国、族原住地;一种设置于边外各族迁入内地后的侨居地。两种自应事先分清,不容混淆。说情况复杂指的是前者,后者是简单的。后者一称侨蕃州,其侨寄地本为唐朝正州正县的辖境;在此设羁縻州只是因为迁来的部族人口生活习惯与原住民不同,故用其部族首领

① 林超民:《羁縻府州与唐代民族关系》,《思想战线》1985年第5期。
② 王小甫:《唐、吐蕃、大食政治关系史》,北京大学出版社,1992年,第7—8页。

为都督、刺史,便于夷夏分治,有分民而无分土,当然不会改变唐朝对当地的领土主权。①其名称往往采用当地或附近城镇、部落的名称。②唐代羁縻府州的建置有都护府、都督府、州、县等机构。其内部结构有"都护府—都督府—州,府—州—县、府—州、府—县、州—县等多种形式",羁縻府州根据其设置地点的不同,可以划分为本土羁縻州和侨置羁縻府州两种。所谓"本土羁縻州",是指设置在各部族原居住区域的羁縻府州;而"侨置羁縻府州",是指唐朝在正州界内以内迁部族设置的羁縻府州。南方羁縻州基本上均为本土羁縻州,北方羁縻府州中则有大量的侨置府州。北方羁縻府州基本上只存在于唐前期,有的仅仅存在十数年甚至数年时间。③

2."其大者为都督府,以其首领为都督、刺史,皆得世袭。"

"以其首领为都督、刺史,皆得世袭",前一句的实质是说羁縻府州的都督、刺史就是该部落原来的首领(包括国王、可汗、叶护、俟斤等各色名目的君长),羁縻府州的辖境就是原来的部落(包括部落联盟或国)的领域,这片土地上的统治者仍然是原来的部落首领,保持他原有的称号与权力,而"都督"、"刺史"等则是唐朝所授予的称号;后一句的实质是说由于部落首领通常是世袭的,所以首领的兼衔都督、刺史等也是世袭的。

总之,部落首领由部落内部产生,唐朝例不干预,首领又例兼羁縻州长官的称号。

① 谭其骧:《唐代羁縻州述论》,《纪念顾颉刚学术论文集》,巴蜀书社,1990年。
② 王小甫:《唐、吐蕃、大食政治关系史》,第7—8页。
③ 樊文礼:《唐代羁縻府州的南北差异》,《唐史论丛》第12辑,三秦出版社,2010年,第56—73页。

3."虽贡赋版籍,多不上户部。"

这是说大多数羁縻州只是有一个府、州、县的名义而已,其版籍并不向唐朝呈报,也不承担一定的贡赋。但并不是所有羁縻州都是如此。《太平寰宇记》虽纂修于宋初,所记当为唐时情况。据此,则个别羁縻州可能纳税。当然所纳总要比正州为轻,也不一定有定额。至于羁縻州对朝廷有所贡献,则相当普遍,不过接受贡献的是大唐天子而不是户部,既不定期,又无定额,又有回赐,自不能与正州的"上贡"混为一谈。①

唐王朝一般不直接向羁縻府州的居民征收固定赋税,而只要求其蕃酋长定期向朝廷进呈象征臣服的少量方物土产,朝廷则给予较贡品多得多的赏赐。这种贡纳,从政治上说是臣服隶属的标志;从经济上讲是赋税的形式,更是中原与边地贸易交换的特殊形式,可以说是边地诸部贵族与中央王朝间的一种物物交易,而且,边疆的蕃酋长从中获得更大的经济利益。对于唐王朝说来,收取这种贡纳与其说是为了经济,不如说完全是为了政治。羁縻府州的贡赋版籍虽不必呈报户部,但还是要向所属的都护府或都督府缴纳一定数量的赋税。②

《唐六典》云:

> 凡诸国蕃胡内附者,亦定为九等。四等已上为上户,七等已上为次户,八等已下为下户。上户丁税银钱十文,次户五文,下户免之。附贯经二年已上者,上户丁输羊二口,

① 谭其骧:《唐代羁縻州述论》,《纪念顾颉刚学术论文集》,巴蜀书社,1990年。
② 林超民:《羁縻府州与唐代民族关系》,《思想战线》1985年第5期,第49—58页。

次户一口,下户三户共一口。(无羊之处,准白羊估,折纳轻货。若有征行,令自备鞍马,过三十日以上者,免当年输羊。凡内附后所生子,即同百姓,不得为蕃户也。)凡岭南诸州税米者,上户一石二斗,次户八斗,下户六斗;若夷獠之户,皆从半输。轻税诸州,高丽、百济应差征镇者,并令免课役。①

以上是租庸调时代关于周边内附诸族按户等课税和在征行时得以减免的规定,具体适应对象是诸国内附蕃胡、南方的夷獠户。内附蕃胡、夷獠户赋役令,武德七年(624)就曾颁布过一次。

《唐律疏议》云:

诸牧畜产,准所除外,死、失及课不充者一,牧长及牧子笞三十,三加一等;过杖一百,十加一等,罪止徒三年。羊减三等。(余条羊准此。)

疏议曰:《厩牧令》:诸牧杂畜死耗者,每年率一百头论,驼除七头,骡除六头,马、牛、驴、羖羊除十,白羊除十五。从外蕃新来者,马、牛、驴、羖羊皆听除二十,第二年除十五;驼除十四,第二年除十;骡除十二,第二年除九;白羊除二十五,第二年除二十;第三年皆与旧同。准率百头以下除数,此是年别所除之数,不合更有死、失。"及课不充者",应课者,准令:牝马一百匹,牝牛、驴各一百头,每年课驹、

①(唐)李林甫等撰,陈仲夫点校:《唐六典》卷三《尚书户部·户部郎中》,中华书局,2005年,第77页。

犊各六十,骒驹减半。马从外蕃新来者,课驹四十,第二年五十,第三年同旧课。①

唐代羁縻州"贡赋版籍,多不上户部",正是由于唐代羁縻州绝大多数以向都督府、都护府进献形式承担赋役义务,不纳入中央财政,因而也无须统计户口,上报户部,并非羁縻州多不承担赋役。唐代以行政设施为单位由土长负责向上级管理机构承担赋役的做法一直延续到清代。②

4."然声教所暨,皆边州都督、都护所领,著于令式。"

"皆边州都督、都护所领,著于令式"是一句最关紧要的话,说明凡羁縻州在"令式"上都隶属于边州都督府和都护府。

总上所言,羁縻府州作为唐代政治生活中的一种重要现象,它与中央之间的相互关系可概括为:都督、刺史可世袭,但须得中央的册封认可;在土地、民众、军队、赋税、用人诸方面高度自主,同时又接受边州都督、都护押领,以及汉官参治、奉唐正朔、混一车书等,尊重和接受唐中央之正统领导;唐中央对羁縻府州都督、刺史等以联姻、赐姓名、死后准其陪陵、结拜香火兄弟义父(母)子关系等方式来笼络团结之,羁縻府州则向中央履行纳贡、入觐、充质、征讨、捍边等封建义务。这种关系表明羁縻府州与内地府州有很大不同,带有浓厚的边域民族自治色彩,但从根本上言,羁縻府州是唐之属地,是唐帝国不可分割之有机组成。两者之间的这种微妙关系对后世的民族地区与中央之关系

---

① 刘俊文:《唐律疏议笺解》卷一五《厩库》,中华书局,1996年,第1085—1086页。

② 王义康:《唐代周边内附诸族赋役问题探讨》,《中国经济史研究》2016年第2期。

都有着重要的影响和借鉴意义。①

原则上羁縻州与经制州同为唐施及统一政治、制度、法律的区域,两者具有共同性的一面。

革除旧法,推行唐制。禁断土风陋习。依汉法,着汉服。明确内迁部落与所在州之间的关系。《唐开元户部格残卷》载垂拱元年九月十五日敕:"诸蕃部落见在诸州者,宜取州司进止。首领等如有灼然要事须奏者,委州司录状闻,非有别敕追入者,不得辄发遣。"②内迁部落首领受所在州约束,如有要事进奏,先由州司状奏。

唐代以周边内附诸族置羁縻州,实现了内地与非汉地区行政体制的一体化,原则上羁縻州与经制州同为唐推及政令、法令的区域,只不过唐在羁縻州推及政令、法令是分层次而言的。从羁縻州的郡县属性而言,首先,唐原则上在羁縻州与经制州中要推行其共同遵守的约束性法令;其次,在此前提下,尽管羁縻州区域广大,内部情况复杂,并不全面推行内地行政制度,但是原则上又要不同程度地推及唐王朝统一的政治、制度、法律。从羁縻州的特殊性而言,唐又根据不同地区具体情况,针对性推行政令、法令。概括地讲,相较于经制州,唐在羁縻州推及政令、法令固然有"因俗而治"的一面,然而由于行政体制一体化,唐又比照内地行政制度,在羁縻州中根据具体情况不同程度地推及唐统一的政令、法令。唐在羁縻州施政,兼具"因俗而治"的特殊性与行政体制一体化的共同性,从而将社会、文化多元性的政治

---

① 马驰、马文军:《唐代羁縻府州与中央关系初探》,《陕西师范大学学报(哲学社会科学版)》1997年第1期。

② S.1344《唐开元户部格残卷》,唐耕耦、陆宏基编:《敦煌社会经济文献真迹释录》第2辑,第570页。

统治区域,整合为有别于西汉的大一统政治结构。[1]

唐代以周边归附诸族设置的州有两种:一种是羁縻州,又称"蕃州";一种是正州,如剑南道西部十余州,他们是以郡县缘边的生羌、党项部落分置。虽为正州额,但以部落首领世袭刺史、司马。唐代公文书有将羁縻州与"蕃州"并列的现象。

此外有学者以为唐代羁縻府州因俗而治,看上去管理较为稀松,与唐代地方监察制度联系起来,羁縻州是在巡察范围之内的。《册府元龟》卷六五二《奉使部·总序》明确说:"唐室以降,踵事增名,则有巡察、黜陟、采访、处置、按察、宣劳之类。分道而往,领命尤重。大率以交聘敌国,通接殊邻。劳来远方,安辑新附。慰抚兵役,分给赈赐。采风俗之厚薄,询民事之劳逸。究吏治之能否,察狱讼之冤正。搜访遗滞,刺举奸滥。或购求坠简,或奉行宠典。于以宣畅皇风,敦谕诏旨。广天听而斯远,俾物情之无拥。"即证明"蕃州"属于中央监察地方行政的范畴,要接受来自中央与地方不同方式的监察,甚至要接受来自皇权的监察。[2]

对于唐朝设置羁縻府州体制的缘由,学界也作了充分讨论。唐朝羁縻府州体制不仅是为了"保证唐朝的安全和边疆的稳定而设置的,必须执行唐朝法令",[3]而且是周秦以来传统民族理论和政策的继续:"修其教不易其俗,齐其政不易其宜。"[4]陈寅恪先生更是直白地说,唐朝的建立者"阳傅周礼经典制度

---

① 王义康:《因俗而治与一体化:唐代羁縻州与唐王朝的政令法令》,《中国历史地理论丛》2019年第4辑。
② 王义康:《唐代"蕃州"监察制度试探》,《民族研究》2015年第3期。
③ 王小甫:《唐、吐蕃、大食政治关系史》,第7—8页。
④《礼记正义》卷一二《王制》,见(清)阮元校刻:《十三经注疏》四,中华书局,第2009年,第2896页。

之文,阴适关陇胡汉现状之实而已"。陈寅恪先生即评价玄宗所编《唐六典》,是"玄宗欲依周礼太宰六典之文,成唐六官之典,以文饰太平"的"帝王一时兴到之举"。在唐代统治者的仿古意识中,仍然残存着服制观念。从这一意义上讲,唐代羁縻府州的设置与管理就不免带有服制色彩的等级性。[1]唐代的羁縻府州可上溯到先秦的五服之制,与汉代的"道"、"属国"、"初郡",南朝的"左郡",有着直接的因袭关系。唐代在新的历史条件下,用羁縻府州的行政制度来处理民族关系,安置内附少数民族,承继了历史上处理民族关系的有益经验而又有所发展。[2]

上述学界的相关研究,充分说明羁縻府州特别是"侨置羁縻府州"的内附、迁徙民族是大唐王朝境内的"臣民",不能将他们单独列为所谓的"异族"或"异民"。亦即作为唐朝羁縻州统辖下的党项羌不能单独列为所谓的"异族"或"异民",认识这一点对于了解党项羌自古沐浴华夏文明至关重要。

三、由党项羁縻州看党项社会

现再回过头看羁縻府州内的党项羌。

《新唐书·地理志七》对于唐朝设党项羁縻州有简要记载:

党项州五十一,府十五:(贞观三年,酋长细封步赖内

---

[1] 王立霞:《唐代羁縻府州内部结构及其相关问题》,《江西社会科学》2007年第12期。
[2] 林超民:《羁縻府州与唐代民族关系》,《思想战线》1985年第5期。

附，其后诸姓酋长相率亦内附，皆列其地置州县，隶松州都督府。五年，又开其地置州十六，县四十七；又以拓拔赤词部置州三十二。乾封二年，以吐蕃入寇，废都、流、厥、调、凑、般、匐、器、迩、镆、率、差等十二州。咸亨二年，又废蚕、黎二州。禄山之乱，河、陇陷吐蕃，乃徙党项州所存者于灵、庆、银、夏之境。）

　　清塞州　归德州（侨治银州境。）兰池都督府。芳池都督府。相兴都督府。永平都督府。旭定都督府。清宁都督府。忠顺都督府。宁保都督府。静塞都督府。万吉都督府。乐容州都督府，领州一：东夏州。静边州都督府，（贞观中置，初在陇右，后侨治庆州之境。）领州二十五：布州、北夏州、思义州、思乐州、昌塞州、吴州、（天授二年置吴、朝、归、浮等州。）朝州、（"朝"一作"彭"。）归州、（"归"一作"阳"。）浮州、祐州、（贞观四年置，领县二：廓川，归定。）卑州、西归州、嶂州、（贞观四年置。县四：洛平，显川，桂川，显平。）餝州、开元州、归顺州、（本在山南之西，宝应元年诣梁州刺史内附。）淳州、（贞观十二年以降户置于洮州之境，并置素恭、乌城二县。开元中废，后为羁縻。）乌笼州、恤州、嵯州、（贞观五年置。县一：相鸡。相鸡本隶西怀州，贞观十年来属。）盖州、（本西唐州，贞观四年置，八年更名。县四：湘水，河唐，曲岭，祐川。）悦州、回乐州、乌掌州、诺州。（贞观五年置，县三：诺川，德归，篱渭。）右隶灵州都督府。①

---

①《新唐书》卷四三下《地理志七下》，第1122—1123页。

《新唐书》所记的党项羁縻州主要是唐太宗贞观年间至唐高宗时期设置的，对这次迁徙周伟洲先生有一概括叙述如下。

> 通过对党项内徙情况的分析，可知党项的内徙大致开始于贞观末，主要原因是吐蕃的侵逼，而内徙的高潮是在唐仪凤至永隆元年前后，吐蕃占领原党项居地之时。党项的内徙并不是唐朝有计划地按原党项羁縻州进行，而是以姓氏、部落为单位自发地陆续向北迁徙。最后，散居于陇右北部诸州及关内道的庆、灵、夏、胜等州。在这种情况下，唐朝才又复置或重置一些党项羁縻府州，寄治于庆、灵、夏、银等州。到天宝末安史之乱前，内徙活动基本完成。因而《新唐书·地理志七下》所说"禄山之乱，河、陇陷吐蕃，乃徙党项州所存者于灵、庆、银、夏之境"，是不够确切的。①

党项的第二次迁徙起于安史之乱后的至德年间，唐廷接受重臣郭子仪的建议，"以党项、吐谷浑部落散处盐、庆等州，其地与吐蕃滨近，易相胁，即表徙静边州都督、夏州、乐容等六府党项于银州之北、夏州之东，宁朔州吐谷浑住夏西，以离沮之"。②直到永泰元年（765），前后持续了约十年。迁徙的情况，先是至德后原迁至陇右的党项部落，以"寇掠"的方式向东徙至庆、盐诸州。可考的有乾封等十州及永定等十二州党项。到永泰元年，唐朝为离沮吐蕃与庆、盐等内徙党项，将这部分党项又东迁至银州之北、夏州之东及绥、延等州。这样，经过党项第二次大的迁

---

① 周伟洲：《早期党项史研究》，第46页。
②《新唐书》卷二二一上《党项》，第6216页。

徙,内徙党项逐渐集中到灵、庆、夏、银、绥、延、胜等州。余留在陇右的党项则为吐蕃所统治。①

周伟洲先生曾作党项羁縻府州变迁表,较全面介绍了党项内徙与分布。②《新唐书》卷四三下《地理志七下》载,关内道共设置羁縻府二十九,州九十。其中灵、庆、银、夏四州境内即有二十三府,七十九州。这些内迁基本奠定了其后党项羌特别是党项拓跋氏的崛起与发展趋势,故将樊文礼先生对这些州境内侨置府州的名称、族属、设置时间、侨置地点等的考订列表于下:

府州名称	族属	设置时间	侨置地点
芳池都督府	党项	肃宗时 (756—762)	灵州界内
相兴都督府	党项	肃宗时 (756—762)	灵州界内
永平都督府	党项	永泰元年 (765)	夏州东、银州北 (今鄂尔多斯高原部)
旭定都督府	党项	永泰元年 (765)	夏州东、银州北 (今鄂尔多斯高原部)
清宁都督府	党项	永泰元年 (765)	夏州东、银州北 (今鄂尔多斯高原部)
忠顺都督府	党项	永泰元年 (765)	夏州东、银州北 (今鄂尔多斯高原部)
宁保都督府	党项	永泰元年 (765)	夏州东、银州北 (今鄂尔多斯高原部)
静塞都督府	党项	永泰元年 (765)	夏州东、银州北 (今鄂尔多斯高原部)

---

① 周伟洲:《早期党项史研究》,第59、61—62页。
② 周伟洲:《早期党项史研究》,第30—42页。

府州名称	族属	设置时间	侨置地点
万吉都督府	党项	永泰元年 (765)	夏州东、银州北（今鄂尔多斯高原部）
乐容州都督府（领小州一）	党项	肃宗时 (756—762)	夏州境内
静边州都督府（领小州二五）	党项	肃宗时 (756—762)	庆州境内
芳池州都督府（领小州九）	党项	肃宗时 (756—762)	庆州怀安县（今甘肃华池县北）
宜定州都督府（领小州七）	党项	肃宗时 (756—762)	庆州境内
安化州都督府（领小州七）	党项	肃宗时 (756—762)	庆州境内
清塞州	党项	肃宗时 (756—762)	银州境内?
归德州	党项	肃宗时 (756—762)	银州境内

由此可见，静边州以及芳池、宜定、安化、乐容、归德等府州侨置庆、银等州界内的时间，应该在肃宗时。宁朔州初隶乐容都督府，其侨置夏州一带的时间，亦当在肃宗时。①安史之乱以后，天宝时代的松府党项羁縻州又有部分内徙，大部分重复没入吐蕃，从此唐地"剑南尽西山"，所有党项州遂全部是内地的侨州。②

---

① 樊文礼:《唐代灵、庆、银、夏等州界内的侨置府州》,《民族研究》1990 年第 4 期。

② 谭其骧:《唐代羁縻州述论》,《纪念顾颉刚学术论文集》,巴蜀书社,1990 年。

需要特别指出的有两点。其一,党项羁縻州属于侨置羁縻州,其侨置地本为唐朝正州正县的辖境;在此设羁縻州只是因为迁来的部族人口生活习惯与原住民不同,故用其部族首领为都督、刺史,便于夷夏分治,有分民而无分土,当然不会改变唐朝对当地的领土主权。而且侨置羁縻府州分布的营、幽、灵、夏、凉等州地区,从汉代以来就纳入中原王朝的版图,之后历代王朝大都在这里设置郡县进行统治。也就是说,这些羁縻州具有以"地域"设置的性质,与从唐代才开始纳入中原王朝版图的漠北蒙古高原和葱岭以西的西域地区,有着本质的区别。①其二,北方羁縻府州基本上都只存在于唐前期,有的则仅仅存在十数年甚至数年时间。而灵、庆、银、夏党项羁縻州则在唐肃宗永泰以后被强化,成为与正州汉民相差不大的"臣民"。

1. 归附、内属,置羁縻州

如前所述,唐朝设置羁縻府州制度不完全始于唐太宗贞观年间,但是党项羁縻州的设置则始于贞观三年。《新唐书·地理志》云:

> 党项州五十一,府十五。(贞观三年,酋长细封步赖内附,其后诸姓酋长相率亦内附,皆列其地置州县,隶松州都督府。五年,又开其地置州十六,县四十七;又以拓拔赤词部置州三十二。)②

司马光在《资治通鉴》贞观三年记事中追记党项羁縻州初

---

① 樊文礼:《唐代羁縻府州的南北差异》,《唐史论丛》第12辑,第56—73页。
②《新唐书》卷四三下《地理志七下》,第1120页。

设始末:

> 牂柯酋长谢能羽及充州蛮入贡,诏以牂柯为牂州;党项酋长细封步赖来降,以其地为轨州;各以其酋长为刺史。党项地亘三千里,姓别为部,不相统壹,细封氏、费听氏、往利氏、颇超氏、野辞氏、旁当氏、米擒氏、拓跋氏,皆大姓也。步赖既为唐所礼,余部相继来降,以其地为崌、奉、岩、远四州。①

其后,党项与中央政权之间,或因吐蕃、吐谷浑等强族的相挟、相逼,或因党项内部矛盾用武力满足对农耕区产品的需求,或因唐朝少数边将边官的掠夺等,而造成侵扰、争战,有时还是甚为激烈的边患,可以说不绝于史,但是随着唐朝设立党项羁縻州,汉文献也大量记述了党项对唐王朝的归附和内属。

贞观六年,党项等羌前后内属者三十万口。②

贞观末(649)因吐蕃势力北上,原居于青海、甘南和四川西北的党项诸部纷纷向陇右东北和关内道北部迁徙。其中,党项拓跋部或于此时迁至庆州一带。③

仪凤年间(676—678),在庆州的党项拓跋氏十八部又由此迁至银州,唐设静边都督府以处之,以其首领拓跋后郍为都督。④

----

①《资治通鉴》卷一九三,贞观三年闰十二月乙丑,第6068页。
②《资治通鉴》卷一九四,贞观六年十二月辛未,第6100页。
③《资治通鉴》卷二二〇胡三省注。
④ 王富春:《唐党项族首领拓拔守寂墓志考释》,《考古与文物》2004年第3期。

武周天授二年（691），在西北者，天授中内附，户凡二十万，以其地为朝、吴、浮、归十州，散居灵、夏间。①

长寿元年（692）吐蕃党项部落万余人内附，分置十州。②同年，在今四川西北的吐蕃首领葛苏率贵州部及党项三十万降。③

宝应元年十二月，原陇右乾封等十州党项部落诣山南西道都防御使臧希让降，渭北党项遣使至唐，表示愿助灵州军粮。"宝应元年十二月，其归顺州部落、乾封州部落、归义州部落、顺化州部落、和宁州部落、和义州部落、保善州部落、宁定州部落、罗云州部落、朝凤州部落，并诣山南西道都防御使、梁州刺史臧希让请州印，希让以闻，许之。"④"其首领来朝，请助国供灵州军粮，优诏褒美。"⑤

大历二年（767）九月，吐蕃寇灵州；十月，党项首领来朝，请助国供灵州军粮。⑥

大历末，野利秃罗都与吐蕃叛，招余族不应，子仪击之，斩秃罗都，而野利景庭、野利刚以其部数千人入附鸡子川。六州部落，曰：野利越诗、野利龙儿、野利厥律、儿黄、野海、野窣等；居庆州者号东山部，夏州者号平夏部。⑦

---

① 《新唐书》卷二二一上《党项》，第6213页。
② 《资治通鉴》卷二〇五，则天后长寿元年二月己亥，第6482页。
③ 《新唐书》卷二一六上《吐蕃传》，第6078页。
④ 《唐会要》里未见此段引文，检索出自《旧唐书》卷一九八《党项羌》，第5292—5293页。
⑤ 《旧唐书》卷一九八《党项羌》，第5292页。
⑥ 《册府元龟》（校订本）卷九七三《外臣部·助国讨伐》，第11267页。
⑦ 《新唐书》卷二二一上《党项》，第6217页。

2."其大者为都督府,以其首领为都督、刺史,皆得世袭。"

> 凡唐之制,京兆、河南、太原尹,从二品,余尹从三品。其属僚有少尹而下。大都督从二品,中都督正三品,下都督从三品,属官有长史而下(大都督多亲王为之,以长史领州务)。以领户满四万已上,曰上州刺史,从三品;户满二万已上,曰中州刺史,正四品;户不及二万,曰下州刺史,从四品,其属僚有别驾。下都督而下,所掌清肃邦畿,考核官吏,宣布德化,抚和齐人,劝课农桑,敦谕五教,每岁一巡属县,观风俗,问百年,录囚徒,恤鳏寡,阅丁中,务知百姓之疾。五代之制,并与唐同。①

贞观三年(629),唐朝以党项酋长细封步赖为轨州刺史。"仍请率所部讨吐谷浑。其后诸姓酋长相次率部落皆来内属。请同编户,太宗厚加抚慰,列其地为崌、奉、岩、远四州,各拜其首领为刺史。"②

贞观五年,党项拓跋赤辞所部先后归附唐朝,太宗"拜赤辞为西戎州都督,赐姓李氏,自此职贡不绝"。③

贞观十二年(638),吐蕃进破党项、白兰诸羌,帅众二十余万屯松州西境,寻进攻松州,败都督韩威;羌酋阎州刺史别丛卧施、诺州刺史把利步利,并以州叛归之。④

---

①《册府元龟》(校订本)卷六七一《牧守部·总序》,第7726—7727页。
②《旧唐书》卷一九八《党项羌》,第5291页。
③《旧唐书》卷一九八《党项羌》,第5292页。
④《资治通鉴》卷一九五,唐太宗贞观十二年八月,第6139页。

仪凤年间,以党项首领拓跋后郍为静边州都督府都督。①

开元九年(721),六州胡康待宾起兵反唐,时任静边州都督的党项首领拓跋思泰助唐攻康待宾,战死,唐以其子守寂袭其官爵。②

开元二十一年,静边州都督拓跋守寂卒,唐追赠为灵州刺史,加赠鸿胪卿,以子澄澜袭官爵。③

永泰元年(765)至大历末(779),为阻遏吐蕃威胁,郭子仪"表徙静边州都督、夏州、乐容等六府党项于银州之北、夏州之东,宁朔州吐谷浑住夏西,以离沮之。召静边州大首领左羽林大将军拓拔朝光等五刺史入朝,厚赐赉,使还绥其部。……又表置静边、芳池、相兴三州都督、长史,永平、旭定、清宁、宁保、忠顺、静塞、万吉等七州都督府。于是破丑、野利、把利三部及思乐州刺史拓拔乞梅等皆入朝,宜定州刺史折磨布落、芳池州野利部并徙绥、延州"。④

贞元二年(786),党项托跋乾晖时任夏州刺史被吐蕃驱离。⑤

元和九年(814)正月,李吉甫奏:"国家旧置六胡州于灵、盐之境,开元中废之,更置宥州以领降户;天宝中,宥州寄理于经略军,宝应以来,因循遂废。今请复之,以备回鹘,抚党项。"上从之。⑥

---

① 王富春:《唐党项族首领拓拔守寂墓志考释》,《考古与文物》2004年第3期。

②《册府元龟》(校订本)卷九七四《外臣部》,第11278页。

③ 王富春:《唐党项族首领拓拔守寂墓志考释》,《考古与文物》2004年第3期。

④《新唐书》卷二二一上《党项》,第6216—6217页。

⑤《资治通鉴》卷二三二,唐德宗贞元二年十二月丁巳,第7475页。

⑥《资治通鉴》卷二三九,唐宪宗元和九年二月甲辰,第7703—7704页。

太和元年（827）"八月，灵州奏部落游弈使拓拔忠义招收得部落五千余帐，于界首安置讫"。①

3."虽贡赋版籍，多不上户部。"

周伟洲先生说，党项羁縻州的情况，大致是"界内虽立县名，无城郭居处"。②此虽记丹岭党项诸羌，但其他羁縻州县大致相同。其中只有少数州县有版籍户口，但也不上户部；绝大多数州县皆无版籍户口。唐代的羁縻州制，可以说是继承了汉代的"属国"制和魏晋以来的"都护"、"护军"制发展起来的，它是中国历史上历代统治者管理边疆少数民族较为成功的一种形式。③

周先生的这段议论符合基本事实，但需要补充的是，"无城郭居处"，并不限于羁縻府州，在唐中叶以降到宋代边区州县城多以军事防御为要务，州县民众主要散居在城郭外。"虽贡赋版籍，多不上户部"，如前所述，不上户部不等于不缴纳赋税，尽管比正州之民所交赋税较轻。值得注意的是，据《册府元龟》卷九七〇《外臣部·朝贡第三》所载：

隋炀帝大业五年四月，狄道党项羌遣使贡方物；

唐高祖武德二年十一月，吐谷浑、党项并遣使朝贡；

武德九年十二月，高丽、百济、党项并遣使朝贡；

唐太宗贞观五年，党项、白兰渠帅，奚、契丹俟斤并来朝；

贞观六年十一月，雪山党项、百济、新罗并遣使朝贡。

这之后直到后唐庄宗时才又有党项进贡的记载：

①《册府元龟》（校订本）卷九七七《外臣部·降附》，第11314页。
②（唐）李吉甫撰，贺次君点校：《元和郡县图志》卷三九《陇右道上》芳州丹岭县条，中华书局，1983年，第1001页。
③ 周伟洲：《早期党项史研究》，第27页。

后唐庄宗同光二年二月,党项遣使朝贡,十一月进白驴,十二月党项薄备香来贡良马,其妻韩氏进驼马;三年二月,党项折愿庆贡方物;

明宗天成二年九月,河西党项如连山等来朝贡,共进马四十匹;三年十一月党项、吐蕃相次朝贡;四年八月,党项折遇明等来贡方物……①

为何二百多年间党项没有进贡呢?唯一能解释的就是,在拓跋氏被封为定难军节度使之前,党项羁縻州执行唐的法令,赋税上交到州都督府了。而拓跋氏任定难军节度使之后至后唐,作为唐、后梁时期的藩镇,属于唐王朝的命官,自然不需要进贡。而后唐长兴四年(933),后唐为"除移"夏州党项李氏而攻夏州。

夏州之战的结果和影响,事实上绝不仅是夏州党项李氏的割据势力得以保存,与后唐的关系一切照旧;而是表明夏州李氏割据势力得到了进一步的发展,与后唐的关系发生了微妙的变化。这一变化,正如《资治通鉴》撰者所说:"自是夏州轻朝廷,每有叛臣,必阴与之连,以邀赂遗。"②也就是说,夏州之战前,割据夏州的党项李氏依附于内地政权,是主动寻求靠山,以免为其他藩镇所并;而夏州之战后,它就逐渐扩大自主权,并阴与内地政权对抗,向自立发展的道路上前进了一大步。③

4. "然声教所暨,皆边州都督、都护所领,著于令式。"

前揭,唐朝羁縻制度下,声教所暨包含多重内容,除了因俗

①《册府元龟》(校订本)卷九七二《外臣部·朝贡第五》,第11254页。
②《资治通鉴》卷二七八,后唐明宗长兴四年七月壬午,第9085页。
③ 周伟洲:《早期党项史研究》,第158、159页。

而治外,唐朝的法令是得到基本贯彻执行的。党项羁縻州因其主要设于自汉朝以来就在唐朝境内的正州之中,与新拓领域内因地因族而设的羁縻府州有质的区别。唐朝多以正州的管理模式来处理党项的管理事宜。对于党项在归附内属过程中的叛服不常,唐朝多采用恩威并施的政策。不可否认,地方边将边官的侵苛和压迫等不按唐令行事多有发生,但唐王朝自身采取慰抚多于镇压。下面根据史实略陈管见。毋庸讳言,有残暴的边将搜刮党项百姓不假,但也有很多忠实执行唐朝法令的官员。如开元九年(721)秋七月己酉,党项部众积极参与大破粟特首领康待宾的战役,事后"(张)说安集党项,使复其居业。讨击使阿史那献以党项翻覆,请并诛之,说曰:'王者之师,当伐叛柔服,岂可杀已降邪!'因奏置麟州,以镇抚党项余众"。①建中二年(781),朔方节度使崔宁"巡边至夏州,刺史吕希倩与宁同力招抚党项,归降者甚多"。②开成(836—840)中,田牟为陇州刺史,会盐州刺史王宰,好以法临党项,羌人不安,以牟宽厚,故命易之。③

安史之乱以后,吐蕃乘机大举进攻唐朝,在与吐蕃作战过程中,因府兵制度已渐次瓦解,唐朝保障粮食供应的腹心地区关中的粮食无法达到军事需要。贞元三年(787)七月,唐德宗向李泌询问恢复府兵应对吐蕃的策略。李泌建议通过党项羁縻州与占据原、兰之间的吐蕃进行贸易,在沿边军镇屯田,作为解决关中运输粮草的举措,他说:"今吐蕃久居原、兰之间,以牛运

①《资治通鉴》卷二一二,唐玄宗开元九年七月辛酉,第6746页。
②《旧唐书》卷一一七《崔宁传》,第3401页。
③《册府元龟》(校订本)卷六七一《牧守部·选任》,第7737—7738页。

粮,粮尽,牛无所用,请发左藏恶缯染为彩缬,因党项以市之,每头不过二三匹,计十八万匹,可致六万余头。又命诸冶铸农器籴麦种,分赐沿边军镇,募戍卒,耕荒田而种之,约明年麦熟倍偿其种,其余据时价五分增一,官为籴之。来春种禾亦如之。关中土沃而久荒,所收必厚。戍卒获利,耕者浸多。边地居人至少,军士月食官粮,粟麦无所售,其价必贱,名为增价,实比今岁所减多矣。"德宗听后觉得甚好,"即命行之"。李泌又建言在包括党项羁縻州的边地推行屯田政策:"边地官多阙,请募人入粟以补之,可足今岁之粮。"德宗亦表示采纳。① 为了防备党项与吐蕃交易军用物资,同年还发布禁令"禁商人不得以口马兵械市于党项"。②

唐朝用李泌的建言推进党项与吐蕃的互市和屯田之策,很快取得一定的成效,到宪宗时,情况有了新的变化,主要原因是藩镇边将为害一方,元和九年(814)五月,复置宥州,以护党项。元和十五年"十二月,以左散骑常侍崔元略充党项宣抚使。丁丑,改命太子中允李寮兼侍御史,充党项宣抚副使",③"至大和中寝强,数寇掠,然器械钝苦,畏唐兵精,则以善马购铠,善羊贸弓矢。郧坊道军粮使李石表禁商人不得以旗帜、甲胄、五兵入部落,告者,举罪人财畀之。至开成末,种落愈繁,富贾人赍缯宝鬻羊马,藩镇乘其利,强市之,或不得直,部人怨,相率为乱,至灵、盐道不通。"武宗"会昌初,上频命使安抚之,兼命宪臣为使,分三印以统之。在邠、宁、延者,以侍御史、内供奉崔君会主之;

---

①《资治通鉴》卷二三二,唐德宗贞元三年七月甲子,第7494页。
②《旧唐书》卷一二《德宗纪》,第360页。
③《册府元龟》(校订本)卷九八〇《外臣部·通好》,第11348页。

在盐、夏、长、泽者，以侍御史、内供奉李鄂主之；在灵、武、麟、胜者，以侍御史、内供奉郑贺主之，仍各赐绯鱼以重其事。久而无状，寻皆罢之"。[①]司马光对这件事有更为详细的记述。党项寇盐州，以前武宁节度使李彦佐为朔方灵盐节度使。十一月，邠宁奏党项入寇。李德裕奏："党项愈炽，不可不为区处。闻党项分隶诸镇，剽掠于此则亡逃归彼。节度使各利其驼马，不为擒送，以此无由禁戢。臣屡奏不若使一镇统之，陛下以为一镇专领党项权太重。臣今请以皇子兼统诸道，择中朝廉干之臣为之副，居于夏州，理其辞讼，庶为得宜。"乃以兖王岐为灵、夏等六道元帅兼安抚党项大使，又以御史中丞李回为安抚党项副使，史馆修撰郑亚为元帅判官，令赍诏往安抚党项及六镇百姓。[②]

长庆四年（824）三月"甲戌，夏州节度使李祐奏：于塞外筑乌延、宥州、临塞、阴河、陶子等五城，以备蕃寇。又以党项为盗，于芦子关北木瓜岭筑垒，以扼其冲"。[③]蕃戎（包括党项）畏之。

与上述唐王朝经略安抚党项同时，由于唐朝边将的暴虐，也由于党项羁縻州近邻与吐蕃交战的前沿战区，加之党项内部部族部落成长演变过程中的仇杀，在武宗会昌至宣宗大中五年的十年间，党项不断"寇扰"，酿成不小的动乱局面。[④]面对党项的扰乱和反抗，唐王朝依然采取了恩威并施的政策，平乱之后，又采取了积极的安抚措施。

---

① 以上史料见《唐会要》卷九八《党项羌》，第1759页。《新唐书》卷二二一上《党项》，第6217页；《旧唐书》卷一九八《党项羌》，第5293页。
②《资治通鉴》卷二四七，唐武宗会昌三年十一月，第7993页。
③《旧唐书》卷一七《敬宗纪》，第509页。
④ 详见周伟洲：《早期党项史研究》"唐边将的暴虐及党项的反抗"，第74—89页。

大中四年（850）九月，党项为边患，发诸道兵讨之，连年无功，戎馈不已，右补阙孔温裕上疏切谏。宣宗怒，贬其为柳州司马。十一月壬寅，以翰林学士刘瑑为京西招讨党项行营宣慰使。大中五年（851）唐宣宗以南山、平夏党项久未平，颇厌用兵。崔铉建议，宜遣大臣镇抚。三月，以白敏中为司空、同平章事，充招讨党项行营都统、制置等使，南北两路供军使兼邠宁节度使。敏中请用裴度故事，择廷臣为将佐，许之。夏，四月，以左谏议大夫孙景商为左庶子，充邠宁行军司马；知制诰蒋伸为右庶子，充节度副使。壬子，定远城使史元破党项九千余帐于三交谷，敏中奏党项平。①

其后唐宣宗先后颁行《平党项德音》和《洗雪南山平夏德音》。

这两道德音，过去研究党项史，特别是党项社会发展史重视不够，其实透露出很丰富的信息。可以归纳为以下十个方面。

第一，党项造成动乱的原因有二。一是"党项本是边甿，只合州县抚驭，致令一朝侵叛，由于处理乖方"，"或闻从前帅臣，多怀贪克，部落好马，悉被诛求，无故杀伤，致令怨恨。从今已后，必当精选清廉将帅，抚驭羌戎，明下诏条，渐令知悉"。"近者边陲之帅，制御乖方，遂有凶悍之徒，不率父兄之教，或侵暴州镇，或攻掠道途，告谕罔悛，猖狂颇甚。"二是党项内部矛盾所致："比者或有剽劫，必推南山，南山或有寇扰，亦指平夏。既相非斥，互说短长，终难辨明，祇益仇怨。"

第二，党项的社会动乱危害社会稳定，给党项人民也给边

---

① 以上参见《资治通鉴》卷二四九，唐宣宗大中四年至五年，第8043—8046页。

区人民和士卒的生命财产造成很大损失:"每睹杀伤","穷困无归","属者以党羌恣为侵叛,尤苦农商,朕为人父母,岂无悯恻。""自用兵已来,京师与鄜坊、邠宁两道接界,及当路诸县,差役繁并,物力凋残。""自用兵以来,诸道应征发之处,所有将健,或没于锋刃,或存被疮痍,虽经褒赠,及曾优恤,委本道更加存抚。"

第三,唐政府用武力戡乱既是必要也是出于无奈:"虽伤财害物,非朕躬之愿,而禁暴定功,实武经之要。""今则军功已成,制置将就,息戈解甲,固在及时,舍罪缓刑,所宜布泽。""今则并从洗雪,咸许自新,但能各务安全,递相劝勉,保其生业,绝彼侵逾,从前所有愆违,自此一切不问。"

第四,唐政府对于党项的动乱既往不咎:"近得敏中状申,南山尽愿归降,沥恳输诚,惟思展效,请般运粮料,乞保护封疆。阅其奏章,深惬朕意。""南山党项,为恶多年,化谕不悛,颇为边患。""今闻残寇,无所依归,皆是王人,岂忘悯恻。所有从前挂涉恶迹者,今一切不问。""惟再犯疆界,却入山林,或不从指挥,即召募平夏党项精锐者讨逐,议不容舍。如能革心向化,愿同平夏,即须投诚献款,迹效分明。抚驭之间,便同赤子,如有屈事,即任于本镇投状论理,仍各令本镇遣了事军将安存。"

第五,唐政府依照法令治理羁縻州。这有三个要点。一是继续推行"声教所暨,皆边州都督、都护所领,著于令式"的羁縻政策:"平夏党项,素闻为善,自旬月以来,发使抚安,尤见忠顺,一如指挥,便不猖狂,各守生业,自兹必令永戴恩信,长被华风。"这里所言的"一如指挥"即遵守唐的法令,希望平夏部继续"各守生业","永戴恩信,长被华风"。对于南山党项,"惟再犯疆界,却入山林,或不从指挥,即召募平夏党项精锐者讨逐,议不容舍"。这里所言"或不从指挥",即指南山部不遵守唐令。但是从今以后如能向平夏部看齐,"即须投诚献款,迹效分明"。二是党项事务因俗而治,归由边州都督、都护所领,"抚驭之间,便同赤子,如有屈事,即任于本镇投状论理,仍各令本镇遣了事军将安存"。三是约束边镇边将"既往不可加刑,从今必行法令。自此之后,边上逐界皆已有制置把捉,如或更有羌寇侵盗,即是将帅依前贪求,当先加罪于本界边将,然后翦逐寇贼"。

第六,为保障党项羁縻州和边区的安全,禁止军用物资的交易,"边上不许以兵器于部落博易,从前累有制敕约勒,非不丁宁。近年因循,却不遵守。自今已后,委所在关津镇铺切加捉搦,不得辄有透漏。其有犯者,推勘得实,所在便处极法。其所经过州县关津镇铺,节级痛加惩责,义无容贷,其间或情涉隐欺,准所犯人处分"。

第七,唐政府的安抚措施有四点。一是保障通商顺畅,"通商之法,自古明规,但使处处流行,自然不烦馈运,委边镇宜切招引商旅,尽使如归,除禁断兵器外,任以他物于部落往来博易。应缘征兵处,士马皆效勤劳,亦已各有赏赐。其本道将帅,当续议量加酬奖"。二是召募党项加入唐朝边镇军队,"是以去年洗雪平夏,驱除南山。及闻穷困无归,复有怀来之意,遂令白敏中、李安业分统诸军,先示招携,仍加训练"。三是"其南山党项已出山者,或闻逼于饥乏,犹行劫夺,平夏不容,无处居住。今委李福且先遣蕃官安存招诱,令就夏银界内指一空闲田地居住"。四是"惟盐州深居沙塞,土乏农桑,军士运粮,须通商旅,沿路堡栅,事须修营。今委李安业依朝廷制置,差兵建筑防守,尤恐部落心怀疑虑,委令李安业驻军塞门"。

第八,唐宣宗诚恳反思,罪己宽容,重新审思对党项的安抚政策。"但欲为人除害,固非黩武佳兵,每睹杀伤,深多悯恻。""但知非则赦免,不得已则诛锄,王者之师,义实在此。""於戏!蛮夷猾夏,固有用于常刑;抚驭乖方,遂致兴于薄伐。伤夷暴露,朕实愧焉。是用覃恩,以慰劳瘁。布告中外,咸使闻知,主者施行。""大开汤网,已施去杀之仁;远并尧年,宁限可封之屋。"

第九,唐宣宗再次重申李世民华夷一家的执政理念:"朕君临区寓,深念黎元,凡曰含生,皆同赤子。"在此前提下,强调了对南山党项与平夏党项的一视同仁:"平夏、南山,虽云有异,源流风俗,本实不殊。我国家累圣以来,许居内地,久奉声教,亦立功劳,朝廷抚绥,常布恩信。"虽然德音也用"凶渠稔恶"、"大搜妖巢"一类词表现出帝王对党项的轻蔑,但是"冒法干纪,岂限于华夷;伐罪吊人,固资于典训",在这里把党项的叛乱看作唐朝境内的农民起义者,是按照国内法来处理和看待党项人。

第十,两篇德音的另一个主题是对党项羁縻州近邻的正州或党项羁縻州所在的正州,也就是边区进行安抚,"若无优矜,必难存立"。其措施也有三个要点。一是对边区州县平乱中立功的官吏和将士封官加爵和奖励物资:"灵盐、夏州、邠宁、鄜坊四道官吏,自用兵以来,责办公事,亦甚辛勤。军将皆已得官,文吏未酬劳绩,宜令每道拣选公勤有劳效官吏,具名闻奏。有官者与依资转迁,无官差摄者当与正官,仍具差摄年月申奏,直须公当,不得转授嘱托,如是将帅亲情,亦须具言。""或自因废疾,不任在公者,终身不停衣粮。如情愿回与子孙兄弟甥侄者,便与补替。应讨伐党项诸道,在行营将士,已颁赏赐,边上制置有叙绩,节级放还,仍委本道叙录,具名闻奏,当加甄奖。"二是恢复边区的正常生活秩序:"四道百姓,征敛不时,差役至多,疲瘵亦甚。或闻屋宇,被贼焚烧,至于桑麻,亦遭砍伐。生业既失,须加安存,宜各优给三年。其有无屋可居无牛可种者,委长吏量事接借,一一奏闻,仍须早设法招携,令各归复,勿令豪富便占产业为生。""用兵以来,城镇曾遭陷没,官健百姓,因被杀伤,亲戚既无,遗骸在野,委所在长吏差人为收拾,如法埋瘗,仍量事致祭。应有增修城镇,添置堡候,委所在将帅择其要害,绝彼窥觎,切务坚完,令可固守。"三是减免赋役:"其今年夏税钱及青苗钱,每贯量放三百文,其斛斗粮,量放一半,仍委京兆尹差官子细磨勘。其或虽在乡村,不曾经供应者,不在准例放限,仍一一条件等第闻奏。如是分路处,就中更校便并者,量加优恤,必使均平。其所放钱及斛斗,委户部以实钱支填。仍令京兆府各下诸县,散榜乡村要路,晓示百姓,务令知悉。""自用兵以来,科配百姓,事取济办,多出权宜。今既罢兵,诸道节度防御刺史及镇使等,不得更依前妄有科配,仍令各具本管侵害百姓事须厘革者,作条件闻奏。"①

　　要之,边区社会秩序的恢复和治理对于稳定党项、剔除动乱是非常重要的举措。党项"造反"固然与其内在的诸多矛盾有关,但是边区社会生活秩序的残破和经济困窘,是造成边将压榨党项,党项攫取边区,从而造成动乱的主要诱发因素。党项羁縻州所在或邻近的正州安定了,就为党项羁縻州的安定提供了厚

---

① 以上两篇诏令见(宋)李昉等:《文苑英华》卷四三九《德音六·破党羌德音》《德音六·洗雪南山平夏德音》,文渊阁四库全书景印本,第1337册,第126—131页;(清)董诰等编:《全唐文》卷八一《宣宗三·平党项德音》《宣宗三·洗雪南山平夏德音》,中华书局,1983年,第849—852页。另亦见于(宋)宋敏求编:《唐大诏令集》卷一二九《蕃夷·舍雪·洗雪平夏党项德音》,中华书局,2008年,第700页;《唐大诏令集》卷一三〇《蕃夷·平乱·平党项德音》,第709—711页。

实的物质基础。

自先后颁诏之后,宣宗继续采取安抚措施。大中八年八月,以司农卿郑助为检校左散骑常侍,兼夏州刺史、御史大夫、上柱国、荥阳县开国男、食邑三百户、夏绥银宥等州节度营田观察处置押蕃落安抚平夏党项等使。① 大中九年,党项叛,以卢简求为四镇北庭行军、泾州刺史、泾原渭武节度押蕃落等使、检校左散骑常侍、上柱国、范阳县男、食邑三百户。简求辞翰纵横,长于应变,所历四镇,皆控边陲。属杂虏寇边,因之移授,所至抚御,边鄙晏然。②

自大中末,党项羌叛,屡扰河西。宣宗召学士对边事,毕諴即援引古今,论列破羌之状。上悦曰:"吾方择能帅,安集河西,不期颇、牧在吾禁署,卿为朕行乎?"諴欣然从命,即用諴为邠宁节度、河西供军安抚等使。諴至军,遣使告喻叛徒,诸羌率化。又以边境御戎,以兵多积谷为上策。乃召募军士,开置屯田,岁收谷三十万石,省度支钱数百万。诏书嘉之,就加检校工部尚书,移镇泽潞,充昭义节度使。③

至是,虽然党项诸部仍有一些小的寇扰,但由于宣宗安抚党项的总政策能够得到落实,而且选任的边镇节度处理得当,故未酿成大的动乱。到大中九年,"南山、平夏、党项皆安,威、盐、武三州军食足"。④

①《旧唐书》卷一八下《宣宗纪》,第632页。
②《旧唐书》卷一六三《卢简辞传附卢简求传》,第4272页。
③《旧唐书》卷一百七十七《毕諴传》,第4609页。
④《资治通鉴》卷二四九,唐宣宗大中九年三月,第8056页。

四、拓跋氏定难节度藩镇的属性

党项羌所以在中国历史上留下浓墨重彩的一笔,主要是因为党项拓跋氏建立了能与宋辽金鼎峙而立的西夏王朝。也正是这个原因,党项拓跋氏的生长发展史受到学界的特别关注和青睐,自然研究成果也相当丰富,特别是近二三十年来出土的相关墓志对认识拓跋氏的早期历史提供了难能可贵的新资料。关于拓跋氏的族属、兴起,直至拓跋氏成为唐五代时期重要的西部军镇,大致都有了基本的共识。过去讨论唐末党项拓跋氏的崛起与成为割据夏州的一大势力,重点关注四个方面。一是拓跋氏从整个党项族中游离出来,成为统治上层。其所统治的夏州、宥州、银州、绥州地区,囊括汉、回鹘、西域胡及党项等割据势力,逐渐成为分散于各地的党项部的中心。二是党项拓跋氏一族高踞于党项诸部之上,迅速汉化,与其余党项诸部走上了不同的发展道路。这就是五代至宋的史籍中,将党项拓跋氏及其所建之西夏与党项诸部分开立传的主要原因。[1]三是从定难军的方镇形态出发,重视唐、五代、宋等王朝对定难军的政策,以及定难军与毗邻方镇的地缘关系,从定难军的整体情况分析拓跋(李)氏的发展。四是从拓跋(李)氏的族群身份出发,关注宗族、婚姻等部落传统在拓跋(李)氏整合党项过程中的作

---

[1] 周伟洲:《早期党项史研究》,第110—111页。

用。①这四个方面对认识党项拓跋氏及其政权都有很高的学术价值,毋庸讳言,这些讨论都是将拓跋氏政权置于党项族发展史的角度论述,且在很大程度上强调了党项族政权的发展壮大并获得"独立"倾向的过程。其实,从唐中和元年(881)八月,拓跋思恭被唐朝正式任命为夏州节度使,十二月唐赠夏州节度使和定难军节度起,拓跋思恭已成为包括汉族、突厥族等民族在内的全体夏州节度境内人民的共主,不应过分强调拓跋氏的党项族身份。下面从五个方面阐述理由。

1. 从902年杨行密封吴王、907年朱温代唐建梁,历史正式进入五代十国时期,节度使称王称帝已是时代之使然,不能将拓跋氏的称王准备单独看待。五代后唐、后晋、后汉都是沙陀族所建,十国与五代政权实际是并立的。拓跋氏在夏州世居、建节,他们是唐朝的藩镇之一。

2. 安史之乱以后,吐蕃占领陇右大部分地区,直至9世纪中叶。其后在河西走廊出现的凉州吐蕃政权和甘州回鹘政权,严格意义上已不在唐朝中期以后原有的境内,故后来这些政权与

---

① 吴天墀:《西夏史稿》第一章第二节《在党项羌中成长起来的拓跋氏政权》,第11—19页。周伟洲:《早期党项史研究》第五章"唐末党项拓跋部的崛起及其割据势力的形成",第90—111页。杜建录:《唐五代宋初夏州拓跋氏政权墓志铭考释》《唐延州安塞军防御使白敬立墓志铭考释》《后唐定难军节度押衙白全周墓志铭考释》《宋代党项拓跋部大首领李光睿墓志铭考释》《党项西夏碑石整理研究》,上海古籍出版社,2015年。牛达生:《夏州政权建立者拓拔思恭的新资料——唐代〈白敬立墓志铭〉考释之二》,《兰州学刊》2009年第1期。杨浣:《五代夏州拓跋部世系与婚姻考论》,《宁夏社会科学》2005年第1期。李鸿宾:《唐末的形势与党项势力的崛起》,《宁夏社会科学》2009年第2期。周永杰:《西夏建国前党项拓跋氏的发展》,《历史教学》2021年第18期。

五代若即若离。但是拓跋氏节度的定难军一直在唐朝的境内，而且如前所揭示，拓跋氏所在的平夏部，汉化程度很高，"平夏党项，素闻为善，自旬月以来，发使抚安，尤见忠顺，一如指挥，便不猖狂，各守生业，自兹必令永戴恩信，长被华风"。[①]也就是说不应与时叛时服的南山党项相提并论。平夏部拓跋氏领导的党项应当说已是融入华夏大家庭的一员。新旧《五代史》均将拓跋氏列入世家和杂传，这是中原国家视其为华夏民族一分子的最好证明。

3.拓跋氏建节后是夏、银、绥、宥州的"父母官"，为何讨论拓跋氏只从党项族的角度，而不从州县管理角度讲？

夏州党项政权据有夏、银、绥、宥、静五州，在唐末、五代保持了相对稳定的社会环境，其节度使幕僚机构既是重要的统治力量，也是维持党项民族发展的主要政治基础。现存史籍中，有关夏州的记载甚为零散、稀少，致使某些研究陷入困境。西北等地，尤其是陕西榆林出土的碑石资料弥补了这一缺憾。

"自唐末天下大乱，史官实录多阙，诸镇因时倔起，自非有大善恶暴著于世者，不能纪其始终……独灵夏未尝为唐患，而亦无大功。"[②]

"唐末，天下大乱，藩镇连兵，惟夏州未尝为唐患。"[③]

张国刚所著《唐代藩镇研究》一书，将不同的藩镇按照职能分为四类，党项拓跋政权属于第三类御边型，进而讨论了藩镇的权利、藩镇的军事体制和藩镇使府辟署制度等问题。[④]

---

①《唐大诏令集》卷一三〇《蕃夷·平乱·平党项德音》，第710页。
②《新五代史》，第436—437页。
③《金史》，第2865页。
④ 张国刚：《唐代藩镇研究》，中国人民大学出版社，2010年。

夏州节度使幕僚未有系统记载，宣宗会昌六年（846）八月敕文中提到了夏州有节度使、监军、别敕判官、节度副使、判官、掌书记、观察判官、推官等文武僚属。[1]根据碑石文献记载，夏州节度使军将官员主要有都知兵马使、左右厢、后院等兵马使，副兵马使，散都头，都虞侯、虞侯，都押衙、押衙，都教练使、教练使，十将，军使等。

碑刻墓志反映的定难军节度使幕僚有：总节镇兵权、藩镇储帅的都知兵马使，又作都将、都头、都校；左、右厢等兵马使；副兵马使；散都头即散兵马使；"职在刺奸，威属整旅，齐军令之进退，明师律之否臧"[2]的虞侯、都虞侯；为将帅亲近之署的押衙、都押衙，又作押牙、都押牙；天下军府有兵马处的常令教习教练使、都教练使；领兵千人的十将，又作什将；军中下属军使；等等。

定难军节度使的文职幕僚有：行军司马，掌"申习法令"，与副使同为节度使的佐贰，地位较高，如李光睿之兄李光普即为定难军行军司马；节度判官、营田判官、军事判官、防御判官，为节度使下属州官，"分判仓、兵、骑、胄四曹事，副使及行军司马通署"；掌书记，"掌朝觐、聘问、慰荐、祭祀、祈祝之文与号令升绌之事"；支使，掌表笺书翰，亦书记之任；节度、观察使、经略等推官，位次判官、掌书记；馆驿巡官；衙推，又称推官，有节度衙推、观察衙推、州衙推、军事衙推、府衙推等种种名目，如夏州何氏几代人均任衙推，且都善医术；押衙兼观察孔目官；要籍，"亦唐时节度衙前之职……乃节度使之腹心也"，如李彝谨为李仁福次

---

① 《册府元龟》（校订本）卷五〇八《邦计部·俸禄第四》，第5777页。
② 《文苑英华》卷四一七《授张自勉开府仪同三司制》。

第4章 党项社会的发展、交融与党项拓跋氏政权的性质 | 165

子,常居左右要籍,辅助长兄,后出而为绥州刺史;随军、随使、随身,如李仁福子李彝谨、李彝温曾为随使。

夏州节度使文职幕僚官的特点是:一,自行招辟,其官员的迁转也由夏州节度使来控制。夏州僚属的任命及迁转权利均掌握在李氏的手里。二,文武幕僚有番人也有汉人,体现了番、汉民族间的融合。较多的汉姓有李、何、康、毛、牛、张、刘、曹、皇甫、陈等,被唐朝赐姓为李的拓跋氏,多担任文、武要职,有力地掌握了夏州政权。三,任职具有家族世袭性质。①

永泰元年后,唐朝境内的内徙党项主要分属朔方、振武、夏州(或云夏州节度,置于贞元三年)、泾原、邠宁、鄜坊(渭北)、河东等七个节度使管辖。各节度使所领州及军镇虽时有变化,但内徙党项确实分属这七个节度使,并在其直接控制之下。由于中唐以来藩镇势力增长,唐中央权力削弱,因而内迁党项逐渐为各节镇所控制。

唐朝为了加强对内徙党项的统治,又不得不借助各节镇的力量,"押蕃落使"的增设,以及节度使兼领此职,就是一个明证。"押蕃落使"一职,最早见于开元二十年(732),时以朔方节度"增领押诸蕃部落使"。②"押蕃落使"等职,均置于党项聚居之夏、绥、银、灵、盐等州,则所谓"押蕃"之蕃,主要指党项。此职一般由节度使、州刺史兼任,说明唐朝将加强对内徙党项控制的责任,明确地加于节度使、州刺史身上。③

也有学者根据近年出土的相关墓志资料,认为在唐朝边疆

① 详见翟丽萍:《夏州节度使文武僚属考——以出土碑石文献为中心》,《西夏学》第11辑,2015年,第144—150页。
②《新唐书》卷六四《表第四·方镇一》,第1763页。
③ 周伟洲:《早期党项史研究》,第67—68页。

蕃政从羁縻府州向押蕃落使体制转型过程中,拓跋氏成员一方面进入节度使系统任职,另一方面由嗣子绍袭部落权力,形成双轨发展策略。担任定难军节度后,拓跋(李)氏调试自身政治传统和方镇政治运作实际,通过辟署、奏授等行政程序,逐步掌握官员选任、迁转权,在使府、属州人事层面嵌入基于部落宗族的亲属网络。这种集权建设使忠于府主成为定难军地区的政治观念,形成以拓跋(李)氏为中心的地方势力。①

4.从《旧唐书·地理志》到《太平寰宇记》看拓跋氏藩镇治下的郡县制变化。

让我们看看定难军节度使所领五州之地(关于静州的隶属,史籍记载不详,暂不论)在经过唐末五代至宋初,其郡县管理有什么变化。

唐天宝时的夏州:夏州都督府,隋朔方郡。贞观二年,讨平梁师都,改为夏州都督府,领夏、绥、银三州。其夏州,领德静、岩绿、宁朔、长泽四县。其年,改岩绿为朔方县。七年,于德静县置长州都督府。八年,改北开州为化州。十三年,废化州及长州,以德静、长泽二县来属。天宝元年,改为朔方郡。乾元元年,复为夏州。旧领县四,户二千三百二十三,口一万二百八十六。天宝,户九千二百一十三,口五万三千一百四。②

宋太平兴国时的夏州:夏州,(朔方郡,今理朔方县。)……至五代陷于蕃,皇朝太平兴国八年归顺,今为定难军节度。元领县四,今三:朔方、宁朔、德静。一县割出:长泽,入宥州。

户:唐开元户九千二百。皇朝管汉户二千九十六,蕃户一万

---

① 周永杰:《西夏建国前党项拓跋氏的发展》,《历史教学》2021年第8期。
②《旧唐书》卷三八《地理一》,第1413—1414页,以下三州同,不再出注。

九千二百九十。

风俗:汉武帝开边置郡,多从关中贫民或报怨犯法者以充牣其中,故习俗颇殊,地广人稀,逐水草畜牧,以兵马为务,酒醴之会上下通焉。

朔方县,(四乡。)……废云中都督府,党项部落,寄在朔方县界,管小州五:舍利州、思壁州、阿史那州、绰部州、白登州,户一千四百三十。

云中、呼延州、桑干、安化州、宁朔州、仆固州等六都督府,唐朝所置,今并废,均寄朔方县界。①

唐天宝时的绥州:绥州下,隋雕阴郡。武德三年,于延州丰林县置绥州总管府,领西和、南平、北基、银、云、贞、上、珍、北吉、匡、龙等十一州。其绥州,领上、大斌、城平、绥德、延福五县。六年,移治所于延州延川县界。七年,又移治城平县界魏平废城。贞观二年,平梁师都,罢都督府,移州治上县。天宝元年,改为上郡。乾元元年,复为绥州。旧领县五,户三千一百六十三,口一万六千一百二十九。天宝,户一万八百六十七,口八万九千一百一十一。

宋太平兴国时的绥州:自唐末蕃寇侵扰,所管五县并废,或陷在蕃界,亦无乡里,其民皆蕃族,州差军将征科,元领县五并废:绥德,龙泉,城平,延福,大斌。

户:唐开元户八千七百一十五。皇朝管主客户二千八百八十五。

风俗:同夏州。

---

① (宋)乐史撰,王文楚等点校:《太平寰宇记》卷三七《关西道十三·夏州》,中华书局,2007年,第783—788页。

废龙泉县,(四乡。)……隋开皇三年,上县属绥州。唐天宝元年改为龙泉县,以龙水为名。至皇朝见管蕃户。废城平县……今废为城平镇,见差蕃人为镇将,管蕃户。废绥德县,(南一百里,元二乡。)……见差蕃人为镇将,管蕃户。废延福县,(南一百一十里,二乡。)亦肤施县地。……今废为镇,差蕃人管蕃户。……废大斌县,(二乡。)……唐武德七年移于今城平县界魏城平故城以置之,即今县也。今废为大斌镇,差蕃人管蕃户。"①

唐天宝时的银州:隋雕阴郡之儒林县。贞观二年,平梁师都置银州,隋旧名。天宝元年,改为银川郡。乾元元年,复为银州。旧领县四,户一千四百九十五,口七千七百二。天宝,户七千六百二,口四万五千五百二十七。

宋太平兴国时的银州:银州,(银州郡,理儒林县。)……元领县四:儒林、真乡、开光、抚宁。户:开元户六千一百二十。……废静边州都督府,旧治银川郡界,内管小州十八。废归德州,寄理银州界,处降党项羌。已上二州唐所置,今并废。②

唐长庆时的宥州:调露初,六胡州也。长安四年,并为匡、长二州。神龙三年,置兰池都督府,仍置六县以隶之。开元十年,复分为鲁、丽、契、塞四州。十一年,克定康待宾后,迁其人于河南、江淮之地。十八年,又为匡、长二州。二十六年,自江淮放回胡户,于此置宥州及延恩、怀德、归仁三县。天宝元年,改为宁朔郡。至德二年,又改为怀德郡都督府。乾元元年,复为宥州。宝应后废。元和九年,复于经略军置宥州,郭下置延恩县。

---

①《太平寰宇记》卷三八《关西道十四·绥州》,第798—802页。
②《太平寰宇记》卷三八《关西道十四·银州》,第802—804页。

十五年,移治长泽县,为吐蕃所破。长庆四年,夏州节度使李祐复置。领县三,户七千八十三,口三万二千六百五十二。

宋太平兴国时的宥州:宥州,(宁朔郡,理长泽县。)即汉三封县之地……唐末流离,三县复废,后立于长泽县,即今理。领县一,长泽。旧领三县俱废:延恩,怀德,归仁。……户:唐《十道录》云:"开元无户。"长庆中户七千五百九十。皇朝管汉户二百。①

由以上对比可以看出,夏州五州之地自安史之乱以后,经唐末五代战乱至宋初太平兴国年间被削夺藩镇的变化。第一,行政建制不同,且辖域规模变小。废都督府州,县减少。乡里不存。但州县体制依然保存。第二,户口数量有明显下降,但是出现"蕃户"、"族帐",蕃户主要是党项羌,说明户口管理与内地州县趋同。第三,夏州至宋初分"汉户"、"蕃户"管理,这是管理少数民族户籍超越唐代的表现。而绥州分"主客户",这是内地普遍开始实行的制度。这些变化应当反映的是唐末五代以来夏州政权的实际状况,因为五州之地在至道末宋太宗去世,新皇帝即位之时,很快承认了李继迁的重新占有。

5.新旧《五代史》和《宋史》都把西夏视作夏州政权的延续。

新旧《五代史》将李仁福传分别列入杂传和世袭列传,而与党项传分立,这表明从北宋初至北宋中期的史臣,都将夏州政权视作藩镇而非如党项之类的少数民族,或"异族"。《宋史》也为党项和西夏立两个传——外国传夏国和党项传。实际上宋人是把建立西夏的拓跋部视作鲜卑,夏国传本身也是这样叙述,党项

----

① 《太平寰宇记》卷三九《关西道十五·宥州》,第823—824页。

传则是明确指羌族,与《隋书》、新旧《唐书》、新旧《五代史》等量齐观。而且党项传只叙述至元昊建国前。而这时北宋周边、辽朝境内都有党项部落,可为什么叙述到元昊建国前呢？一是李氏从中唐以来是中原王朝的节镇藩镇,不能与羌戎羌胡等少数民族同等看待,二是李氏所在拓跋部是西夏的统治民族,与党项羌不尽相同,三是拓跋氏建立的夏国依靠的主体是党项族。另外宋人在泛称西部民族时往往把党项、吐蕃都称作羌人,只有具体提及党项或吐蕃才用他们的专称。①

以上五点所论,有充分理由说明以夏州五州政权为核心发展起来的西夏国是中原政权分割出去的割据政权,而不是什么中亚国家。在这里一定要强调西夏与中原的同远远大于异。

---

① 可参见陈玮:《西夏番姓大族研究》,第30—31页。

第5章　王化之地:西夏故地前史

　　20世纪五六十年代韩荫晟先生愤感于苏联学界将西夏作为独立国家的做法,而立志编写《党项与西夏资料汇编》时说:"党项羌是地道的中国土生土长的民族,其活动没有越出现在中国的国界,不像历史上有些民族的活动是跨越国界的。"[①]王明珂先生在《华夏边缘》亦说:"关于羌人或尔康人的祖源,古代华夏与吐蕃各有说法。汉晋华夏史籍称,羌出古代三苗,为姜姓炎帝的支族。舜帝征服三苗后,将他们驱赶到黄河上游去。""汉晋华夏史家所述的羌人祖源历史,文中显示作者视羌为被华夏英雄祖先(黄帝、舜与秦汉帝国之伐羌将领)打败而驱于边缘的污化英雄(逃奴与'好为乱者')的后代,文中又隐喻着'羌'为华夏的一部分(姜姓别支、炎帝后代),但为华夏边缘(炎帝为败于黄帝之手的古帝王)。"[②]即使秦汉以降北部草原民族匈奴、鲜卑、吐谷浑进入羌族地区,如前揭也没有改变其在华夏边缘的性质。

---

① 王天顺:《回忆我和韩荫晟先生的一段交往》,《宁夏社会科学》2003年第5期。

② 王明珂:《华夏边缘——历史记忆与族群认同》(增订本)序论二《"什么是中国人"再思考》,第20—21页。

不止如此,西夏疆域的故地,自秦汉以降至唐朝中期都在华夏政府的统治之下。这有三方面的表征:一是将西夏故地纳入疆理范围,设置行政区划;二是将中原内地的农耕生产方式连同汉族人口迁移至西夏故地;三是作为中西经济文化交流的孔道和中转站。

为了说明问题,须先明了西夏疆域。西夏疆域因其文献记录不多,其周至分明的疆界线迄今尚不能详述。但是大致方位和范围已较为清楚。宋人说西夏与宋朝的疆界:"东起麟府,西尽秦陇,地长二千余里,分为路者五。而路分为州军者,又二十有四。而州军分为寨为堡为城者,又几二百,皆须列兵而守之。"①清人吴广成在《西夏书事》大致依据《西夏纪事本末》所附"西夏地形图"说:西夏"东尽黄河,西界玉门,南接萧关,北控大漠,地方万余里"。②这是古人对西夏疆域的大致认识。20世纪以来,学界作了有益探讨,北宋后期至南宋初期(1081—1131),西夏疆域与今天的行政区划对照,其范围是:东至陕西省榆林地区的黄河之滨,西至甘肃省敦煌市西的小方盘古城,南抵宁夏海原县高崖乡草场古城,北控中蒙边界一带;包括今内蒙古的西部及河套地区、宁夏的中部和北部、陕西的北部、甘肃的河西走廊。③近年杨蕤博士在前人研究基础上钩沉梳爬史料对西夏疆域作了新的讨论:"宋夏疆界的走向与战国秦长城的走向基本保持一致:绥德—吴旗—环县—固原—渭源一线。"夏辽疆

---

① 欧阳修:《言西边事宜第一札子》,《欧阳修全集》下册,《奏议集》卷一八,中国书店,1986年,第898页。
②《西夏书事校证》卷一二,景祐四年、夏大庆元年五月,第145页。
③ 鲁人勇:《西夏的疆域和边界》,《宁夏大学学报(人文社会科学版)》2003年第1期。

界,今内蒙古托克托县以西、阴山以南的土地极有可能为夏国所有。夏金疆界,基本上在霞州—绥州—保安军—翰海南缘—宋平夏城—会州—兰州—积石州一线波动。① 绍兴六年(1136),河湟地区东南部归属西夏,而西部则没有资料进行考述。西夏疆域在不同时期是有所伸缩的,特别是在与宋、辽、金及于阗、高昌的政治军事斗争中,其边界有不确定的摆幅。目前复旦大学出版的《中国历史地图集》所绘西夏疆域范围,大致在今宁夏、甘肃西北部、青海东北部、内蒙古以及陕西北部地区,约70万平方公里。西夏疆域可分四个组成部分,一是以灵州、中兴府(兴庆府)为中心,贺兰山以东、阴山以南的河套地区,二是兰州以东至夏、金缘边地区,即陕北高原、鄂尔多斯南部地区;三是祁连山与马鬃山、龙首山之间的河西走廊;四是贺兰山以西河西走廊北部的地区(腾格里沙漠、巴丹吉林沙漠、阿拉善高原)。其中前三个地区是西夏政治经济文化的主要所在地。②

西夏故地亦即河西走廊和朔方地区等,自汉以降就在中央政权的疆理下,作为地方史已是属于常识性的知识,但是持西夏是中亚国家的域外学者大多数还不甚清楚,③ 故有必要专辟一章,讲述西夏故地的前史。

---

① 杨蕤:《西夏地理研究》,人民出版社,2008年,第30页。
② 本章参考了刘光华主编《甘肃通史》汪受宽《秦汉卷》、赵向群《魏晋南北朝卷》、尹伟先等《隋唐五代卷》(甘肃人民出版社,2009年);陈育宁主编《宁夏通史》古代卷(宁夏人民出版社,1993年)。
③ 除了俄国学者对西夏故地历史不清楚外,甚至较为客观的西方学者也不太了解,如美国著名西夏史学者邓如萍就说:"我们可以看出一个确凿的转变,就是西部国家的地理政治中心,离开中国文化的前沿,进入草原地带。"(氏著《唐古特是什么民族——论唐古特的族源和族名》,《民族译丛》1985年第4期)

一、汉唐对于西夏故地的疆理

西夏故地在秦汉时被纳入版图设置政区,是与匈奴的战争分不开的。公元前3世纪匈奴兴起于内蒙古阴山山麓,全盛时分布于阿尔泰山以东的鄂尔多斯高原。秦统一后继战国时期灭义渠国又收复阴山以南的河套地区。"于是秦有陇西、北地、上郡,筑长城以拒胡。"①秦末匈奴乘乱又夺回河套地区,汉武帝时对匈奴展开大规模的反击战。主要经历了三大战役,即元朔二年(前127)的河南之战、元狩二年(前121)的河西之战,和元狩四年(前119)的漠北之战。由河南之战,汉朝收复了河南之地,将汉王朝的北部边防线推进到黄河沿岸,扭转了汉匈战争史上的被动局面。战争结束后,汉武帝在河南地置五原郡与朔方郡,并听从中大夫主父偃的建议,修筑朔方城,招募十万内地居民至朔方实边。河西之战,汉朝将匈奴势力驱离河西走廊,并建置酒泉、张掖、敦煌、武威四郡。有关汉武帝时期设置河西四郡的起始时间,学界一直有很大争议。②笔者今从《汉书·武帝纪》所记录的始设时间:元狩二年设酒泉郡、武威郡,元鼎六年(前111),设张掖郡、敦煌郡。西汉始元六年(前81)置金城郡,治所在今甘肃兰州市西,初辖6县,后增至13县,辖有河湟地区,属凉州。

---

① 《史记》卷一一〇《匈奴列传》,第2885页。
② 从《史记》至李并成《河西走廊历史地理》等代表性著作中,关于河西四郡设置时间的讨论有38种之多。《甘肃通史》秦汉卷,第174—176页。

汉武帝元朔二年,"卫青复出云中以西至陇西,击胡之楼烦、白羊王于河南,得胡首虏数千,羊百余万。于是汉遂取河南地,筑朔方,复缮故秦时蒙恬所为塞,因河而为固"。①元狩二年,霍去病、公孙敖等出兵河西,大获全胜,昆邪王"杀休屠王,并将其众降汉",②汉王朝打通了河西走廊。

匈奴不仅失去了统治西部地区的根据地,也失去了水草丰美之地,畜牧业遭到了很大的破坏,生计都成了问题。《史记·匈奴列传》引《西河故事》云:

> 亡我祁连山,使我六畜不蕃息;失我焉支山,使我妇女无颜色。③

秦始皇统一中国后在地方废分封诸侯制,将始起于战国时代的郡县制普遍推行于全国,以郡统县。郡的首长是守(行政长官)、尉(典武职甲卒,又是守的副职)、监(掌吏治监察),直属朝廷,县大者置令,小者置长。初并天下时全境分置三十六郡。汉承秦制,西汉行政区划有两种:一是郡县制,一是属国制。汉武帝时又设置十三州刺史。

河西地区郡、县、乡、里的行政建置基本与内地相同,表明这一地区在行政上已经被纳入汉王朝的行政体系之中。

关于建置属国制,《汉书·霍去病传》注引颜师古曰:"不

---

① (汉)班固撰,(唐)颜师古注:《汉书》卷九四上《匈奴传上》,中华书局,1962年,第3766页。
②《汉书》卷九四上《匈奴传上》,第3769页。
③《史记》卷一一〇《匈奴列传》引《西河故事》,第2909页。

改其本国之俗而属于汉,故号属国。"①属国的长官为属国都尉,"主蛮夷降者"。两汉时期在河西地区设置的属国有张掖属国、张掖居延属国、酒泉属国。设置属国的目的,是安置归降的少数民族。郡县制与属国制并存,这是由河西地区特殊的地理位置以及民族成分的复杂性决定的。

汉武帝时为抵御匈奴和凿通中西交通,西夏故地的政治经济活动中心区已渐次被纳入中央王朝的版图。《汉书·地理志》简要叙述了西夏故地自秦至汉及新莽时期的政区沿革:

> 北地郡,(秦置,莽曰威成。)户六万四千四百六十一,口二十一万六百八十八。县十九:马领,直路,灵武,富平,灵州,昫衍,方渠,除道,五街,鹑孤,归德,回获,略畔道,泥阳,郁郅,义渠道,弋居,大要,廉。

> 上郡,(秦置,高帝元年更为翟国,七月复故。匈归都尉治塞外匈归障,属并州。)户十万三千六百八十三,口六十万六千六百五十八。县二十三:肤施,独乐,阳周,木禾,平都,浅水,京室,洛都,白土,襄洛,原都,漆垣,奢延,雕阴,推邪,桢林,高望,雕阴道,龟兹,定阳,高奴,望松,宜都。

> 西河郡,(武帝元朔四年置……)户十三万六千三百九十,口六十九万八千八百三十六。县三十六:富昌,驺虞,鹄泽,平定,美稷,中阳,乐街,徒经,皋狼,大成,广田,圜阴,益阑,平周,鸿门,蔺,宣武,千章,增山,圜阳,广衍,武车,虎猛,离石,谷罗,饶,方利,隰成,临水,土军,西都,

①《汉书》卷五五《霍去病传》,第2483页。

平陆,阴山,觬是,博陵,盐官。

朔方郡,(武帝元朔二年开。西部都尉治窳浑。莽曰沟搜。属并州。)户三万四千三百三十八,口十三万六千六百二十八。县十:三封,朔方,修都,临河,呼遒,窳浑,渠搜,沃野,广牧,临戎。

五原郡,(秦九原郡,武帝元朔二年更名。东部都尉治稒阳。莽曰获降。)属并州。户三万九千三百二十二,口二十三万一千三百二十八。县十六:九原,固陵,五原,临沃,文国,河阴,蒱泽,(属国都尉治。)南兴,武都,宜梁,曼柏,成宜,稒阳,莫䵣,西安阳,河目。

武威郡,(故匈奴休屠王地。武帝太初四年开……)户万七千五百八十一,口七万六千四百一十九。县十:姑臧,张掖,武威,休屠,揟次,鸾乌,扑劙,媪围,苍松,宣威。

张掖郡,(故匈奴昆邪王地,武帝太初元年开……)户二万四千三百五十二,口八万八千七百三十一。县十:觻得,昭武,删丹,氐池,屋兰,日勒,骊靬,番和,居延,显美。

酒泉郡,(武帝太初元年开……)户万八千一百三十七,口七万六千七百二十六。县九:禄福,表是,乐涫,天陜,玉门,会水,池头,绥弥,干齐。

敦煌郡,(武帝后元年分酒泉置……)户万一千二百,口三万八千三百三十五。县六:敦煌,冥安,效谷,渊泉,广至,龙勒。(有阳关、玉门关,皆都尉治……)

安定郡,(武帝元鼎三年置。)户四万二千七百二十五,口十四万三千二百九十四。县二十一:高平,复累,安俾,抚夷,朝那,泾阳,临泾,卤,乌氏,阴密,安定,参䜌,三水,阴槃,安武,祖厉,爰得,眴卷,彭阳,鹑阴,月氏道。

金城郡,(昭帝始元六年置……)户三万八千四百
七十,口十四万九千六百四十八。县十三:允吾,浩亹,令
居,枝阳,金城,榆中,枹罕,白石,河关,破羌,安夷,允街,
临羌。①

汉简发现河西四郡乡里建制。酒泉郡:禄福县有1乡2里,
会水县有1里。武威郡:姑臧县有2乡4里,鸾乌县有2里,张掖
县有1乡3里。张掖郡:觻得县有北乡41里,昭武县有13里,氐
池县有15里,屋兰县有5里,日勒县有6里;骊靬县有1里;番和
县有3里,显美县有1里(另居延县有2乡82里)。敦煌郡:敦煌
县有1乡19里,效谷县有1乡10里,广至县有1里,龙勒县有3
里,渊泉县有1里,某县有1里。

汉武帝为加强中央集权,在全国设置十三州刺史部,这是
中央政府控制郡县的重要举措。"武帝元封五年(前106)始设
部刺史,除近畿七郡外,分全国一百多个郡国为十三部,每部设
一刺史,掌刺察部内官吏与强宗豪右,定为常制。十三刺史部
中有十一部采用《禹贡》《职方》里的州名为部名,称某州刺史
部。故习惯上又称一部为一州。征和四年(前89)又设司隶
校尉,掌察举京师百官与近畿七郡。从此全国连同十三州部有
十四个监察吏治的部。司隶校尉至成帝绥和二年(前7)改称
司隶。"②"凉州刺史部,察安定、天水、陇西、金城、武威、张掖、
酒泉、敦煌八郡。朔方刺史部,察北地、上、西河、朔方、五原五
郡。""西域诸国,汉初役属于匈奴。汉武帝初年张骞穿越匈奴

---

①《汉书》卷二八下《地理志第八下》,第1610—1620页。
②《简明中国历史地图集》,中国地图出版社,1991年,第18页。

地始通西域。其后汉得河西地开置郡县,遂得出阳关、玉门关与西域直接交通。"

再看西夏故地的河南地区。武帝元鼎三年(前114),把北地郡划分为北地郡和安定郡。安定郡,郡治高平(今固原),在宁夏有6县:高平县、乌氏县(今固原南)、朝那县(今固原东南)、三水县(今同心东)、眴卷县(今中宁东北)、月氏(今固原南六盘山附近,又称月氏道)。北地郡,郡治由今甘肃省宁县移至马岭(今环县东道),在宁夏有五县:眴衍县(今盐池附近)、富平县、灵州县(今灵武西北)、灵武县(今永宁南部)、廉县(今银川北)。秦统一全国前,河南之地是由匈奴人占据,秦统一后,从匈奴手中夺回河南地。秦末中原战乱,河南地一度为匈奴占据。汉武帝时,再取河南地,并将降汉的匈奴人安置在北地、安定等缘边几郡,设属国都尉管理。安定属国都尉设在三水县。汉宣帝又置北地、西河属国,以安置上年归降的匈奴人。

汉武帝设置十三刺史部后西夏故地的两河地区隶属凉州刺史部和朔方刺史部,表明中央政府对西夏故地政区统治的强化。当时河西走廊的北部和朔方的西部为匈奴族所据。

西夏故地郡县、刺史部的设置,奠定了嗣后两千多年来城镇分布的格局(包括西夏时期),也影响了今天宁夏地区、甘肃河西地区等地城镇布局的地域框架。①

东汉基本延续了西汉的格局,唯一有较大变化的是西汉的部刺史或牧只有暂时的驻所,没有固定的治所,平时巡行郡国,岁尽诣京师奏事,对部内郡国长吏只有省察举核之权,无权黜

---

① 参见李并成:《河西走廊历史地理》第一卷,甘肃人民出版社,1995年;鲁人勇、吴忠礼、徐庄:《宁夏历史地理考》,宁夏人民出版社,1993年。

县,黜退之权属于中央的三公。光武改制,刺史或牧不再还京奏事,有权核罢郡国长吏,从此州有了固定的治所;刺史品秩虽然仍旧为六百石,低于二千石的郡太守、王国相,职掌限于察吏而不关治民,却因有权黜陟能否,实际上渐成为郡国守、相的上司。黄巾起义后东汉朝廷加重州的首长刺史或牧的权任,从此州遂由两汉监察区转变成郡以上一级行政区。[①]建武十一年(35),朔方刺史部入并州刺史部。

三国曹魏时期河西四郡划归雍州。建安二十五年(220)分治凉州。而在西夏故地与宋、金沿边地区只设高平(今固原)、朝那(固原东南)、乌氏(固原南)三县,均属雍州安定郡所辖。对于以北的广大地区,曹魏政府始终没有实施有效的统治。西晋时期,延续曹魏的做法,朝那、乌氏二县仍旧,唯省高平而另置都卢县(在今隆德县东北)。

魏晋十六国时期的西夏故地,可以《晋书》撰者对凉州政区、并州政区设置演变的一段概括窥其一斑:

凉州。案《禹贡》雍州之西界,周衰,其地为狄。秦兴美阳甘泉宫,本匈奴铸金人祭天之处。匈奴既失甘泉,又使休屠、浑邪王等居凉州之地。二王后以地降汉,汉置张掖、酒泉、敦煌、武威郡。其后又置金城郡,谓之河西五郡。汉改周之雍州为凉州,盖以地处西方,常寒凉也。地势西北邪出,在南山之间,南隔西羌,西通西域,于时号为断匈奴右臂。献帝时,凉州数有乱,河西五郡去州隔远,于是乃别以

----

① 中国社会科学院主办,谭其骧主编:《简明中国历史地图集》,中国地图出版社,1991年初版,1996年第二版。

为雍州。末又依古典定九州,乃合关右以为雍州。魏时复分以为凉州,刺史领戊己校尉,护西域,如汉故事,至晋不改。统郡八,县四十六,户三万七百。①

汉武帝置十三州,并州依旧名不改,统上党、太原、云中、上郡、雁门、代郡、定襄、五原、西河、朔方十郡,又别置朔方刺史。后汉建武十一年,省朔方入并州。灵帝末,羌胡大扰,定襄、云中、五原、朔方、上郡等五郡并流徙分散。建安十八年,省入冀州。二十年,始集塞下荒地立新兴郡,后又分上党立乐平郡。魏黄初元年,复置并州,自陉岭以北并弃之,至晋因而不改。②

十六国时期,五凉,前赵、后赵、前秦、后秦和大夏等政权先后在西夏故地角逐和建立地方统治。

西魏北周时期,西夏故地南部地区的行政建置在北魏末年的基础上,又有较大的变化:北魏正光五年(524),由高平镇改建为原州,州治高平城,即今固原县城,领高平、长城二郡。西魏北周仍旧,唯北周改高平郡为平高郡。北魏孝昌二年(526),由薄骨律镇改置灵州。西魏仍旧。北周置灵武郡(治回乐县,今灵武县西南)、怀远郡(治建安县,今乐淘县西南)。保定二年(562),于灵州境内增置会州(治今中宁县鸣沙乡境内),建德六年(577),废郡立鸣沙镇。

由于魏晋政府仅对西夏故地的河西走廊南部和夏宋沿边地区实施有效统治,而河南之地及以北和河西走廊北部地区便成

---

①《晋书》卷一四《地理上·凉州》,第432—433页。
②《晋书》卷一四《地理上·并州》,第428页。

为游牧民族主要的迁居区。

南北朝时期,北魏、北周、北齐经营河西走廊基本延续了两汉以来的做法,采用郡县制。

隋朝统一南北,西夏故地大部为隋所据,河西北部有部分为突厥所据。

唐前期,西夏故地所据分属陇右和关内道。唐朝行政区大体上继承隋朝晚期的郡县制,为州县二级制,后期划分成节度使州县三级制。

从以上的简略叙述中可以看出,西夏故地在汉以降至西夏建国前,历代中原王朝疆理的重点在河西走廊,对河南之地朔方的经营则次之,而河西走廊北部和朔方之地则以安置匈奴、鲜卑、羌胡为主。

二、以游牧为主向农牧兼行的转变

西汉初期,羌人与匈奴相似,逐水草而居,以畜牧业为主,虽有农业作补充,也只是粗放的抛荒型农业。虽然战国时无弋爰剑曾向羌人"教之田畜",[①]但对羌人的牧猎经济结构的改变不会有太大的作用。其后为匈奴掌控,经济结构更与其相仿。

"胡人衣食之业不著于地……胡人食肉饮酪,衣皮毛,非有城郭田宅之归居,如飞鸟走兽于广野,美草甘水则止,草尽水竭则移。以是观之,往来转徙,时至时去,此胡人之生业,而中国之

---

① 《后汉书》卷八七《西羌传》,第2875页。

所以离南亩也。"①

"少五谷，多禽兽，以射猎为事。"②

"逐水草迁徙，无城郭常居耕田之业。"③

"自武威以西，本匈奴昆邪王、休屠王地……地广人稀，水草宜畜牧。"④

"（祁连）山在张掖、酒泉二界上……有松柏五木，美水草，冬温夏凉，宜畜牧。"⑤

与上述情况大不相同的是，早在周秦之际，中原地区随着铁器、牛耕、水田的普及使用，传统农业已渐次取代原始农业。

汉王朝对于朔方、河西之地的开发是从屯田开始的，其屯田始于汉武帝元狩年间。《汉书·匈奴传》载："是后（元狩四年），匈奴远遁，而幕南无王庭。汉度河自朔方以西至令居，往往通渠置田官，吏卒五六万人。"⑥屯田"自朔方以西至令居"即在北地郡、令居（在今永登境），是通往河西走廊、河湟地区的必经之地，也是防范羌人的军事要地。因此它又是黄河沿岸屯田的终点。番和县地处焉支山以东，今永昌至武威平原的西部，张掖郡的中部，是个适宜耕作的地区。朔方是西汉最早的屯田区域，也是最早开辟引黄灌溉的农业区。汉代以降至西夏，历代都继承和发展了西汉的开发政策和措施。

其后汉朝又在河西五郡屯田，开辟农业种植，元鼎四年（前

---

①《汉书》卷四九《晁错传》，第2285页。

②《后汉书》卷八七《西羌传》，第2875页。

③《汉书》卷九四上《匈奴传上》，第3743页。

④《汉书》卷二八下《地理志第八下》，第1644—1645页。

⑤《史记》卷一一〇《匈奴列传》司马贞《索隐》引《西河旧事》，第2909页。

⑥《汉书》卷九四上《匈奴传上》，第3770页。

113）十一月丁巳,中郎安意使领护敦煌、酒泉、张掖、武威、金城郡农田官,常平粜调、均钱谷……①居延屯田规模最大,是北匈奴龙城,南达酒泉、张掖的唯一通道。敦煌、酒泉、武威等地也有大规模屯田。

汉武帝开始西北边郡屯田前,这里基本上是畜牧区,农业基础十分薄弱。这些戍田卒来到边塞地区后,一面戍守,一面屯耕,建筑田舍,开垦荒地,兴修沟渠,为边疆地区生产的发展打下良好的基础。特别是农业生产的工具都由国家提供,使当时较为先进的农业工具能在这里得到运用,"大农置工巧奴与从事,为作田器。二千石遣令长、三老、力田及里父老善田者受田器"。②

再加上代田法、区田法等先进的耕作技术在此推广,这就大大推动了这些地区农业的发展。

西汉以军屯为主的屯田,其土地和屯垦所需要的农具、种子、耕牛以及屯田卒生活所需的口粮、衣物、零用钱等,都由国家提供。屯田生产的收获物也全部上交国家,由国家支配。

在西夏故地干旱荒漠地区实行屯田,水利灌溉工程的修建是十分关键的。为此汉朝设置了专门的主管官,修筑了许多沟渠,并打凿水井,利用便利的水利设施发展灌溉农业。"汉度河自朔方以西至令居,往往通渠置田,官吏卒五六万人……"③"朔方、西河、河西、酒泉皆引河及川谷以溉田。"④

---

① 胡平生、张德芳:《敦煌悬泉汉简释粹》,第52页。
②《汉书》卷二四上《食货志第四上》,第1139页。
③《史记》卷一一〇《匈奴列传》,第2911页。
④《史记》卷二九《河渠书》,第1414页。

此类河渠水利在汉简中也有十分翔实的记载。

汉代河西、朔方屯田在农业生产方法上，包括耕作技术、生产工具等都发生了重大的变化：国家为屯田提供的铁农具，大大提高了屯田者的生产能力，当时较为先进的播种工具——耧车也得到广泛应用。

与代田法相配合的是牛耕的应用，赵过在中原推行代田法的地区曾大力倡导二牛三人的"耦耕"，使用耦犁耕地。所谓"耦犁"，当指二牛牵引为动力，以舌形大铧和犁壁为主要部件的框形犁。

黄河流经宁夏地区，沿河的宁夏平原地势平坦，土质良好，为自流灌溉开发农业提供了得天独厚的条件。秦汉建立了中央集权制的国家后，中央王朝一项主要职能的发挥就是进行大规模的移民屯垦和兴修水利。历代一直十分注重宁夏的引黄农业开发。不论是汉族还是少数民族建立的政权，都首先组织劳力复兴水利，因此，移民和修渠成为历代王朝经略宁夏的两项传统措施，水利的兴衰也成为一个时期宁夏地区政局治乱的首要标志。大约从汉代开始，宁夏平原就开凿了古干渠（包括秦渠），引黄河水灌溉。西汉前期、唐前期、西夏及元初都是宁夏历史上移民屯垦和兴修水利的高潮时期。宁夏平原成为我国西北干旱高原上被沙漠包围的一片富饶的绿洲，五代以来就被称为"塞上江南"，一直是重要的粮食生产基地。①

20世纪90年代初，在敦煌悬泉遗址墙壁上发现了保存完好的墨书《使者和中所督查诏书〈四时月令〉五十条》（9IDXF26：6.272号），这是元始五年（5）朝廷下发的关于每个月禁忌和应

---

① 陈育宁主编：《宁夏通史》古代卷，第12页。

做之事的诏书,其中关于各个季节与农民有关的农事活动的安排,尤为重要。①

以铁器、牛耕和水田为标志的传统农业遂在这些地区得到推广,使西夏故地由原来较为单一的畜牧业地区逐渐转变为一个新兴的农业区。

河西地区因养蚕缫丝,纺织业有了初步发展。在汉简中,经常看到关于戍卒贳卖衣物以及布帛买卖的记载。②

河西地区的农作物有胡麻、粱米、黄谷、土麦、白米、穬麦、黍米、黄米、白粟、胡豆、秫、糜、荍、荞、秣、谷、菽、麦、鞠、米、姜、小豆、黑豆、黑枣等。③

居延一地"受四月余谷万一千六百五十二石二斗三升"。④

东汉前期,河西地区"仓库有蓄,民庶殷富"。⑤

清人顾祖禹总结说,西汉末年至东汉初年,河西地区固守一方,繁荣一时。如东汉时期窦融曾说:河西殷富,带河为固,张掖

---

① 参见刘光华主编,汪受宽著:《甘肃通史》秦汉卷,第239—240页。敦煌悬泉在汉代的行政规划中属于"置"的级别,称为"悬泉置"。它是西汉元始五年太皇太后发布的诏书,月令五十条,分属十二个月,写明每月该干的事和不该干的事,所涉事项包括农林牧副渔各业,要求下级官吏尽力奉行。
② 甘肃省文物考古研究所等编:《居延新简:甲渠候官与第四燧》,第325页;甘肃省文物考古研究所等编:《居延新简:甲渠候官与第四燧》,第307页;"中研院"历史语言研究所简牍整理小组编:《居延汉简(叁)》,第235页。
③ 江海云:《汉简中所见的河西开发及启示》,《敦煌学辑刊》2007年第4期。
④ "中研院"历史语言研究所简牍整理小组编:《居延汉简(贰)》,第20页。
⑤《后汉书》卷二三《窦融传》,第796页。

属国,精兵万骑,一旦缓急,杜绝河津,足以自守。①

当然汉王朝在河西、河套、河湟地区积极推进农耕,这主要是在适合农耕的平川水地和山地,如崔浩曰:"《汉书·地理志》称:'凉州之畜,为天下饶。'若无水草,何以畜牧?又汉人为居,终不于无水草之地筑城郭、立郡县也。又雪之消液,才不敛尘,何得通渠引漕,溉灌数百万顷乎?此言大诋诬于人矣。"②因而在适宜于畜牧业的山谷、草原,依旧是以匈奴、羌擅长的畜牧业生产为主。但必须指出,在该地区由原始农业向传统农业转变的同时,牧业技术在继承游牧经济发明的基础上有了新发展,这就是农家普遍兼营畜牧,游牧方式也部分地转变为定居与半定居,兼营粮食种植业,部分地被纳入农业经营方式的体制。值得注意的是,除了匈奴、羌族等,汉族的畜牧业也较发达。既有规模比较大的私人牧主,也有一般的牧民,还有经营畜牧业的农户。终西汉之世,马政一直受到高度重视,从不中断。《汉书·匈奴传》云:"边城晏闭,牛马布野。"③东汉顺帝时虞诩《请复三郡疏》描述西汉开发河套地区的盛况时说:

> 雍州之域,厥田惟上。且沃野千里,谷稼殷积,又有龟兹盐池以为民利。水草丰美,土宜产牧,牛马衔尾,群羊塞道。北阻山河,乘厄据险。因渠以溉,水春河漕。用功省少,而军粮饶足。故孝武皇帝及光武筑朔方,开西河,置上

---

① (清)顾祖禹撰,贺次君、施和金点校:《读史方舆纪要》卷六三《陕西十二·甘肃镇》,中华书局,2005年,第2971页。
② 《魏书》卷三五《崔浩传》,第823页。
③ 《汉书》卷九四《匈奴传》,第3832—3833页。

郡，皆为此也。①

　　由此奠定了河西、河套、河湟地区以农业为主，半农半牧的经济大格局并为后世历朝所继承。

　　入晋后的河西和陇右，豪族庄园鳞次栉比，具有写实性的嘉峪关古墓壁画生动地反映出豪强庄园发展的情况以及河西地主经济制度与中原社会同步发展的事实。1977年文物工作者在酒泉市西7公里处发现魏晋壁画墓。其中丁家闸5号墓，前室壁画有墓主生前豪华奢侈的写照。墓主人的雍容华贵、男女侍者的忠顺神情，还有歌舞伎的表演等场景都跃然入画。另外，壁画的下半部所表现的生产生活场景，如农作、采桑、屠宰牲畜等，研究者认为，反映的就是豪强庄园的情况。嘉峪关市也发现同期壁画墓。经1972—1973年文博部门努力，共清理出8座魏晋墓，其中6座属壁画砖墓，总共展示600多幅壁画，内容涉及政治、经济、文化、民族等方方面面。

　　当然，河陇豪族庄园在经济方式上的最大特点，就是畜牧业所占比重较大。这也决定了庄园产出的畜牧产品数量较大。牲畜之外，与畜牧业有关的肉、奶、皮、角、骨、毡毯等的加工，是庄园的主要手工业生产。而攻战所需弓弩、皮铠、马具的加工又独具地域特色，并成为河陇骑兵强大的物质原因。西晋末年，中原人用"凉州大马，横行天下"②来概括凉州地域的军事特点，将战马、毡毯等物作为河西独特的物产资源，都说明了河陇地域的地理经济优势，其中也包括豪门著姓庄园的各种优势。凭着这些

---

① 《后汉书》卷八七《西羌传》，第2893页。
② 《晋书》卷八六《张轨传》，第2223页。

优势,河陇的豪族大姓可以在西晋亡国前后,在河西和陇右鼎力支撑局面,甚而进行扶衰继绝的活动。

北魏时期农牧业得到继续发展,"世祖之平统万,定秦陇,以河西水草善,乃以为牧地。畜产滋息,马至二百余万匹,橐驼将半之,牛羊则无数"。孝文帝拓跋宏时,"以河阳为牧场,恒置戎马十万匹,以拟京师军警之备。每岁自河西徙牧于并州,以渐南转,欲其习水土而无死伤也,而河西之牧弥滋矣"。①

西魏、北周均田制在北魏基础上有微小变化。西魏时期,河西走廊是均田制和租调制推行的重点区域。敦煌文书中,有保存下来的西魏大统十三年(547)《邓延天富等户籍计账残卷》(斯坦因汉文书第613号),为研究西魏均田制和租调制在河西推行的情况提供了可靠依据,也为西魏计账和户籍制度在敦煌一带的实行提供了第一手资料。王仲荦先生对残卷内容有详细考述。②

隋、唐前期,政治稳定,经济发展,文化昌盛,河西、朔方社会经济得以长足发展,达到了鼎盛。609年,隋炀帝西巡,在张掖举办了以"互市"为主要内容的国际性贸易会,炀帝还亲自接见了西域二十七国使节,促进了中西经济文化的交流。《资治通鉴》记载了唐朝开元、天宝年间甘肃经济的发展情况:是时"自安远门西尽唐境万二千里,闾阎相望,桑麻翳野,天下称富庶者无如陇右"。③"当唐之盛时,河西、陇右三十三州,凉州最大,土

---

① 《魏书》卷一一〇《食货志》,第2857页。《宁夏通史》古代卷,第85页。
② 王仲荦:《魏晋南北朝史》下册,上海人民出版社,1980年,第607—609页。参见刘光华主编、赵向群著:《甘肃通史》魏晋南北朝卷,甘肃人民出版社,2009年。
③ 《资治通鉴》卷二一六,唐玄宗天宝十二年八月戊戌,第6919页。

沃物繁而人富乐。"①

三、移民实边与多民族居民结构的形成

秦汉时期,西夏故地作为统一多民族国家的最早组成部分,也是多民族共同聚居的地区。西汉时西夏故地有大量的匈奴民族。匈奴浑邪王居走廊西部,休屠王居走廊东部。而班固与陈忠所言的南羌,就是以居住和邻近河湟地区为主的西夏故地的羌族,因其地位于陇西郡及河西走廊以南,故称"南羌"。

1.移民实边

汉朝初年,匈奴屡侵边境。汉文帝时,欲改变与匈奴交往中所处的被动防御局面,晁错在汉文帝前元十一年(前169)向文帝分别上《言兵事疏》《守边劝农疏》《募民实塞疏》等分析匈奴与汉王朝在军事上的优劣态势,进而提出积极进取反攻的对策和用经济措施鼓励移民,用移民实边的办法抵御外患:

> 选常居者,家室田作,且以备之。以便为之高城深堑,具蔺石,布渠答,复为一城其内,城间百五十岁。要害之处,通川之道,调立城邑,毋下千家,为中周虎落。先为室屋,具田器,乃募罪人及免徒复作令居之;不足,募以丁奴婢赎罪及输奴婢欲以拜爵者;不足,乃募民之欲往者。皆赐高爵,复其家。予冬夏衣,廪食,能自给而止。

①《新五代史》卷七四《四夷附录第三》,第913页。

陛下幸募民相徙以实塞下,使屯戍之事益省,输将之费益寡,甚大惠也。……古之徙远方以实广虚也,相其阴阳之和,尝其水泉之味,审其土地之宜,观其草木之饶,然后营邑立城,制里割宅,通田作之道,正阡陌之界,先为筑室,家有一堂二内,门户之闭,置器物焉,民至有所居,作有所用,此民所以轻去故乡而劝之新邑也。为置医巫,以救疾病,以修祭祀,男女有昏,生死相恤,坟墓相从,种树畜长,室屋完安,此所以使民乐其处而有长居之心也。

臣又闻古之制边县以备敌也,使五家为伍,伍有长;十长一里,里有假士;四里一连,连有假五百;十连一邑,邑有假候:皆择其邑之贤材有护,习地形知民心者,居则习民于射法,出则教民于应敌。①

晁错的建言包括四个要点:一是让移民既开发田地,又守卫边境,一举两得;二是政府以优惠政策,奖赏立有战功者,以刺激移民的作战积极性;三是建造房屋,配备日常生活用品,将移民区仿照内地建制建设成为一个各种生活设施完全齐备的生活区域,"使民乐其处而有长居之心也";四是使边民成为一个兵民合一型的群体。

晁错的建言被文帝所采纳。其后汉朝在河南、河湟、河西的移民实边对策和措施得到基本延续。

汉武帝时,通过军事行动,汉军占领了河套及其以南地区,又将广袤的河西走廊变成汉的新辟疆土。这两块地方本来就地广人稀,匈奴被打败后,于是"地空"。这两块地方,既是反击匈

<hr>

① 《汉书》卷四九《晁错传》,第2286、2288—2289页。

奴、断其右臂的前线，又气候温和，有大片适于农作物生长的肥沃土地。为了巩固对这些地方的占领，加强边防建设，为抗击匈奴的大军提供物资和粮草，汉朝大量向新秦中、河西移民。元狩三年（前120）向关以西及朔方以南新秦中移民70万人。①《汉书·赵充国传》云："时上已发三辅、太常徒弛刑……金城、陇西、天水、安定、北地、上郡骑士，羌骑，与武威、张掖、酒泉太守各屯其郡者，合六万人矣。"②汉王朝在置酒泉郡时，也实施了移民措施。《汉书·西域传》载："其后骠骑将军击破匈奴右地，降浑邪、休屠王，遂空其地，始筑令居以西，初置酒泉郡，后稍发徙民充实之。"③"自武威以西，本匈奴昆邪王、休屠王地，武帝时攘之，初置四郡，以通西域，鬲绝南羌、匈奴。其民或以关东下贫，或以报怨过当，或以悖逆亡道，家属徙焉。习俗颇殊，地广民稀，水草宜畜牧，故凉州之畜为天下饶。保边塞，二千石治之，咸以兵马为务；酒礼之会，上下通焉，吏民相亲。是以其俗风雨时节，谷籴常贱，少盗贼，有和气之应，贤于内郡。此政宽厚，吏不苛刻之所致也。"④

西汉移民很大程度上改变了西夏故地贺兰山东西人烟稀少的状况，使其人口迅速增加。据刘光华考证，《汉书·地理志》

---

①《史记》卷三〇《平准书》，第1425页。对于这条材料学界有不同解读。认为"新秦中"的地理概念应晚于朔方郡设置的年代。新秦中应包括朔方郡、五原郡、西河郡，按《汉书》卷二八下《地理志第八下》，三郡总计"新秦中"的人口是506132人。再加上安置新附匈奴等民族人口不足9万人，当时西汉河套人口约60万。详见王天顺：《河套史》，人民出版社，2006年，第444页。

②《汉书》卷六九《赵充国传》，第2977页。

③《汉书》卷九六上《西域传上》，第3837页。

④《汉书》卷二八下《地理志第八下》，第1644—1645页。

中所载河西四郡的户数可能偏低,如果将当时的徙民与戍卒两项加起来,四郡人口总数约有50万人。而"新秦中"近60万人,合计约110万人。这些移民迁到河西、朔方各地,首先改变了当地人口的民族成分,使原先以羌戎夷为主要居民的地区变成了汉族占相当比例的地区,有利于国家政令的贯彻和社会的稳定。其次,这些移民相对较高的文化水平,提高了地方人口素质,带来了中原先进的农业生产经验和技术,他们在水草丰美的地方凿挖渠道,开荒种田,为推广内地的农业文化和生产经验,提高边郡生产力水平,都起到了积极作用。史书说:"朔方、西河、河西、酒泉皆引河及川谷以溉田。"①一片片荒漠绿洲得到垦殖,农业生产迅速发展。据汉简看,名籍要载明户主、年龄、籍贯、职务、爵级、家财等。著籍后的移民同原来生活在这里的农民一样,都是"编户民"。广大劳动人民正是以编户为基本单位在这片土地上从事着小自耕农的生产。最后,移民从事的经济活动改变了当地的经济结构。由比较单纯而且脆弱的畜牧、狩猎经济向有着稳定收成的农牧兼营的方向发展。当然,西夏故地移民垦田的地方属于干旱半干旱地区,水资源极端缺乏,生态环境脆弱,而当时的农业生产耗水量极大,使植被受到破坏,造成对水资源的过分消耗,长期屯垦,对生态环境造成了影响。

三国魏晋南北朝时期,为避乱大量人口向边远地区流徙,河西走廊成了内地士民向往的地方。"中州避乱来者日月相继。"②五凉时期,具体有多少人口迁到河西,很难作具体统计。但据张轨和李暠先后设置侨县以安置移民来看,光汉族就不会低于数

---

① 《史记》卷二九《河渠书》,第1414页。
② 《晋书》卷八六《张轨传》,第2225页。

万户。新增人口既给经济发展增添了力量,也给环境造成了压力,以致一些人口稠密的地方不久就出现了土地紧张问题。439年北魏灭北凉,在姑臧收得户口20余万,[1]这很可能是北凉的全部编户,即河西各郡县人口。如按每户5口计,整个河西走廊仅在编户人口当有百万口之多。这还不包括不在编的氐、羌、鲜卑民族人口数十万。

当时北方诸州中只有凉州可以拿出人力、物力支持西晋,尽管存在许多问题,但五凉时期粮食生产已基本自给自足是一个不争的事实。五凉政权高度重视畜牧业和挖掘牧场潜力的举措,使4—5世纪的河西继续保持"畜牧为天下饶",[2]战争中常有掳掠驼、马、牛、羊数万头至百万的记载。这为后来的北朝以及隋唐提供了配置和利用河西经济资源的历史借鉴。

2.安置内徙民族

西汉发动与匈奴的战争,在解除匈奴对中原王朝的直接军事威胁,打败匈奴这一既定方针之外,还有断匈奴右臂的战略目的,即凿通西域,建立与塔里木盆地南缘诸羌、月氏等小国的联系,以及阻遏匈奴与南羌的联系。"孝武之世,图制匈奴,患其兼从西国,结党南羌,乃表河西,列四郡,开玉门,通西域,以断匈奴右臂,隔绝南羌、月氏。单于失援,由是远遁,而幕南无王庭。"[3]西汉控制了在军事上有重大价值、土地又十分肥沃的河套及黄河以南的广大地区,使西汉的心脏关中与北方劲敌匈奴

---

①《魏书》卷四上《世祖太武帝纪》,第89页。
②《史记》卷一二九《货殖列传》,第3262页。
③《汉书》卷九六下《西域传下》,第3928页。

之间有了更为宽阔的中间地带,从而解除了匈奴骑兵对北地、上郡及关中的威胁。

汉武帝在西夏故地建置凉州刺史部和朔方刺史部后,在其辖境和政区内,对当地居民和民族安置采取了两大政策,一是妥善管控内徙的民族的安置,二是从内地移民实边。这两项政策为后世中央政权所沿袭。元狩二年(前121)匈奴浑邪王归汉后,其部众被安置于陇西、北地、上郡、朔方、云中等五郡塞外,称为"五属国"。于是,"故浑邪地空无人",汉朝乃"稍发徙民充实之"。到西汉末年,河西四郡共有户71270,口280211。①

西汉后期,有部分羌人留居西夏故地的东南部,在固原六盘山附近还居住着部分小月氏人,因此称月氏道。河西走廊西部居住的有大月氏人,后来被匈奴欺辱而西迁。汉文帝初年,未西迁的一小部分月氏人进入南山(今祁连山),与羌人杂居,称小月氏。匈奴被汉朝战败后内附的匈奴也被安置在西夏故地安定郡三水县(今同心县境内),并设安定属国,任匈奴人为都尉,保留匈奴人的生产、生活习俗。后又有月氏人被安置于月氏道(今隆德县境内)。东汉时期西夏故地南部则为羌族聚居区。

为了阻隔羌族与匈奴的联系,元鼎五至六年(前112—前111)汉武帝设置了权力很大的护羌校尉,持节管理羌人事务。初设时有临时差遣的性质,后演变为河西地区的正式官制。汉昭帝始元六年(前81),汉朝为了加强对羌人的控制,决定从天水、陇西、张掖三郡中各分出二县,设置了金城郡。金城郡辖今甘肃兰州、临夏至青海西宁、海东等地区,是汉朝深入河湟地区的一个政治军事基地。护羌校尉是汉朝最早设置的专门在地方

---

① 《汉书》卷二八下《地理志第八下》,第1612—1614页。

上管理羌族的高级职务，其他如西域都护、护匈奴中郎将、护乌桓校尉，都是在其后设置的，说明了羌族问题的重要，以及汉朝对安定羌族的重视。另外，护羌校尉是军职，统领一定数量的军队，而不是如郡太守、县令之类主要是地方行政管理职务。

西夏故地处丝绸之路和隔绝羌胡的咽喉要地，在政治和军事上具有特殊的地位，故无论在官职的设置上还是其职权上，都有其特殊之处。其中，最大的特点就是更注意军事防务，一切为加强边防力量而设，各郡多有丞、长史、司马一类武职，甚至"居延汉简中的任何一枚，都可以与军事防御联系起来"。①

东汉王朝建立后，陆续迁羌族多部于金城、陇西、天水、扶风等郡。明帝永平元年（58），汉将窦固等攻破青海烧当羌后，又将其迁至三辅（今陕西西安周围）一带，为防止内徙羌人与青海羌人联合，东汉政府于大小榆谷等地（今西宁一带）驻军屯田。

东汉末年的社会大动乱，使这里的居民更加减少，客观上为北方民族的内徙提供了条件。另一方面，由于魏晋政府仅对宁夏南部实行有效统治，北部地区便成为游牧民族主要的迁居区。在南匈奴南迁的同时，鲜卑也向南迁移，散居在东起辽东、西至敦煌的辽阔地带。其中西夏故地也是鲜卑迁徙、居住的主要地区之一。鲜卑乞伏部在贺兰山"东北抵河处"即今宁夏石嘴山一带活动。以后乞伏部继续南迁，到达甘肃靖远、陇西一带，所以史称其为"陇西鲜卑"。魏晋时期鲜卑族秃发部是从拓跋部中分出的一支，史称"其先与后魏同出"。②秃发匹孤为首领时，率部众从塞北（今阴山一带）向西迁，先到达河西北面，即今内

---

① 薛英群：《居延汉简通论》，甘肃教育出版社，1991年，第12页。
②《晋书》卷一二六《秃发乌孤载记》，第3141页。

蒙古额济纳旗至西夏故地北部。东起今甘肃靖远和宁夏固原，西至今青海湖东，南到贵德，北接今腾格里沙漠、巴丹吉林沙漠。因散居于河西（泛指黄河以西），所以史称"河西鲜卑"。河西鲜卑只是曹魏时期迁移到雍、凉间的鲜卑之一。从史书上看，西晋初年活动于河西走廊和陇西一带的还有许多部。由于进入河陇的鲜卑种落庞杂且人口众多，或以姓氏为名号，或以居地为名号，故而有了诸如折掘、乙弗、意云、麦田、车盖、河南、北山、思盘等五花八门的部落名号。在黄河至陇山之间，人数最多的是陇西鲜卑。

虽然吐谷浑的主要居地在枹罕以西，其城邑戍壁也都在河湟以南，但在整个十六国和北朝期间，吐谷浑的铁骑常踏上金城郡、陇西郡及洮、岷和河西走廊南部土地，并与西秦及北魏政权不断摩擦和发生战事。

魏晋时期，今河西走廊内流动的匈奴支裔还有"赀虏"，赀虏是东汉初年匈奴大股部队西迁时的余部。当它浮出历史水面时，已是杂有羌、鲜卑等民族的联合体。在汉魏间长达二百多年的时间中，赀虏一直活动于东起金城，西到酒泉的河西走廊，过着游牧生活，并与羌人、卢水胡等同地相处。可见，赀虏虽与卢水胡一样不属于魏晋时内迁民族，但它对河西走廊民族关系的发展影响却很大。

公元407年赫连勃勃正式建立大夏政权。413年，勃勃发岭北夷、夏十万人，筑城于奢延水（今红柳河）之北、黑水（今海流兔河）之南，自言"方统一天下，君临万邦，宜名新城曰'统万'（今陕西靖边县北的白城子）"。同时，赫连勃勃认为他的祖先从母姓刘"非礼也"，故改姓赫连氏，意为帝王系天子，显赫实与上天相连。①

刘光华先生说的好："汉晋之际,周边民族的内迁,既给中原地区带来了战乱,也给中华民族注入了新鲜血液。""北魏孝文帝的汉化改革,使氐、羌、鲜卑、敕勒、柔然、杂胡等族逐渐消失。这是我国民族融合的第二个高潮。战乱中大批中原士人西逃河西,河西成为当时社会相对稳定、存续中原文化的中心。"②

唐贞观四年(630),突厥突利可汗投降,颉利可汗被俘,其部众或投奔薛延陀,或投往西域,但仍剩余10万多人,唐太宗与群臣认真讨论突厥降部的安置办法,大多数认为,突厥恃强,扰乱中华,非一朝一夕,只是在穷途末路之时,才来归投,本来也非慕义之心,应当分其种类,徙往中原兖州、豫州之地,分散于州县,教其耕地织布,这样,百万"胡虏"可以化为百姓,增加户籍,塞北之地留为空地。魏征主张,突厥非我族类其心必异,这些人强必为盗,弱才卑服,晋时五胡乱华可以为鉴,应将其消灭。颜师古、李百药等人力劝唐太宗,对少数民族应分其部落,各树首长,使其国小权分,没有力量与中国抗衡。温彦博则主张,应该采用汉武帝安置匈奴人的办法,使其不离旧土故俗,教之礼法,授之生活之业,数年之后可成为农民,给其他四夷树立榜样,选酋长,使之入居宿卫,恩威兼施。

唐太宗采用了温彦博的主张,在灵州等地置四都督府。《新唐书·地理志七》:"自太宗平突厥,西北诸蕃及蛮夷稍稍内属,即其部落列置州县。其大者为都督府,以其首领为都督、刺史,皆得世袭。虽贡赋版籍,多不上户部,然声教所暨,皆边州都督、

---

① 以上参见《资治通鉴》卷一一六,晋安帝义熙九年二月戊寅,第3659页。
② 参考刘光华主编:《甘肃通史》前言,第1—3,6—8页。

都护所领,著于令式。"①这种羁縻府州的设置,实际上是采取了某种民族"自治"的政策。六胡州,虽然历史记载表明刺史由唐人担任,但从文献记载来看,刺史、都督等职务也有昭武九姓胡人充任的。都护的职权,《新唐书·百官志》称:"都护掌统诸蕃,抚慰、征讨、叙功、罚过,总判府事。"②羁縻州的居民有旧、熟户之分,"旧户久应淳熟。……熟户既是王人,章程须依国法",③王人就是有编籍的百姓。唐代的少数民族政策中还有一个重要的方面,就是利用蕃将,蕃将成为唐王朝军事力量中另外一块基石。

魏晋南北朝是多种文化交融时期,除汉族文化之外,其他民族文化,包括西域文化一起在中华大地上传播,形成百花齐放的局面。这与这时期周边民族的内迁,各民族之间的接触、交流、融合,有很大关系。具体到西夏故地,民族关系的发展更为显著。1984年,考古工作者在庆阳正宁县罗川聂家店南2.5公里的佛堂出土了北周保定元年(561)石雕释迦像一尊,其像身高160厘米,莲花佛座四面镌有题铭,题铭者共有158人。研究者分析这158人的姓氏后得出结论说,其中基本可断为汉族姓氏者,计有87人,约占全部题铭人数的55%,可断为北方少数民族姓氏者,有65人,约占总题铭人数的41%。此外为难以断定属何族的,计有6人。其中,65个少数民族姓氏中属于鲜卑族的最多,共21人,属于羌族的有17人,属于匈奴屠各族的有13人,属于氐族的共4人,属于西域胡人的共3人,属于吐谷浑的共2人,

①《新唐书》卷四三下《地理志七下》,第1113页。
②《新唐书》卷四九下《百官志四下》,第1317页。
③《册府元龟》卷九九二《外臣部·备御第五》,第11489页。

属于敕勒族的有1人,属于朔方尉迟部的有1人。①这些情况说明北周时期泾河以北地区各民族的融合情况。

移民措施打破了民族隔绝的状态,促进了民族的融合,汉族人民融入西夏故地与少数民族混合杂居,不仅改变了民族结构,亦在相互融合中互相吸收、渗透。从长远来看,河西、朔方在人们的长久交流中越发表现出内附性,是这一地区最终不致分裂的重要因素。

要之,据研究,8世纪前期,河陇民族地理格局是,秦昭襄王长城以内的陇上基本上是汉民族,少数民族数量很少。故塞以北的河西和塞上,在绿洲农业地区,特别是灵州、夏州、凉州、甘州、肃州、瓜州、沙州的城镇及其周围,主要是汉族从事种植业的生产;在长城沿线,以及绿洲城市周边,即农耕区的四周,则分别驻扎着双重军、守捉和戍等军事组织。内附的少数民族,定居在从鄂尔多斯高原到河西的广阔农牧交错地带。境内汉人与少数民族人口之间的比例关系,在天宝十四载(755)安史之乱前,周边民族移民及其后裔可能占河陇人口的五六或六七分之一。②

---

① 周伟洲:《甘肃正宁出土的北周造像题铭考释》,《马长寿纪念文集》,西北大学出版社,1993年,第253—270页。
② 李智君:《唐代吐蕃内侵与河陇语言地理格局的演替》,《厦门大学学报(哲学社会科学版)》2007年第4期,第105—112页。

第6章 吐蕃王国对唐中后期西夏故地的影响

一、吐蕃文化来源的多元化

吐蕃与西夏不论是民族族属还是文化渊源，都有十分相近的关系。以往研究者特别是域外研究者，在研究影响西夏文化三大来源之一的吐蕃文化时，常常将其与华夏文明等量齐观，亦即作为独立的文化形态来源之一，其实吐蕃文化除了自身传统的不断发展外，受外来文明的因素大致莫过于汉文明。为了较为客观地了解吐蕃对西夏故地的影响，需对吐蕃的文化来源作必要的交待。

吐蕃名称，始见于唐朝汉文史籍，但汉文史籍限于当时知识水平，对吐蕃的认识很片面，譬如宋人根据唐宋文献编撰的《新唐书·吐蕃传》主要记录了吐蕃与唐朝的政治经济文化关系，特别是和战会盟关系，对于吐蕃王朝崛起之前西藏本地的历史多是传说和片段的社会风俗方面的记录。且记录的下限到张议潮起义为止。而《新五代史》《宋史》对吐蕃的记录，则大致接续《新唐书》的记录至北宋初期和北宋后期河湟政权的完结。现今讨论吐蕃的蕃化和对党项与西夏的影响,大多是根据汉文文献而来,其讨论因史料的不充分也存在某些认识偏差。但20世纪以来考古学和人类学在很大程度上可以弥补过去依靠汉文献记录的不足。是故对于吐蕃文化来源多元化根据汉文史籍和考古学研究资料作一些简要的勾勒。

首先是早期吐蕃文化"本土起源说",经过多年对拉萨、曲贡等地遗址遗物的考古发掘,得到越来越多学者认同;其次,对吐蕃王朝建立以前西藏高原远古各部落的文化遗存的考古发掘,童恩正采用"早期金属时代"这个概念来指代自公元前10世纪以迄公元6世纪吐蕃王朝兴起之前这一历史阶段,而将其与公元7世纪初至公元10世纪的吐蕃王朝时代加以区别,也得到西藏考古界的重视。[1]对吐蕃时代之前的考古学研究证明,公元前10世纪以来至公元6世纪的西藏高原的雅鲁藏布江流域,特别是雅鲁藏布江中、下游地区,包括年楚河流域、拉萨河流域、雅碧河流域、尼洋河流域等地,并不是汉文献记录的那样原始而仅仅依靠游牧为生的状况,而是早已有了原始农业生产、铁器制作和定居的人群。

公元6世纪吐蕃崛起后,一方面向东北、北发展,与中原的唐王朝发生密切的关系,另一方面,则凭借征服象雄后的有利态势,以象雄旧地为基地,向西、向南发展其势力,先后与大小勃律、迦湿弥罗、吐火罗、于阗等中亚各地以及天竺、泥婆罗等南亚各国进行过不同程度的接触与交往,发生政治、经济、文化等各

---

[1] 霍巍:《近十年西藏考古的发现与研究》,《文物》2000年第3期。

方面的联系。①在扩张过程中接触到大唐文化也接触到中亚、波斯和印度文化，并受其影响形成内容丰富的吐蕃文化。正如考古和多种文献记载的，"西藏北接新疆、青海，东连四川、云南，西面和南面与印度、克什米尔、尼泊尔、锡金、不丹、缅甸接壤。在漫长的历史发展过程中，祖国黄河、长江流域的悠久文明，中亚草原的游牧文化，西亚河谷的农业传统，南亚热带沃土上孕育出来的思想意识，均曾汇集于这一号称世界屋脊的高原之上，使这一地区的历史，在本身固有的传统的基础上，呈现出一种复合的性质并且在不同时代由于感受的外来影响有所不同，风格亦迥然相异"。②

国内学者都以为吐蕃文化受华夏文化影响居多，但是西方学者，特别是近几十年来因西藏问题的政治化，以为西藏文化（吐蕃文化）主要受中亚、波斯、印度地区的影响，很少提及与大唐文化的关系。西方学者在研究西藏文化或汉藏文化关系时，"多以为绝不像唐朝历史文献所记载，对中国文化那么的倾心，而以为汉史料所载吐蕃自与李唐和亲后，师法李唐所作的努力，认系夸张不实的记载。或以为汉文化对西藏的影响，根本微不足道，只限于一些工艺品；藏人自古以来就从未育成过中国研究，对中国的文学、哲学乃至于历史文献等，一无所知"。

近二三十年台湾学者林冠群先生研究唐代吐蕃颇见重学界，林冠群先生在反驳西方学者的观点时指出："根据现存汉藏史料文献记载，明显地展现出双方文化交流的频繁，吐蕃对大唐

---

① 霍巍：《从考古材料看吐蕃与中亚、西亚的古代交通——兼论西藏西部在佛教传入吐蕃过程中的历史地位》，《中国藏学》1995年第4期。
② 童恩正：《西藏考古综述》，《文物》1985年第9期。

文化的主动学习与吸收,提升了双方文化内涵丰富的多元性样貌。吐蕃运用汉籍与政治典章制度主要体现在三个方面:(一)吐蕃王室祖源神话的表现与内涵:王室祖源为天神,王室为天神之子下凡,统治人世,此与中原典籍所载的"天命论"颇多神似。亦即上天遣其后代,代替上天,依照天命,统治王臣与王土,双方仅在细节上有所差异。(二)汉籍词汇中使用的比较:"黔首"即平民百姓的指称,汉藏双方皆同,古藏文以"mgo nag"字面词意亦为"黑头"。此外,对"三分天下有其二"(统治区)的表达方式,也是趋向一致的。(三)官制方面:王权与相权的划分,吐蕃政制与内地秦汉以来皇室与政府分开的原则理念完全相同。除传统法制向李唐学习,官员兼有虚衔方面,唐蕃双方亦颇有神似之处。""汉藏之间的文化关系,可谓细密地遍及于西藏文化的各个层面,而且都是在证据确凿下所提出者。凡此,从事藏学研究且兼有深厚汉学素养者,如石泰安、戴密微等,从未怀疑。主张汉藏文化无关论者,大部戴着有色眼镜,或者无识于汉学,疏略了汉藏史籍大量的记载,而予以一笔勾销的态度与作法,也无法改变既存的事实。"①

霍巍先生也认为:"中原唐王朝对吐蕃王朝产生了深远的影响,吐蕃王朝各项政治制度的建立,都或多或少的可以从中看到唐朝体制的影子,这与吐蕃自立国开始便努力实行加入'中国文化圈'的基本国策关系密不可分。""'安史之乱'后,吐蕃乘机攻陷唐都长安和河西陇右,更是为唐朝的最终覆灭埋下了伏笔。然而,正是在这一过程当中,吐蕃与中原黄河文明之间的

---

① 林冠群:《汉藏文化关系新事例试析》,《陕西师范大学学报(哲学社会科学版)》2013年第3期。

接触空前频繁,唐蕃双方的文化交流与往来通过战争、会盟、朝贡、聘使、联姻、贸易等各种方式深入发展,交融程度也达到了前所未有的水平。""从文明史的角度观察,印度河文明和阿拉伯文明对吐蕃文明的影响要远逊于唐代中原黄河文明。这首先是由于地理环境因素的制约。南亚印度炎热潮湿的气候显然不适宜于高寒干燥环境下生存的吐蕃人向南发展,虽然吐蕃在其扩张过程中也一度攻占过印度北面的某些地区,但却很快退出,除了在宗教上与印度保持着长期的联系与交流之外,吐蕃文明和印度文明直接发生联系的频度与实际效果均无法与中原文明相比拟。"吐蕃不仅受波斯文化影响有限,而且"吐蕃无疑在中亚'强权政治时代'和抵御伊斯兰文明入侵当中扮演着一个重要的角色。即使是在吐蕃王朝覆灭之后,吐蕃的后继者退守西藏高原,仍然在文化和宗教上构筑了一道坚强的屏障,成为10世纪以后亚洲腹地抵御伊斯兰化的一个重要门户和桥头堡"。①

在吐蕃崛起走上扩张道路之时,波斯为大食灭亡,波斯文化遂为大食之伊斯兰文化所吸收,波斯全民改奉伊斯兰教。"大食阻却吐蕃于中亚与兴都库什山以南区域的发展,特别是8世纪末叶至9世纪初叶以后,将吐蕃逼回至帕米尔高原以东,以帕米尔高原与吐蕃形成军事对峙。吐蕃未能持续在中亚占领片土寸地,吐蕃与波斯的接触互动,亦仅止于公元7世纪中叶以前,自此以后,波斯亡于大食而伊斯兰化。"吐蕃与波斯真正相互毗邻而展开密切接触互动,似晚至公元630年以后,前后不到40年的时间。

论者每谓吐蕃文化深受波斯影响,确有其见地。相较之下,

---

① 霍巍:《吐蕃考古与吐蕃文明》,《西藏大学学报(社会科学版)》2009年第1期。

吐蕃与中原的接触互动，自7世纪持续至9世纪中叶，长达200余年。其间，自公元663年吐蕃灭吐谷浑以后，吐蕃已与李唐直接接界，直至公元842年，近180年。且吐蕃占领李唐大片土地，包括河西、陇右、剑南西山等地，前后近90年。凡此，唐蕃彼此之间频繁接触互动，而波斯于公元7世纪中叶以后不久即亡于大食，吐蕃与波斯的关系即行终止，而转变成为吐蕃与大食的关系，这如何能与其和李唐的接触互动比拟？换言之，当吐蕃形成统一的王朝，开始从事文化建设之时，方始由外引进所需之外来文化。吐蕃最早形成统一的局面，当系松赞干布之父囊日伦赞（囊日颂赞）之时，约公元7世纪前后。吐蕃与波斯的接触互动，亦应于公元7世纪前后开始，至7世纪中叶以后不久即告终止。所以林冠群先生最后得出结论：将吐蕃与波斯的关系与蕃唐关系等量齐观，对于历史研究者，全然忽视"时间"的因素，斯谓之盲目，差可形容。①

二、唐肃宗以后西夏故地出现的蕃化现象

吐蕃王国崛起于7世纪，唐开元二十六年（738），吐蕃大入河西。唐天宝十四年（755）"安史之乱"爆发。因驻守河陇等地的唐朝镇戍官兵相继调回关中抵御安禄山叛军，吐蕃乘虚而入，先攻占陇右各州，"及潼关失守，河洛阻兵，于是尽征河陇、朔方之将镇兵入靖国难，谓之行营。曩时军营边州无备预矣。

---

① 以上详见林冠群：《唐代吐蕃建构天下秩序初探》，《中央民族大学学报（哲学社会科学版）》2016年第4期。

乾元之后，吐蕃乘我间隙，日蹙边城，或为虏掠伤杀，或转死沟壑。数年之后，凤翔之西，邠州之北，尽蕃戎之境，湮没者数十州”。① 然后攻河西诸州。具体时间是：广德二年（764）攻占凉州，永泰二年（766）攻占甘州、肃州，大历十一年（776）攻占瓜州，建中二年（781）陷沙州。至此，今河西地区尽为吐蕃所有。"吐蕃于764年打下凉州后，成立凉州节度使，任务有二，一为监视回鹘的动向、抵挡回鹘的突入，另一则为继续西向攻打河西道诸州。河西道的第二个军事行政区，系于776年攻陷瓜州后，所成立的kwa-cu-khrom（瓜州节度使），瓜州节度使下辖肃、沙、伊、西等州。其余河西诸州，如凉州、甘州等则应辖于凉州节度使，由于凉州系一富庶的商城，为李唐原河西节度使的旧址”，因此河西北道的德论可能驻辟于凉州。②

吐蕃统治者推行吐蕃化政策，河陇汉人逐渐接受吐蕃文化，周伟洲指出：吐蕃统治者在河陇等地对区域民族实行强迫同化的政策，使西北地区各族呈现不同程度的吐蕃化之倾向。③ 学界对这一时期的蕃化趋势和现象有较多研究，④ 概括起来有

---

① 《旧唐书》卷一九六上《吐蕃传》，第5236页。

② 林冠群：《唐代吐蕃军事占领区建制之研究》，《中国藏学》2007年第4期。

③ 周伟洲：《试论隋唐时期西北民族融合的趋势和特点》，《西北大学学报（哲学社会科学版）》1990年第3期。

④ 汤开建、马明达：《对五代宋初河西若干民族问题的探讨》，《敦煌学辑刊》1983年第4期；黄盛璋：《〈钢和泰藏卷〉与西北史地研究》，《新疆社会科学》1984年第2期；《关于沙州曹氏和于阗交往的诸藏文文书及相关问题》，《敦煌研究》1992年第1期；张云：《论吐蕃与党项的民族融合》，《西北民族研究》1988年第2期；周伟洲：《中国中世西北民族关系研究》，广西师范大学出版社，2007年；金滢坤：《吐蕃统治敦（转下页）

如下几种表现。

第一，吐蕃占领河西地区达六七十年之久，有的地区统治时间更长，在其统治期间，大量的吐蕃人被迁徙到河陇地区，原汉族居民死于战乱的甚多，而没有死于战乱的汉民大多被同化成蕃人，以致到吐蕃势力分崩离析之后的唐末五代宋初，河陇居民构成除瓜沙以汉民为多外，其他地区已是一个多民族居住区，主要的有粟特、吐蕃、龙家、吐谷浑、回鹘、嗢末等。

第二，政治机构以及社会基层组织吐蕃化。吐蕃占领河陇地区后，废除了唐王朝的乡、里、邻、保制，而代之以部落、将制，并在将下设千户组织，部落、将制是集军事、行政和经济为一体的军政建制。这种体制带有浓厚的兵民合一的色彩，涉及行政、军事、司法、经济、佛事等方面："从吐蕃对军事占领区的建制上看，不失务实且体制明确、简单，完全符合吐蕃本部地方建制的特色，即结合行政、军事、生产三位一体且容易动员、简单编制等。吐蕃将实施有成的本部地方建制，移植于青海地区，经实验多年后，在攻占李唐河陇、剑南西山等地以后，再将吐蕃本部地方建制，扩张延伸到各军事占领区，复因地制宜，创设新的机构及新的官吏，但均本乎吐蕃军政合一的原理而设立，实乃信而有征。"①

（接上页）煌的社会基层组织》，《中国边疆史地研究》1998年第4期；徐晓丽、郑炳林：《晚唐五代敦煌吐谷浑与吐蕃移民妇女研究》，《敦煌学辑刊》2002年第2期；《晚唐五代敦煌地区的吐蕃居民初探》，《中国藏学》2005年第2期；马德：《从敦煌史料看唐代陇右地区的后吐蕃时代》，《丝绸之路民族古文字与文化学术讨论会论文集》，三秦出版社，2007年；李智君：《唐代吐蕃内侵与河陇语言地理格局的演替》，《厦门大学学报（哲学社会科学版）》2007年第4期；杨铭：《试论唐代西北诸族的"吐蕃化"及其历史影响》，《民族研究》2010年第4期；等等。

① 林冠群：《唐代吐蕃军事占领区建制之研究》，《中国藏学》2007年第4期。

吐蕃时期没有留下敦煌户口的统计数字,但是李正宇根据吐蕃相关文献估算出这一时期约有民户2700户,民众25380人。[①]

　　第三,吐蕃的语言文字在河西地区流行,在一定程度上也反映了吐蕃化的倾向。服饰也随之蕃化,即所谓被发左衽无冠带之饰,张籍的诗《陇头行》云:"陇头路断人不行,胡骑夜入凉州城。汉家处处格斗死,一朝尽没陇西地。驱我边人胡中去,散放牛羊食禾黍。去年中国养子孙,今来异域通言语。谁能更使李轻车,收取凉州入汉家。"[②]白居易的诗《缚戎人》:"自云乡管本凉原,大历年中没落蕃。一落蕃中四十载,身着皮裘系毛带。"[③]从不同角度展现陇西、凉州在语言、服饰等方面的蕃化现象,具有典型性。

　　第四,吐蕃统治时期在汉文化与吐蕃文化的交流融合中,逐渐形成了自己独有的特色。吐蕃供养人,其至赞普的形象也出现在壁画之中。这一时期莫高窟主要流行的变相有药师变、观无量寿经变、弥勒经变、法华经变、金刚经变、天请问经变、金光明经变、涅槃经变、华严经变、报恩经变、维摩诘经变及密宗教题材的变相,都反映了一种很明显的吐蕃化现象,这也是吐蕃佛教文化与汉地佛教文化相融合的产物,极大地丰富了吐蕃占领区佛教的内容,也可说是藏传佛教在西夏故地的初步传播。[④]

---

① 详见刘光华主编,尹伟先、杨富学、魏明孔著:《甘肃通史》隋唐五代卷,甘肃人民出版社,2009年,第164—166页。
② (唐)张籍撰:《张司业集》卷二《陇头行》,文渊阁四库全书景印本,第1078册,第16页。
③ (唐)白居易撰:《白氏长庆集》卷三《缚戎人》,文渊阁四库全书景印本,第1080册,第40页。
④《甘肃通史》隋唐五代卷,第363页。

尽管吐蕃在河西推行蕃化政策,但是蕃化政策的实际内涵却有相当比重延续了唐朝的制度。这表现在三个方面。

第一,吐蕃统治时期,在农垦区依然采取了唐的制度。敦煌文书保存有吐蕃时期的请授田文书及其核定田籍的手实,说明吐蕃占领敦煌以后,仍然继承了唐代的均田制度。这就给我们一个启示:吐蕃占领河西之后,唐代在河西的经济制度并没有发生大的变化,吐蕃的基本统治办法还是以汉制统治汉人,在汉地农业发展区吸收并采纳了汉制中有益的东西,使汉地农业经济得以持续发展。这表明了吐蕃统治的灵活性。

第二,根据敦煌吐蕃佛事文书,大致可排列出吐蕃统治河西陇右的职官序列:节度使—乞律本(乞利本)—节儿、监军—都督—部落使—判官—乡部等。需要说明的是,吐蕃统治河西时期,实行的是蕃汉双重官制,以蕃官管通颊、退浑十部落百姓,以汉人任官管理敦煌汉人的乡级部落。①据林冠群先生的研究,从凉州军镇及沙州的职官系统可以了解,原本李唐当地的行政建制为:道、州、县、乡、里,吐蕃将之改为德论会议(bde-blong-vdun-sa)、军镇(khrom)、州(cu)、万户(khri-sde)、千户(stong-sde)、将(tshan)等,其中"州"(cu)的层级并未废除,只是长官衔称由刺史改为节儿。如沙州节儿之衔称就是很好的例子。另外吐蕃并未改变原有的地名。据记载显示,吐蕃任命唐人出仕,负责管理唐人自身事务,但仍在蕃人监督及管控下进行。如唐人所任大都督,系唐人所任最高级的官员,其任务在辅佐蕃人节儿统管唐人事务。同样情况,吐蕃千户长为唐人所任千户长僚

① 王继光、郑炳林:《敦煌汉文吐蕃史料综述——兼论吐蕃控制河西时期的职官与统治政策》,《中国藏学》1999年第3期。

佐襄助,吐蕃小千户长为唐人所任小千户长僚佐辅佐,等等。①
虽然此等以蕃人为主、唐人为辅的关系,显示吐蕃试图将占领区
逐步吐蕃化,但是也从另一个侧面表明,所谓的吐蕃化是在吐蕃
人监督领导下推行当地既成的社会政治经济制度,尽管掺杂了
吐蕃的管理方式。也就是说吐蕃的社会制度在很大程度上并没
有取代当地已有的社会制度。

第三,吐蕃在陇右、河西地区的统治长达一个多世纪,实施
的佛教政策是对当地已有佛教文化的继承和发展。吐蕃统治时
期,河西走廊佛教非但没有受到抑制,反而取得了较大发展,除
了原有的石窟、佛寺外,还兴建了一大批新寺院。敦煌文献记
载,自吐蕃于786年占领敦煌始,当地佛教获得了很大发展。所
以P.3720悟真告身云:"当州切以河西风俗,人皆臻敬空王,僧
徒累阡(仟),大行经教。"敦煌人士对此很自豪:"莫祁沙州小
处,若论佛法出彼所。"②

三、唐末五代吐蕃"蕃化"的延续和演变

第一,吐蕃时代如前述有着丰富的文化内涵,在占领河陇
地区期间的"蕃化"就带有时代特征,亦即在用蕃汉体制管理河
陇上不仅沿用唐朝的政治经济制度,而且打上吐蕃帝国的特征。
如藏传佛教就有西域、中亚和印度的色彩。但是公元9世纪中

---

① 林冠群:《唐代吐蕃军事占领区建制之研究》,《中国藏学》2007年第4
期。参见王尧、陈践:《敦煌藏文卷写P.T.1083、1085号研究——吐蕃占
有敦煌时期的民族关系探索》,《历史研究》1984年第5期。
②《甘肃通史》隋唐五代卷,第324页。

叶,吐蕃第41代赞普朗达玛被弒,吐蕃王朝走向分裂。及10世纪20年代,打着代表正统吐蕃王朝旗号的欧松远走西藏西部阿里地区,正式宣告吐蕃王朝的灭亡。其后西藏高原仍回到吐蕃王朝建立前的情势,群雄并起,各据一方,《贤者喜宴》所载各地割据势力有10个之多。至此,西藏高原不复存有统一政权。[①]直至公元13世纪元朝统一中国,在西藏建立萨迦地方政权,才终止了西藏高原分裂割据的状态。

前揭唐中叶后吐蕃乘唐安史之乱,河陇军备空虚,奄有河陇大部分地区,导致该地"蕃化"。大中二年(848),张议潮率众起义,一度在河陇地区"恢复唐制"。至大中五年(851),张议潮以瓜、沙、伊、西、肃、甘、兰、鄯、河、岷、廓十一州图籍入献唐朝,唐于沙州设归义军,以张议潮为节度使。咸通二年(861)张议潮率蕃兵七千人克凉州,归义军辖境东抵灵州,西达伊吾,控瓜、沙、甘、肃、伊、凉之地,势力达到极盛。但这一局势未能持久巩固。因唐王朝的衰微和归义军与其的矛盾等因素,归义军势力很快衰落,咸通十三年(872)张议潮卒于长安。唐僖宗中和元年(881),甘、凉渐渐不为归义军所守。[②]归义军转入曹氏手中,仅能固守沙州一带。

在归义军衰落之时,回鹘、吐蕃势力卷土归来。乾符年间(874—879),归义军得不到唐朝的支持,势力速衰,伊州落入西州回鹘手中。"甘州回鹘"一名首次出现在光启三年(887)的敦煌文书中,表明甘州回鹘政权的正式成立应在884—887年中

<hr>

① 林冠群:《吐蕃王朝的分裂与灭亡》,《西北民族大学学报(哲学社会科学版)》2010年第4期。

② 荣新江:《归义军史研究——唐宋时代敦煌历史考索》第一章"归义军大事纪年及相关问题",上海古籍出版社,2015年。

间。此后,归义军政权内部政争激烈,甘州回鹘势力得以迅速发展,光化初年(898—899),终于得到唐朝的承认。①

唐末吐蕃势力衰弱,形成两种态势。一种态势是散落在河西、河湟、北宋西部边区的吐蕃分散而居,如《宋史·吐蕃传》所云:"唐末,瓜、沙之地复为所隔。然而其国亦自衰弱,族种分散,大者数千家,小者百十家,无复统一矣。自仪、渭、泾、原、环、庆及镇戎、秦州暨于灵、夏皆有之,各有首领,内属者谓之熟户,余谓之生户。凉州虽为所隔,然其地自置牧守,或请命于中朝。"②"至五代时,吐蕃已微弱,回鹘、党项诸羌夷分侵其地,而不有其人民。"③河湟地区也重新集聚,到宋朝真宗时形成唃厮啰政权。另一种态势是在唐末五代之时,河西吐蕃政权的政治中心是在河西走廊的西端,而且主要聚居地都偏处河西走廊南面的祁连山麓地带。河西走廊中部与西部城镇,至五代初早已瓜分完毕,瓜、沙二州牢牢地控制在汉人张、曹二家族手中,肃州为龙族人占据,甘州更是回鹘人的坚强堡垒。在整个河西地区,独有凉州,这个河西走廊的东部门户,还有空隙可钻。因此,走廊西部吐蕃部落开始沿着祁连山南麓东进,大规模地集结在凉州南面的湟水流域。宋真宗咸平三年(1000),六谷部与凉州形成新的联盟政权。凉州六谷联盟是一个以吐蕃部族为主的多民族联合政权,实际上还只能称之为一个多民族的部族联盟,它包含了吐蕃、嗢末、党项、回鹘、汉人,其中可能还有吐谷浑部落。凉州六谷联盟控制的地域,正东至灵州黄河西岸,南面包括湟、

① 荣新江:《甘州回鹘成立史论》,《历史研究》1993年第5期,第32—39页。
②《宋史》卷四九二《外国传八·吐蕃传》,第14151页。
③《旧五代史》卷一三八《吐蕃传》,第1839页。

都、廓州及积石军地,北至大漠,西与甘州回鹘接境。①

可见在唐末五代宋初,河陇地区出现了吐蕃、回鹘、归义军几个政权,虽然"值中国衰乱,不能抚有,惟甘、凉、瓜、沙四州常自通于中国",②即与宋朝保持朝贡关系,但是"蕃化"现象在很大程度上得以继续,华夏文明不彰是一个明显的事实。高居诲《使于阗记》载:"自灵州渡黄河至于阗,往往见吐蕃族帐。"③《宋会要辑稿》方域二一之一一四《西凉府》载:"旧有郓人二千五百为戍兵,及黄巢之乱,遂为阻绝,超(孙超)及城中汉户百余,皆戍兵之子孙。……凉州郭外数十里,尚有汉民陷没者耕作,余皆吐蕃。"④"吐蕃化"更是成为晚唐五代时期河陇乃至西北民族关系的显著特征之一。⑤由此可见唐末以降蕃化影响之深远。

蕃化不仅表现在汉族民众人数的遽减和河陇汉民服饰语言的改变上,还表现在政权建设保持了回鹘、吐蕃等族的部落形态,明显有别于汉族政治制度。据研究,西凉府吐蕃六谷联盟是"蕃汉联盟",世袭首领与册封官职并存;设有西凉府左厢副使、右厢副使来统率由十八部族组成的西凉府六谷蕃部。世袭首领和册封官职保持西凉府六谷大首领的地位。与六谷蕃部有别的以抵御李继迁入侵为共同目的而结盟的大小吐蕃系诸部族,其位置是在外侧的。总之,西凉府潘罗支政权是由者龙族、西凉六

---

① 汤开建:《关于公元八六一年至一〇一五年凉州地方政权的历史考察（上）》,《西藏研究》1988年第3期。

②《旧五代史》卷一三八《吐蕃传》,第1839页。

③《新五代史》卷七四《四夷附录第三》,第919页。

④(清)徐松辑:《宋会要辑稿》方域二一之一一四,中华书局,1957年,第7668页。

⑤ 周伟洲:《试论隋唐时期西北民族融合的趋势和特点》,《西北大学学报（哲学社会科学版）》1990年第3期,第115页。

谷蕃部,还有协力部族所构成的。者龙十三族的直接统率者是者龙都首领。这就像三重同心圆构造的部族联合政权。[1]

甘州回鹘自立酋长,不相统属,并居一地,分地而牧,他们是同一个民族,又是不同的部落,各有自己的首领。可汗权力不大,遇有大事,要与九宰相诸部、东西四姓部落共同协商而定,共同执行。可汗虽是最高统治者,但是,似乎没有一般封建君主的那种至高无上的决定权。保留了原始的部落首领议立可汗的惯例,官号沿用突厥语名号,但兼采汉制。[2]

第二,如果说吐蕃时代对河陇的"蕃化",是因吐蕃帝国的军事占领、用国家政令强制推行的政策所造成的话,那么吐蕃时代结束后,"蕃化"仍在继续,则是因唐王朝对该地区没有恢复到吐蕃占领之前的有效管理而造成的,但毋庸讳言,这种延续也开始出现新的变化。

吐蕃统治时期,在河陇地区看来是某种"倒退",这是就其原有的社会经济文化、典章制度而言的;但就吐蕃王国和整个吐蕃民族来讲,却融入了新的文明因素,进入一个新的更高的文明发展阶段。据汤开建先生研究,安多藏区,即今四川西北部、甘肃南部、河西走廊及青海除玉树以外之全部等藏族居住区,是我国藏族中极为重要而又比较特殊的一部分。公元10至13世纪安多吐蕃部落社会经济发展的水平是不低的,牧、农、工、商,安多吐蕃社会的各个重要的经济部门都获得了超越吐蕃时代的迅

---

[1] 〔日〕岩崎力著,周群华译:《西凉府潘罗支政权始末考》,《大同高专学报》1998年第4期,译自日本《东方学》第47册,1974年。

[2] 高自厚:《甘州回鹘失守甘州的社会原因——兼论甘州回鹘的社会制度》,《社会科学》1983年第1期。刘建丽:《两宋时期西北少数民族政权特色述论》,《西域研究》2007年第3期。

速发展。但是,我们务必要揭示出极为重要的一点,即安多吐蕃部落社会经济的发展,很大一部分是来源于承袭,即公元10世纪前安多地区旧有的汉人社会的经济结构并没有完全被打破,其经济发展的水平在安多吐蕃中得到了很大程度的保留,特别是安多吐蕃中的许多部落本来就是"吐蕃化"的汉人,他们拥有的先进的生产技术必然会在安多吐蕃社会中开花结果。[1]

特别值得注意的是,要区分吐蕃时代的吐蕃人和唐末五代非本土吐蕃与本土吐蕃人的区别。最有典型意义的区别是对佛教的不同态度。吐蕃王国分崩离析之时,西藏本土的吐蕃佛教经达摩灭佛,也随之进入"前弘期"。直到978年,佛教从多康地区重新传回西藏,佛教史上一般将这一年作为"后弘期"的开端。其后古印度僧人、佛学家阿底峡到达卫藏地区,是佛教复兴势力由阿里进入卫藏的标志,在西藏佛教史上称为"上路弘法"。阿底峡的主要贡献,是使当时混乱的佛教教理系统化,使佛徒的修持规范化。与西藏本土佛教的发展同时,河西地区的吐蕃人延续吐蕃王国统治河西时的僧人习惯,如饮酒吃肉。敦煌文书表明,自吐蕃统治敦煌开始,一直到晚唐、五代及北宋初期,敦煌僧人是可以饮酒食肉的。在敦煌佛寺账册中就有大量反映寺院卧酒(酿酒)、用酒及僧尼饮酒的账目。[2]除饮酒外,僧人还可以食肉。僧人拥有家室,可以娶妻生子。僧人从事商业,拥有大量田产财物。这种情况大大影响了河西地区佛教世俗化的倾向。

---

① 汤开建:《关于公元十一—十三世纪安多藏族部落社会经济的考察》,《西北民族研究》1990年第2期。
②《甘肃通史》隋唐五代卷,第340页。

前揭印度佛教自两汉之际东渐,在魏晋时期开始中国化,至唐朝佛学达到高峰,宗派林立。但是随着中央集权的加强和对佛教的管控,佛教神权向世俗皇权不断依附,佛教神权不再能凌驾于世俗皇权之上,加之儒道的合流,唐中叶以后佛教信徒日趋大众化,禅宗、净土宗兴起,佛教义理、教义、修行也愈益简易,中国化的佛教走向世俗化。这种世俗化在晚唐五代时期的河西地区,首先表现在不论是吐蕃人、被蕃化的汉人,还是10世纪迁入河西改信佛教的回鹘人,佛教信众不注重佛教义理,而是以经像崇拜为中心,侧重开窟建塔、供奉经卷、写经诵经、雕像布施、礼拜斋戒等信仰实践活动。在对佛教的普遍信仰中,佛教的一些教义、教规、仪式已经世俗化、社会化、生活化,融入百姓的日常生活中。譬如,在房屋中设置经堂供奉三宝,挂经幡,念诵真言,拜佛,转经,布施,放生,等等。这些活动大都来源于佛教思想或佛教仪轨,但操作起来更方便直接。对那些有实用价值和意义的神灵的崇拜十分盛行,如救济世间疾苦的药师佛,护国解厄、消灾延寿的毗沙门天王,对风调雨顺有重要作用的海龙王,与人死后命运密切相关的十殿阎王,等等。在洞窟营造方面也体现出明显的实用性。当时营造的洞窟,尤其是由上层统治者和世家大族营造的大型洞窟,已成为家窟家庙,作为佛教圣地的光环已渐淡去,不再纯粹是神圣的佛国净土,世俗势力已逐渐占据上风,供养人画像越来越大即充分说明这一点。洞窟营造活动变得极具世俗性,其功能也远远地超出了宗教功能的范围而成为许多世俗活动的场所。洞窟的营造,特别是一些大型洞窟的营造,往往是具有各种身份地位的众多人员的共同活动,其目的也往往是窟主和施主们世俗的扬名显功以至为自己家族树碑立传。供养人画像不仅数量多并按照严格的尊卑主次排列,而且在唐前期已越来越大的基础上进一步越画越大，大到可以说是喧宾夺主的地步。①

敦煌世族高门在莫高窟的"家窟"世代相承，使原本为佛教圣地的莫高窟大都变成了私人的家庙，其功能也进一步世俗化、社会化了。换言之，这种世传家窟也是整个佛教日益世俗化的结果。随着佛教信仰的日益蜕变，开窟造像成为做功德的一部分，即所谓功德窟。出身于世家大族的僧人，也不再关心佛学佛理问题，而是日益沉浸于这种"做功德"的铙钹中，其目的无非是消灾祈福，保持自己和后代的社会地位。此外，在佛事活动方面也处处体现出河西民间佛教信仰的实用性。敦煌文献中保存有《阿弥陀经讲经文》等多种讲经文，说明俗讲这种以通俗有趣方式向民众宣扬佛教教义的宗教说唱形式在河西很流行。由敦煌文献中大量的斋愿文可知，归义军辖区的各种斋会盛行不衰，名目繁多，且多为具有祈福报恩、消灾除障功能的功德性斋会，如祈雨、祝贺、报恩、追善、祈福、冥报等斋会，功利性、实用性成为斋会盛行不衰的主要原因。最具代表性的是为亡人或生人做包括七七斋及百日斋、周年斋（小祥）、三年斋（大祥）的十王斋，这一斋会直至今日还在我国民间流传，成为民间一种风俗习惯。②

---

① 参见党燕妮：《晚唐五代宋初敦煌佛教信仰特点初探》，《世界宗教研究》2007年第2期。
②《甘肃通史》隋唐五代卷，第366，351—352页。

四、朔方(灵夏)之地与河西地区的发展水平之消长

西夏故地自汉朝至唐初,境内发展很不平衡,前面讲到以河西走廊地区为主的河陇文化,具有较高层次。而灵夏地区相对稍有逊色,西汉惠帝四年(前191)置灵州县,北魏置薄骨律镇,北周设灵州,隋设灵武郡,唐代,灵武为灵州都督府和朔方节度使驻地,统七军府,辖三受降城,军事上辐射的范围远达西北和内蒙古地区。直到"安史之乱"爆发后,唐军东撤,河西、陇右逐次为吐蕃陷落,至清水会盟(唐德宗建中四年,783),唐与吐蕃以贺兰山、陇山、六盘山为界,承认了吐蕃对河西、陇右的事实领属权。关于吐蕃在这一统治区的施政及社会状况,两《唐书》及其他文献,就绝少记载。

太子李亨在灵武即位是为肃宗,升灵州都督府为大都督府。肃宗在灵州调兵遣将,号令天下,平定叛乱,重兴中唐,更使灵州声威大振,名闻遐迩。

而灵州以西的大部分地区包括西夏的首都兴庆府所在地区,在西夏建国前则相对落后。但是唐代灵州,总领黄河中游,是唐代西北部最重要的军事要冲,也是中原与北方游牧民族的接壤点。从北魏时期开始,灵州就获得了有效的经营,著名的北方军镇之一——薄骨律镇就设在这里。

开元初年,已经有相当多的少数民族聚集灵州(包括突厥、昭武九姓等部族)。盛唐时期,为加强对周边地区的控制,镇压少数民族反抗,从睿宗景云元年(710)至唐玄宗天宝九年

（750）在北方设置十个节度使,其中九个在西北。这便形成以后的方镇。《新唐书·兵志》谓:"夫所谓方镇者,节度使之兵也。原其始,起于边将之屯防者。唐初,兵之戍边者,大曰军,小曰守捉,曰城,曰镇,而总之者曰道。"①开元元年十月十六日,朔方行军大总管和其他诸道一样,改为朔方节度使,驻灵州。朔方节度使,总领兵6470人,军马24300匹。朔方节度使在边镇中属于势力最强大的一支。开元末天宝初年,王忠嗣接任朔方节度使后,朔方镇实力获得很大的加强。节度使权力不断膨胀,集数权于一身,而又没有相应的制约力量,很容易养成骄扈的习性,安史之乱充分说明了这一点。朔方镇没有参与割据,只是由于节度使个人的因素起了很大作用,如王忠嗣那样特别忠于朝廷的边官,不可能成为割据势力。②

吐蕃奄有河西之后,唐朝的灵州、盐州和夏州则与吐蕃形成胶着状态,始终没有被吐蕃占领,成为唐王朝西北部的重要屏障。所谓"自肃、代以来,朔方军输力王室,功高天下",③因此当河西地区日趋"蕃化"之际,灵、盐地区则常处在汉文明的笼罩下。吐蕃衰微后,灵、盐地区的社会经济得到恢复和发展,唐代宗以后,党项平夏部被迁至银夏一带。这里的政治经济环境使得银夏地区党项部落的发展较河西等地的其他民族更接近汉文明的腹地。

宋人对此有清晰的表述。张方平对于西夏社会的属性说过:"臣常问自边来者,询贼中事。盖今羌戎,乃汉唐郡县,非以

---

① 《新唐书》卷五〇《兵志》,第1328页。
② 参见陈育宁主编:《宁夏通史》古代卷,第136页。
③ 《资治通鉴》卷二三一,唐德宗兴元元年八月癸未胡三省注,第7445页。

逐水草射猎为生,皆待耕获而食……况朔方、灵武、河西五郡声教所暨,莫非王民。"①哲宗以后北宋对西夏边区有所开拓,且取得一定成绩,对此,宋朝国史记述:"《旧录》云:其后(章)惇等草贺曰:'陇右河源,久陷遐荒之域;旃裘毳服,俄为冠带之民。未阅旬时,不勤师旅,尽定西羌之新宇,悉复汉唐之旧疆。'"②又记:"(章)惇等上殿又贺曰:'唐室不纲,吐蕃肆虐,致陇右、河西之陷,在乾元、至德之间,不守者逾二十州,迨今兹越三百岁。'"③

清人吴广成在追述夏州政权与唐王朝的关系时说:"夏州沿党项蕃俗,自赤辞臣唐,始习尊卑跽拜诸仪。而其音乐,尚以琵琶,击缶为节。禧宗时,赐思恭鼓吹全部,部有三架:大架用一千五百三十人,法架七百八十一人,小架八百一十六人。俱以金钲、节鼓、抧鼓、大鼓、小鼓、铙鼓、羽葆鼓、中鸣、大横吹、小横吹、觱栗、桃皮、茄、笛为器。历五代入宋,年隔百余,而其音节悠扬,声容清厉,犹有唐代遗风。"④钱穆在《国史大纲》中对西夏政权有这样的评语:"然则西夏仍是唐朝胡籍藩镇之最后遗孽也。"⑤党项族拓跋氏从唐中叶迁到这里以后,受华夏文明的直接熏陶,比河陇地区其他少数民族的汉化程度都要高,这就为党项族拓跋氏重建河陇华夏文明打下了坚实基础。另外,虽然唐

① (宋)张方平:《上仁宗乞因郊禋肆赦招怀西贼》,(宋)赵汝愚编:《宋朝诸臣奏议》卷一三三,上海古籍出版社,1999年,第1475页。
② 《长编》卷五一六,元符二年闰九月壬申引《哲宗旧录》,第12265页。
③ 《长编》卷五一六,元符二年闰九月壬申引《哲宗旧录》,第12266页。
④ 《西夏书事校证》卷一二,景祐四年、夏大庆元年七月,第146页。
⑤ 《国史大纲·宋代对外之积弱不振》,商务印书馆,1996年修订第3版,第533页。

朝对西夏故地及西域难以进行实际有效的控制,五代宋初则实际上已失去行政控制,但是河西地区乃至西域与唐宋的朝贡贸易仍然顺利进行,唐宋文化对河西地区的影响仍不可小觑。①

① 参见荣新江:《丝绸之路与东西文化交流·汉文化的西渐》,北京大学出版社,2015年,第153—228页。

第7章　西夏的建国、国名和民族

一、李继迁、李德明的抗宋自立

唐末五代夏州拓跋氏政权是西夏建国必要的基础,这是时势造英雄,但是没有李继迁祖孙三代艰苦卓绝的经营,也不会有英雄造时势的出现。《宋史》夏国传将西夏的建国追溯至李彝兴有其内在的逻辑。有关李继迁抗宋过程和抗宋的原因,笔者在《宋夏关系史》中已有较多描述,就不再赘述。为了本书内容前后衔接,只作必要的铺垫。

李继迁聚众反宋,最初的主要意图在于恢复故土。为了扩大自己的势力,继迁审时度势,依附辽朝;辽朝则把他作为与宋朝和战交往中的筹码加以援助和利用,并以宗室女义成公主下嫁。不久,李继迁被辽封为夏国王。另外,李氏长期统治陕北河套地区,在党项族中具有一定程度的威信和力量,"西人以李氏世著恩德",①所以李继迁反宋,"出其祖彝兴像以示戎人,戎

①《宋史》卷四八五《外国一·夏国上》,第13986页。

225

人皆拜泣,继迁自言:'我李氏子孙,当复兴宗绪。'族帐稍稍归附"。①李继迁还利用与豪族大姓通婚的方式,"复结婚于帐族之酋豪",②同野利氏等各族建立了反宋联盟,声势日益壮大,遂于公元985年一举攻下银州,自称定难军留后,向着建立更高级政治实体的目标继续迈进。

由此,承续拓跋氏政权的建构,及时建立蕃汉联合统治。继迁攻占银州后,蕃部归附者日众,有的部将议推继迁为定难节度、西平王,号令蕃众。但据吴广成所记,李继迁的汉族谋士张浦说:"自夏州入觐,无复尺疆,今甫得一州,遽尔自尊,恐乖众志。宜先设官授职,以定尊卑;预署酋豪,各领州郡,使人自为战。则中国(指宋朝)疲于备御,我得尽力于西土矣。"③继迁接受了张浦的建议。于是在政治上仿照宋朝建立州县,设置汉官,如都指挥使、团练使、刺史、行军司马、兵马使等。并大量吸收汉族地主知识分子,如以张浦、刘仁谦为左、右都押牙,令其参加蕃汉统治,即所谓"潜设中官,全异羌夷之体,曲延儒士,渐行中国之风"。④这一改革措施大大加强了李继迁的实力,有利于党项社会的发展,对李继迁统一党项诸部、重建夏州政权,起了极其重要的作用。

公元987年,继迁对宋军作战,又打败了宋军,宋太宗屡次用兵失利,便实行了赵普所建议的"以夷制夷"的策略,启用李继捧为定难军节度使,赐姓名赵保忠,派他回镇夏州。继捧主张

①《长编》卷二五,雍熙元年九月,第586页。
②(宋)彭百川:《太平治迹统类》卷二《太祖太宗经制西夏》,成文出版社,1966年,第177页。
③《西夏书事校证》卷四,雍熙二年二月,第44页。
④《长编》卷五〇,咸平四年十二月丁卯,第1099—1100页。

笼络继迁,授以官职。宋廷便任李继迁作银州观察使,赐姓名赵保吉。但此前继迁已接受辽的封号,不肯接受宋朝的招抚,若即若离地与宋巧为周旋,经过十五年反复拉锯式的角逐,终于在宋至道三年(997)迫使新即位的宋真宗封他为定难军节度使,这个决定还使已归属宋朝版图达十五年(982—997)的夏、银、绥、宥等州领土又回到了夏州李氏的手里。但李继迁这时已深切了解到宋朝统治者的软弱无能,不肯满足于"故土"的恢复,而是在恢复故土之后进一步扩张已有的势力。因此不断进攻宋朝的疆土,于宋真宗咸平五年(1002)攻占灵州(今宁夏灵武市西南),继迁爱其山川形胜,打算以此为统治中心,遂改灵州为西平府,次年"春,遂都于灵州"(由此不难看出继迁的称霸野心),这里便成了党项政权新的统治中心。

正当李继迁欲施展自己的宏伟政治抱负之时,却在与西凉吐蕃的战斗中因受伤过重而毙命,未及实现他称霸的理想。但他的图霸西部的思想不仅为他的后继子孙所承袭,而且成为贯穿整个西夏历史发展的一条主线。德明即位以后采取了两方面的重要措施继续继迁的未竟事业。

一是李德明按照继迁临终前的既定方针,奉行与宋和好的战略。据司马光《涑水记闻》卷七云:"夏州李继迁末年,兵败被伤,自度孤危且死,属其子德明(小字阿夷)必归朝廷,曰:'一表不听,则再请;虽累百表,不得请,勿止也。'继迁卒,德明纳款。上亦欲息兵,乃自永兴徙(向)敏中知延州,受其降。"[1]对此,李焘辩证曰:"按:德明未尝先纳款,其报张崇贵书云'未葬难发表章',观其意犹倔强不服,朝廷多方招谕,仅得其款附耳。

---

[1]《涑水记闻》卷七,第139页。

继迁此等语,疑德明假托,故三年后乃言之,非其实情,当此时固未言也。"①笔者以为李焘的辩证是符合历史事实的,即先由宋方提出媾和,德明纳款在其后。"景德元年,保吉死,其子德明尚幼,崇贵移书谕朝廷恩信,德明请俟释服禀命。"②《宋大诏令集》(以下简称《宋诏》)所载,景德元年(1004)正月丁巳《赐赵德明诏》云:"相次鄜延路钤辖张崇贵奏称,得汝回书,云葬事未毕难发表章乞就便申奏事……今览奏陈,遽云丧逝,况早联宗属,曾列侯藩,自达予闻,能不伤叹?念汝守兹空塞,方在髫龄,属此艰难,谅增哀慕。又缘信人未至,所以慰问难行。勉自扶持,式终礼制,余事已令张崇贵与汝期约商议,想宜知悉。"③显然宋夏媾和是由宋方主动所为。后德明与宋廷使臣讨价还价,于景德二年(1005)订立和约。"德明自归顺以来,每岁旦、圣节、冬至皆遣牙校来献不绝,而每加恩赐官告,则又以袭衣五,金荔支带、金花银匣副之,银沙锣、盆、合千两,锦彩千匹,金涂银鞍勒马一匹,副以缨、复,遣内臣就赐之。又遣阁门祗候赐冬服及颁《仪天具注历》。"④

二是利用宋真宗改变对夏州政权的强硬政策"姑务羁縻,以缓争战"的时机,加大对西部势力兼并的步伐。宋人张齐贤对李德明进攻凉州六谷部及其可能产生的后果所上的建言,就揭示了德明兼并西部的战略构想:

---

① 《长编》卷五六,景德元年五月甲申注,第1236页。《宋史》卷二八二《向敏中传》,第9555页。

② 《宋史》卷四六六《张崇贵传》,第13168页。

③ 司义祖整理:《宋大诏令集》卷二三三《赐赵德明诏》,中华书局,1962年,第906页。

④ 《宋史》卷四八五《外国一·夏国上》,第13992页。

近知赵德明依前攻劫六谷,兼闻曾破却西凉府,所有节度使并副使折逋游龙钵及在府户民,并录在部下。万一不谬,则德明之心又似不小。况其人悉是唐末陷蕃华人,兼折逋游龙钵等谙熟西南面入远蕃道路,六谷田牧之远近,川泽之险易,尽知之矣。若使胁制却六谷之后,即虑瓜、沙、甘、肃、于阗诸处,渐为控制。缘此以四蕃中州郡,旧属灵州总统,即今在夏州,画说者必以此为计。所以继迁在日,方欲吞灭六谷,今来德明又以父仇为名,志在通甘、伊、瓜、沙道路,必要统制。西蕃,唐朝嘉木布破灭之后,便不相统一,所以五代以来,西蕃安静。今仪、渭、秦、陇山后,虽大段部族,苟或渐被侵扰,则他时边患非轻。将来圣驾东幸,臣必虑德明乘便去攻六谷。向使潘罗支尚在,则德明未足为虞。今潘罗支已亡,厮铎督恐非其敌。伏望委两府大臣谋议,早为经制。①

张齐贤在这段奏章中,对德明攻击六谷部的原因、目的和胁制六谷之后"即虑瓜、沙、甘、肃、于阗诸处,渐为控制"的分析,是极具战略预见性的。其后西夏的政治军事活动,正是按张齐贤的预见而展开的。但是李德明在打败潘罗支政权以后,企图兼并河西的战略进展得并不顺利。大中祥符五年(1012),李德明追尊李继迁为太祖应运法天神智仁圣至道广德光孝皇帝,庙号武宗。这个举措将李德明建国之愿望表露无遗,也是他称帝的开始。

明道元年(1032)德明死,元昊继位。元昊生于宋咸平六

---

① 《长编》卷六八,大中祥符元年四月己未,第1538页。

年（1003）五月初五日。青少年时期的元昊"圆面高准，身长五尺余"，"好衣长袖绯衣，冠黑冠，佩弓矢"。他出行时"从卫步卒张青盖。出乘马，以二旗引，百余骑自从"。元昊自幼喜读兵书，对当时行世的《野战歌》《太乙金鉴诀》一类兵书，更是手不释卷，专心研读，精于其蕴。他颇具文才，精通汉、藏语言文字；又懂佛学，尤倾心于治国安邦的法律著作；善于思考、谋划，对事物的观察往往有独到之处，《宋史》称其"性雄毅，多大略，善绘画，能创制物始"。①这造就了元昊，使之成为文有韬略，武有谋勇的一代英才。宋朝边帅曹玮，亦赞叹元昊："真英物也。"吴广成对元昊颇有研究，据他的记载，少年时代的元昊，对李德明实行的睦宋政策，特别是同宋朝的经济贸易，不能理解。一次德明派遣使臣到宋朝用马匹换取物品，因所得不合心意，盛怒之下要把使臣斩首。元昊劝诫德明说："我戎人，本从事鞍马，今以易不急之物已非策，又从而杀之，则人谁肯为我用乎？"元昊长大成人后，对德明的和宋政策，特别是向宋朝称臣十分不满，并多次规劝德明不再臣服宋朝。他对德明说："吾部落实繁，财用不足。苟失众何以守邦？不若以所得俸赐招养蕃族，习练弓矢，小则四行征讨，大则侵夺封疆，上下丰盈，于计为得。"德明答道："吾久用兵，疲矣。吾族三十年衣锦绮，此宋恩也，不可负。"元昊不以为然道："衣皮毛，事畜牧，蕃性所便，英雄之生，当霸王耳，何锦绮为！"②表现了青年元昊的方刚气概！《宋史》王畿传有一段关于宋朝名帅曹玮对元昊崛起担忧的记载：

---

① 以上参见《宋史》卷四八五《外国一·夏国上》，第13993页。
②《西夏书事校证》卷一一，天圣六年五月，第127页。

天圣中,(王)靦尝使河北,过真定,见曹玮,谓曰:"君异日当柄用,愿留意边防。"靦曰:"何以教之?"玮曰:"吾闻赵德明尝使人以马榷易汉物,不如意,欲杀之。少子元昊方十余岁,谏曰:'我戎人,本从事鞍马,而以资邻国易不急之物,已非策,又从而斩之,失众心矣。'德明从之。吾尝使人觇元昊,状貌异常,他日必为边患。"靦殊未以为然也。①

宋天圣六年(1028)五月,德明派元昊攻甘州(今甘肃张掖)。甘州回鹘可汗夜落纥可汗出逃,甘州首战成功。元昊攻取甘州之后,又采取声东击西的战术,出奇兵突袭西凉(今甘肃武威)。隶属于甘州回鹘的沙州(今甘肃敦煌)回鹘分部瓜州王曹贤顺归附德明,又重返瓜州(今甘肃安西)。同时期击败河湟地区的唃厮啰势力。这一年,元昊被册立为太子,元昊生母卫慕氏被立为后。天圣七年,德明又向辽朝为元昊请婚,辽兴宗封宗室女为兴平公主,嫁给元昊,并封元昊为夏国王。

宋朝则派出以工部郎中杨告、礼宾副使朱允中为正副旌节官告使,授封元昊为特进、检校太师兼侍中、定难军节度、夏银绥宥静等州观察处置押蕃落使,爵西平王。但元昊对宋、辽的封爵都不感兴趣,他在接待宋朝使臣时,不以臣礼事宋,对宋仁宗封赐的诏书,遥立不跪拜。勉强受诏,则心内愤愤,环顾左右大臣说:"先王大错,有国如此,而乃臣属于人。"②既而利用设宴招待宋使臣的机会,在宴厅后传出锻砺兵器的铿锵之声,给宋使制

---

①《宋史》卷二九一《王靦传》,第9750页。
②(宋)沈括:《梦溪笔谈》卷二五,《沈括全集》中册,浙江大学出版社,2011年,第522页。

造精神威慑;在礼仪上又故意刁难宋使,意在激怒宋朝,挑起事端。在正式称帝建国前,元昊采取了一系列新的文化措施。首先废除唐、宋"赐"给党项王族拓跋氏的李、赵姓氏,改姓"嵬名氏",自己更名曩霄,号"兀卒"(吾祖)。宋明道二年(1033),改宋建元明道为"显道",以避父讳,次年,自建元开运,又改广运。改元显道的这年(1032)三月,元昊向境内党项部族下达了"秃发令"。他率先自秃其发,即剃光头顶,穿耳戴重环饰。强令部族人民一律执行,限期三日,有不从者处死。一时党项部民争相秃发。在服饰上,元昊"衣白窄衫,毡冠红里,冠顶后垂红结绶"。[1]官员则按等级职别规定服饰。庶民百姓,只准穿青绿色的衣服,以别贵贱。在对政治、军事、法律、礼仪等进行了一系列改革后,夏元昊大庆三年(宋景祐五年,1038)十月十一日,元昊在野利仁荣、杨守素等亲信大臣的拥戴下,在兴庆府南郊筑坛,正式登上了皇帝的宝座,国号称大夏(史称西夏),改元天授礼法延祚。

二、元昊建国的历史意义

公元1038年,元昊建国,乃西夏发展史上的一件大事。对于此历史事件的研究和描述已有相当多的论著,不用重复。过去的讨论大致有三点比较突出。一是强调西夏叛宋,是分裂割据政权,这主要是宋人的看法,现代也有许多中国大陆学者遵从。二是强调党项族的民族主导特色,改李姓为党项姓氏嵬

---

[1]《宋史》卷四八五《外国一·夏国上》,第13993页。

名,自号"兀卒","元昊初制秃发令,先自秃发。及令国人皆秃发,三日不从令,许众杀之"。①元昊还颁发了有关服饰的规定,凡文官武将、庶民百姓都各有所服。服饰多受吐蕃、回鹘的影响。三是中国式的官僚统治方式成了东亚的政治规范,被那些汉人控制以外的政权和那些传统上非中国地区的政权所采纳与适应。②

这些看法都有其合理性,但笔者拟换一个视角,重新审视西夏的建国实际上是一种自觉重建华夏文明的努力。为了进行深入讨论,有必要将透视的镜头再拉回到西夏建国前西夏故地的历史场景。

《剑桥中国辽西夏金元史》在论及辽、西夏、金、元诸政权时说:"党项人的西夏国是一个特例:他们既不是征服者也不是入侵者,几个世纪以来他们生活在同一地区,那里成了他们国家的中心。党项人从人种起源上说很少是征服的结果,更多的是不断吸收其他部落的成员而结成联盟的结果,联盟中也包括汉人、吐蕃人以及位于鄂尔多斯地区和今甘肃省的较小种族集团。"③这个论断应当是符合历史事实的,但是域外学者主要是从当时中国政治分裂时期不同民族政治势力的两面来考察的,即一方面它们被一种共同的中国文明所笼罩,另一方面这些占支配地位的民族在展示适应性的同时保持了自己的特性。④笔者在这里要强调的是,笼罩在汉文化之下不等于重新恢复华夏文明,而过去对西夏的认识恰恰没有从这个角度来认识,因而对西夏建

---

① 《长编》卷一一五,景祐元年十月丁卯,第2704页。
② 〔德〕傅海波、〔英〕崔瑞德编:《剑桥中国辽西夏金元史》,第3—4页。
③ 〔德〕傅海波、〔英〕崔瑞德编:《剑桥中国辽西夏金元史》,第15页。
④ 〔德〕傅海波、〔英〕崔瑞德编:《剑桥中国辽西夏金元史》,第3—4页。

国的历史意义没有完全揭示出来。

西夏建国的历史意义,一是结束分裂混乱,彻底结束蕃化与华夏文明不彰的局面;二是元昊主动按照中原政治体制和政治文化来建国,使得重建华夏文明成为可能。

所以从李继迁叛宋经略灵夏之地,至1036年西夏党项族政权先后击破和占领河西各个政权,河西走廊和朔方(灵夏)地区重新统一在党项西夏的旗帜之下,这如同赵匡胤建立北宋以后对南方诸国及北汉进行的统一具有相同的历史意义。笔者在20世纪末出版的《宋夏关系史》中就说过,宋初统治者无意疆理西部边陲,而在历史从分裂走向重新统一的大势中,由李继迁开端、元昊完成的西夏建国,在客观上起到了承担统一西部的历史责任。结束西部的割据分裂,这只是西夏建国历史意义的第一个层面。更重要的是,元昊建国伊始就谋划取得与宋辽相侔的地位,特别是元昊在突出本民族特色的基础上,建立与唐宋中央政权相类的国家政权机构和设施,使得蕃化的地区重新回归华夏文明成为可能,这就极大加速和提升了西部社会发展的进程和层次。下面对于过去常引用的元昊建国誓表,试作新的解释。

臣祖宗本出帝胄,当东晋之末运,创后魏之初基。远祖思恭,当唐季率兵拯难,受封赐姓。祖继迁,心知兵要,手握乾符,大举义旗,悉降诸部。临河五郡,不旋踵而归;沿边七州,悉差肩而克。父德明,嗣奉世基,勉从朝命。真王之号,夙感于颁宣;尺土之封,显蒙于割裂。臣偶以狂斐,制小蕃文字,改大汉衣冠。衣冠既就,文字既行,礼乐既张,器用既备,吐蕃、塔塔、张掖、交河,莫不从伏。称王则不喜，朝帝则是从，辐辏屡期；山呼齐举，伏愿一垓之土地，建为万乘之邦家。于时再让靡遑，群集又迫，事不得已，显而行之。遂以十月十一日郊坛备礼，为世祖始文本武兴法建礼仁孝皇帝，国称大夏，年号天授礼法延祚。伏望皇帝陛下，睿哲成人，宽慈及物，许以西郊之地，册为南面之君。敢竭愚庸，常敦欢好。鱼来雁往，任传邻国之音；地久天长，永镇边方之患。至诚沥恳，仰俟帝俞。谨遣弩涉俄疾、你斯闷、卧普令济、嵬崖你奉表以闻。①

对于这篇誓表，学界一般都作为元昊称帝的宣言而没有给以仔细的解读，其实这篇誓表的内涵不仅仅是表明西夏由一个藩镇小政权升格成为拥有广大民众的王国，而且是要建立一个以华夏文明为基调的西部国家。为何这样说？其一，将自己的祖先与创建北魏的皇室联系起来；②其二，举义旗，统一河西诸部，是局部大一统；其三，王者制礼作乐，简化礼乐制度；③其四，改元建号，奉正朔；其五，国称大夏。大夏名称标示着"'夏'是其文化基因，相对'东夷'而言，'夏'是其空间方位，中华民族是从'华夏'发展而来，华夏文化是中华民族文化之'根文化'。中古时代兴起的西夏，有着久远与一脉相承华夏、中华民族历史

---

① 《宋史》卷四八五《外国一·夏国上》，第13995页。

② 西夏末年，夏国的大臣南院宣徽使罗世昌撰《夏国世次》二十卷，追述拓跋氏的来历说："元魏衰微，居松州者因以旧姓为托跋氏。"（《金史》卷一三四《外国上·西夏》，第2876页）

③ 虽然元昊明确说要用蕃俗抗衡汉礼乐，但是他所制礼乐只是无取汉礼乐中的"缛节繁音"，汉礼的基本精神并未改变（参见《西夏书事校证》卷一二，景祐四年、夏大庆元年七月，第146页）。

文化的传统"。① 由此可见,虽然元昊建国前后都曾强调党项族
的民族特色,但是以恢复华夏文明为己任的意图也是显明的。
元昊建国,是党项灵夏州政权的升华,也是吐蕃部族政权、回鹘
政权的升华,国家建立所依存的文明形式只能是高于部族政权
文化的更高层次的文明。这个更高层次的文明在当时历史条件
下只能是华夏文明。

　　而且到西夏晚期,西夏人自称:"伏惟大白高国者,执掌西
土逾二百年,善厚福长,以成八代。宗庙安乐,社稷坚牢,譬若大
石高山,西方莫之敢视,而庶民敬爱者,何也? 则累积功绩,世世
修德,有道以持之故也。昔护城皇帝雨降四海,百姓乱离,父母
相失。依次皇帝承天,袭得宝位,神灵暗佑,日月重辉。"② 很显
然西夏把自身政权与宋辽金一样看作正统王朝。

　　佟建荣对西夏姓氏的研究为上述提供了新的佐证:早期西
夏政权实际上是嵬名氏与银夏故地大族的联合政权……"野利
氏"、"卫慕氏"等强宗大族也得以进入西夏政权核心,形成了嵬
名氏与各强宗大族的联合政权。元昊立国后,河西姓进入西夏
政权核心,且在整个西夏社会中一直起着非常重要的作用。与
"野利"、"卫慕"等银夏故地大姓在西夏中后期逐渐沉寂相比,
河西姓始终活跃于西夏政治舞台,如其中的"都啰氏"。元昊时
期有"都啰氏",秉常时有权臣"都啰重进"、"都啰马尾",仁孝
时有"都啰刘西"。所以说,河西大族在西夏历史上一直起着非

————————

① 刘庆柱在由国家文物局、宁夏回族自治区人民政府主办的"西夏陵突
　出普遍价值学术研讨会"上的发言。《宁夏日报》2015年11月12日专版
　04、05。
②《德行集》序言,聂鸿音:《西夏文德行集研究》导论,甘肃文化出版社,
　2002年,第11页。

常重要的作用,这是河西地区在西夏社会中长期占据重要位置的体现。尤其值得一提的是,蒙元时期仍保留着"都罗"等河西番姓,这是河西姓氏对保留西夏番姓特征、西夏文化特征的重要贡献。西夏中后期,汉人进入西夏政治核心发挥着重要作用。①

三、西夏国号(国名)的汉语自称与西夏语自称

虽然笔者在前面重新论述了西夏建国的意义,但是有一个与之紧密相关的问题必须得到澄清,这就是20世纪西夏学界讨论的热点问题之一:西夏的国名和名号。

自《隋书》始见"党项"名称以降,及至拓跋氏建国,有关西夏的国名及名号见诸典籍的有多种称谓:党项、大夏、夏、夏国、西夏、河西、白弥、草土、平夏、邦泥鼎国(邦泥定国)、夏台、于弥、白上国、大白上国(大白高国)、白上大夏国(白高大夏国)、唐兀惕、唐古特、唐古、唐兀、番国、弭药、弥娥等。这些名称可以分作三类。

一是对西夏主体民族和国名的他称:党项,是汉文献对西夏主体民族最早的称谓;西夏,是宋、辽、金等政权对元昊所建大夏国,因在其西面的一种泛称;Tangut,是阿尔泰语系草原民族对西夏主体民族的他称,而唐古特、唐古、唐兀惕、唐兀,都是辽金元朝以降的汉语音译。

二是西夏自称的名号:大夏(汉语表述)、"𗼐𗼲�"(西夏语表述,汉语译作大白高国)、白高大夏国(西夏人用汉语的

---

① 佟建荣:《西夏姓名研究》,社会科学文献出版社,2015年,第177页。

表述）、邦泥鼎国、邦泥定国（是宋人用汉语的译名）、弥药（是西夏人自称的西夏语𗼱𗃧的汉译）、番（mi）国（番也是西夏人自称的西夏文𗼊的汉译）。

三是其他杂称：于弥、白弥、弥娥，是弥药的其他译名；平夏，指唐代以来居于庆州和夏州一带的党项部落；[1]河西、夏台，亦是宋辽金对西夏的一种别称；[2]还有一些散见的杂称，如珠城、外秦、草土等。

虽然国名和名号颇多，但大都是他称，西夏人自称国号，用汉语表述是夏国或大夏国、白高大夏国，用西夏语表述是"𗴂𗹭𗂧𗆉"（汉语译作大白高国）。有关西夏人用汉语自称的夏国取名含义，有不同解释，但是大致都与古代的夏王朝和夏国有关联。《宋史》《辽史》《金史》三史分别有《夏国传》《西夏外纪》《西夏传》，是以历史上夏与西夏之名最流行。但何以以"夏"为国名，最初1923年，伊凤阁发表《西夏国书说》认为，西夏得名乃据中国古代有夏朝，西夏即西方之夏。[3]又如王静如认为西夏之名为他称，本国自称"大夏"，乃借"禹称大夏，或用赫连勃勃昔称大夏之故地"而袭用之。[4]另有一种意见认为党项拓跋氏内迁，久居平夏地区，有平夏部之称。唐末，拓跋思恭建节夏州，赐姓李，封夏国公。世代相传，形成割据政权，其后宋

---

① 平夏之得名，应如宋代宋琪所言："从银、夏至青、白两池（在今宁夏盐池北），地惟沙碛，俗称平夏。"（《宋史》卷二六四《宋琪传》，第9129页）"夏"，指十六国赫连氏曾于此建立过"夏"。

② 邓文韬：《西夏国名别称"夏台"源流考》，《西夏学》2019年第1期。

③《国学季刊》1卷4期，1923年。

④ 王静如：《西夏国名考》，引自白滨编：《西夏史论文集》，宁夏人民出版社，1984年，第660页。

辽都多次赐封党项拓跋首领"夏王"、"夏国王"、"大夏国王",有其悠久的历史传统,此系元昊建国取名"大夏国"名之由来。[1]李范文"疑'大夏'是由大夏河之名而来",[2]此说似没有充足的根据。

毋庸讳言,这些解释都是研究者按照自己对历史的认知进行解释的,那么西夏人自己是如何看的? 这可分两个方面来说。

其一,西夏语中,"夏"有三种含义,一是季节之夏,二是族姓与"番"(读mi)连用,三是指地名夏州。而西夏语中大夏国之夏用的是季节之夏。

其二,学界对"𗡜𗾈𗵘𗢲"中的"𗡜𗾈"(白高)一词作何解释进行的争论。

吴天墀先生在20世纪70年代末期《西夏史稿》和80年代初期发表文章中比较详尽地叙述了西夏自称国名的经过:

> 西夏自称"邦泥定"是在夏、宋战争中提出的。先是,元昊称帝,夏宋关系决裂,经过1040、1041及1042年三次大战,西夏取得辉煌胜利,宋朝震恐,倾向求和,宋统治集团为了维持封建体制,极不欲元昊称尊抗立,愿以经济利益作为取消帝号的交换。当时范仲淹经略西事,就写了私书给元昊,指出"不避本朝,并建大位"是宋朝统治阶级感到"惊愤"的事,因此要求元昊说:"大王世居西土,衣冠语言皆从本国之俗,何独名称与中朝天子侔拟,名岂正而言岂顺

① 吴天墀:《论党项拓跋氏族属及西夏国名》,《吴天墀文史存稿》,四川大学出版社,1998年,第302页;李志清:《西夏诸名称音义析辨及其族源探索》,《西夏文史论丛》(一),宁夏人民出版社,1992年。
② 《西夏国名辨》,载《西夏研究论集》,第70页。

乎？如众情莫夺，亦有汉唐故事……如单于、可汗之称，尚有可稽，于本国语言为便，复不失其尊大。"并说："又大王之国，财用或阙，朝廷每岁必有物帛之厚赐，为大王助也。"这封私书的擅发，尽管曾使范仲淹受到处分，但后来宋夏议和还是基本上照这个建议定下来的。其事的曲折经过，大体是庆历二年，宋廷密令边臣庞籍与西夏进行议和，元昊仍然"倔强不肯削僭号"。庆历三年，西夏遣使赴宋，元昊来书"犹称男邦泥定国兀卒上书父大宋皇帝，更名曩霄而不称臣"，李焘《续资治通鉴长编》卷一三九庆历三年正月癸巳记事也载："视其书，元昊自称男邦泥鼎国乌珠郎霄上书父大宋皇帝。"并记西夏使贺从勖言："本国遣从勖上书，无奉表体式，其称乌珠，盖如古单于、可汗之类。"贺从勖所云元昊改称乌珠的话，显然就是范仲淹曾经对元昊提过的建议，元昊对宋朝不直接称皇帝，国内仍然称皇帝，这表明元昊在形式上作了极其有限的让步。宋夏进行的进一步的交涉，告诉我们如下一些事实，第一，西夏提出了自己新定的国名叫"邦泥定"（《长编》作邦泥鼎，《东都事略》作邦儿定，儿同倪，泥倪、定鼎同音）。

宋朝文献提及的"邦泥定"、"邦泥鼎"，仅是作为汉语的一种音译形式保存下来，直到20世纪黑水城西夏文献的问世，才使世人知晓汉语音译的"邦泥定"或"邦泥鼎"是西夏语"𗴂𗂧"。吴先生又根据俄国学者对西夏语的研究，认为《宋史·夏国传》的"邦泥定"或《石林燕语》的"邦面令"，都是西夏对汉字"白上国"的音译。反过来说，"白上国"也就是西夏"邦泥定"、"邦面令"或"瘫喻领"的意译。①

　　但是这个词最初的直译和意译有两种，一是"白上"，一是"白高"。起初多是用"白上"来解读文献。1914年罗福苌在他著的《西夏国书略说》一书《遗文第四》中，释重修凉州护国寺感应塔碑题为："白上护国寺凉州感通塔碑之碑文"，首次提出西夏以"白上"名国的问题。后来俄国学者克平和中国台湾学者王民信主张译作"白高"。20世纪90年代俄藏黑水城西夏文献陆续公布，西夏自称国号或国名有了明确表述："大白高国"，西夏文写作"𗼨𗰚𗧾𗆊"。其中第二个西夏字有"上"或"高"的意思，旧译"大白上国"，直到西夏汉文佛经《佛说圣大乘三归依经》题记"白高大夏国乾祐十五年岁次甲辰九月十五日"公布后，才无异议。现将西夏文和汉文的记录列于下：

　　1.《重修护国寺感通塔碑》(1094)："𗼨𗰚𗧾𗆊"（大白高国）

　　2.西夏文《大白高国新译三藏圣教序》："𗼨𗰚𗧾𗆊"（大白高国）

　　3.《佛说宝雨经》(1139—1193)："𗼨𗰚𗧾𗆊"（大白高国）

　　4.仁宗寿陵残碑(1194)："𗼨𗰚𗧾𗆊"（大白高国）

　　5.汉文《金光明最胜王经》(1139—1193)："白高大夏国"

　　6.汉文《佛说圣大乘三归依经》御制发愿文(1184)："白高大夏国"

　　7.汉文《圣大乘胜意菩萨经》发愿文(1184)："白高大夏国"②

　　虽然"𗼨𗰚"明确译作"白高"，但是如何解释"白上"或

---

① 吴天墀：《西夏称"邦泥定"即"白上国"新解》，《宁夏大学学报（社会科学版）》1983年第3期。

② 详见梁松涛、杨富学：《〈宫廷诗集〉中所见的"白高"释义》，《宋史研究论丛》第10辑，2009年。

"白高",特别是如何解释"白"的确切含义,从1914年迄今尚无定论。梳理讨论,大致有以下几种解释。

1.罗福苌、罗福成兄弟提出"白上"是"白河之上游"。[①]俄国学者虽译作白高河,但亦主张白高河系指黄河上游。[②]

2.白上河是指岷江上游白龙江之白水。[③]

此外还有认为白高河是指无定河,[④]白高河意为"大河西国"等。[⑤]

以上诸观点是围绕"白上"、"白高"即"白河上游"而讨论,但对这种解释又有不同意见,于是争论的焦点之二,就是"白上"、"白高"非"白河"而是另有所指。这个另有所指的含义是什么呢?且看如下几种观点。

3.所谓"白高"或"白上"之"𗼓𗾫"当即"白人",一意译,一音译。[⑥]

_____

① 《国立北平图书馆馆刊》4卷3号,1933年。李范文:《"邦泥定国兀卒"考释》,《社会科学战线》1982年第4期。

② 〔俄〕克平:《西夏国名新诠》,《首届西夏学国际学术会议论文集》,第50—55页;《西夏国名及西夏人发祥地考述》,《国家图书馆学刊》2002年西夏研究专号。

③ 〔苏〕聂历山:《关于西夏国名》,《苏联科学院东方研究所集刊》,1933年;陈炳应:《重修护国寺感通塔"西夏碑"》,《文物》1979年第12期;漆侠、乔幼梅:《辽夏金经济史》,河北大学出版社,1994年,第187页。

④ 罗矛昆:《关于一段西夏诗歌的考辨》,《固原师专学报》1989年第2期。

⑤ 苏航:《Šiduryu和Qāshīn——波斯文〈史集〉部族志唐古特部分阅读札记二则》,《西夏学》第9辑,2013年。参见聂鸿音:《西夏文〈夏圣根赞歌〉考释》,《西夏文献论稿》,上海古籍出版社,2012年,原文刊于《民族古籍》1990年第1期,第3—4页。

⑥ 王静如:《西夏国名考》,《再论西夏语音及国名》,《西夏研究》第1、2辑,1932、1933年。

4.“白高”是指部族,因为此地居住有“白高”部族的人方有是名。汉文史书中“邦泥定”即“白弥”的西夏语汉音之异译。

5.五德说。“大白高国”命名的缘由乃西夏受其在五德中的行序金德的决定,以白为高,进而以色尚称国。[1]

6.所谓“大白上国”,即“拓拔上国”,“拓拔”一词即为“大白”一词的通假音字。[2]

7.尚白说。党项拓跋氏源于北方草原民族,有“崇尚白色”的习俗。[3]

8.已故俄国学者克恰诺夫概括说:“白高河,不呼名;美丽土地(失)坟丘上,无十级,墓穴未完成”(第195页),把“白高河”、“白河上游”和唐古特祖先的坟墓联系起来,我们是知道的,据《唐古特圣祖颂歌》:“赤面父坟白河上”,单词“白”和“高”(上游)在唐古特国名的全称中也遇到。我们译为“白高大夏国”。在20世纪30年代,这些词的解释,首先在聂历山和王静如之间开始争论。王静如解释唐古特国名中的“白”和“高”,与“河”字没有任何联系,只采用“高”字的发音,被释读为“弥”,并假定,唐古特国名的全称应是“大夏白弥”国。聂历山认为“高”字在这里不是作为直接意义使用的,提议把它释作

---

① 彭向前:《“五德始终说”视野下的“大白高国”》,《青海民族学院学报》2009年第3期。收入氏著《党项西夏名物汇考》,甘肃文化出版社,2017年,第196—202页。

② 李志清:《西夏诸名称音义析辨及其族源探索》,《西夏文史论丛》(一),宁夏人民出版社,1992年。

③ 唐嘉宏:《关于西夏拓跋氏的族属问题》,《四川大学学报(社会科学版)》1955年2期。吴天墀:《西夏史稿》(增订本),四川人民出版社,1983年第2版,第411—413页。

"上游"（白河上游），其根据是《圣祖颂诗》的原文，甚至可能还有这些格言。他建议承认，白河是四川的白水河。可能，聂历山是对的，可以把白河看作白水河，它流经唐古特人的古代驻址。虽然我们不清楚，为什么在唐古特国名中"河"的名称没有人用"河"字。不能排除在白水上游有唐古特祖先的坟墓，墓顶有十级，正如在引证的格言中所说的那样。但是，这些暂时都是推测，可惜没有吸收辅助材料，难以证明。①

9.已故俄国学者克平曾发表两篇论文:《西夏国名考》和《西夏文文献中所见西夏国名的官称》,文中据俄国艾尔米塔什博物馆收藏的一幅观音像提出过一个解释。这幅观音像的右下角有两个女性供养人，其汉文榜题分别为"白氏桃花",和"新妇高氏引见香"。克平注意到了其中的"白"和"高"两个字，她通过文献学和语文学的分析认为，"白"和"高"在西夏党项人心目中正如藏传佛教的双身像那样，并非代表了某两个具体的人，而是象征着两组阴阳对立的概念。例如"白"既可以代表女性、皇后，还可以是人格化的太阳、大地、东方、河流;"高"既可以代表男性、皇帝，还可以是人格化的月亮、天空、西方、山峰，而"大白高国"（The Great Empire of the White and Lofty）乃是这些概念的综合。②

10.近十年间苏航对大白高释作河西，作了较为详尽的论证。从宋金元对西夏都视作河西地，辨析"河西"并非专指河西四郡之"河西"，而是黄河之西的泛称，特别是对西夏故地有河

---

① 〔俄〕克恰诺夫:《论唐古特格言的性质和文艺特征问题》,陈炳应译:《西夏谚语:新集锦成对谚语》,山西人民出版社,1993年,第159页。
② 引自聂鸿音:《西夏文德行集研究》,第133页注4。

西的称谓,对于西夏诗中"河白"加以申论。最后得出"宋辽之称夏为'河西',固沿唐宋之旧习,而西夏于1020年辟都兴庆府之后,'河西'一名,或转以其新都之地望,复因其自号之名义,而具新义。然'白高'、'河西'之号虽或起于一地,而其用为国名,当然仍指西夏全土,兼包东西二河西之地"。[①]另外聂鸿音考释《夏圣根赞歌》时亦有相类的说法,只是没有专门展开。[②]

以上对西夏人用西夏语和汉语自称国号为"大白高国"、"白高大夏国"中的"白高"释疑,虽然作了各种努力,但是毋庸讳言,基本没有解决这个问题,歧义仍然很大。笔者以为过往的大多数讨论所以不能取得令人信服的结论,主要是由于以下几个原因。

其一,早期的研究因西夏语资料不足,对元昊称"男邦泥定国兀卒"的解释,往往从汉语字面"硬译"。但是随着西夏语资料的不断公布,聂鸿音《关于西夏主体民族起源的语文学思考》从西夏语的特定内涵作了颠覆性的解读:"曾使西夏学家大惑不解的'尼定'不是西夏国名或者族称。这个词只在元昊上宋表中使用过一次。全称作'男邦尼定国兀卒',相应的文字在所有的西夏本国文献中都没有出现,说明元昊仅在某种特殊场合才对宋自称'尼定',而对本国臣民则否。我们可以据其读音把'尼定'构拟为西夏文的第六号字(𗼨)和第七号字(�),这两个字在西夏文献中比较常见,义为'奴仆',《同音研究》拟音为 ɳie ne,恰与'尼定'相合。这样,元昊上宋表的落款便可直

---

① 苏航:《Šidurɣu 和 Qāshīn——波斯文〈史集〉部族志唐古特部分阅读札记二则》,《西夏学》第9辑,2013年。
② 聂鸿音:《西夏文〈夏圣根赞歌〉考释》,《西夏文献论稿》,第194页。

译为'儿子邦、奴仆国郎主'。汉人在书信中使用'仆'、'牛马走'之类自称是屡见不鲜的,元昊在这封具有特殊政治意义的信件中完全是遵从了汉人的习惯——何况既已装出卑躬屈膝的样子,给人家当了儿子,又何在乎多当一个'奴仆'呢?"①

其二,由于西夏文出土文献公布较晚,以"𗱾𘂪"旧译"白上"推断为白水上游的根据来源,因文献记录明确"白高"后,黄河上游、白龙江、无定河诸说,不攻自破。虽然克平用了正确的"白高"意译,但是她的推论依然与"白水上游"的解释并无二致。因"白上"旧译用倒装语序释作"上白"即"尚白",其推论的前提已不成立。而王静如将西夏文《金光明最胜王经》题款中汉译作"白弥大夏国"五个西夏字,则"大夏"二字完全是禹称"大夏"二字意译。至于"白弥"二字,据《宋史》及《元史》记载,西夏王室姓氏称"嵬名"、"于弥"、"乌弥"等,他认为第二个西夏字表示民族称谓,前面冠以"白"字是表示区分种族身份。②将白高译作白弥,一字之差,解释的意义不免南辕北辙。

其三,持不同看法学者间的驳论也多是从一个侧面反驳对方观点的疏漏。譬如吴天墀先生反对白上是白水上游的观点,认为如果西夏人以白河之上为其祖先发祥地的话,那也只能是被统治的党项人的想法,西夏统治族不会轻易以其意命国。③对吴天墀的观点,蔡美彪在《〈西夏史稿〉读后》一文中指出:"如释西夏国号'白上国'为崇尚白色,但以色尚为国号,还缺少

---

① 聂鸿音:《关于西夏主体民族起源的语文学思考》,《宁夏社会科学》1996年第5期。
② 王静如:《西夏国名考》,引自《西夏史论文集》,第660页。
③ 《西夏史稿》(增订本),四川人民出版社,1983年第2版,第411—413页。

有力的佐证,似不足以驳倒'白河之上'的旧说。"①李志清更是认为西夏学界把大白上国或白上国之名号释为党项人因故居于"白河上"而取名,或是因习俗崇尚白色而取名,都未能得其实。又譬如以白高河意为大河西,恐与实际不符,因为古代汉籍泛指黄河以西的地区为河西,亦称河右。以河西作为西夏的别称,北宋时已开始。后来元人称西夏为河西,称西夏字为河西字,当是沿袭宋、金之旧称,而西夏人未尝自以河西为其国名。再者如果国号为大河西,西夏语又不是没有这样的字词可以组合,为何不直接说河西而要用隐含的词汇呢?况且"𗰔𗗥"在西夏语国号中是一个专用词汇。

其四,讨论难取得共识,还有一个原因就是依据的文本和范式不同。有些诗本身就有三四种翻译,直到现今各译本差异甚大,甚至大相径庭,用这些本身尚乏确定含义的诗歌诗句作为考证的前提,焉能得出与事实真相接近的结论和取得共识呢?《夏圣根赞歌》是一首史诗,歌颂的是党项人的祖先初起于西部,进而繁衍种族,东征西战,最终脱离中原汉人的控制,凭自己的武力建立西夏国。诗中所述大都于史无征,提及的党项地名和姓氏也大都无从考证,估计其内容源于党项族的民间传说,而绝不是一部科学的历史。另外,作者遣词造句带有浓重的民谣色彩,有些词句至今已很难理解。②

又譬如党项族族属,历来有很大争议,因而持源自羌族说的往往是从党项羌的风俗和生活经历来判断,释白高河者就将居于黄河上游进行论证,而持鲜卑说者则从崇尚"白色"来解释。

---

① 蔡美彪:《〈西夏史稿〉读后》,《历史研究》1982年第4期。
② 聂鸿音:《西夏文〈夏圣根赞歌〉考释》,《西夏文献论稿》,第191页。

各自依据的文本和范式不同，得出的看法只能是“一家之言”，而不能成为大多数人的“共识”。

其五，讨论中还有一个突出现象，即以西夏语的名词、诗句汉译为前提，譬如说对白水上游的解释几乎都来自《夏圣根赞歌》头两句诗[illegible]，[illegible]。所引西夏文，汉译为：“黑头石城漠水畔，赤面父冢白高河。”但是论证过程却基本上都是从汉译的字面去理解和论证，在这里，研究西夏历史不懂西夏语和西夏文资料匮乏造成的“硬伤”就显得很突出。西夏语虽然是仿汉语而来，但是西夏人借用汉语或西夏语展现西夏人民族性格思维，肯定与汉语语境有相当大的差异。更重要的是，大量依据汉文献钩沉出的史实能解释原西夏文字面所含有的意义吗？对此研究者好像从来不认作问题，因而尽管研究者殚精竭虑，旁征博引，层层推导，似在探秘，其实更像是在猜谜。

笔者以为这个问题本身并不复杂，元昊在誓表中已非常明确地表明他所建立的国家名称是大夏，是宋人委曲求全掩耳盗铃，请求西夏人用西夏语来称自己国家，所以改用西夏语称自己的国名，“[illegible]”的语意一定与“大夏”相近，而西夏人用汉语表示的“白高大夏国”，“白高”字面的意义不能从汉语或历史研究者赋予的含义去理解，尚白、白河、五德金主白、河西等释义都带有研究者主观臆测之嫌。不啻如此，这几种释义都代表了某一个方面的特指，作为国家名号的用意则显得过于狭窄。解铃还须系铃人，既然是西夏语，就应从西夏语原本含义去探寻其真相，梁松涛、杨富学《〈宫廷诗集〉中所见的“白高”释义》从西夏语诗歌、佛经的用语探讨“[illegible]”（白高）的路径是值得肯定的，认为西夏国的其他称谓，如“大白高国”、“白高大夏国”、“大夏国”，就如中原王朝自称“大宋”，契丹自称“大辽”

一样,只是在国名前加"大"而已。至此应该说已经很接近原意了。但是两人又重蹈过去论证的旧辙,去猜解"白"的指向:"指一切之善业,因善业是清白之业,又能招感清白无垢之果。"[1] 自然很难再向前推进。

美国著名的西夏学者邓如萍早年的博士论文是 *Tanguts and the Tangut State of Ta Hsia*(1983)(直译为:《唐古特人和唐古特大夏国》,对译中文也可以译作《党项人与党项大夏国》,但这与邓如萍当时理解的唐古特有微妙差异),1996年邓如萍又出版了 *The Great State of White and High, Buddhism and State Formation in Eleventh-Century Xia*. 聂鸿音将书名译为《白高大夏国,11世纪夏国的佛教和政体》。[2]在这里邓如萍的书名显然比博士论文有了很大进步,邓如萍遵从了新公布的西夏资料,将西夏语和西夏汉语的国名很好地结合起来,英文可以直接译作"大白高国"——西夏语的直译,又照顾到西夏汉语"白高大夏国"。这个事例说明,在邓如萍教授看来,用西夏语表示的"大白高国",就是用汉语表述的"大夏国"。无需再去费力解释"白高"的来历。况且现今的解读大都是汉语"白高",这是一条死胡同,走不出去的。

要之,学界一个世纪来热衷讨论西夏语的西夏国名,从学术研究角度自有其重要的学术价值。但是西夏语仅在西夏国境内使用,由于西夏的臣属地位,西夏在与周边宋、辽、金交往时只能使用当时的通用语汉语。宋辽金泛称夏国为西夏,正式公文也只能是"夏国"。从这个角度而言,西夏语的国名在10至

① 梁松涛、杨富学:《〈宫廷诗集〉中所见的"白高"释义》,《宋史研究论丛》第10辑,2009年。
② 聂鸿音:《西夏史新著〈白高大夏国〉评介》,《民族研究动态》1997年第1期。

13世纪并没有实际的政治、文化意义。换言之,西夏语的国名
𗼃𗑗𗅔(白高国)、𗼃𗑗𗅔𗢭(大白高国)、𗼃𗑗𗢭𘝶𗅔(白高大
夏国)没有得到三个主体王朝的认可。

四、弭(弥)药的他称与自称

　　弭药一词,最早见于《旧唐书·党项羌》,云:"其后吐蕃强
盛,拓拔氏渐为所逼,遂请内徙,始移其部落于庆州,置静边等
州以处之。其故地陷于吐蕃,其处者为其役属,吐蕃谓之'弭
药'。"[1]《新唐书·党项传》也有十分近似的记载:"后吐蕃寖
盛,拓拔畏逼,请内徙,始诏庆州置静边等州处之。地乃入吐蕃,
其处者皆为吐蕃役属,更号'弭药'。"[2]其后流传时间悠久,别
译极多,如木内、母纳、弥娥、缅药、木雅、密纳克。并且逐步增
加了用以指称地域和国家的义项。北宋时,吐蕃及于阗称西夏

---

[1]《旧唐书》卷一九八《党项羌》,第5292页。

[2]《新唐书》卷二二一上《党项》,第6215页。汤开建《弭药杂考》说:"根
据这些记载,有些学者就将'弭药'理解为留居在原地而被吐蕃役属的
党项人。我认为,这是对原文理解不细而产生的误会。新、旧《唐书》
的记载虽有个别字句的差异,但大体意思是一致的,只不过《新唐书》
比《旧唐书》更文饰一些。这一段话,主语是'拓跋氏',后面的'其'字
都是人称代词,代'拓跋氏',丝毫不涉及党项。很明显,关于'弭药'一
词最原始的认识与界定在两《唐书·党项传》不是指整个党项族,而
是指党项族内的一个部落,即党项拓跋部。"(《青海社会科学》1990年
第1期)但是仔细阅读原文,《旧唐书》表述中的两个"其",一是代称拓
跋氏,一是代称拓跋氏原居地区的党项部落(即《新唐书》"地乃入吐
蕃"),以往的研究者的理解并没有错。

为缅药家、弭药,乃指王室或政权,也还不能说是国名。后来随着吐蕃史籍的出现,吐蕃对党项羌的称呼有了可供研究的语言依据。

有关弭药的研究,前述党项族属讨论已有涉猎,国内藏学界的前辈任乃强、邓少琴、韩儒林诸先生也就“弭药”问题发表过有益的见解。1951年法国著名藏学家石泰安(P. A. Stein)教授在《法兰西远东学院院刊》第四十四卷上发表长文《弭药与西夏:历史地理与祖先传说》,引用大量藏文典籍,对弭药的历史地理和弭药部族史作了颇为深入系统的研究。20世纪80年代初,黄灏发表《藏文史书中的弭药》,系国内学者引用藏文资料较全面研究弭药之作。周群华在19世纪末至20世纪30年代以来英国人巴卜尔(E. C. Baber)、伍尔芬敦(S. N. Walfenden)、美国人包尔斯(C. T. Bowles),和国内吴天墀、李范文、刘辉强等人研究基础上,对于四川党项遗民作了再探讨,以为西夏党项遗民南下,同这里原来的党项“弭药”结合,便是现今四川地区的木雅人。那些在木雅建立新邦的党项“弭药”和西夏遗民,由于他们同周边藏羌杂居一起,在生活习俗和语言上不可避免地要受其影响。但是,他们却并未完全失却本民族的语言和风俗习惯。因此,藏族人不承认他们为藏族,而称他们为“木雅巴”(mi nyag pa),意为“木雅人”。① 上官剑壁对四川遗民木雅人作了更细致的探讨:“把藏文和汉文材料相互印证来看木雅岗的历史,可以发现木雅岗的木雅人可能有新旧两种成份。在蒙古灭西夏之前,以扎巴人为主的木雅人,可能是未北徙而留居下来

① 周群华:《党项、“弭药”与四川西夏遗民》,《宁夏社会科学》1993年第4期。

的土著木雅人，他们当中或许有来自塞莫岗而未西迁的一些木雅部落。西夏灭亡后，木雅人的其他支系由他们的首领带领向南迁徙，来到他们同胞的住地，加入了木雅热堆擦岗这一系统，尔后又成为明正土司属下的木雅人。"①

20世纪初出土的西夏文文献表明，弥药（弭药）不仅是汉藏对西夏主体民族的他称也是自称。围绕西夏文弭药一词的研究成为一个重要问题。20世纪有关西夏文弭药一词的资料大都被李范文先生在《试论西夏党项族的来源与变迁》一文，陈炳应在《西夏文物研究》一书中讨论"白人"与"白上国"，"木雅"与"弭药"，"于弥"与"嵬名"等问题时较为详细地叙述过了。②其后，史金波和聂鸿音则在此基础上从西夏语文学角度继续阐述。

史金波认为西夏的主体民族，也可以说统治民族为"番"（或蕃）（級），其语音为"弥"，西夏人将其译为汉字"番"。西夏仁宗朝番人骨勒茂才编著的《番汉合时掌中珠》，就是一部番文和汉文对照双解的词语集，其中的"番"即西夏的主体民族。确切地说，西夏的主体民族应称为番族。在西夏文文献中，番族还有"勒尼责"和"没尼野"两种称谓。西夏文字典《文海》解释："勒尼责也，没尼野也，弥（番）人之谓也。"③在西夏文同义字典《义同》中，也把上述勒尼责、没尼野、弥归为一类。"没尼野"二字字音当与《唐书》中所记党项族称谓"弭药"一词组合。《唐书》记载，吐蕃强大后，威胁党项，党项向唐请求内徙，唐

---

① 上官剑壁：《四川的木雅人与西夏》，《宁夏社会科学》1994年第3期。
② 李范文：《试论西夏党项族的来源与变迁》，《西夏研究论集》，宁夏人民出版社，1983年。陈炳应：《西夏文物研究》，宁夏人民出版社，1985年。
③ 史金波、白滨、黄振华：《文海研究》，中国社会科学出版社，1983年，第543、655页。

朝准其迁至庆州一带,而未迁走的部分"皆为吐蕃役属,更号弭药"。西夏的番族仍称"弭药",说明不仅留居原地的党项人称为弭药,已经北迁后来成了西夏国主体民族的党项羌也保留了这一称号。①

聂鸿音先生《关于西夏主体民族起源的语文学思考》是迄今从西夏人自身的角度来解释本民族和国家认同最为详尽的论文,可惜没有引起学界的重视,或者说重视不够。是故本文摘录较多的文字来申明这个问题。聂鸿音说:

> 学术界讨论西夏主体民族属问题时,常以党项、鲜卑、羌等概念为出发点,但是在现代西夏学者看来是不可或缺的"党项"一词在原始的西夏文文献中却根本没有出现。而鲜卑在西夏成为一个姓氏,而不能单独作为一个民族存在,同时西夏并不把国内的主体民族视为羌族,而是把自己和羌严格地对立起来的。

> 既然"党项"、"鲜卑"和"羌"都很难看成是特定的民族名称,不适宜用作西夏主体民族起源的研究起点,那么就应该回到西夏本身的文献中,看看西夏人自己管自己叫作什么。有关的几个西夏字例如下:

> 1 𗼪　2 𗓽　3 𗼇　4 𘆖　5 𗼕　6 𘉅　7 𗢍

> 除去"白高"、"大夏"之类国名以外,西夏人用来称呼自己民族的词目前讨论得比较充分的是"弥药",这也是唯一一个在汉、藏和西夏三类文献中都出现的词……当然,前人对"弥药"的解释实际上分为两类:藏文文献的 mi nyag

---

① 史金波:《西夏社会》上册,上海人民出版社,2007年,第28页。

多释为地名,相当于"河西",而西夏文献的 mi nya(第1、2号字)则用为民族名。这一现象本身并没有什么奇怪,因为我们可以假定这个词的用法就像"吐蕃"、"蒙古"一样,从来就是兼指地域和民族的。不过,考虑到有关藏文文献的产生时间都晚于西夏,我们不妨假定藏文的 mi nyag 本是个西夏语借词,在作为其本义的西夏主体民族已不再是一个民族实体的时候,西藏人只好转用它来指该民族居住过的河西地区了。

至于"弥药"一词的本义,伊凤阁提出"弥"(mi)为西夏的"人",这完全与藏缅语族藏、羌语支一大批语言的情况相符,一般认为是可信的。而第二个音节"药"(nya),我们也许可以从古"猕猴种"的其他名称中找到答案。据王静如归纳,《魏书》《周书》等汉文史籍记载宕昌有弥忽、弥黄、弥治、弥机和弥定这些称号。对照今天所知的藏缅语,我们猜想这些词都是用"人+颜色词"这样的形式构成的(西夏语的形容词定语位于中心词之后):弥忽当是"黑人"(参看白语 xɯ "黑"),弥黄当是"黄人"(参看羌语 χa "黄"),弥治当是"白人"(参看木雅语 tʂhθ "白"),弥机当是"赤人"(参看景颇语 khje "红"),弥定当是"青人"(参看彝语 ȵi "蓝")。如果这个假想不为大过,我们就可以清楚地看出,"弥药"在当时的意思是"黑人"(参看藏文 nag po "黑")。当然,"黑人"的称号似与汉文古书中记载的西夏人"尚白"的习俗不符,这个问题是我所不能解释的。

藏文的 mi nyag 不能拆开使用,而西夏语"弥药"的第一个音节却可以偶然单独出现,例如在《同音》第4页B面上单用来注释第3号字。第3号字也读若mi(实际音值和第1号字略有不同),西夏的汉文文献译作"番",这个字在西夏文献中出现的频率最高,无疑是其主体民族的自称,而且从著名的史诗《夏圣根赞歌》来看,它同时也是西夏先民的族属。《夏圣根赞歌》里提到的夏国始祖有一个mi se ho,意思是"番族的se ho王",也即后代藏文史籍屡次提到的si hvu rgyal po。诗中说他"初出生时有二齿",这与《宋史·夏国传》所记西夏太祖继迁"生而有齿"相合,由此我们知道,至少从继迁时起,西夏人已认为自己的民族名称是"番"(mi)了。现在我们尚不能确知这个"番"的词源是什么。今天的汉藏语系少数民族中只有木雅人自称的第一个音节是与mi相近的mɯ,不过我怀疑它的实际意思是"民族",因为木雅语的"民族"是mɯ ʑi而本民族自称是mɯ ȵɛ。这样,我们似应采纳伊凤阁的意见,把这个mi理解为"人"。西夏语原有一个普通名词"人",读若"尼卒"(dzo),它和mi在藏缅族语言中构成了有趣的互补对应关系——常用词dzo(人)对应于彝语支语言(如喜德彝语tsho"人"),而不对应于藏语支和羌语支语言;本民族自称mi(借自"人")对应于藏语支和羌语支语言(如藏文mi,桃坪羌语mə"人"),而不对应于彝语支语言。这个西夏的mi(第3号字)和上文讨论的另一个mi(第1号字)极有可能是同源的,它们的读音差别极其细微,估计是古藏缅语言中某两个相近语言或方言的反映。

第4号和第5号西夏字是迄今的研究中还没有充分论及的问题,这两个字组成一个词出现在《文海杂类》第9页B面,义训同"弥药"和"番人",《文海研究》译为"党项",

其为西夏的另一族称自属无疑。这两个字在西夏文献中出现的频率很低，没有现成的对音，据同音字推知，这个词的读音大致是"勒尼"，可以转写作 le dʑi，或 lhe dʑi，其词源也许可以利用"通假"关系来认识：第4号字在《文海》《同音》中与一个当"面容"讲的西夏字同居一纽，第5号字则与一个当"朱"讲的西夏字通转，后者见于《番汉合时掌中珠》第6页"朱雀"条，汉字注音为"你"，与第5号字的读音"尼"只有声调的区别。这样我们就可以知道，第4、5号字的隐含意义实际上是"红脸"。结合上文关于"弥药"本义为"黑人"的论述，我们自然要把这两个词与西夏文献中著名的"黑头"、"赤面"联系起来。西夏学界关于"黑头"和"赤面"含义的讨论已有很多，以上所述——"弥药"相当于黑头，"勒尼"相当于赤面——可以辅助证明"黑头"和"赤面"是西夏内部的部族名称，至少从西夏字形看，第1号字和第5号字都明显带有一个"圣人"的偏旁，而第4号字则明显带有一个"族姓"的偏旁。

第4号西夏字除了可以和第5号字组词之外，有时也可以单独使用，例如用为史诗《夏圣根赞歌》标题上的"夏"字，这就好像西夏族称 mi 既可以单独使用，又可以和另一个音节组成双音词 mi nya 一样。①

2013年木仕华试图对弭药的内涵作新的界定：

---

① 聂鸿音：《关于西夏主体民族起源的语文学思考》，《宁夏社会科学》1996年第5期。

"弭药"作为专名说明一个族群的自称除了建构族群内部的我群认同之外，还有与他者辨异的功能，是十分神圣的专名，故不能简单拘泥于字面表层意义，解释为"下部人"、"下等人"、"黑党项"、"黑人"之类与族群神圣自称本义相去甚远的说解。此外"弭药"之所以被汉藏和西夏文献一再记录用以指称西夏人和与之相关联的族群、族系，表明其由来久远，历久弥新，是体现党项羌人神圣祖先和族群记忆的伟大符号。西夏建国后"弭药"在国家名号中出现，显然是已经成为建构国族的重要符号工具，因此，我们对"弭药"的语义内涵指称范围的理解，既需要考求其源头，也需要兼顾其从族群到帝国演进历程中维系绵延不绝的历史文化传统的功能。①

　　从以上的论述，可以肯定地说，弥药或弭药即是西夏境内对汉族以外的其他民族的一种称呼。这种称呼是指统治阶级，即跟随李继迁以来以原拓跋氏为主的党项羌，也就说是党项羌内的平夏部的特别称呼，还是包括攻战灵州、朔方、河西之地的原居民，主要是吐蕃、回鹘、非平夏部的其他党项羌的统称？笔者个人以为番人是指前一种，这有三个理由。其一，西夏语词典中将吐蕃称作"羌"，还有契丹、回鹘等称呼，显然这些人在西夏统治者眼里非我族类。其二，这些民众在李继迁、李德明、李元昊征服朔方及河西时，基本是被征服者。其三，唐中叶吐蕃占领陇右道时，朔方包括夏州政权的居民基本是党项羌和汉民，只有很少的吐蕃。骨勒茂才的那段著名论断："今时兼番汉文字者，论

---

① 木仕华：《弭药（Mi-nyag）新考》，《西夏学》第9辑，2013年。

末则殊,考本则同,何则? 先圣后圣,其揆未尝不一故也。然则今时人者番汉语言可以具备。不学番言则岂知番人之众,不会汉语则岂入汉人之数? 番有智者,汉人不敬;汉有贤士,番人不崇。若此者,由语言不通故也。"①从掌握语言的角度分番人和汉人,都是着眼于上层。

————————

① (西夏) 骨勒茂才著,黄振华、聂鸿音、史金波整理:《番汉合时掌中珠·序》,宁夏人民出版社,1989年,甲种本第5—6页,乙种本第79—80页。

第8章 西夏的政治与经济

一、西夏前期的政治

纵观西夏一百九十年的历史,西夏的政治史可以分作三个阶段。前期自元昊执政称帝到惠宗秉常时期,约计五十五年。西夏前期基本确立和完善各种新的典章制度,奠定立国规模,巩固以党项贵族为主体的联合统治。

西夏的官制可分为中央官制和地方官制。先说中央官制。元昊从其执政时就对原有的制度开始了大规模的改革,故叙述西夏前期的政治就包括元昊称帝之前的一系列重大改革活动。公元1033年,元昊避父讳,在其统治区改元,将原实行的宋的年号明道改为显道。这年五月升兴州为府,改为兴庆,广宫城,营殿宇,其名号悉仿宋朝故事。在元昊执政前的很长一段时间内,西夏的官制虽经德明屡有设置,但是建置和名号都比较简单,仅设有蕃落使、防御使、都押牙指挥使之职。至元昊时始立其官,分文武班:曰中书,曰枢密,曰三司,曰御史台,曰开封府,曰翊卫司,曰官计司,曰受纳司,曰农田司,曰群牧司,曰飞龙苑,曰磨勘司、曰文思院、曰蕃学、曰汉学。自中书令、宰相、枢使、大夫、侍中、太尉以下，皆分命蕃汉人为之。

上述机构中，中书、枢密、三司是国家政治、军事、财政三大部门的最高主管机关；御史台职掌弹劾；汉学则被置于较次等的地位。

这些机关的官长，从中书、枢密、御史大夫、侍中、太尉以下，命蕃汉人分别担任。而其专授的蕃职，有宁令、谟宁令、丁卢、丁弩、素赍、祖儒、吕则、枢铭等，皆以蕃号名之。这些蕃号名大致与汉语官名相对。

吴广成《西夏书事》说，元昊于立国的第二年（1039）再度改革官制，仿照宋朝设置了"总理庶务"的尚书令，其职掌是考百官庶府之事而会决之。这个问题需要重新考证。宋朝在宋神宗元丰改制之前，尚书令"自建隆以来不除，惟亲王元佐、元俨以使相兼领，不与政事。政和二年，诏：'尚书令，太宗皇帝曾任，今宰相之官已多，不须置。'然是时说者以谓令者唐太宗也，熙陵（指宋太宗）未尝任此，盖时相蔡京不学之过。宣和七年，诏复置令，亦虚设其名，无有除者。南渡后，并省不置"。①由此可知，说置尚书令以总朝政，并不符合宋制。另外，据《隆平集·夏国赵保吉传》所载，元昊之父德明"及死，赠太师、尚书令"。②如果这条材料可靠的话，元昊对此应有所避讳，而不当再设尚书令以冲犯父讳。

当然，吴广成的说法也不是空穴来风，《宋史·夏国传》确

---

① 《宋史》卷一六一《职官一》，第3788—3789页。
② （宋）曾巩撰，王瑞来校证：《隆平集校证》卷二〇《夷狄·夏国》，中华书局，2012年，第601页。

实有"自中书令、宰相、枢使、大夫、侍中、太尉已下,皆分命蕃汉人为之"的记载,此处提到了"中书令"和"侍中",那"宰相"当是指称尚书令。不过从前揭所示,宋的三省长官并不除授,或者只作为一种虚衔,即不是真宰相。既然西夏所设官制多与宋同,元昊所设的三省长官大抵也只是一种虚衔,象征意义大于实际意义。但是从《天盛律令》和《番汉合时掌中珠》记述的西夏中央官制来看,西夏更多的是继承元昊根据北宋前期制度"始大建官"的政务机构雏形,亦即在"以嵬名守全、张陟、张绛、杨廓、徐敏宗、张文显辈主谋议,以钟鼎臣典文书,以成浦、克成赏、都卧、移如定、多多马窦、惟吉主兵马"的基础上,[①]逐步完善而形成中书、枢密制度,可以说中书、枢密(院)始终是西夏国家最高的政务机构,而北宋元丰改制以后罢中书门下,其权归三省(中书、门下、尚书省),三省成为中央最高政务机构。这种情况在这两部书中均未有反映。

《陇右金石录》载西夏碑《葬舍利碣铭》署"大夏天庆三年八月十四日建,右仆射兼中书侍郎平章事臣张陟奉制撰"。此处所言张陟的官职正与宋神宗元丰改制后的宰相称谓相一致,是为右相。但天庆三年是公元1196年,若是元昊时期的张陟,则年代有误。若是同名不同时,则说明西夏中后期采用了北宋元丰改制后的官制,但为何宰相由三省长官担任,而《西夏官阶封号表》和《天盛改旧新定律令》却没有相关记载?姑且存疑。另外,西夏文字书《音同》序言记述主持重校该书的官员的称谓为:"节亲主德师中书知枢密事赐正净文武业集孝种能恭敬东南姓官上天倚嵬名德照。"此处的"知枢密事"与宋对照应是枢密

①《宋史》卷四八五《外国一·夏国上》,第13994页。

院副长官。①

西夏中书、枢密的职责如下。

先看《天盛律令》卷第十，司序行文门对中书、枢密机构设置的记述：

上次中下末五等司大小高低，依条下所列实行。

上等司：中书、枢密。（第363页）

诸司大人、承旨、监军、习判等高低，当依所定派遣，不许超遣。

上等二司：

中书：大人六：智足、业全、义观、习能、副、同；承旨六。

枢密：大人六：南柱、北座、西摄、东拒、副、名人；承旨六。（第366—367页）

诸司都案、案头者，当依所定遣之，不许超遣。

诸司遣都案次第：中书七。枢密十四谍案，二都案计入十四中。（第372—373页）

诸司遣案头次第：中书四十二。枢密四十八。（第374页）

中书、枢密的官吏主要有大人、承旨、都案、案头，"大人"大略是主持中书、枢密日常工作的官员，可能是贰佐，是否相当于宋朝的"参知政事"或"枢密副使"，还不敢遽下结论，只能是一种推测。"承旨"大致可以与宋朝的翰林学士承旨、枢密院承旨相对应。大人、承旨有较高的政治地位，如："节亲、宰相、诸司大人、承旨、大小臣僚、行监、溜首领等于家因私入牢狱，不许置木枷、铁索、行大杖，若违时徒一年。"（卷第九，行狱杖门，第329页）"自造诸王、中书、枢密大人等之矫手记，刻行伪印等徒十二

---

① 参见《史金波文集》第407页。

年,使用真手记则徒五年。"(卷第十一,矫误门,第383页)"中书、枢密大人、承旨及经略当请,应分别座。有当校文书时,当请承旨、都案、案头局分人等引导校之,然后置诸司上京师、各地边司等大人、承旨、习判等一同正偏当坐。"(卷第十,司序行文门,第378页)"都案"、"案头"略相当于宋朝中央官府中的录事、主事、令史、书令史、守当官等吏职,他们大致属于文秘一类。"中书、枢密、经略使、次中下末等司都案者,遣干练、晓文字、知律法、善解之人。"(卷第十,司序行文门,第375页)"中书、枢密诸司等应遣案头者,属司司吏中旧任职、晓文字、堪使人、晓事业、人有名者,依平级法量其业,奏报而遣为案头。"(卷第十,司序行文门,第377页)

至于有关对中书、枢密官吏的管理,白滨先生已有论述,[1]此处不赘。

根据《天盛律令》的记载,西夏中书、枢密的职权主要表现在五个方面。

第一是司法刑事方面。第二是人事管理,具体内容涉及遣派高一级官员、中央和地方官员失职宽限期、官员袭抄(世袭、继承?)相应官职、官员考课、选派巡检以及确定巡检的职责等。第三是有关工役征派、赋租缴纳、农户逃亡变更事宜。第四是库局官物管理,包括了解官畜、谷物的种类、数量、供给、损耗、交还等,以及对管理库局人员是否尽职的考核。第五是开渠、兴修水利,兴修水利是西夏社会生活中的大事,关乎广大农牧民的生计,因而西夏统治者给以足够的重视,由宰相亲自挂帅掌管,中书直接负责实施。

---

[1]《中国政治制度通史》,第443—450页。

从上述所引资料可以得出以下几点认识。一、更充分说明，西夏所实行的中书、门下制，是模仿北宋前期的制度，除了前揭指出《天盛律令》未见有关类似尚书省的记载外，中书、枢密所行职权——司法刑事、征缴赋役、兴修水利，实际上是"侵夺"尚书省刑部、户部、工部的职权，这与北宋前期，三省六部二十四司、九寺、五监的职事，"十无二三"，其职为中书（门下）、三司、枢密院所侵，是相当吻合的。二、涉及人事管理方面的事例较多，表明官员任免、使用是中书、枢密主要的职权。三、西夏的中书、枢密虽然也分掌文武大政，但不同于北宋中书与枢密之间文武界限那么分明，大多数情况是中书、枢密共同执掌军政、兵民大政。四、《天盛律令》主要是一部法典，所记有关西夏中书、枢密制度的材料也主要是反映其与法典相关的职权，其宰臣和政务机构的实际职权究竟包括哪些，目前还不甚清楚，有待文献的继续发掘。五、以上所引还有一个鲜明的特征，即西夏中书、枢密对政务的掌控，得益于西夏有较为完备的逐级申报政情的制度，从一个侧面说明西夏的中央集权制还是行之有效的，但在注意这一点的同时，不能忘记西夏党项的宗族制度在很大程度上"成为统治西北地区的贵族势力和党项夏国的统治基础"。[1]因而西夏的中书、枢密在形式上是国家的最高行政机构，但它不能像建立在郡县制基础上的宋朝那样强有力地行使最高权力，从上引材料即可看出，中书、枢密更多的是享有知情权而非决策权。宰相也似没有总揽全国的政务，因而也就不可能"事无不统"，或如吴广成所说"考百官庶府之事而会决之"。[2]

---

[1] 漆侠、乔幼梅：《辽夏金经济史》，第241—245页。
[2]《西夏书事校证》卷一三，宝元二年、夏天授礼法延祚二年九月，第153页。

建国以后,西夏官职有新的变化,《番汉合时掌中珠》一书所载的十六司,是经略司、正统司、统军司、殿前司、皇城司、三司、内宿司、巡检司、陈告司、磨勘司、审刑司、农田司、阁门司、群牧司、受纳司、监军司。[1]据吴广成的研究,西夏在设司的基础上又大建官,以野利仁荣、嵬名守全、张陟、张绛、杨廓、徐敏宗、张文显为中书、枢密、侍中等官,专主谋议;以杨守素、钟鼎臣、嵬名聿荣、张延寿为官计、受纳绪司,主文书;以野利旺荣、野利遇乞、成逋、克成赏、都卧、彭如定、多多马窦、惟吉分驻十二监军司地,主兵马,其余拜授有差。[2]

到毅宗谅祚时,中央官制基本上承袭了元昊所确立的制度,但在此基础之上,无论是汉官还是蕃官,均有所增加。汉增昂聂、昂星、谟个、阿泥、芭良、鼎利、春约、映昊、视能、丁努、广乐诸号,从而使西夏官制比元昊时期更为完备。

西夏的地方行政编制分为州、县两级,"元昊既据夏、银、宥、静、灵、盐、会、胜、甘、凉、瓜、沙、肃诸州立国,而以石堡、洪门诸寨升为洪、威、龙、定四州"。这里只列举了十七个州名,实际辖州并不止此。值得注意的是,元昊建国之后,把许多以前的堡寨城镇都改称为州。增加州的目的,主要是扩大政权声势,安置部署亲信,严密统治体系,集中国王权力。这种由堡镇改称州的治所,或因地形险要,是军事据点;或由地位适中,居交通冲要;或系豪酋族帐所在,表示倚重;又或环居中京畿外围,具有拱卫作用。当然西夏"即堡镇号州"的那一类新增设的州,其实际上的政治经济意义是与宋朝的州县不能相提并论的。在西夏还

---

[1]《番汉合时掌中珠》,第56—58页。
[2]《西夏书事校证》卷一二,宝元元年、夏大庆二年十月,第149页。

有郡和府的设置，郡兼理军民，设于边防要地，如肃州为番和郡（在今甘肃酒泉），甘州为镇夷郡。因肃州地区多吐蕃族居民，甘州向为回鹘族的根据地，故置重兵，加强镇抚。在甘州还设了宣化府，大致是一种民族宣抚机关，便于就地处理回鹘、吐蕃等族事务，以纾统治者西顾之忧。

元昊对西夏文武官员的冠服制度作了严格的规定，目的在于辨识等级，分别贵贱。他采用汉制，参酌羌俗，命部人衣白窄衫，戴毡冠，冠后垂红结绶。而文资武职，各有所制。文官戴文幞头冠，穿靴，执笏，服紫衣或绯衣，武将则戴贴金冠或贴银冠，穿靴，乘马，佩短刀弓矢，衣紫旋襕，围银束带。旋襕和幞头，都是唐代服饰。襕衫是衣裳相连的一种服装。旋襕的形制为圆领窄袖长袍，故必须有束带。而元昊本人衣白窄衫，毡冠红裹顶，冠后垂红结绶，这是采用了吐蕃赞普和回鹘可汗的服制。

西夏官制虽然参照宋朝官制而设，"多与宋同"，但并非完全照搬，而是根据自身政权的特点以及摒弃宋朝官制中的弊端来设置的。如西夏政权是蕃汉联合政权，因而西夏官制有汉官与蕃官两名号并行。西夏官职皆命蕃汉人为之。一些官职名称与宋官职名称相同，但实际职掌与宋朝却不尽相同。如中书令，北宋虽设，但很少真正授官，形同虚设，到南宋干脆废除，而西夏的中书令则有职有权，位于宰相之下，大致相当于宋的参知政事。宋朝官、职与差遣分离，西夏完全摒弃了这种混乱制度。

元昊巩固王权。西夏兴起之初，有州衙和蕃落两套不同的行政机构。州衙名义上是中原王朝的军州，奉行中央政府统一的制度和法令。州衙的最高军事长官为衙内都指挥使，兼理行政。他们在节度使之下权势最重，州衙为这一地区的政权中心，但法令实际上只达四州八县的治所及其近邻。其余广大地区都是蕃落,由都知蕃落使根据传统习惯进行着松散的统治。州衙的官吏蕃汉兼用,汉族的州将有时占更大的优势。但是由于蕃部土地广大,人户众多,州城只是些在蕃落包围下的孤立的据点,西夏立国的基础仍在蕃落。宋朝大将张平说:"洪、宥州羌户劲勇善战,夏人恃此以为肘腋。"[1]因而如何调节州衙和蕃落的矛盾一直是西夏前期统治者所面临的重要问题。[2]

元昊建国之初,虽然仿宋朝政治制度,建立起一套适应当时党项社会的国家制度,但他所依赖的基础主要还是广大蕃族。所以他一方面表示自己建立的国家和宋朝一样是正规的"帝王之业",[3]"并建大位……与天子侔似",另一方面公开宣布自己的政权代表蕃族。如对宋朝说:"蕃汉各异,国土迥殊"[4],实行了一系列恢复本民族传统习俗的措施和命令,借以争取蕃族地主和人民的拥护。然而西夏社会经济的不断发展,导致西夏王权的深化,那些坚持蕃族传统生活方式的蕃族贵族便成为西夏社会的保守势力,这时州衙与蕃落之间的矛盾便转化成代表传统保守势力的旧贵族同代表统一集中趋向的王权之间的深刻矛盾和斗争。因而西夏每一阶段政治社会的改革,都势必要与保守势力发生尖锐的矛盾。而西夏王室同蕃族贵族之间的政治斗争,正是这种矛盾的集中反映。

元昊时期,作为旧贵族的银夏大族卫慕氏和历掌西夏军政大权的野利氏,都是和西夏拓跋氏、梁氏通婚的显贵外戚。但由

---

[1]《宋史》卷三二五《刘平传》,第10502页。
[2] 王忠:《论西夏的兴起》,《历史研究》1962年第5期。
[3] 参见(宋)王称撰:《东都事略》卷一二其《附录五》,文渊阁四库全书景印本,第382册,第825页。
[4]《长编》卷一二五,宝元二年闰十二月,第2950页。

于与元昊矛盾加深,遭到元昊嫉视,以致举族诛灭。其后谅祚幼冲嗣位,他的母舅没藏讹庞以大酋身份辅政,由是以"三大将分治其国",①又几乎恢复了部落联盟的旧方式。讹庞以外戚重臣的身份担任国相,将女儿嫁与谅祚为后。谅祚年龄渐长,对讹庞专权行为极端不满,谅祚亲信的六宅使高怀正、毛维昌因事被讹庞诛杀,更引起了矛盾的加深。谅祚和讹庞的媳妇梁氏私通,梁氏告讹庞谋叛。于是谅祚联合了讹庞的政敌漫咩等,将讹庞和他的家族处死,并杀妻没藏氏,而以梁氏为后。谅祚亲政,以妻弟梁乙埋为家相,并起用投附西夏的汉族士人景询为枢密使,还经常收纳宋朝人,与之出入起居,多致宋朝物,以娱其意。他曾上书宋朝,请废蕃礼改从汉礼,并上表请宋人的诗文图书。这些都表明西夏王室进一步走向中央集权制。

公元1067年谅祚死,其子秉常立,是为惠宗。秉常初立,年仅七岁,母梁太后摄政。"梁氏悉以国政委乙埋,乙埋擢其子弟并居近要",于是诸梁专权日甚。不久他们向宋表请恢复旧蕃礼,解除宗室重臣嵬名浪遇的军权。"嵬名浪遇,元昊之弟也,最老于军事,以不附诸梁,迁下治而死。"从而形成了以梁乙埋为首,而与都罗马尾、罔萌讹等共同擅权的贵族专政形式。罔萌讹以私侍太后的幸臣身份和乙埋操纵中枢大权,都罗马尾则统率重兵坐镇边境。②

公元1076年秉常亲政,他常从俘虏的汉人那里访问宋朝的文物制度,表现出特别慕好中原文化的热情,并下令以汉礼代蕃

---

① 《宋史》卷二八八《程琳传》,第9676页。
② 参见(宋)沈括:《梦溪笔谈》卷二五《杂志二》,朱易安、傅璇琮等主编:《全宋笔记》第二编第三册,大象出版社,2006年,第188页。

仪,大为保守势力所不满。公元1081年,大将李清劝诱秉常归
附宋朝,梁太后得知,杀了李清,并把秉常监囚在兴庆府木砦的
一个地方。这一次政变是西夏政府中拥王室派和外戚派矛盾的
公开暴露。北宋利用这个机会向西夏发动大规模进攻。虽然宋
军的进攻没有成功,但西夏的实力亦被大大削弱。宋军伐夏后,
当权的梁氏为了收揽人心,缓和内部矛盾,使秉常复位,但实际
上丝毫不放松对朝权的控制。

公元1085年梁乙埋死,其子乙逋自为国相,不久秉常亦死,
三岁的幼子乾顺即位,他就是夏崇宗。梁乙逋的妹妹是惠宗的
妃子,乙逋便以乾顺母舅的身份,仗恃"一门二后"的国戚关系,
屡次发兵侵宋。乙逋目空一切,专权自大,甚至和梁太后也发生
了抵触,彼此猜忌不满,竟被诛灭全家。乾顺年长亲政,便积极
为巩固王权而努力。公元1104年,他察觉到卓罗右厢监军仁多
保忠与国有隙,欲叛夏降宋,遂迫保忠赴牙帐而夺其权。更晚一
些时候,乾顺命一度投夏的李世辅(后更名显忠)讨擒违命的酋
豪号"青面夜叉"者。①其后,乾顺在中央统治集团中先后结束
了贵族、外戚专权形式的显贵家族联盟共治的旧风,结束了国内
各地的强酋土豪"拥兵自雄"的局面,给西夏专制主义的中央集
权奠定基础,并把帝制王权提升到独尊的地位。②

---

① 《宋史》卷三六七《李显忠传》,第11428页。
② 以上参考了吴天墀《西夏史稿》,李锡厚、白滨《辽金西夏史》下编西
夏史。

二、西夏前期的统兵体制与对外战争

1.西夏前期的统兵体制

西夏的统兵体制,自李继迁叛宋以后,在与北宋对峙时期,大致可分为两个阶段,即以1032年元昊开始改革兵制画线,此前为第一阶段,此后为第二阶段。

李继迁和李德明时期的军队主要由两部分组成:一是以李氏家族为主的拓跋部族兵,二是李继迁用联姻和武力等手段笼络的党项豪右大族,如野利氏、没藏氏、梁氏等的宗族兵。统辖这两种兵的最高统治机构是沿袭五代、宋初以来中央王朝任命的定难节度使和各豪酋大族的刺史府。李继迁和李德明是最高军事统帅。其下则设有都指挥使、蕃落指挥使、防御使、团练使、都知蕃落使、都虞侯,有较浓厚的五代藩镇军制特点。对那些兼并而来、"虽各有鞍甲,并无魁首总摄"①而散居的夷落族兵,因其首领授以军主、指挥使等职,使他们"各将种落之兵,谓之一溜"。②这阶段的统兵体制以族帐、蕃落为基础,但明显有吸收中央王朝兵制和继承藩镇建置的痕迹,其仿效中央王朝兵制的各级统辖官名称、掌握族兵的各大小首领,多属虚衔,因为在这个阶段的西夏军队尚无严格意义上的编制。

及元昊继立,在原有藩镇、部落兵制的基础上进行改革以

---

① 《长编》卷三五,淳化五年正月,第768页。
② 《长编》卷一三二,庆历元年五月甲戌,第3136页。

后,西夏的统兵体制才步入正轨,即建立了以枢密院为首的中央统军体制和以监军司为主的地方统兵体制。《宋史·夏国传》云"元昊以兵法勒诸部,……官分文武班",其中涉及军事机构的有枢密和翊卫司。一般认为,翊卫司掌管国主和官城的护卫。因而枢密院是掌管中央兵权的唯一机构。

北宋的枢密使一般由文臣担任,而三衙则是武将,既然西夏官制多仿宋朝,在统兵上很可能也有仿照。这可从"主谋议"和"主兵马"之分得到一些启示,主兵马的武臣大致就是有"握兵之重"的太尉,而主谋议的文臣大致是枢使一职的人选。这个问题尚需深入研究。

元昊至乾顺时期,西夏的地方统兵以监军司为主。监军司的数目,《宋史·夏国传》说有12个,而《长编》则说18个,其他材料所显示的监军司名称还要更多一些。但无论孰是孰非,诸监军司为统辖指挥地方部队的机构则是无疑的。

监军司的长官有正、副监军,而清人戴锡章则根据一些史料推测,西夏监军司"并设都统军、副统军、监军使各一员,以贵戚豪右领其职,余指挥使、教练使、左右侍禁官数十,不分蕃汉悉任之"。

据编撰于西夏贞观年间(1101—1113)的军事法典《贞观玉镜将》残卷,可知元昊至乾顺时期,西夏外出作战的统兵官还有正副军将、正将、副将、将、行将、佐将、权正首领、首领等名称。

另外,元昊以后,西夏还设有钤辖。据研究,"西夏军队中设置的钤辖比较普遍,有的是兼管两州的,或两州中间地带的,有的是左右厢的,可与都枢密、参政同时提及,其职位比较高"。由此可知,西夏钤辖与北宋所设的都部署(总管)、钤辖司相仿,具有帅司路的特征,或许钤辖的发展即是西夏中后期出现的经略司、正统司等高一级地方统兵官属的先河。

2.西夏军队的兵力配置

西夏实行全民兵役制。《隆平集》卷二〇《赵保吉传》云:"其部族一家号一帐,男年十五以上为丁,有二字丁者,取正军一人、负担一人为一抄。负担者,随军杂使也。四丁为两抄,余号空丁,愿隶正军者,得射他丁为负担,无则许射正军之疲弱者为之。故壮者皆(习)战斗,而得(正)军为多。欲西用兵,则自东点集而西。欲东,则自西点集而东。年六十以下、十五以上,皆自备介胄弓矢以行。"[1]可知西夏军队有正军和负担者之分。正军是西夏常规战斗部队。

除正军而外,西夏军队还有:

"选豪族善弓马五千人迭直,号六班直,月给米二石。铁骑三千,分十部。"

"别有擒生十万。""有炮手二百人,号'泼喜',陡立旋风炮于橐驼鞍,纵石如拳。得汉人勇者为前军,号'撞令郎',若脆怯无他伎者,迁河外耕作,或以守肃州。"[2]

以上是西夏军队兵力的基本状况。但从作战的兵种划分,有骑兵、步兵和炮兵,其中以骑兵为主要作战兵种。"凡正军给长生马、驼各一。"[3]"依议定,牧耕人应有甲胄和其余战具","牧主、正军应有:官马、弓一、箭六十……","耕夫、正军应有:官

---

① 《隆平集校证》卷二〇《夷狄·夏国》,第603页。

② 以上参见《宋史》卷四八五《外国一·夏国上》,第13995页;《宋史》卷四八六《外国二·夏国下》,第14028—14029页。

③ 《宋史》卷四八六《外国二·夏国下》,第14028页。

马、剑一、弓一……","每个将卒按律都应有（其）战马，全副甲胄，兵杖和其他战具"。

　　由此可知，凡投入战斗的正军基本上都是骑兵，只有那些正军的负担者或副军、辅正军属步兵。西夏的骑兵尤以铁鹞子最具战斗力。"铁鹞子"是重甲骑兵，"遇战则先出铁骑突阵，阵乱则冲击之，步兵挟骑以进"。这种重甲骑兵可能始建于元昊时代。《宋史·夏国传》称："铁骑三千，分十部。"田况《儒林公议》卷上："（元昊）常选部下骁勇自卫，分为十队，队各有长：一妹勒，二浪讹遇移，三细赏香埋，四里里奴，五杂熟屈得鸡，六隈才浪罗，七细母屈勿，八李讹移岩名，九细母嵬名，十没罗埋布。每出入，前后环拥，设备甚严。"① 铁骑最初的性质，可能属于拱卫皇室的御前军，其后随着与周边民族和宋辽战争的扩大和发展，渐次成为西夏作战的主力兵种，人数达到"数万"。

　　政和三年（1113）秦凤路经略安抚使何常的奏言，对西夏的骑兵和步兵有很形象的描述："自古行师用兵，或骑或步，率因地形。兵法曰：'蕃兵惟劲马奔冲，汉兵惟强弩掎角。'盖蕃长于马，汉长于弩也。今则不然，西贼有山间部落谓之'步跋子'者，上下山坡，出入溪涧，最能逾高超远，轻足善走；有平夏骑兵谓之'铁鹞子'者，百里而走，千里而期，最能倏往忽来，若电击云飞。每于平原驰骋之处遇敌，则多用铁鹞子以为冲冒奔突之兵；山谷深险之处遇敌，则多用步跋子以为击刺掩袭之用。此西人步骑之长也。"②

---

① （宋）田况撰，张其凡点校：《儒林公议》卷上《元昊志在恢拓》，中华书局，2017年，第15页。

② 《宋史》卷一九〇《兵四·河东陕西弓箭手》，第4720—4721页。

从这段描述来看,西夏军队长于进攻,即使是步兵也被训练得很适应进攻,而不像北宋以防御为主所设置的步兵。非战时,西夏的军队大都分布在各个监军司。据《宋史·夏国传》,西夏十二个监军司为:

1. 左厢神勇军司——驻夏州弥陀洞
2. 绥州军司——驻石州(今陕西米脂北)
3. 嘉宁军司——驻宥州
4. 威州军司——驻韦州(初名威州)
5. 西寿保泰军司——驻猋狼山北
6. 卓啰和南军司——驻兰州之黄河北岸喀罗川侧
7. 右厢朝顺军司——驻兴庆西贺兰山区的克夷门
8. 甘州甘肃军司——驻甘州删丹
9. 瓜州西平军司——驻瓜州
10. 黑水镇燕军司——驻肃州(黑水即今额济纳旗)
11. 白马强镇军司——驻盐州(一说驻娄博贝)
12. 黑山威福军司——驻汉居延故城

夏毅宗谅祚时期,还在西平府设翔庆军司,以总领兵事。十二监军司的配置"左距契丹,右抵甘州",其职责在于防备契丹、回纥、吐蕃和北宋。其兵力的具体配置是:"自河北至卧啰娘山七万人,以备契丹;河南洪州、白豹、安盐州、罗落、天都、惟精山等五万人,以备环、庆、镇戎、原州;左厢宥州路五万人,以备鄜、延、麟、府;右厢甘州路三万人,以备西蕃、回纥;贺兰驻兵五万人,灵州五万人,兴庆府七万人为镇守,总三十余万。"[1]

《宋史·夏国传》说西夏有兵"五十余万",这还不包括"别

有擒生十万"和"撞令郎"、"铁骑",若加上恐逾七十五万。笔者以为这七十万不是用于作战的兵力,前面提及西夏实行全民兵役制,故恐是西夏全国十五岁以上"丁"的数字。

西夏全境有多少人口,现无确切资料可考,王安石说:"今陕西一路即户口可敌一夏国",若以此估算,大约只有一百七十万。仁宗庆历年间,赵师民说:"羌贼所盗陕右数州,于本路十二分之二,校其人众,七八分之一,虽兼戎狄,亦不过五六分之一",①若以此估算就更少了。

西夏境内总户数十五万至十八万,极而言之,亦不过二十万户,百万人口上下。以充其量只有一百五十万口的蕞尔小国,即使全民皆兵,也难以达到七十余万的兵力。所以说七十余万为西夏十五岁以上的"丁"口数,大致是符合事实的。

其实西夏能够投入进攻战斗的兵员大致在十五万。《隆平集》云:"德明时,兵十余万而已,曩霄之兵逾十五万。"②《东都事略》亦说:"曩霄有兵十五万八千五百人。"③尹洙的估计则更低:"元昊以七州之地,兼党项之众,计其兵不过十余万。"④至哲宗时,吕陶还说:"今西夏之兵,不满二十万。"亦可为一证。

3.西夏军队的装备与给养

《宋史·夏国传》云:"凡正军给长生马、驼各一。团练使

---

① 《长编》卷一四六,庆历四年二月丙辰,第3545页。
② 《隆平集校证》卷二○《夷狄·夏国》,第603页。
③ (宋)王称撰:《东都事略》卷一二七《附录五》,文渊阁四库全书景印本,第382册,第826页。
④ (宋)尹洙撰:《河南先生文集》卷二三《按地图》,《宋集珍本丛刊》第3册,线装书局,2004年,第473—474页。

以上,帐一、弓一、箭五百、马一、橐驼五,旗、鼓、枪、剑、棍棓、钞袋、披毡、浑脱、背索、锹镢、斤斧、箭牌、铁爪篱各一。刺史以下,无帐无旗鼓,人各橐驼一、箭三百、幕梁一。兵三人同一幕梁。幕梁,织毛为幕,而以木架。"①

这段记载说明两个问题:

一、马匹、弓箭、枪、剑、棍等是必备的作战武器,其他大致属于行军时所需的物品;

二、武器装备以官职高下为准。

虽然西夏农业手工业的总体发展水平远不如北宋发达,但西夏以战争立国,其军工生产水平颇高。西夏占据河西走廊和河套地区的天然牧场,而党项人自古以来,就以善养马而著称,元昊立国时专设有群牧司,以董理养马事业,故西夏骑兵所需的长生马和善马是有着充足来源的。

西夏生产的弓和剑,在当时颇享盛誉,如熙宁年间,向宋神宗进献"最为利器"的神臂弓,即是"本党项羌酋"的李定所为。庄绰《鸡肋编》卷上说:"西夏兴州出良弓,中国购得,云每张数百千,时边将有以十数献童贯者。"②西夏剑更是闻名遐迩,曾被宋人誉为"天下第一"。西夏制作的铁甲,"皆冷锻而成,坚滑光莹,非劲弩可入"。③由此可知,西夏军队的装备是比较精良的。

古代军队给养主要指的是粮草。史称:"西北少五谷,军兴,粮馈止于大麦、荜豆、青麻子之类。其民则春食鼓子蔓、咸蓬子,夏食苁蓉苗、小芜荑,秋食席鸡子、地黄叶、登厢草,冬则畜

①《宋史》卷四八六《外国二·夏国下》,第14028页。
②(宋)庄绰撰,萧鲁阳点校:《鸡肋编》卷上,中华书局,1983年,第33页。
③《长编》卷一三二,庆历元年五月甲戌,第3137页。

沙葱、野韭、拒霜、灰条子、白蒿、咸松子,以为岁计","赍粮不过一旬"。①《隆平集》所讲的这种情况大致属于西夏立国前和立国初期,在这个时期,西夏军队的给养常常得不到保障。

为了获取足够的军队给养,西夏统治者主要采取了四个方面的措施:

一、利用边市贸易,用青盐等物换取粮食;

二、劫夺宋军的粮食给养;

三、积极发展农业生产,使得农牧民能够提供更多的税粮;

四、挖掘宋方边民的粮食窖藏(详见后)。

另外,西夏实行征兵制,其军队的给养不像宋朝绝大部分由国家负担,即"仰天子之食",而是由国家和士卒共同负担。国家负担的给养包括两项:

一是为直接隶属中央禁卫军的特种部队常年提供给养,如"选豪族善弓马五千人迭直,号六班直,月给米二石",②"兴灵之兵,精练者又二万五千。别副以兵七万为资赡"。③

二是为战时提供军饷,但这部分军粮不由政府专门组织人力和物力支前,而是由士卒自身携带,特别是由正军之外的"负担者"承担,故"其民皆兵,居不縻饮食,动不勤转饷","赍粮不过一旬"。士卒负担主要是指在征兵制下,平素无战事,则寓兵于农或寓兵于牧。

---

①《隆平集校证》卷二〇《夷狄·夏国》,第603页。

②《宋史》卷四八五《外国一·夏国上》,第13995页

③《宋史》卷四八六《外国二·夏国下》,第14029页

4.夏宋战争

公元1039年,元昊向宋朝提出称帝的要求,挑起侵宋战争。宋夏战争爆发后,北宋对夏作战屡遭败绩。宋人叶梦得在总结宋夏战争的三大战役时说:"元昊叛,议者争言用兵伐叛,虽韩魏公(即韩琦)亦主其说。然官军连大败者三:初围延州,执刘平、石元孙于三川口,康定元年也。明年,败任福于好水川,福死之,庆历元年也。又明年,寇镇戎军,败葛怀敏于定川寨,执怀敏,丧师皆无虑十余万。"①关于宋夏战争胜负的原因,一般认为西夏之胜在于:1.时出偏师,先发制人;2.举动有次,先易后难;3.择有利地形以深入,据胜地以诱宋师;4.集中优势兵力打歼灭战;5.将帅指挥若定;等等。北宋之败在于:1.命将非人;2.兵不习将,将不专兵;3.兵分势弱,互不应援;等等。这些胜败原因的分析,从当时宋夏双方交战的具体情况来看,基本上是符合事实的,而且这些胜败的原因又主要导源于宋夏双方战前的军事体制。先看宋的军事体制。

北宋统一南方,却始终未能恢复燕云诸州,以改变南北两王朝分裂对峙的既成形势。而宋朝为了扭转自唐末五代以来"兵权所在,则随以兴,兵权所去,则随以亡"②的兵权决定政治的局面,首先解除禁兵宿将的兵柄,又把军事的征发、管理和调动之权分属于不同的机构,并临时命将,使将不知兵,兵不知将,帅无常师,兵无常帅,即兵与将之间的分离,借以避免对皇权造成威胁。行更戍法,疲劳士卒以改变其骄惰习气;同时选拔精锐为禁

---

① (宋)叶梦得撰,宇文绍奕考异,侯忠义点校:《石林燕语》,中华书局,1984年,第134页。

② (宋)范浚著,范国梁点校:《范浚集》卷三《五代论》,浙江古籍出版社,2015年,第42页。

军,只以沙汰后的老弱作为厢军戍守地方,而且分属于位望相等的多位将校,使之互相牵制。宋初统治者对五代以来内部多变的景象,产生了这样一种想法:"内患"比"外忧"更为可怕。宋太宗曾说:"国家若无外忧,必有内患。外忧不过边事,皆可预防。惟奸邪无状,若为内患,深可惧也。"①因此,他们总是把假想敌放在国内,没有把注意力放在边境。这些措施和政策必然削弱自己的军事能力。宋朝在历代统一王朝中养兵最多,但兵力最为不振,对外关系最为屈辱,既不能御敌于国门之外,也不能迅速组织力量驱逐入侵的敌骑。宋夏陕西之战的宋方正是如此。

反观西夏则大不相同。元昊在发动战争之前,西夏刚刚建国,处于新建政权的上升阶段,统治者充满着革新和务实精神。清人吴广成认为这是"更祖宗成规,貌中朝建制",②参照吐蕃及其他民族的兵制,汲取有益的成分,对军事制度进行一系列的变革。西夏军事制度以"抄"为最小单位,由"正军"和"负担"组成,这是脱胎于吐蕃的"组"。"负担"正与吐蕃时代的"仆役"相似。西夏于各地区设立"监军司",也是吐蕃王朝的制度。据《宋史·夏国传》,凡隶正军者得射他丁为抄,"无则许射正军之疲弱者为之",身体疲弱的正军且须降级为抄,则不难知道在征调时,体格较强而武技精湛者被征为正军,体格较弱而武技拙劣者必将被征为抄。因为正军有抄可供驱使,"故壮者皆习战斗,而得正军为多"。③如前所述,元昊将全国军队分置为十二监军

①《长编》卷三二,淳化二年八月丁亥,第719页。
②《西夏书事校证》卷一八,庆历八年、夏天授礼法延祚十一年正月,第215页。
③《宋史》卷四八六《外国二·夏国下》,第14028页。

司,委任豪右分统其众。其兵力的分布是:以七万人戍黄河以备契丹,五万人戍黄河以南备宋朝,又以三万人戍甘州备西蕃、回纥,另于贺兰山驻兵五万、灵州五万、兴州七万以相呼应。其余则分布于各部族之中。当其强盛时,正军之数达五十余万人。凡遇战事,"每有事于西,则自东点集而西;于东,则自西点集而东;中路则东西皆集"。①军队作战,经常采用步、骑两兵种相辅而行的方式。用兵多立虚寨,设伏兵围困敌军,以铁骑为前军,乘善马重甲,刺斫不入,用钩索绞联,虽死马上不坠。遇战则先出铁骑突阵,阵乱则冲击之,步兵挟骑以进。西夏采用征兵制,全民皆兵,平时是生产者,如果有战事,需要调集军队,就用银牌召部落首领面授约束。遇关系重大的战役,在出兵前各部落首领要共同刺血盟誓,以表决心。同时元昊带领着他们一道射猎,猎获野兽,环坐而食,让大家发表意见,然后择善而从,布置作战任务。这说明他们还保留着一定程度的部落军事民主制的传统风习,也可见元昊在建立和完善军事制度的同时,很注意保留本民族的优良传统,并不采取一概否定或全盘肯定的态度。

西夏军队在战斗中,没有宋军那样的虚重首级报功的制度,而是特别注重最后的实际战果。南北宋之际的李纲说:"夏人之法,战胜而得首级者,不过赐酒一杯,酥酪数斤,其赏之如此其轻也,然而得大将、覆大军,则其首领往往不次拔而用之。故其战斗轻首级而不争,乘利逐北,多致大胜。"②

元昊"更祖宗之成规,藐中朝之建制",勇于改革军事制度,

---

①《宋史》卷四八六《外国二·夏国下》,第14029页。

②(宋)李纲撰:《梁溪先生文集》卷一四四《御戎论》,《宋集珍本丛刊》第37册,第525页。

还表现在元昊总结各族人民的军事思想,形成一套适合西夏国情克敌制胜的用兵之法。史称元昊性雄毅,多大略,自幼就把《野战歌》一类兵书放在手边经常钻研,心娴韬略,年轻时即带兵打仗。长期的战争环境将他锻炼成西夏历史上最杰出的军事指挥者。宋人将他概括为"包藏变诪,图全择利",[①]"先谋而后战,吝啬财用,爱惜人命"。元昊的一系列军事创制不仅增强了西夏军队的战斗力,而且其军事思想更有利于调动人的主观能动性。西夏前期和宋辽鼎立,相对来说虽是国小民少、财力贫乏,但对宋军作战常操胜算,与辽结盟也能自立而不示弱。

他的军事思想为后继的西夏统治者所遵循,"大抵夏人用兵,皆本元昊之法"。[②]

三、西夏中后期的政治

1.崇宗至仁宗时期的政治概况

天安礼定二年(1086),秉常死,其子乾顺三岁即位,是为崇宗。母后梁氏掌权,沿边与宋朝多处开战,先后偕乾顺攻打宋朝的环州(今甘肃环县)、鄜延路(今陕西延安、富县一带)和平夏城(今宁夏同心县南),动辄兴兵四五十万之众。后梁太后与其弟梁乙逋发生矛盾,于天祐民安四年(1093)讨杀梁乙逋。永安

---

① 《长编》卷一三二,庆历元年五月甲戌,第3131页。
② 参见(宋)赵汝愚编:《宋朝诸臣奏议》卷一四〇张舜民《上徽宗论进筑非便》,第1585页。

元年（1098）梁太后死，乾顺开始亲政，与辽结好，并请婚于辽。贞观四年（1104）辽以成安公主嫁乾顺。此时女真兴起于辽的腹地，方腊、宋江聚义于北宋的腹心，西夏边界战事减弱。元德四年（1122）金打败辽国，西夏遂改事金朝，俯首称臣。西夏在金兵以破竹之势南下灭辽攻宋斗争中，乘机夺取宋西部部分土地，扩大了版图。大德五年（1139）乾顺死，他在位长达五十四年。

　　崇宗乾顺死，其子仁孝即位，是为仁宗。第二年金朝册仁孝为夏国王。同年夏州统军契丹人萧合达据城叛变，围攻州城。仁孝派外戚任得敬率兵讨平，封任得敬为西平公。大庆四年（1143）因境内饥荒，灾祸频生，爆发了规模很大的人民武装起义，又派任得敬领兵镇压。人庆三年（1146）金朝以德威城（今甘肃靖远县西南）、西安州（今宁夏海原县）、定边军（今陕西吴旗县西北）等地赐与夏国，两国关系融洽。天盛元年（1149）任得敬入朝为尚书令，旋即升为中书令，再晋升为国相，掌握了西夏的军政大权，其弟、侄辈都被擢升要职。后来他晋爵为楚王。乾祐元年（1170）仁孝在任得敬的胁迫下，欲将西南路及灵州一带划归任得敬。金世宗对属国的这种不正常局势未与允准。不久，仁孝用计诛杀任得敬及其党羽，以蕃汉教授斡道冲为中书令，后升为国相。这一时期金朝南下侵宋，西夏依附于金而得以自保。西夏和宋朝之间因有金地相隔，交往不多，但宋曾不止一次和西夏联系，希望联合图金，终未如愿。

　　厘定法律。法律是集中体现统治阶级意志，维护国家统治秩序的工具之一。西夏建国之初，要把散漫的蕃族部落团结起来，并使民族风习各有差异的吐蕃、回鹘、汉、契丹、蒙古等族置于以党项族为首的西夏政权统治之下，结成有秩序的统一体，以法律作为强制手段是客观形势所使然。史称元昊"晓浮图学,通蕃汉文字,案上置法律",①足见他对完备政法制度、规范统治秩序是非常重视的。曾巩说:"蕃族有和断官,择气直舌辩者为之,以听讼之曲直,杀人者,纳命价百二十千。"②可见已初步建立了司法制度。

仁宗为巩固其封建统治,将前代法律修改增补汇编成《天盛年改旧定新律令》,全书共二十章,是一部仿照宋朝政书编修的西夏政治制度和法令的汇编。夏神宗遵顼时又有《光定猪年新法》的编纂。经过改革厘定后的西夏法律有着严格的诉讼程序和审讯办法。仁宗乾祐二十一年(1190)党项人骨勒茂才编撰的《番汉合时掌中珠》云:

> 诸司告状,大人嗔怒,指挥局分,接状只关,都案判凭,司吏行遣,医人看验,踪迹见有。知证分白,追干连人,不说实话,事务参差,枷在狱里,出与头子,令追知证,立便到来。子细取问,与告者同,不肯招承,凌持打拷,大人指挥……伏罪入状,立便断止。③

保存下来的西夏文刊本残页(或系"狱典"之类的残篇)记有如下文句:"无论何人昔日作恶多端,入狱需教以正道,使其明了罪恶性质及大小程度,不得由官家任其赡养。"④《杂字》论语

①《宋史》卷四八五《外国一·夏国上》,第13993页。
②《隆平集校证》卷二〇《夷狄·夏国》,第604页。
③《番汉合时掌中珠》,第133—137页。
④〔苏〕戈尔芭切娃、克恰诺夫:《西夏文写本与刊本》,莫斯科东方文献出版社,1963年。

第十三中包括一系列刑审程序词语,从申陈、告状、干连、勾追、因依、罪衍、取问、分析、公讼、受贿、受罚、受承、决断、徒役、投状、裁评、入案,共十七种,有的词语如受贿、受罚、徒役、裁评等都是《番汉合时掌中珠》中所没有的。这说明西夏中后期民事诉讼的程序和审讯办法日趋严密和完善,与宋比较,大致雷同。

完善官制。元昊时期,西夏官制和机构已颇具规模,随着帝制国家的发展,西夏的官职和机构在中后期又有了新的变革。《杂字》官位部和司分部比较全面、系统地罗列了西夏后期国家官职和机构名称。现转列如下。

(官位部第十七:)皇帝、陛下、皇后、皇子、皇母、太后、后妃、正宫、监国、太子、太师、太傅、太保、少师、少傅、少保、元帅、国王、尚书、令公、诸侯、太王、三公、大臣、平王、郡王、嗣位、公主、夫人、帝师、国师、法师、禅师、上天、驸马、太尉、皇侄、星勒、相公、宰相、皇女、皇妃、阁门、谒典、纠弹、光禄、大夫、令尹、少尹、副使、判使、僧官、僧正、僧副、僧判、僧录、府主、通判、签判、宗亲、座主、儒人、僧人、学士、秀才、文人、举子。

(司分部第十八:)朝廷、中书、密院、经略、中兴、御史、殿前、提刑、提点、皇城、三司、宣徽、金刀、瓯匦、工院、瞻视、化雍、治源、绣院、巡防、平准、天监、教坊、恩赦、留守、曲务、巡检、翰林、受纳、刺史、酒务、监场、内宿、承旨、都案、案头、司吏、都监、勾当、点察、功德、道德。

这两部分资料记录的西夏职官和机构,与西夏前期的职官和机构有两点不同,一是职官和机构愈分愈细,这是政治制度已较发达的表现;二是前期的官制改革多属政治军事方面的,而中后期的改革,有关社会经济文化方面的内容有了明显的增加。如:瓯匦、工院、绣院、平准、曲务、酒务、监场、天监、教坊等,这与中后期社会经济迅速发展相吻合。

2.西夏晚期的政治与衰落

乾祐二十四年（1193）仁宗死,他的儿子纯祐继位,是为桓宗。桓宗继位之时,西夏王国经历了乾顺、仁孝的繁盛而开始走向衰落。这时西夏仍与金保持友好的关系。蒙古崛起于漠北,其首领铁木真于西夏天庆十二年（1205）开始进攻西夏。第二年镇夷郡王安全在太后罗氏的帮助下,废桓宗而自立,是为襄宗。铁木真统一蒙古后,称成吉思汗,于西夏应天二年（1207）再伐西夏。四年（1209）,蒙古再以强兵劲旅攻西夏。西夏世子承祯拒战被俘,副元帅高逸、太傅西壁讹答、元帅嵬名令公也先后被俘。蒙古兵围中兴府（即兴庆府,今宁夏银川市）,引河水灌城,襄宗不得已献女请和。皇建二年（1211）襄宗被废,族子、大都督府王遵顼自立为帝,是为神宗。夏神宗统治期间,连年对宗主国金朝发动了一系列旨在经济掠夺的战争。西夏和金国十多年的战争,造成了作战双方特别是西夏的困惫,给蒙古统治者提供了顺利征服的机会。光定十三年（1223）,夏神宗禅位于太子德旺,是为献宗。献宗欲联合漠北诸部落,结成同盟抗拒蒙古,但面临危亡的政局,已无回天之力。成吉思汗派兵攻打夏国沙州、银州,德旺不得已乞降。乾定四年（1226）,成吉思汗率大军伐夏,攻占黑水城（今属内蒙古额济纳旗）、沙州、肃州、甘州、西凉府,德旺被蒙古人的坚甲利兵所迫,忧悸而死。其侄南平王睍继位,是为末帝,不久蒙古军占领灵州,进围中兴府。末帝睍力屈请降,旋即被杀。这个雄踞西北近两个世纪的国家终告灭亡。

西夏晚期的三十多年中,先后五易君主,其中两个皇帝相继被废,内乱频仍。由于政治局面动摇不安,西夏的社会经济必然要遭到巨大的破坏,蒙古的长驱直入几乎使西夏的主要农牧地区都受到战火的洗劫。沙州等地接连受到三次蹂躏,很多人在战乱中逃避他乡,不少人伤病死亡,哀鸿遍野,生产力遭到严重破坏。西夏晚期在政权衰败瓦解的同时,其社会经济也已经破败不堪了。

3.西夏对外政策的转变与西夏的败亡

西夏立国之时,周围先后出现了众多的民族政权,其中举足轻重互相抗衡者则为宋、辽、金。西夏先同北宋和辽鼎足而立。后又与金和南宋鼎足而立。如何处理与邻邦大国的关系,是关乎西夏生死存亡的大问题。旧史家总结其对外政策时指出,西夏"立国二百余年,抗衡辽、金、宋三国,偭(背离)乡(倾向)无常,视三国之势强弱以为异同焉"。①这段评语实乃西夏近二百年对外政策之大要。兹分述如下。

在西夏兴起时,内地已有宋、辽两个王朝南北对峙,西夏得以利用它们之间的矛盾,结辽抗宋或侵宋。辽宋的矛盾得从五代说起。五代之初,中原陷入分裂割据的混乱局面,而东北崛起的契丹族占据了北中国的大部分土地,更成为在中原立国的各代王朝的严重威胁。夏州政权当时名义上虽是内地王朝的一部分,但这些王朝自顾不暇,夏州政权实际上是独立的,如受干涉便立即掀起反叛。如933年后唐明宗不许西夏李彝超承袭,命安从进进讨,结果"四面党项部落万余骑薄其粮运,而关辅之人

---

①《金史》卷一三四《外国上·西夏》,第2877页。

运斗粟、束藁,动计数千……复为蕃部杀掠,死者甚众",①终于被迫退兵,仍然以承认夏州政权事实上的地位而恢复双方的传统关系。自从后晋割让燕云十六州给契丹以后,契丹日渐强大,及至北宋建国,便成为北宋的严重威胁。北宋统一南方,却始终未能恢复燕云诸州,以改变南北两王朝分裂对峙的既成形势。

当时与宋对峙的辽国保留初始的军事组织,极为好战,使宋朝穷于应付。西夏利用这种形势,对辽国称臣纳贡,结为姻亲。自公元986年李继迁降附契丹,结婚辽室,"李继迁引五百骑款塞,愿婚大国,永作藩辅。诏以王子帐节度使耶律襄之女汀封义成公主下嫁,赐马三千匹"。②元昊时又娶辽国的兴平公主,接受辽王朝的封号。宋朝对于西夏与契丹互为犄角,是深感棘手的。刘平认为这就像"一身二疾,不可并治"。③富弼也说:"顷者,元昊援契丹为亲,私自相通,共谋寇难。缓则指为声势,急则假其师徒,至有犄角为奇,首尾相应。彼若多作牵制,我则困于分张。盖先已结大敌之援,方敢立中原之敌。"④不过,元昊建国后,屡败宋军,声势大振。庆历和约的订立,使宋夏的紧张关系暂时缓和。而这时夏辽之间的关系因经济利益和其他因素,一度紧张起来。接着便从1043年到1049年先后爆发大规模的战争,其结果却多是以西夏的胜利而告终。

惠宗秉常继位以后,夏宋间的军事实力对比逐渐发生新的变化,西夏失去了旧有的优势,因此对辽朝的依赖也就迫切起

① 戴锡章编撰,罗矛昆点校:《西夏纪》卷首,宁夏人民出版社,1988年,第30页。
② 《辽史》卷一一《圣宗二》,第127页。
③ 《宋史》卷三二五《刘平传》,第10502页。
④ 《长编》卷一二四,宝元二年九月,第2927页。

来。1071年宋军攻占罗兀城,西夏向辽乞援,辽朝答应发兵三十万助战,才使西夏安定。西夏为了加强和辽朝的联系,除经常遣使朝贡庆吊外,还进献回鹘僧金佛《梵觉经》及贝多叶佛经等。乾顺倾慕高度发达的汉族文明,在武备方面无论实力还是斗志都不及他的祖辈。因此西夏对宋作战,失败的次数越来越多,向辽乞援的使臣不绝于途。宋徽宗统治时期实行开边政策,加强了对西夏的压力。乾顺为了争取外援,不断遣使辽朝,卑辞厚礼,请求联婚。辽天祚帝始以族女南仙封成安公主许嫁。乾顺这时依靠辽朝的斡旋和支持,不仅顶住了宋朝的压力,还维系了内部的人心,从而把西夏政权稳定下来。西夏因客观形势需要加强对辽合作,所以直到女真兴起,辽国濒临灭亡的前夕,夏辽之间都保持着亲密的关系。辽在金兵的猛烈攻击下,节节败退,西夏仍调兵遣将援助辽,当辽天祚帝为金兵所追袭而过着流窜的生活时,乾顺遣大臣向他问候起居,并馈赠粮饷。1123年天祚帝兵势单弱,走投无路,乾顺邀请他到西夏避难。天祚帝为表示谢意,还酬答了乾顺一个夏国皇帝的封号。两年后,天祚帝做了金朝的俘虏,西夏这才改事金朝,俯首称邦。

金继灭辽之后,又于1127年灭亡北宋。金占领了黄河流域的大片土地后,西夏完全处在强悍犷野的金朝包围之中。而赵宋南渡后,与西夏基本上处在隔绝状态。因而西夏王国至此之后,与金国有着密切的关系,和南宋王朝的关系则居于次要。金立国之初,忙于用兵南宋,对西夏采取拉拢的政策,并许以土地"下寨以北,阴山以南,乙室耶刮(一作剌)部吐禄泺之西"。①西夏统治者慑于金人强大的武力,承认用事辽之礼事金,并应允

①《金史》卷一三四《外国上·西夏》,第2866页。

如辽天祚帝奔夏境,一定执献金朝,从此两国便正式建立了政治上的主从关系。但是,金朝虽允诺以土地作为拉拢西夏的筹码,实际上并未付诸实践,并从西夏乘北宋灭亡之际所扩大的版图中夺取部分州县,使金夏关系一开始就潜伏着一种危机。在宋金订立绍兴和议前,南宋政府也曾企图联络西夏以牵制金国,虽几经联络,但成效甚微。西夏和南宋的隔绝,对西夏来说是很不利的,因为它失去了使西夏政权长期用以供给自身的种种经济利益。同时,西夏和南宋的隔绝,在对外关系上,已不像宋、辽、夏对峙时那样利用辽宋间的对峙和矛盾,可以纵横捭阖。现存文献中,有谓西夏在这个时期曾两度遣使南宋,但《宋史》本纪上完全没有记载,可能只是一种性质不关重要的普通联系。因此,夏金之间的关系缺少第三种制衡力量,而显现出一种赤裸裸的政治经济利害关系。从夏仁宗继位到蒙古兴起于塞北大草原,夏金的关系总体上保持着一种和平,当然局部的小规模战争也时有发生。而这些小规模的战争主要是由于西夏不满金朝给它划定的疆界,以及实施限制贸易的政策而发动的。加以金章宗时接待夏使十分傲慢,凡此种种都使双方关系日趋恶化。而金统治者在迅速汉化的同时,也迅速腐朽,兵力日弱。西夏虽卑辞厚币,称臣纳贡,却并非真心畏服,因而常以武力进行掠夺式的战争,来补偿经济贸易上的损失。

13世纪初叶,由于蒙古势力的兴起和南侵,金夏关系便重新恶化了。公元1209年蒙古骑兵第三次向西夏发动攻坚战,包围了西夏首都中兴府,夏襄宗急忙派使臣向金朝求援,金卫绍王不听从大臣主张联夏抗蒙的建议,竟抱幸灾乐祸的态度,遂置西夏于危难而不顾。西夏孤立无援,只得纳女请和,订立城下之盟,才度过危机。由此西夏对金耿耿于怀,次年蒙古向金发动大规模进攻,陷西京,破西北诸州,并在会合堡(今河北怀安县)击溃金兵主力四十万人,突入居庸关,直逼中京(今北京)城下,然后凯旋。这时襄宗被废,神宗遵顼继立,对于金朝所遭的危机,不仅抱着"幸灾乐祸"、坐山观虎斗的态度,而且乘金兵一蹶不振,"侵掠边境,而通使如故"。[①] 在他的统治时期,除年年不断向金发动侵扰战争外,还对在兰州先后发生的程察逊和李甲的叛金事件给予有力的支持。同时又联络宋朝的四川军政长官,企图夹击金朝,[②] 收复失地,而且多次派兵参加这一时期蒙古军对金作战的行动。金对西夏的举动非常恼火,亦想伺机给以报复性打击,然自身难保,无暇顾及。《金史·西夏传》说:"自天会议和,八十余年与夏人未尝有兵革之事。及贞祐之初,小有侵掠,以至构难十年不解,一胜一负精锐皆尽,而两国俱弊。"[③] 的确,夏金两国在大敌当前的严峻时期进行连年的战争,彼此都大大削弱了防御力量,真所谓鹬蚌相争,渔翁得利,为蒙古的进攻创造了极有利的条件。直到公元1224年夏金两国才议和成功,"自称兄弟之国",但已为时太晚。至此,西夏迫临灭顶,而金朝离亡国也为期不远了。

附:西夏的皇位传承与纪年

景宗元昊(1032—1048年在位)

    明(显)道3年:壬申1032年—甲戌1034年

    开运1年:甲戌1034年

---

①《金史》卷一三四《外国上·西夏》,第2871页。
②《西夏史稿》,第117页。
③《金史》卷一三四《外国上·西夏》,第2876页。

广运3年:甲戌1034年—丙子1036年

大庆3年:丙子1036年—戊寅1038年

天授礼法延祚11年:戊寅1038年—戊子1048年

毅宗谅祚(1048—1067年在位)

延嗣宁国1年:己丑1049年

天祐垂圣3年:庚寅1050年—壬辰1052年

福圣承道4年:癸巳1053年—丙申1056年

䚒都6年:丁酉1057年—壬寅1062年

拱化5年:癸卯1063年—丁未1067年

惠宗秉常(1067—1086年在位)

乾道2年:戊申1068年—己酉1069年

天赐礼盛国庆5年:己酉1069年—癸丑1073年

大安11年:甲寅1074年—甲子1084年

天安礼定2年:乙丑1085年—丙寅1086年

崇宗乾顺(1086—1139年在位)

天仪治平4年:丁卯1087年—庚午1090年

天祐民安8年:庚午1090年—丁丑1097年

永安3年:戊寅1098年—庚辰1100年

贞观13年:辛巳1101年—癸巳1113年

雍宁5年:甲午1114年—戊戌1118年

元德8年:己亥1119年—丙午1126年

正德8年:丁未1127年—甲寅1134年

大德5年:乙卯1135年—己未1139年

仁宗仁孝（1139—1193年在位）

    大庆4年：庚申1140年—癸亥1143年

    人庆5年：甲子1144年—戊辰1148年

    天盛21年：己巳1149年—己丑1169年

    乾祐24年：庚寅1170年—癸丑1193年

桓宗纯祐（1193—1206年在位）

    天庆13年：甲寅1194年—丙寅1206年

襄宗安全（1206—1211年在位）

    应天4年：丙寅1206年—己巳1209年

    皇建2年：庚午1210年—辛未1211年

神宗遵顼（1211—1223年在位）

    光定13年：辛未1211年—癸未1223年

献宗德旺：（1223—1226年在位）

    乾定4年：癸未1223年—丙戌1226年

末主睍：（1226—1227年在位）

    宝义2年：丙戌1226年—丁亥1227年。

四、社会经济的发展

党项早期的经济以狩猎、畜牧业为主，随着西夏政权及王国的建立,统治范围日益扩大和受中原文明的影响,发展农业经济便成为夏州政权统治者议事日程上的大事,继迁晚期已开始注意农业生产,宋真宗咸平五年(1002)西夏境内大旱,继迁令蕃汉人民引河水灌溉农田。到德明统治时代,由于他大力发展农业,西夏的农业比继迁时代有了较大幅度的提高。宋仁宗时范仲淹在其著名的《答赵元昊书》中追述德明时代的农业生产的盛况时指出:"塞垣之下,逾三十年,有耕无战,禾黍云合。"①这说明西夏在农耕化的道路上大大迈进了一步。同时,德明又采用多种多样的手段,从宋朝取得优厚的经济利益,大大地积累了物质财富。

公元1007年,德明请求在保安军(今陕西志丹县)设置榷场,听许蕃汉贸易。宋朝以缯、帛、罗、绮等物品与党项族的驼、马、牛、羊、玉、毡毯、甘草交换,以香药、瓷、漆器、姜、桂等物与夏州政权交换蜜蜡、麝脐、毛褐、羱羚角、硇砂、柴胡、苁蓉、红花、翎毛。除官方贸易外,还允许民间自由来往贸易,"入贡至京者纵其为市"。②德明派往宋朝的使者,总是川流不息。他们在道途中和宋朝百姓私下贸易,卖不掉的货品,还要官府代为收购,又往往购买违禁物品,逃避纳税,甚至还在宋朝境内打造成批的武器,带回西夏。

总之,德明时期的社会经济的发展,对壮大西夏的势力起了不可忽视的作用。首先是为他的后继者元昊的称帝建国以及进行侵宋抗辽战争,准备了一定的物质条件。韩琦、范仲淹指出:

---

① 《范文正公全集》卷一〇《答赵元昊书》,见《范仲淹全集》,中华书局,2020年,第211页。
② 《宋史》卷一八六《食货志下八·互市舶法》,第4563页。

"从德明纳款后,来使蕃汉之人,入京师贾贩,憧憧道路,百货所归,获中国之利,充于窟穴,贼因其事力,乃兴兵为乱。"[1]通过贸易,实行经济文化交流,这对于提高党项民族乃至整个西夏的物质和精神生活,对于西夏的文明进程,无疑都起了一定的积极作用。[2]

宋仁宗天圣六年(1028),德明派遣他的儿子元昊向西攻占甘州(今甘肃张掖)、凉州(今甘肃武威)。此后,瓜州(今甘肃瓜州)、沙州(今甘肃敦煌)及回鹘也来降服。这就大体上奠定了建立西夏王朝的版图基础,清人吴广成在评价德明三十年政绩时说道:"德明当西凉大创之后,诸戎叛涣之初,……表守遗言,朝聘之使,往来如家,牛羊缯帛,彼此各受其利,塞垣之下,有耕无战,逾三十年,殆所谓识时务者耶!迨使俸赐既赡,兵力亦完,然后东战契丹,南扼苍耳,北城怀远,西拔甘凉。粟支数年,地扩千里,夏国之业,实基于此。元昊虽雄,非借德明燕翼,其遂夜郎自大乎。呜呼!虽曰偏据,亦云伟哉。"[3]吴广成这段言简意赅的评语,大体上不失平允和中肯。

从元昊至崇宗时期的西夏统治者,除注意政治军事等方面的改革外,还十分重视发展经济,特别重视农业。元昊时不仅修理秦家、汉延、唐徕等渠道,还在已废弃古渠的基础上开凿新渠,后世称为"昊王渠"。这些水利设施对西夏的农业发展起了重要作用。元昊与宋朝和好后,宋朝重新开放了保安军榷场,又新开镇戎军(今宁夏固原)高平寨榷场,恢复了中断的宋夏贸易,

---

① 《长编》卷一三九,庆历三年正月乙卯条,第3351页。
② 详见李蔚:《略论李德明》,《兰州大学学报》1988年第1期。
③ 《西夏书事校证》卷一一,论赞,第131页。

这样就进一步加强了双方的经济交流。从毅宗谅祚到崇宗乾顺时期,西夏经济仍在不断发展,为了扩大耕地,西夏常以武力争夺宋朝沿边耕地。如福圣承道三年(1055)、奲都元年(1057)没藏讹庞率兵侵耕宋麟州(今陕西神木以北地区)屈野河的土地;大安二年(1075)梁乙逋使西夏人耕种绥德城(今陕西绥德县)的土地。

从崇宗乾顺到仁宗仁孝时期(1086—1193),西夏的社会经济有了较大的发展。在农业方面,首先自元昊以来重视兴修水利事业,元昊时修建的水利工程对当时及后来的农牧业曾发生过十分重要的作用。在两个世纪后的元朝初年,董文用、郭守敬等"疏兴州古唐来、汉延二渠,及夏、灵、应理、鸣沙四州正渠十、支渠大小共六十八,溉田十万余顷"。[1]此即可以约略想见西夏旧有的水利灌溉规模。而河西走廊自汉唐以来亦是宜农宜牧的重要经济区。在甘州、凉州一带则利用祁连山雪水,疏浚河渠,引水溉田,"甘、凉之间,则以诸河为溉"。[2]西夏统治者为了有效地管理好水利灌溉事业,还专门制定了有关水利灌溉的规章制度。如仁宗年间编撰的《天盛改旧新定律令》就具体规定了水利设施和水的使用办法。

其次,采用汉族比较先进的生产工具和生产技术知识。关于西夏使用的生产工具,西夏中后期编撰的《文海》《番汉合时掌中珠》《杂字》均有记载,当时有犁、耙、锹锸、镰刀、磨、铧、耧、碌碡、包杈、锄等工具。还有井上汲水器"桔槔",这种工具

---

① (明)胡汝砺编,管律重修:《嘉靖宁夏新志》卷四《沿革考证》,宁夏人民出版社,1982年,第271页。
② 《宋史》卷四八六《外国二·夏国下》,第14028页。

是在井旁树上或架子上系一杠杆,一端挂水桶,一端坠大石块,一起一落,十分省力。这种汲水工具,在没有水渠的地方可抗旱增产,至今有些地方还在使用。《杂字》中还有一种生产工具叫作"扬躲",又称扬扇、扇车或风车,是利用机械扇风把谷类的壳和米粒分开的一种工具。这在当时是生产力较为发达的标志。此外,西夏已较普遍地使用牛耕,《文海》解释(牛)杠为"农用(牛)杠牛拉犁者"。这种使用牛挽杠耕田的耕作方法,在榆林窟西夏壁画的犁耕图中有生动的描绘。图为二牛挽一犁,作二牛抬杠式,后有一人扶犁。这表明盛行于宋代的一人一犁二牛的牛耕田法被西夏人采用。《文海》解释"耧"为"埋籽用,汉语耧之谓","种"释作"撒谷物籽种田地之谓",这表明西夏人的播种方式有耧播与撒播两种。《杂字》中出现的农作物、果木有糯米、秫米、大麦、小麦、小米、青稞、豌豆、绿豆、大豆、豇豆、红豆、荞麦、稗子、桑麻、梨、果、石榴、柿子、林檎、榛子、橘子、杏仁、李子、木瓜、胡桃、蔓菁、萝蒲、葱、蒜、杏梅、桃梅、南枣、回纥瓜、南瓜、冬瓜、青蒿等。虽然《杂字》所记并不完全是西夏境内的事物,但西夏人通过与宋的交往,十分了解内地农耕的发展状况。宋人说:"西羌之俗,岁时以耕稼为事,略与汉同。"①西夏统治者鼓励人民开垦荒地,凡开垦荒地受到法律保护。《天盛改旧新定律令》明文规定,生荒地归开垦者所有,并可以出卖。但需要指出的是,西夏肯定的荒地或扩大的农耕土地,见于史载的多在宋夏沿边的毗邻地区,即用侵耕宋地的办法去达到扩大耕地面积的目的。如前面提到的谅祚时期侵耕宋屈野河之地,崇宗乾顺时还侵耕了河东窟野河一带的土地。宋人言:"以边事未定,人

---

① 《长编》卷一三五,庆历二年二月辛巳,第3222页。

人未能休息之故,所得地土并各荒闲,耕垦全未成次第,边人为言曰:'城里是汉家,城外是蕃家。'"①上述侵耕事件激化了宋夏间的矛盾,也反映了西夏统治者对开垦荒地、增加生产的高度重视。

由于水利的兴修,各地农田及时得到了灌溉,"岁无旱涝之虞"。②加之牛耕普遍使用,开垦荒地,采用汉人先进的生产技术,因此,西夏粮食产量有所增加。③在与宋交界的沿边一带,西夏政府掌握了大量的窖藏谷米。德靖镇(今陕西志丹县西)七里平山上有谷窖大小百余所,贮粮八万。桃堆平的"国官窖","密密相排,远近约可走马一直"。④鸣沙川的"御仓",窖藏米更多至百万。⑤在葭芦、米脂地区,有人艳称的"歇头仓"良田不啻一二万顷,夏人名为真珠山、七宝山,"言其多出禾粟也"。⑥贺兰山西北还有"摊粮城",⑦是西夏后方的储粮地。龛谷(今甘肃榆中)城垒坚固,极多窖粟,夏人号为"御庄"。⑧储存如此之多的粮食,从一个侧面反映了西夏农业的发展。

畜牧业是西夏另一重要经济部门。西夏境内的党项、回鹘、吐蕃等族人民主要从事畜牧业。西夏境内土广而人不甚众,特别是横山山界以北和右厢河西走廊地带旷地极多,成为宜于畜牧业发展的主要区域。《文海》有关畜牧业的词条达一百条

①《长编》卷五〇五,元符二年春正月丁巳,第12035页。

②《宋史》卷四八六《外国二·夏国下》,第14028页。

③ 参见李蔚:《试论西夏的历史地位》,《兰州大学学报》1989年第1期。

④《长编》卷三一九,元丰四年十一月辛卯,第7714页。

⑤《长编》卷三一八,元丰四年冬十月辛巳,第7697页。

⑥《宋史》卷一七六《食货志》引吕惠卿《营田疏》,第4269页。

⑦《长编》卷一六八,皇祐二年四月丁丑,第4039页。

⑧《宋会要辑稿》兵一四之一八,第7001页。

以上。"牧"字释作"管理牧畜,寻找水草也"。西夏牧民所驯养的牲畜以羊、马、牛及骆驼为大宗,以加工畜牧业产品为特色的手工业,还没有从畜牧业经济中分离出来。《文海》中反映了牧民如何加工畜产品的情况,如酥油、奶渣等乳类制品,其制法与现今蒙、藏牧民差不多。过去在黑水城曾发现西夏天庆十一年(1204)典麦残契,①内有党项人以皮毛、皮毯、帐毡等向汉商典借粮食的记载。由此可见,马、驼、牛、羊和畜产品是西夏与其周围民族贸易的主要输出品。

农牧业的发展,又促进了手工业和商业的繁荣。西夏的手工业主要由官府掌握。据《杂字》载,西夏的工匠有银匠、鞍匠、花匠、甲匠、石匠、桶匠、木匠、泥匠、索匠、纸匠、金匠、铁匠、针匠、镟匠、笔匠、结丝匠,还有从事漆油、鞘鞘、鞘辔、伞盖、赤白、弓箭、销金、捻塑、砌垒、扎抓、彩画等行业的工匠。由这么多的专业工匠来看西夏的社会分工,应当说是有一定水准的。西夏手工业的实际发展文献记载较少,现就较为突出的几项手工业——冶造业、制盐业、纺织业、造纸业、砖瓦业等作些介绍。

冶造业:西夏境内多山,矿藏丰富,元昊时在夏州东设"铁冶务"制造甲胄兵器,所用的燃料是木炭或石炭。榆林窟壁画中的锻铁图亦表明西夏锻铁已用竖式风箱。史载西夏所造甲胄兵器"皆冷锻而成,坚滑光莹,非劲弩可入",②西夏人的剑,也受到当时人的高度珍视,享有"天下第一"的盛誉。③由此可以想见西夏冶造技术的水平。

---

①《敦煌资料》第1辑,中华书局,1960年,第474—480页。
②《长编》卷一三二,庆历元年五月甲戌,第3137页。
③(宋)太平老人撰:《袖中锦》不分卷《天下第一》,《丛书集成新编》第87册,第259页。

制盐业:盐州(今陕西定边)的盐池盛产青白盐,质量很好,生产规模"岁调畦夫数千"。西夏人常用池盐与邻近的蕃汉民交换谷物等。

纺织业:西夏的纺织原料主要是麻和牲畜皮毛,尤以制作毡片、毯子和纺织毛布毡为各地最具普遍性的家庭副业。毛纺织品除了满足境内居民的日常需要外,质地优良的毡毯,更是外销的名贵商品。马可波罗曾盛赞西夏境内制造的驼毛毡是世界最美丽的毡。

造纸业:西夏设有"造纸院",自己造纸,也在与宋贸易中输入纸张,并从宋引进造纸技术。西夏纸的品种多,质量亦不同。黑水城出土的大量西夏文书和刊本,多是使用西夏人自造的纸,其质量品种从厚而坚密的、光滑的纸和胶合纸到透明的像现代卷烟纸一样的纸都有。纸的颜色有白、灰、褐、黄等。据研究,西夏用麻、树皮等作为造纸的原料。

砖瓦业:砖瓦是建成辉煌壮丽的高屋大厦的基本材料,西夏早期的民房,大都为木架结构,后来随着生产的发展,才开始用砖瓦盖房,到后期西夏政府里就设有"砖瓦院"。《文海》中对"砖"字的解释是"和土揉泥,烧则名砖是也"。这说明了西夏人和泥制砖坯烧砖的过程。西夏还烧造琉璃瓦。此外,西夏的酿造业、陶瓷业等也有一定规模的发展。

西夏的商业:一般认为西夏对外贸易,即对宋、辽、金、回鹘等邻邦的贸易,比国内贸易发达。西夏输出的商品主要是牲畜、皮毛等畜产加工品、盐、药材、土产、珠玉和良弓等,输入的商品主要有粮食、茶叶、丝帛百货、金属等。贸易的主要渠道有三。一是官方的榷场贸易。在西夏与宋、辽、金等国交界处,经过双方政府商定设有一定数量的大小榷场、和市,有固定的贸易场地,有牙人评定货物等级。政府还"差官督辖蕃汉客旅,除违禁物色外,令取便交相博易,官中止量收汉人税钱,西界自收蕃官税例"。[1]二是民间私市贸易。这种形式的贸易尤在宋夏双方关系紧张,官方贸易遭禁止时更具重要意义。三是西夏遣往宋朝的使者兼做商人,西夏使人"入贡至京者纵其为市",[2]金占领北方后,西夏使人到了京城,"听留都亭贸易"。[3]有关西夏国内贸易的材料非常少,据《凉州重修护国寺感通塔碑》的记录,"况武威当四冲地,车辙马迹,辐凑交会,日有千数"。[4]于此大致可以管窥西夏中后期城镇商业的兴盛。据史载,在西夏内部或西夏与宋辽的贸易,起初都是实物交换,后来才使用宋朝的货币。西夏钱的铸造可能始自元昊时期,但设钱监专司铸钱则始于仁孝时期设立通济监。[5]西夏的商业贸易亦经过了由实物交换到以货币计值为主的发展序列。迄今所知,在西夏与宋、辽、金交界地区考古发现了大量窖藏钱币,甚至在我国东北、湖南、湖北等距离西夏疆域很远的省区都出土过西夏钱币。另外随着商业的发展,西夏境内还出现了借贷关系和高利贷。从甘肃武威发现的西夏欠款单和黑水城出土的西夏天庆十一年(1204)典麦残契上,可以了解到西夏的借贷关系和典商高额剥削的一些情况。

　　以上很简要地勾勒出西夏社会经济发展的基本轮廓。这个轮廓所昭示出的西夏社会经济的发展水平,虽然与宋朝还有相当大的距离,但是从与内地相似的农耕技术到手工业的分工,从

---

① 转引自《西夏史稿》,第182页。

②《宋史》卷一八六《食货志下八·互市舶法》,第4563页。

③《金史》卷一三四《外国上·西夏》,第2870页。

④ 曾晓梅、吴明冉集释:《羌族石刻文献集成》,巴蜀书社,2017年,第1042页。

⑤《宋史》卷四八六《外国二·夏国下》,第14025页。

经济契约（即卖地文契和典当残契）的发现到商业货币经济的发展，无不说明西夏的社会经济自元昊建立帝制政权后，有了长足的发展。

五、《西夏经济文书研究》对西夏社会得出的重要认识

史金波在大量翻译西夏社会经济文书的基础上，结合西夏法典和其他资料进行研究，力图再现西夏社会的人口、土地、税收、物价、借贷、买卖、租赁、交换、互助等具体情况，并进一步研究西夏的社区组织、基层军事组织，以及农业、牧业和手工业，得出了一些可以弥补此前研究不足的新认识。

1. 关于农业税制与农民纳税负担

作者认为西夏有以耕地多少缴纳农业税的制度，这是一种固定税制。黑水城地区每亩地交纳税杂粮0.1斗，即1升，缴纳小麦0.025斗，即0.25升。以耕地面积课税是最普通的制度，也是中国历代相传的主要税法，西夏继承了这种税制。这种基本税制对认识西夏的农业及其税收具有重要意义。西夏农业地区的税收包括租、役、草三种。即除缴纳耕地粮税外，还要出役工、缴纳草捆，而役和草是和农业耕地租税捆绑在一起，以耕地数为标准来计算的。西夏农业地区不仅有租、役、草，还有较为沉重的人口税和水税。总合耕地税、人口税和水税折算统计，西夏黑水城地区一个100亩（24宋亩）四口之家，每年差不多要缴纳5石粮食的税，此外还要出役工35日工，缴纳100捆草。可见西

夏农民的负担是相当沉重的。

以往的研究普遍认为西夏制度多仿自宋朝，但从西夏的租役草制度来看，实际上更多继承的是唐朝的赋役制度，既有租庸调制的形式，也有两税法的内容，也就是说，唐朝前期是按丁纳租，缴纳绢、绵或布和麻，服正役二十天，闰年加二日，通常正役不得超过五十日。西夏的租役草制按亩数缴纳租和出役工，役工分5日、15日、20日、30日、35日、40日六等。值得注意的是，《天盛律令》将汉文"役"译作西夏文的"佣"，这与唐朝租庸调中的"庸"很相近。西夏的"调"按照实际需求类似于唐朝绢麻征收"草捆"。但除此之外，西夏农户还要向官府缴纳沉重的人口税和水税，负担明显比唐朝西北地区的农民沉重。

2.对西夏社会生活中以物易物现象的剖析

自20世纪初以来，西夏出土货币数量大、分布广、种类繁多，除使用秦、汉、北朝、五代、唐、宋、辽、金钱外，还铸造自己的货币，据此有学者认为西夏货币经济有较大发展。但作者从出土西夏经济文书反映的实际情况，发现西夏在多个社会经济领域以物易物的现象比较突出。

实物租税是西夏农户纳税的主要形态，和中原地区一样，是占支配地位的农业租税形态。而劳役也是西夏租税的组成部分，主要用于渠道修整、保护和管理等。因为西夏的货币不似中原地区那样发达，因此黑水城文书中都是实物租税，少见货币租税。

买卖纳税的品类包括日用品布帛等，牲畜更是重要交易项目，包括羊、骆驼、牛、马等，贵重物品黄金也在买卖和缴纳买卖税之列。买卖所纳税多是实物粮食。西夏有自己的货币，也使用宋朝钱币。这些以粮食缴纳买卖税的做法,反映出西夏货币的流通范围远不如中原王朝广泛,至少在黑水城一些地区缴纳的是实物税。

商贸文书中的纳税多是实物粮食,如买卖税账等。但也有不少文书反映在贸易中使用货币,如卖粮账、钱粮账等。而在卖酒账中,有的用粮食计价,有的用货币计价。在牲畜、布帛买卖中使用粮食,这时粮食起到了货币的作用。因此西夏时期,黑水城地区应同时使用粮食和钱币作为货币。

3.对有关西夏经济文书特点的总结

作者在缀合、翻译、分析每一类或某一件西夏文书时,每每对文书特点作细致的概括和总结,这些结论往往对透视西夏社会经济有补充甚至重新认识的价值。

户籍中有户主,有全部的家庭成员,登录区分男女、大小,还多注明与户主的关系,有的还有年龄。手实记载更为详尽,有该户军抄的来历、户主、每一个家庭成员、土地、牲畜、财产等状况,甚至包括房屋、衣服等都一一记录在案。(第79—80页)

商贸文书又展现了农业以外的商业部门的税收情形。通过买卖税账,可以看到西夏政府在流通领域实施管理和征税的记录。买卖纳税时,无论布帛、牲畜、黄金、土地、人口,都要缴纳买卖税,其中人口买卖和土地买卖纳税量大,这些税收对西夏政府,特别是地方政府是一项重要的财政收入。(第203页)

租地契表现的在黑水城这样人口并不稠密、耕地并不紧张的地区,有这样多人要租赁耕地的现象,反映出当地农民失掉土地,寺庙兼并土地转手出租的社会严重问题。寺庙将购买的耕地出租两年即可收回成本,可见其地租之高,证实缺地农民在租地过程中饱受盘剥的状况。

对卖畜契的分析、研究可知西夏大牲畜骆驼、马、牛的价格,这些重要物价对了解当时西夏社会经济很重要。通过对黑水城和武威地区分别使用粮食和钱币买牲畜的不同特点,得出武威地区的货币经济比黑水城发达的观点。

卖人口契填补了12、13世纪人口买卖契约的空白。契约标的都是西夏社会身份低下的使军或奴仆,证实西夏社会存在着没有人身自由、可以被出卖的被奴役阶层,也存在着占有并剥夺使军、奴仆人身自由,可以任意买卖他们的主人、头监。契约表明越到西夏社会晚期,人口价格越低,反映西夏最后20多年内忧外患加剧、社会动荡不安的情况。(第394页)

4.重要经济数据的钩沉

一定的量化统计是经济史研究的基础工作,量化统计数据的丰富与否在很大程度上决定经济史著作的成败。过去依靠汉文资料和考古资料研究西夏经济史,其量化统计数据往往付诸阙如,这就大大影响了西夏经济史研究向纵深发展。可喜的是,西夏经济文书留下一些宝贵的经济数据,经过作者的缜密钩沉、比对、折算、推算,梳理出可以管窥西夏社会经济发展和经济生活堂奥的重要资料。下面择其要者加以汇集。

纳税额:

大小麦征收比例4∶1,杂粮=大麦? 与小麦4∶1。

古代什一税,《天盛律令》一亩纳三升杂谷物,文书为小麦一亩只有0.1斗,即1升,杂粮0.25斗,即2.5升。

京畿内所辖7个郡县,每亩地3升至1斗租税。

每户人口和纳税的数量,凡大人不分男女,每个人纳税3

斗;凡小人不分男女,每人纳税1斗半。(第109页)

黑水城地区每亩地交纳税杂粮0.1斗,即1升,缴纳小麦0.025斗,即0.25升。

黑水城地区缴纳水税的标准,撒每石种子的地皆为2斗5升。(第120页)

买一匹布要缴税1斗6升。买一只羊要缴税6—9升。每只大母羊价1石5斗,大羊价1石,小羊价7斗,买卖税约为羊价的5%—10%。买一头牛要缴税3斗2升。牛价每头4石杂粮,买卖税约为8%。买一只羖缴税4—6升;买一只死羊要缴税4升。由此可知,西夏的买卖税较高,税收要纳入国库。(第181页)

物价:

粮价。杂粮1斗70钱;也许每斗杂粮70文钱的价格反映了仁宗时期西夏黑水城地区的粮价。糜为杂粮之一,价格每斗在200钱左右,这里的200钱可能是铁钱。当地麦价每斗最低200钱,最高不超过250钱。每升麦价20—25钱。(第153—154页)

牲畜价。羊价,羊的品种不同,价钱不一。大羖䍧价钱合1贯500文至2贯钱,大母羊价钱约合2贯250文至3贯钱。(第157页)马价,由《天盛律令》可知一匹马价约20缗钱。一般来说折价马价钱,应比市价高,市价一匹马当低于20缗。一匹马的价格约为10—20贯铁钱,3.5—7贯铜钱。一匹五齿马价格为4石杂粮,仅合6—8贯钱。(第160页)

酒价。每斗酒的价格为1斗5升杂粮。若从当时物价来看,酒的真实价格即1斗酒价1斗杂粮。可知黑水城地区每升杂粮价15—20钱,依此可推算出每斗酒约合150—200钱。(第164页)

绢价。每匹绢价推算在16—21贯,价钱比较昂贵。比北宋

高出十数倍,比南宋也高出数倍。(第168页)

　　土地价。唐宋亩制以240方步为1亩,约为600平方米。宋朝一亩约为西夏2.4亩,是知西夏亩比宋亩小。若按总钱数140贯,每亩合21贯左右,这样显得地价很高,也许这不是普通耕地。(第201页)

　　借贷利率或利息:

　　目前尚未见到借钱的时间,不知是月息,还是年息。根据黑水城出土的多件贷粮契,可知贷粮的一般利率为50%,高的利率是100%,而月利率为20%,日利率为1%,大约这些贷钱契为月息。(第186页)

　　贷粮账,从残账页可见,无论是何种粮食(麦、大麦、荜豆、豌豆),无论贷粮多少,利率都是50%。中介人会在50%利率基础上增加利率出借,做不用本粮的生意,以牟取利润。(第192—193页)

　　总合计息,一般借粮三四个月,利息是本粮的50%,也有80%,最高可达100%;按月计息,利率可达100%。(第229—230页)

5.对西夏晚期黑水城地区社会性质和特点的最新诠释

　　史先生在全书的结语里结合研究西夏经济文书的新认识,对西夏晚期黑水城地区的诸多社会状况作了概括性的复原描述,读来颇感亲切,仿佛800年前的黑水城地区的社会生活就发生在眼前:

　　　　800年前在黑水城一带的西夏农民生活在黑水河畔,这里居住着番族(党项族)、汉族、羌族(藏族)、回鹘、契丹人,甚至还有远道而来的大食人。他们耕种着水浇地,种植着麦、谷、大麦、糜、秫、豆类等;他们居住在自己耕地的房院中,养畜着马、牛、骆驼、羊等家畜,过着半农半牧的生活。穿着不同民族服饰的人,络绎不绝,随处可见。一般人穿着番布和汉布做的衣服,有钱人则有绢帛可穿。当地农民耕地不少,春种秋收。他们要向政府缴纳耕地租税,计量小监在收粮库门口收租粮,旁边有检视官员监察;收完租粮要付给缴粮农民收据。此外农民还要负担役工、缴纳草捆,特别是还要缴纳数量不菲的人头税,种水浇地要缴纳耕地水税。秋收以后,农民完粮纳税,车载畜驮,来往于途。农民平时尚可温饱,但一遇荒旱便食粮紧缺。特别是贫困农民在青黄不接的春季,因乏食,一些贫困人家不得不以高利贷借粮,利率超过五分,甚至达到倍利;有的不得不出卖自己的土地或牲畜,以换取度日口粮,走上更加贫困的道路。当地的地主和寺庙则乘机盘剥,大肆兼并土地。在寺庙中贷粮、卖地、租地、卖牲畜、租牲畜的农民等候着书写契约,准备在契约的当事人或证人的见证下无奈画押。更有甚者,生活在社会最底层的奴隶、半奴隶状态的使军、奴仆无人身自由,被主人像牲畜一样买卖,孤苦无告。这里往往是以物易物进行交易,也使用铁钱和铜钱,金、银也是流通的货币。交易之后有买卖税院的官吏收缴买卖税,登记钤印。这里基层有里甲组织,与军事组织溜、抄相结合。汉族地区民间互助的社邑组织也在这里存在,被称作“众会”。家有疾病、丧事,会众带来粮食前来慰问。这里一直到西夏末期都处于西夏政府有效管辖之下,形成了数量可观的官、私文书。熟悉西夏文的先生忙着书写各种文据。我们所能看到存留至今的西夏社会文书恐怕只是当时文书的一小部分。总之,这些文书使黑水城乃至西夏的经济生活不再空白、不再枯燥,变得鲜活、实在,使我们看到西夏社会真实而生动的场面。(第423—424页)

虽然只有700余字,但是高度概括了西夏晚期黑水城地区社会经济发展及社会经济生活丰富多样的场景,从一个侧面也可看作整个西夏晚期社会经济发展和社会经济生活的一个缩影。这对于提高对西夏社会发展的认识无疑是非常有价值的。

第9章　西夏文的创制及其印刷术的进步①

汉语言文字是华夏文明的主要载体之一,在中华民族发展史上与汉语言文字同时并存过多种少数民族文字,在10—13世纪,有契丹文、女真文、吐蕃文和西夏文等,唯独西夏文不是以创制它的主体民族党项族(西夏人自称番人)命名的文字。②这个现象从一个侧面说明,西夏文不是单一民族使用的文字,与汉文字有一定的相似度。

---

① 本章参考了龚煌城:《西夏语言文字研究论集》,民族出版社,2005年;韩小忙:《西夏文词典(世俗文献部分)》,中国社会科学出版社,2021年。
② 西夏有《番汉合时掌中珠》双解词典,西夏人自称西夏文应为"番文",但因其与宋辽金的官方文件、文书主要使用汉语,用番文创作的文字作品之流通只限于西夏本国,不为周围民族国家所认同,更重要的是西夏主体民族始终没有确立与周围民族政权平起平坐的地位,始终是宋辽金名义上的藩属国,所以"番文"的自称只能限于国内,而以它的国家之名称其文字。

一、西夏文的创制与再"发现"

1.西夏文的创制

1036年左右,元昊颁行党项文字,"元昊自制蕃书,命野利仁荣演绎之,成十二卷,字形体方整类八分,而画颇重复"。[①]元昊主持创制的蕃书,即后来所称的西夏文。这一事件的意义要比其他改革重要的多。元昊大力推行蕃文,尊为"国字",使"艺文诰牒尽易蕃书",[②]并且用这种文字翻译《孝经》《尔雅》《四言杂字》等书。翌年设立蕃、汉二字院,蕃字院掌管与吐蕃、回鹘一带的往来文书,汉字院掌管与宋朝的往来表奏,中间写汉字,旁边写西夏文。

创制民族文字同元昊执政和称帝时在政治上、军事上、风俗上所采取的一系列重大改革措施一样,是西夏社会发展所需,也是元昊同宋朝分庭抗礼、标新立异的重要步骤,是强调民族特点的突出举动。正如后来一位不知名的西夏诗人献给西夏文字创造者的颂诗中所赞誉的:

1.藏、汉、番族为同母,

2.分地异处而言殊。

3.极西愈高用吐蕃,

4.蕃人国家用蕃文。

---

① 《宋史》卷四八五《外国一·夏国上》,第13995页。
② 《西夏书事校证》卷一二,景祐四年、元昊大庆元年十一月,第146页。

5.极东愈低为汉族,

6.汉人国家用汉文。

7.各有语言各自爱,

8.各有文字各自敬。

9.蕃国师尊有野利,

10.天上文星东方出,

11.带来文字亮西方。

12.野利挑选弟子三千七,全都教诲走正途,

13.全国没有一个他们不曾为学海奉献的地区,

14.天下各自诵读各自的典籍,遵守本国的礼仪。

15.不随吐蕃,吐蕃服,

16.地上我等各有事务、奉献和国家秩序,

17.征服了汉敌,汉人服,

18.其中我国君主和统治氏族成员相更迭,共同发号施令作决定。

19.番人学者杰作出不穷,

20.各级官衙和官吏,

21.蕃人供职尤其多。

22.试看这些数目字,

23.若无尊师谁之功?①

俄国学者聂历山根据该诗判断,西夏文字创制者姓И-ри,而И-ри的读音恰好与汉文献中所说的"野利"极为相似。"野利"是契丹人的姓,所以可以据此推测,西夏文字创制者是个契

---

① 转引自〔苏〕E. И. 克恰诺夫《献给西夏文字创造者的颂诗》,《中国民族史研究(二)》,中央民族学院出版社,1989年。

丹人,但是,И-ри姓是俄国学者在一份纯粹罗列西夏名字的西夏文献中寻找到的。正是从西夏诗中发现的这个契丹姓,西夏人也将其读为Е-ли(Ye-li),可能是由于汉语中没有r这个音,使中国历史学家把西夏姓И-ри(汉语读音为И-ли)与契丹姓Е-ли混为一谈,并用这两个字来表现它。人们引用的这首诗没有告诉人们西夏文字创制者的名字,但因为诗中谈到纪念И-ри师,由此可以推测,这个纪念仪式是赐给已故的野利仁荣封号时举行的,时在1162年。在这种场合西夏文字创制者的名字是仁荣,而且这个具有完全固定含义和专有名词意味的汉语词的组合应当被看作一个汉译的西夏名字。①

特别是从元昊开始用西夏文翻译佛经,历时五十多年,共译出大小乘佛经820部,3579卷,它不仅满足了西夏党项民族对佛教信仰的需求,而且是在中国佛教文化史上值得大书的盛举。西夏文的创制对西夏文化教育的兴盛、佛教的传播、文学的繁荣、印刷业的进步都有直接的影响,可以说对整个西夏文化的进步有划时代的贡献。

西夏文的创制是党项民族跨入较为先进民族行列的一个重要标志。因为文字的制作对于一个游牧部落来说,只有当它有了定居或半定居的生活,才有可能。西夏文的创制对于从"无文字,但候草木以记岁时"的游牧民族来说具有划时代的意义。他的后继者也是不遗余力地推广西夏新文字。为了便于学习本民族的文字,西夏中后期编撰了多种西夏语言文字方面的辞书。

《音同》(又译作《同音》)是一部西夏文字典,共收6000多

---

①〔苏〕聂历山:《西夏文字及其典藏》(初次发表于1936年,马忠建译),孙伯君编:《国外早期西夏学论集》(二),第230页。

字。按声母分成九类:重唇音、轻唇音、舌头音、舌上音、鸭音、齿头音、正齿音、喉音、来日舌齿音。每类再分为同音的若干小节,无同音字的独字分别列于各类之后,每一字下都有简单的注释。该书大致成书于公元1132年,是迄今现存最早的西夏字书。

《文海》是一部兼有《说文解字》和《广韵》特点的大型西夏文韵书;作者在每一字条下进行三种注释,即首先以四字解释文字构成,接着以较多的字解释字义,最后以反切注音。该书对于研究西夏语言、文字等重要文献,具有很高学术价值。

为了便于汉族人学习西夏文,西夏还于1190年编写了夏汉、汉夏双解通俗语汇辞书《番汉合时掌中珠》。值得注意的是,前揭《献给西夏文字创造者的颂诗》一诗作者认识到藏汉番为"同母",语言有亲属关系,但分处异地,而语言各异。

西夏文字的正字总数,学术界普遍认为是6000字左右,但一直没有确实的资料。现经专家逐一对《音同》《文海宝韵》、《五音切韵》等9种现存的西夏文原始辞书进行整理研究,共得到6069个字形,其中排除别字170个和36个常用错字后,确定西夏字的总字数应为5863个,其中常用字有3000个左右,近100个属于很少使用的生僻字。

西夏文从创制到被人遗忘,大致经历了500年。现存西夏文资料中最早而年代可考的为公元1070年的《瓜州监军司审判案》,年代最晚的是发现于河北保定市北郊的公元1502年的西夏文石幢。

2.西夏文的"再发现"

从蒙古灭夏到元朝灭亡(1227—1368)的140余年中,元朝统治者把党项人划入社会地位比较高的色目人之列,党项族的一部分上层随蒙古军南征北战,扩张领土,因功领赏,许多人分布在各地做官,也有一些在朝廷辅政,他们的民族意识随之淡化,西夏疆域内迁入了新的民族,党项族逐步与他民族融合。

元朝时,西夏文字基本上失去了交流使用的作用,只有在传播藏传佛教时刻印过用西夏文译成的大藏经。元代在世祖忽必烈、成宗铁穆耳、武宗海山和仁宗爱育黎拔力八达时期曾多次刊印河西(西夏文)藏经。[①]这些西夏文佛经在西夏故地寺院中流通,直到明中叶。明代中叶以后,西夏文字完全停止使用。到了清代,人们已不认识西夏文,甚至不知道有西夏文字的存在。

近代揭秘西夏文字的第一人是清代进士出身的著名学者张澍。他在所著《养素堂文集》卷一九《书西夏天祐民安碑》一文中详细叙述了发现西夏碑《凉州重修护国寺感通(应)塔碑》进而识别西夏文字的经过。嘉庆九年(1804),张澍在家乡武威城养病时与友人同游武威城内北隅大云寺,发现了一通高2.6米、宽1米、厚0.3米的石碑,清扫掉碑上的尘土后端详碑文,粗看形如汉字,细看撇捺繁多一字不识。看到碑的反面有汉文碑铭落款"西夏民安五年"(1094),方知道这是一块"西夏碑",张澍根据该碑汉文铭文中的落款称此碑为"天祐民安五年之碑"。张澍确定碑阳文字即为被称为"绝字"的西夏文,但自己不能释读。西夏碑的发现揭开了识别西夏文字的序幕,为研究西夏文字、书法及碑刻艺术、宗教艺术等提供了极为珍贵的实物资料。

继张澍之后,清代著名的金石学家刘青园,又在甘肃武威发现了几坛西夏时期窖藏的钱币,其中有西夏汉文铜钱,还有在

---

① 参见崔红芬:《元杭州路刊刻河西字〈大藏经〉探析》,《西部蒙古论坛》2014年第2期。

此以前一直被认为的所谓"梵字钱"。清道光七年（1827），初尚龄撰《吉金所见录》在卷一三《宋伪品·西夏》中著录西夏文"大安宝钱"一品，刘青园根据凉州碑上的西夏文字，考证出在甘肃武威出土的所谓"梵字钱"即西夏文年号钱。这些西夏钱发现的时间，可以肯定是在公元1827年以前。

北京市北郊著名的居庸关下，元至正五年（1345）在大都北居庸关通道上的过街塔云台门洞内的高大石壁上，用六种文字镌刻了陀罗尼经和经题，西夏文为其中一种，有77行。其余五种是汉文、梵文、八思巴文、藏文、回鹘文。1870年，西方学者经过拓印、释读，认出了除西夏文外的5种文字，西夏文他们从未见过，英国人伟烈（A. Wylia）经过所谓的考证，以为是12世纪金朝创制的"女真文字"。虽然伟烈误将西夏文当作女直小字，但是他大概是第一位对西夏文的构字进行描述的人。为了论证六种文字，作者对各文字的形成作了考述。

1879年，英国人卜士礼指出居庸关云台上的女真文字不正确，而是西夏字，即所谓唐古特字，中原人称之为河西字。① 卜士礼大致是外国学者中第一位描述凉州西夏碑的学者，他还通过《吉金所见录》了解到清人刘青园收录西夏文钱币与碑铭对照研究西夏文。②

---

① 〔法〕戴维理亚（M. G. Devéria）:《宴台碑考》（初次发表于1882年，聂鸿音译），孙伯君编:《国外早期西夏学论集》（一），第40—41页。
② 〔英〕卜士礼（S. W. Bushell）:《唐古特的西夏王朝，其钱币和奇特的文字》（初次发表于1895—1896年，孙伯君译）。另外这一时期的研究可参见〔法〕戴维理亚（M. G. Devéria）:《凉州西夏碑考》（初次发表于1898年，聂鸿音译）、《西夏或唐古特王国的文字》（初次发表于1898年，聂鸿音译）；〔法〕毛利瑟（M. G. Morisse）:《西夏语言文字初探》（初次发表于1904年，唐均译）。以上均载于孙伯君编:《国外早期西夏学论集》（一）。

无论凉州碑的西夏文碑刻还是居庸关"陀罗尼经"的西夏文刻经，都是早期发现的极为珍贵的西夏文书法艺术品。这些艺术品的面世也进一步推动了国内一些学者如陈寅恪、王国维、罗振玉等纷纷投入西夏文字文献的研究，或诠释文献，或搜集官印考证文物，为中国西夏学的研究尤其是参照实物进行西夏文字识读拉开序幕。直到20世纪初黑水城文献出土，才使西夏文字重新被认识。

　　20世纪初至今，西夏文研究大致可以划分为三个阶段。20世纪40年代之前，随着黑水城文献的发掘，西夏文的研究进入文字发现、文献发掘、整理和开始解读阶段，也有少量研究成果问世，是为第一阶段。1908—1909年，俄国科兹洛夫从中国额济纳旗黑水城"伟大的塔"发掘到大批西夏文物，得到了数量极多的西夏文献，1909年俄国著名汉学家伊凤阁（阿列克谢·伊万诺维奇·伊万诺夫，1877—1937）在成堆杂乱的黑水城文献中发现了西夏文、汉文双解词典《番汉合时掌中珠》。《番汉合时掌中珠》是西夏人骨勒茂才编写的一部西夏文、汉文词语对照集，刊于西夏仁宗乾祐二十一年（1190），是一部通俗的识字书。这部词典书是研究西夏语言、文字和认识西夏社会的重要文献，也是初学西夏语文最便利的入门工具书，是唯一一把能打开西夏文献宝库的"钥匙"。①伊凤阁据此发表了《西夏语研究》一文，公布了"他的发现"。②伊凤阁也成为第一个注意到科兹

---

① 有关《番汉合时掌中珠》这部书的介绍，可详见聂鸿音：《打开西夏文字之门》，国家图书馆出版社，2014年。

② 〔俄〕伊凤阁（А. И. Иванов）：《黑城的西夏写本》（初次发表于1909年，马忠建译），《西夏文文献》（初次发表于1918年，聂鸿音译），孙伯君编：《国外早期西夏学论集》（一）。

洛夫在黑水城劫回的西夏文物的俄国学者,为俄国西夏学的创立奠定了基础。

伊凤阁的研究引起美国著名语言学家劳佛尔(B. Laufer)的注意,1916年他发表了对后来西夏语言研究有重大影响的《西夏语言:印度支那语文学研究》一文。他在导言中说:"恐怕是人类大脑所能创制出的最复杂的系统了——像汉字那样的意符文字,每一个单字都由令人迷惑不解的形体和不规则的笔画构成,其中的方法或原则至今尚未揭示出来。"[①]但是他没有机会看到《掌中珠》的原件,只能根据伊凤阁给出的西夏字音展开论述,而伊凤阁在研究《番汉合时掌中珠》用汉字注音西夏语时,按照欧洲人的阅读习惯,而不是按照中国古汉语的由右向左读的基本语序,误从左向右读,"伊凤阁先生的看法自然而然地使劳弗尔先生对所引全部词语的比较研究跟着他亦步亦趋,由此造成劳弗尔先生误把'人'的对音汉字'尼卒'读作'卒尼',也误把'五'的对音汉字'鱼骨'读作'骨鱼'",[②]"结果闹出了西夏学史上一个著名的怪事——文章的结论得到了学术界半个多世纪的普遍拥护,但是其中使用的许多像'卒尼'这样的基础资料却被证明是把语序念颠倒了。聂历山后来对劳弗尔表示惋

① 孙伯君编:《国外早期西夏学论集》(一),第150页。
② 〔法〕伯希和:《评〈西藏文字对照西夏文字抄览〉》(初次发表于1926年,聂鸿音译)。又见查赫(Von E. Von Zach):《迄今西夏研究中的一个失误》(初次发表于1927年,安娅译);龙果夫:《夏汉字典中"尼卒"型的二合字》(初次发表于1929年,聂大昕译)。以上均载于孙伯君编:《国外早期西夏学论集》(二)。

惜，他认为责任应该由他的同胞伊凤阁来负"。①

　　国内西夏文字研究当首推罗福成、罗福苌兄弟俩，尤其是罗福苌见到从俄国传来的《番汉合时掌中珠》的照片以后，马上利用那几页书上提供的西夏字义，跟他哥哥罗福成一起阅读了当时能见到的其他西夏文献，然后在这些材料的基础上写出了《西夏国书略说》。《西夏国书略说》1914年在日本付印，后来又经过修订重刊，成了早期西夏文字研究的代表作。全书正文分为"书体"、"说字"、"文法"、"遗文"四章，分别介绍了西夏的楷书行书和篆书、文字的形音义、西夏语法和存世的西夏资料。其中介绍文字形音义的部分是书内的精华。②

　　克恰诺夫总结说："到20年代之初，经过卜士礼、德维利亚、莫里斯、罗福成、罗福苌、伊凤阁、本哈第夫人、查哈和劳弗尔等人的努力，西夏语文的研究已经积累和掌握了大量资料，乃是后来在译释或确定语言系属方面进一步发展西夏学的基础。"③20世纪20年代以后，俄国人聂历山的研究曾独步当时国际西夏学界。国际西夏学界通晓《番汉合时掌中珠》差不多到1930年代了。值得一提的是，日本虽然在西夏学研究上起步相对较晚，但是20世纪上半叶的日本汇聚了聂历山、罗福成、罗福苌等早期西夏学的顶尖学者，是早期西夏学研究的中心之一。1913年，

---

① 聂鸿音：《打开西夏文字之门》，第60页。20世纪20年代以前的西夏文字研究，还有本哈第、查赫《西夏语文评注》（初次发表于1918—1919年，安娅译），〔日〕石滨纯太郎《西夏学小记》（初次发表于1920年，刘红军、刘克斌译）。见孙伯君：《20世纪上半叶的日本西夏学研究》，《宁夏大学学报（人文社会科学版）》2005年第5期。

② 聂鸿音：《打开西夏文字之门》，第70页。

③〔苏〕З. И. 戈尔芭切娃、E. И. 克恰诺夫：《西夏文刊本与写本》，《民族史译文集》第3集，1978年，第1—13页。

日本学者狩野君山把俄国所藏西夏文献的情况及其在俄国的所见所闻介绍到日本,比伯希和(P. Pelliot)撰写《科兹洛夫考察队黑城所获汉文文献考》一文的时间还要早一些。1920年,日本学者石滨纯太郎发表《西夏学小记》,正式提出"西夏学"(西夏学这个学科名称及其拉丁译名 Tangutica)概念。1925年以后,聂历山在日本期间通过俄国的关系印制了许多西夏文的照片提供给日本学界,从而促成了日本西夏学研究的开展,同时聂历山与石滨纯太郎合作着手对这些俄藏西夏文献进行考释,并用日文发表了许多研究成果。20世纪上半叶日本西夏学研究曾处于世界领军地位,此前学界对此并未给以充分的肯定。而正是因为西夏学在日本有良好的基础和传统,日本才在60年代出现了像西田龙雄这样的西夏学大家,也才有20世纪中叶日本西夏学的繁荣。①

随着西夏研究的深入,俄国学者对当时国际西夏研究进展作了阶段性总结,其中最有代表性的是聂历山撰写的《西夏语研究小史》和《西夏文字及其典藏》。在前一篇总结中,聂历山大致勾勒了西夏研究的缘起、西夏国名的不同解释、西夏文字的创制。其中讲到,欧洲人最早接触的居庸关六体石刻中的西夏文,沙畹、卜士礼、伟烈、戴维理亚、毛利瑟等人的研究,虽有一定进展,但突破不大。直到1908年科兹洛夫发掘黑水城文献,发现《番汉合时掌中珠》,西夏文研究才有了实质性的进步,其中当然首推伊凤阁博士。首先,伊凤阁粗略概述了西夏的历史和文字的创制过程;其次从伊凤阁发现、研究《番汉合时掌中

---

① 孙伯君:《20世纪上半叶的日本西夏学研究》,《宁夏大学学报(人文社会科学版)》2005年第5期。

珠》到劳弗尔据此对印度支那语言研究的重大贡献,尤其可以使后来的西夏语研究走出迷途;第三,简要介绍中国学者罗福成《西夏国书类编》和罗福苌《西夏国书略说》对西夏文偏旁的研究,指出女学者本哈第和查赫1919年合写了一篇论文,其中归纳出西夏字的一些部首——比罗福苌整理的略有新增。这两位欧洲学者所做的工作及论断与罗福苌毫无二致,不过他们在文末说他们是在论文完成之后才见到罗氏论文的。文章还提到1927年聂历山(和石滨纯太郎)刊布于大阪的《典籍研究》(第6号,1927)以及他的《西藏文字对照西夏文字抄览》对西夏语词的研究进展,还有他与国际学者的交流和在日本的研究状况。

1936年聂历山发表《西夏文字及其典藏》,根据中国文献叙述西夏早期历史和文字创制历史,指出在30年代以前西夏文字的整个历史,沙畹、毛利瑟是西夏学的鼻祖,科兹洛夫、伊凤阁、劳弗尔有很大贡献;根据文献和歌颂创制文字者的诗作,重点叙述西夏文字创作者的历史;比较全面地介绍、评议他所见到和研究的西夏佛教典籍(汉传佛教和藏传佛教),各类世俗文本包括儒家经典、历书、卜算、法典、诗歌、格言书、辞书的收藏、基本内容和研究的情况。聂历山的文章从学术史的角度比较有价值的是他对欧美中国学者对西夏文研究的评议。

罗氏兄弟之后,国内西夏研究的代表人物是王静如,1929年,王静如《西夏文汉藏译音释略》在《历史语言研究所集刊》第二本第二分发表,引起所长傅斯年的关注,其后对西夏佛经、《番汉合时掌中珠》研究甚勤。编辑《西夏研究》四辑,发表研究西夏史地语文。1932年,王静如著有《西夏研究》第二、第三两辑《历史语言研究所集刊》单刊甲种之十一及十三。陈寅恪对王静如的研究给以高度评价:"西夏语为支那语同系语言之一,吾国人治其学者绝少,即有之,亦不过以往日读金石刻辞之例,推测其文字而已,尚未有用今日比较语言学之方法,于其同系语言中,考辨其音韵异同,探讨其源流变迁,与吾国语言互相印证发明者。有之,以寅恪所知,吾国人中盖自王静如君始。"遗憾的是,因战乱,"系统的西夏研究刚刚开启'风气之先',便在1933年历史语言研究所出版了单刊《西夏研究》第三辑之后戛然而止,致使西夏研究之'正统'长期不在中国"。①

但是对于王静如的研究,国内外学者的评价有很大不同。我国著名语言学家赵元任、历史学家陈寅恪为此书作序,称赞王静如是"使西夏研究直上科学道路的首创者"。但是受到苏俄西夏语学家聂历山的批评:"在1932年至1934年间他还成功地出版了三大卷自己的《西夏研究》,其总篇幅接近一千页。但他的大多数著作都属于早熟的和急就的。其中他对几乎所有西夏文献的解读都将一个字与另一个字混为一谈,所下的结论过于匆忙。"当然,这个批评是建立在对当时世界各国西夏学研究评价较低的基础上而言的。他说:"若要对各国学者迄今为止破译西夏文字全部工作进行一次总结的话,应该说,所做的工作还是很少的。最大的成果是在西夏字义方面取得的,因为确定意义的字数十分庞大。至于谈到对揭示西夏文字结构十分必要的会意字的分析,则除了早逝的罗福苌以外,在这方面几乎什么也没做。语音方面的问题也好不了多少。虽然王静如试图对很多字进行解读,但他所拟的读音完全没有根据,其中许多只不过是个

---

① 谢宝成:《历史语言研究所与"科学的东方学之正统在中国"》,《江海学刊》2011年第1期。

大概的读音,而某些读音简直就是臆造。说到语法方面,除了毛利瑟早年的著作、罗福苌的著作和我写的一篇有关西夏语助词的短文之外,也没有做过什么工作。迄今为止,无论是在西方还是在中国,研究工作所取得的成果之小,是因为西夏语资料的欠缺及其局限性。问题在于,除我们国家外,其他国家拥有的西夏文献大部分都是佛经。好不容易研究完自己所拥有的少量单一类型的佛经,学者们却不能据以阅读世俗文献,因而不可避免地接触不到大量的他们并不了解的西夏字,所以他们将一直站在死胡同里,直至今后有机会阅读到帮助他们的哪怕是一两段世俗文献为止。"①

聂历山对西方和中国的西夏学评价均不高。苏俄之外之所以西夏学研究进展不大,是有原因的:一是材料少得可怜;二是苏俄垄断材料,整理又很滞后,不公布新材料。但是独占资料的苏俄学者进展也很有限,这从一个侧面说明苏俄学者整理水平的低下。而且苏俄学者对中国历史常识的误读也为欧美学者所诟病。譬如沙畹对苏俄学者对于黑水城的地理和历史盲区的批评。② 所以,苏俄学者对王静如的评价不尽客观,1936年王静如获得法国汉学最高奖儒莲奖,表明王静如的研究还是在国际上得到充分肯定的。

从50年代开始,苏俄和日本的西夏研究又逐步活跃起来,

①〔苏〕聂历山:《西夏文字及其典藏》(初次发表于1936年,马忠建译),孙伯君编:《国外早期西夏学论集》(二),第227页。
② 沙畹:《评伊凤阁〈西夏语言资料〉》(初次发表于1910年,聂鸿音译)。又可参见伯希和:《科兹洛夫考察队黑城所获汉文献考》(初次发表于1914年,聂鸿音译);伯希和:《评〈西藏文字对照西夏文字抄览〉》(初次发表于1926年,聂鸿音译),孙伯君编:《国外早期西夏学论集》(二)。

日本学者西田龙雄、冈崎精郎、桥本万太郎,苏联学者克恰诺夫、索弗罗诺夫(М. В. Софронов)、克平(К. В. Кепинг)等一批学者崛起,①西夏研究进入第二阶段。《番汉合时掌中珠》《音同》《文海宝韵》等文献便是识读和研究西夏文字形、音、义等基本内容不可或缺的珍贵材料。西夏文字形体与汉字极为相似,因此早期的研究者几乎都尽全力探讨西夏文字和汉字在"偏旁"和"部首"上的对应关系,借以说明西夏字的构成在形、音、义三方面的理解。②

随着改革开放,中国学者愈益加入国际西夏研究,并渐次成为主力。

聂鸿音先生以为,到目前(2013)为止,有关《掌中珠》和西夏语言的主要创获都是由海外学者首次提出的,主要的讨论也大都围绕着海外学者首先想到的问题进行。近些年虽然中国方面已经做出了巨大努力,出版物的数量占到了全世界的十之八九,但是从学术史角度看,足以推动学科大步前进的理论和观点还相对较少,而大多是对海外观点的补充论证和直接应用。③笔者以为聂鸿音先生所言很符合实际,但是这主要是从西方语言学的角度,研究西夏语语音、语法、词汇。现代语言学是舶来品,与中国传统文字学格格不入,用舶来品研究古老的中国文字(包括西夏文),从语言学的角度它肯定有其重要学术价值,但是

---

① 史金波、白滨:《国外研究西夏文、西夏史简况》,《民族史译文集》第3集,1978年,第124—130页。

② 〔苏〕А. П. 捷连季耶夫-卡坦斯基:《苏联西夏学研究的历程》,《固原师专学报》1991年第4期。史金波、白滨:《国外研究西夏文、西夏史简况》。

③ 聂鸿音:《打开西夏文字之门》。

它对搞清楚或认识西夏文与当时历史文化有什么关系吗？或者有多大关系？聂先生还感叹，西夏人创制的文字几十年间就在西夏境内得到广泛推广，而20世纪国际众多语言学精英用了近百年时间，对西夏语还是不甚了解，对此不知问题出现在哪里？其实这个瓶颈就在于用舶来品的西式语言学去解释创制一千多年、成为死文字也五百多年的西夏语，不仅是水土不服，而且是隔靴搔痒，只能是为学术而学术的象牙塔式的研究，在语言学的小圈子里打转，即使研究者自认为接近或者解开了西夏语之谜，但是反问一句那是西夏王朝统治者和百姓使用的西夏文吗？这样的研究别说寄托于21世纪，就是再给几个世纪恐怕也无解。也许我说的是外行话，无知者无罪，请研究西夏语言的朋友们见谅。

释读西夏文只有两条正路，一条是如龚煌城先生所言："西夏语曾是一个国家的语言，曾集国家之力编字典、韵书，大规模地翻译佛经与汉文典籍，有大批的文献。我们知道，为活语言收集长篇语料时必须一篇篇慢慢辛苦地搜集、分析、整理，而且不一定找得到能提供长篇语料的发音人。西夏文研究的特殊优势便是有现成研究不完的丰富文献，但是六千余西夏字中汉、藏翻译的文献中常出现的字只约二三千，这部分有译文对照意思较清楚，但是其余不常见的字意思就很难明白，因为西夏字典上的解释往往语焉不详，而我们要研究西夏人自己写的原创文献如诗歌等，既不知道全文整体的意思和背景，又有许多字义不了解，困难度极大。所以今后要多研究西夏文献，如果能不断彻底解读篇幅大的原创文献，多多认识其他文献没有出现过的字，那就是宝贵的突破。""研究西夏语，文献很重要。不论是汉夏对译的文献、藏夏对译的文献，尤其是西夏人自己写的文献都要研究。这里头,最困难的部分便是西夏文原创(而非翻译)的文献。"①

另一条是回到西夏文创制和使用的历史环境去探寻。这就是中国传统文字学。就目前来看,西夏语中文字研究恰恰是中国学者的强项,用中国传统音韵和文字学揭开蒙在西夏语上的面纱。值得一提的是,韩小忙教授用十数年工夫完成《西夏文词典(世俗文献部分)》,皇皇九册,用比较的办法,依照字头、解形、注音、释义顺序按左偏旁部首编排,部分字头的字形构造解说、正义词汇例句的末尾以及整条释义的最后,往往加有按语。特别是所征引的词语及例句一般给出详细的原始文献来源。②虽然作者汲取了少许西夏语言研究的成果,但是更多还是依照中国传统文字学原理和西夏文本身的特征进行编纂的,实用性特别强。

二、西夏文与汉文字的关系

最早运用中国传统汉字"六书"法研究西夏文的学者是罗福苌。罗福苌在最初得到的《掌中珠》的西夏字中拣选出23个部首作为举例,他指出,用传统"六书"的眼光看,西夏字里没有象形字和指事字,而绝大多数都是"会意字",字义是由一个表

---

① 龚煌城:《西夏语言文字研究论文集》,第633、636页。
② 韩小忙:《西夏文词典(世俗文献部分)》第1册,凡例,中国社会科学出版社,2021年。

示意义类别的部首加上另一个表意成分来体现的。①目前学界较一致认为西夏文属于表意性质的方块字,直接借鉴汉字形体构造的"六书"(即象形、指事、形声、会意、转注、假借)的造字方法,以会意合成和音意合成方式为主,它的基本笔画类似汉字"形体方整,类八分",也有点、横、竖、撇、捺、拐、提等。而且西夏文的书写亦有楷书、行书、草书、篆书之分。故早在19世纪末德国学者从直觉中就曾指出奇妙的西夏文字是"脱胎于汉字的文字系统"。②毛利瑟研究了75个西夏文的发音后指出,如果党项人的文字不是女真人所创制的那种音素或音节文字系统,那么它似乎就只能是对汉字亦步亦趋的模仿,因为根据戴维理亚先生确凿无疑的考察,在使用的文字译经达到了完美的程度,每个字都有其本身的意义,只不过带上了党项语的读音。③

　　20世纪60年代就已成名的日本西夏文学者西田龙雄说,西

---

① 当时与罗福苌概括西夏文字偏旁和部首不谋而合的欧洲女学者本哈第和查赫1919年合写了一篇论文,其中归纳出了西夏字的一些部首——比罗福苌整理的略有新增。这两位欧洲学者所做的工作及论断与罗福苌毫无二致。罗福苌、本哈第和查赫的思路对西夏文研究有深远影响。后来沿着这一思路继续投入西夏文字研究的还有日本的西田龙雄、苏俄的克恰诺夫和索弗罗诺夫。克恰诺夫所确立的部首只有六十八种,而索弗罗诺夫认为六十八种虽不是全部,但此外能再发现的已不会太多。西田龙雄虽然举了一百六十三个部首,但也只不过占他所抽出的三百四十八种文字要素的一半还不到,而其中还有相当数目不可靠的。参龚煌城:《西夏语言文字研究论集》。
② 〔德〕邦格(W. Bang):《评戴维利亚"凉州西夏碑考"》,安娅译自 Toung Pao vol. IX(1898),pp.331—332,孙伯君编:《国外早期西夏学论集》(一),第67页。
③ 〔法〕毛利瑟:《西夏语言文字初探》(初次发表于1904年,唐均译),孙伯君编:《国外早期西夏学论集》(二),第101—112页。

夏文的特色就在于西夏文字基本上是单音节,具有与汉字、汉语并行的特征,所以这种文字的解读要比契丹文字更具有利条件。西夏文字是与汉字相仿的文字,所以每个文字表示的意义必须一个字一个字地解读清楚。西夏人要识读每个文字也须一字一字地去掌握。①

龚煌城是中国台湾地区研究西夏文的国际著名学者,他在分析西夏文字中的汉字汉语成分时,首先举例说明西夏文字的构成大致系据"六书"的原理;继而指出西夏文字中若干表面上看来似乎非常特殊的造字方法,如:一、互换左右偏旁造同义字的方法;二、利用否定词造会意字的方法;三、并合反切上下字造拼音字的方法;等等,实乃受当时通行的汉字俗字影响而然(这些俗字均收录在997年辽释行均所编的《龙龛手鉴》一书中),并非另出机杼或别有来源。"在个别的西夏文字构成方面,本文分别讨论下面几种字例:一、西夏文字整个字形采自汉字。二、文字结构仿效汉字。三、汉语语音成分构成西夏形声字。四、汉语语意成分构成西夏会意字。""最后提到在西夏所译佛经中有西夏字依其字义径读字音及西夏字改易偏旁以造汉语借词的字例。这种情形显示,汉语的语音与语义与西夏文字结构,构成西夏文字的音意层面。这样看来,汉语介入西夏文字是不容忽视的事实。"②

龚煌城向后人证明,西夏的组字方式源于汉字,但远比汉字复杂。这种复杂表现在:增减和改变汉字的笔画;模仿汉字的结构组字;给西夏字加上部首后读汉字音;用同义词的汉字音作媒

---

① 〔日〕西田龙雄:《西夏文字解读》,第11页。
② 龚煌城:《西夏语言文字研究论集》,第289页。

介造字。①

聂鸿音认为,汉代以来的"六书说"至今已经被无数人验证过了,研究实践证明这个理论不但在解释汉字时适用,而且在解释汉字式的民族文字时也基本适用,例外的只是个别现象。当初的西夏人参照汉文字来创制西夏文字,今天的人们参照汉字来理解西夏文字,这应该是顺理成章的。②

1983年,中国学者在克平等人整理工作的基础上完成了《文海》的全文汉译,并以《文海研究》为题出版。书里收有史金波所著的《从〈文海〉看西夏文字构造的特点》一文。文中把西夏字形结构归纳为五类:一、单纯字;二、会意合成字和音意合成字;三、反切合成字;四、间接音意合成字和长音合成字;五、左右互换近义字。③

史金波以为西夏文和汉文有六个共同点。

1.两种文字同属表意文字体系。在表意文字中,它们在结构、笔画、形象上最为接近。它们都有了表音成分,所以也可以

① 聂鸿音:《打开西夏文字之门》。
② 聂鸿音:《二十世纪的西夏文字研究》,见杜建录主编:《二十世纪西夏学》,第115—117页。聂鸿音:《打开西夏文字之门》,第74页。
③ 详见史金波:《西夏文化》,第17—22页。对于史先生的分类,聂鸿音提出质疑:不知为什么,史先生这里在有意避免使用经典的文字学术语。在他举出的几类字形结构或者说几种造字当中,"单纯字"大约相当于文字学上的"初文","反切上下合成"是汉译佛经用字的模仿,一般不归入"造字法"范畴,除此之外的几类也许可以根据传统的"六书"来重新认识。我们不妨把"会意合成"直接叫作"会意",把"音意合成"、"间接音意合成"和"长音合成"统称为"形声",把"互换"称为"转注",这样改动之后肯定更容易被中国文字学界所接受(聂鸿音:《打开西夏文字之门》,第74页)。

称为音意文字。意符和音符位置都不固定。

2.两种文字形体近似。西夏文也像汉字一样是方块形,"形体方整,类八分"。它的基本笔画也有汉字的横、竖、撇、点、捺、拐等。

3.有相似的文字构成方法。占西夏文总数80%左右的会意合成字、音意合成字分别类似汉字的会意字和形声字。

4.两种文字中的某些形体在不同的部位上,都有笔画变通现象。这是两种方块字在创造或使用过程中,为了字形美观、易于书写而形成的共同现象。

5.两种文字都有楷书、行书、草书、篆书。楷书多用于刻印和工整的抄写,行书、草书常用于手写,篆书则仅见于碑额和印章。楷书方正匀称,行书自由舒展,草书云龙变幻,篆书屈曲宛转,都能表现出书法艺术。

6.两种文字都受到当时统治阶级世界观的影响。记录党项族自称的番字、皇帝姓氏二字,构成成分都有西夏文的圣字,以示其神圣、高贵。而记录其他民族称呼的字则往往以西夏文虫等字合成,以示轻蔑。①

西夏编纂的西夏文字典和词典《文海》《文海宝韵》《音同》《番汉合时掌中珠》《五音切韵》《圣立义海》《义同》《要集》《杂字》(《三才杂字》《四言杂字》)深受汉语和汉语辞书的影响。表现在四个方面:1.大体上采用了传统的汉语音韵学的方法,继承了汉语辞书的优秀成果;2.在字典的编纂上更是多方效法汉语字典;3.在辞书释义方面受到儒家思想的重要影响;

---

① 史金波:《西夏文教程》,社会科学文献出版社,2013年,第114页。

4.各类辞书收入大量的汉语借词。①

西夏文中约有10%的汉语借词,是西夏外来语中占比最多的,其次是藏语。除汉语和藏语外还有回鹘语,只是例证极少。

龚煌城探讨西夏语中的汉语借词,所根据的资料有下列几种:《番汉合时掌中珠》、西夏字书《文海》《文海杂类》《音同》,夏译汉文经典如《论语》《孟子》《孙子》以及聂氏字典,等等。所讨论的汉语借词共有184个。西夏语中的汉语借词,大致可分为两个层次:保存中古浊声母及鼻音声母的中古音层与浊音已变清音、鼻音已变鼻化浊塞(擦)音的近古音层。凡是与《掌中珠》或其他夏译汉籍的对音系统一致的便是近古音,与此不合的便是中古音。但这只是大致的分法,实际上只有前者具有同构型,后者时代不易确定,且有来自不同方言的可能。西夏语中的梵文借词,实际上都是从汉语转借,其声韵与梵文并不合,而与汉语符合。一个语词,如果在梵文原为多音节,而在借进汉语后简化为单音节时,西夏语都与汉语一样为单音节词。西夏语声调与汉语声调之间无任何对应关系,所以从汉语借词无法推测西夏语声调的性质。②

三、西夏文与华夏文明的传播

西夏文的创制和使用严格地讲仍然是华夏文明的拓展或变

---

① 史金波:《西夏文辞书及其特点和历史价值》,《辞书研究》1983年第6期,后收入氏著《西夏文化研究》,中国社会科学出版社,2015年,第11—22页。
② 龚煌城:《西夏语言文字研究论集》,第444、445页。

种。为何这样说呢？理由如下。

第一，目前学界对于西夏文与华夏文明关系取得的重要认知和共识：西夏建国前使用的官方语言是汉语，新创制的西夏文是以王族——弭（ŋĭufi）族为中心的语言。这是东部西夏语。不难设想东部西夏语和王族李氏家族语言均受到较多汉语的影响。《番汉合时掌中珠》收入的单词，不能说是全部，倒也可以认为绝大部分还是口语。西夏王国是由若干个部族组成，实际上也包含着好几种语言。大致与回鹘相邻的西部西夏语受回鹘语的影响，而南部西夏语受到了吐蕃语的影响。①

第二，元昊自制西夏蕃书以后，从前设立的汉学毁废，蕃学的地位虽然特别受到重视，但蕃学的内容却依然脱离不了汉文化，元朝史臣指出西夏"教国人纪事用蕃书，而译《孝经》《尔雅》《四言杂字》为蕃语"。②吴广成追述云："写以蕃书，于蕃汉官僚子弟内选俊秀者入学教之。"③众所周知，《孝经》传说是孔子为曾子陈述孝道而作，专讲"孝道"。从汉代到唐代为历代统治者所重视，晋元帝、梁武帝、东晋孝武帝、唐玄宗都曾宣讲作过注疏，宋太宗曾两次以草书书写《孝经》刻在淳化秘阁碑的背面，并说："若有资于教化，莫《孝经》若也。"④元昊初创文字，首先翻译《孝经》，其用心良苦可以由此窥知，也不用多言。在这里要特别强调的是翻译《尔雅》。《尔雅》是中国历史上第一部词典，"尔雅"的意思是接近、符合雅言，即以雅正之言解释古语词、方言词，使之近于规范。《尔雅》在唐文宗开成年间已被敕刻

---

① 〔日〕西田龙雄：《西夏文字解读》，第153—154、158页。
② 《宋史》卷四八五《外国一·夏国上》，第13995页。
③ 《西夏书事校证》卷一三，宝元二年五月，第152页。
④ 《宋史》卷二六六《李至传》，第9176页。

石入儒家经典。由此可见,西夏文的词义、语义的释读在编纂之初就以汉语为范本。骨勒茂才在《番汉合时掌中珠》的序言中说:"兼蕃汉文字者,论末则殊,考本则同。"①这就把西夏字的源流给揭示出来。所以,所谓蕃学只是利用蕃书来讲解汉文化的经典而已,其后汉学不仅没有被排斥,其地位反而日渐提高。西夏上表乞赐九经、乐书、唐史乃至《册府元龟》等事迹,每见于史册,黑水出土汉文和西夏文文献也提供了实物佐证。②蕃学的内容,既然脱离不了汉文化,蕃书的功能因而也只是作为传播汉文化的一个工具而已。③

另外,唐宋时期,广大西北地区较有影响的少数民族文字除了西夏文,大致还有突厥文、回鹘文、吐蕃文(古藏文)、蒙古文等,④可是从字形而言,只有西夏文与汉字相像,即所谓"远看都是汉字,近看却一个也不认识"。吐蕃族自7世纪松赞干布王时开始有文字,是博学的吞米·桑布扎去印度学习后创制的。

---

① 《番汉合时掌中珠》序言,第5页。
② 西夏汉文文献,可参见〔俄〕孟列夫著,王克孝译文:《黑城出土汉文遗书叙录》,宁夏人民出版社,1994年。已出版的《俄藏黑水城文献》第7至14册为西夏文世俗典籍,包括《音同》《文海宝韵》《五音切韵》《天盛改旧新定律令》《新法》《法则》《贞观玉镜将》《官阶封号表》《历书》《番汉合时掌中珠》《三才杂字》《碎金》《圣立义海》《新集锦合道理》《孝经传》《论语全解》《孟子传》《十二国》《新集慈孝传》《德事要文》《德行集》《孙子兵法三注》《六韬》《黄石公三略》《类林》以及大量西夏社会文书、童蒙字书。从中不难看出除了字、词典外,法律、军事、儒家经典和宣传伦常的书籍,无不是汉文化的翻版。
③ 详见金宝祥:《西夏的建国和封建化》,《历史教学与研究》1959年第5期,后收入白滨编:《西夏史论文集》,第121—127页。
④ 李智君:《唐代吐蕃内侵与河陇语言地理格局的演替》,《厦门大学学报(哲学社会科学版)》2007年第4期,第105—112页。

"创制了一套基本上反映当时藏语语音面貌的拼音文字,用于记录藏语,从事翻译和著述,留下了浩瀚的文献典籍。"①突厥文(Turkic script)是7—10世纪突厥、黠戛斯等族使用的拼音文字。又称鄂尔浑-叶尼塞文、突厥卢尼克文。自8—15世纪(唐代至明代)主要流行于今吐鲁番盆地和中亚楚河流域的回鹘文属于阿尔泰语系突厥语族,由于受粟特文熏陶,回鹘人开始采用粟特字母来拼写自己的突厥语,渐渐演变为回鹘文。在成吉思汗时期,蒙古人便采回鹘字母以书写蒙古语,学界称为回鹘式蒙古文。这种书写系统是现行蒙古文的前身。可见在西夏故地使用和传布的吐蕃文主要受印度文化影响,而突厥文、回鹘文、蒙古文大致一脉相承,受流布于中东、波斯一带的阿拉米语的影响较多。虽然党项族与这些民族交往甚密,但是以西夏东部和王族使用为主体的西夏语则主要源自汉语,则说明党项族深受汉文明的沐浴,而不是受中亚的影响。

骨勒茂才所列举的许多语句、词汇、名词是从某种现成的中原教材里抄来后再加上西夏文翻译的。在《番汉合时掌中珠》里没有发现河西地区特有的事物,例如书中说到农业却没有说到牧业,说到官府却没有说到氏族,说到山、海、江、河却没有说到戈壁、沙漠,说到茵陈、薄荷却没有说到甘草、苁蓉,正是这个道理。②

聂鸿音指出,如果仔细观察,还可以在《番汉合时掌中珠》里找到很多汉语音译词和"硬译词",比如"玛瑙"被骨勒茂才硬译成了"马的脑袋","龙眼"被骨勒茂才硬译成了"龙的眼

① 戴庆厦主编:《二十世纪的中国少数民族语言研究》,书海出版社,1998年,第69页。
② 聂鸿音:《打开西夏文字之门》,第103—104页。

睛"。《掌中珠》所反映的文化因素全部来自中原,其中自然难免儒家的说教,所以书里收有"仁义忠信"、"五常六艺"等说法。不过骨勒茂才本人似乎对儒家经典并不熟悉,例如"人事下"里有一段文字,记述法官用《孝经》里的话开导一个斗殴伤人的小流氓,他说的是"父母发身不敢毁伤也"。对照一下《孝经·开宗明义章》,可以看到原文是"身体发肤,受之父母,不敢毁伤,孝之始也"。显然《番汉合时掌中珠》"父母发身"的说法不但打乱了《孝经》原文,而且整体意思也不通,但是骨勒茂才没看出来,否则不应该允许这种经过篡改的"经文"存在。与儒学基础相比,骨勒茂才对佛教的理解就相当令人满意。《番汉合时掌中珠》宣传佛教的文字明显比宣传儒学的要多,不但提到了近20种佛教作品,而且在全书的最后还用了大段的禅家说教来为人生作结,这显然是全书的中心思想:

> 人寿百岁七十者稀凡君子者不失于物不累于己能圆能方岂滞一边
>
> 虽然如此世人不□烦恼缠缚争名利忘本□□逐物心动起贪嗔痴
>
> 以福为荣以贫为丑由此业力三界流转远离三途四向四果资粮加行
>
> 十地菩萨等觉妙觉法报□□自受用佛十他受用三类化□证圣果已
>
> 昔因行愿千变万化八万四千演说法门于迷有□指示寂知菩提涅槃
>
> 令交获则六趣轮回苦报无量争如自悔修行观心得达圣道岂□□□

原文虽然有残,但可以看出里面讲的都是中原禅宗的基本道理,其中的"观心"更是达摩祖师一派的核心法门。西夏翻译过中原的许多佛教著作,如果把上面这段文字的西夏译文与那些著作对照阅读,就可以发现一个有趣的事实,即骨勒茂才对佛教专门术语的西夏文翻译竟然跟那些译著里的一模一样。显然他在编译《掌中珠》以前应该受到过禅宗的强烈影响,否则他的译文就不会那样准确得无可挑剔。①

四、西夏文的民族特色②

在吸纳汉文字造字方法的同时,又有党项民族独特的构造方法,如笔画较汉字繁复,撇、捺等斜笔教多,无竖钩;象形字和指示字较少;会意字比汉字少,类似拼音构字法的反切上下合成则是西夏文构字的一大特点。史金波以为西夏文字和汉字有七个鲜明的不同点。

1.西夏文字笔画适中。西夏文中笔画较少、结构简单的字比汉字少得多。另外,西夏文中结构复杂、超过20画的字也较少。因此,通观书写成篇的西夏文书页,笔画均匀,疏密有致。

2.西夏文字的笔画斜笔较多,也即撇、捺较汉字丰富。这使大部分西夏字的四角都很饱满,看起来匀称舒展。西夏文笔画中缺乏汉字常用的竖钩。

---

① 聂鸿音:《打开西夏文字之门》,第105—107页。
② 笔者对于西夏文没有专门研究,谈到西夏文的民族特色,主要是归纳学术界现今讨论的有关情况,这点需要特别申明。若归纳有误,由笔者承担责任。

3.在文字构成上,西夏文会意合成字较汉字中的会意字多,与汉字形声字相似的音意合成字比汉字形声字少。汉字中的形声字占了总数的80%左右,这一点和西夏文很不相同。

4.类似拼音构字法的反切上下字合成法是西夏文字构成的一大特点。这种合成法构成的字不仅比汉字的比例大,而且有一定系统性,拼和感更强。

5.西夏文在构字时普遍地省形、省声,即用两个或两个以上的字构成一个字时,无论是作意符还是作音符,都可以只用一个字的一部分。省去的部分并不固定,而汉字构字时,省形、省声是个别现象。西夏文用一个字组成新字时,可以根据需要用这个字的上、下、左、右、中、大部、全体等各部分,也就是说一个字的各个部分都可以代表这个字去组成新字。因此西夏文缺乏汉字那样明显的偏旁体系。

6.西夏文中象形、指事字极少,这与汉字不同。西夏文中类似汉字形声字的音意合成字的表意部分并不表示物形,而汉字形声字的意符往往与物形有直接关系。

7.西夏文音意合成字大多与组成它的表音字同音,而汉字形声字中仅有10%左右的字与声符同音,其余的只是发音相近或有一定关系。这是由于汉语在长期使用过程中已经发生了变化,而文字是在这种变化以前创制的,它不能反映这种后来发生的变化。西夏文的使用时间相对较短,在这段时间里西夏语的语音尚未发生明显的变化。①

龚煌城运用语言比较方法,在与越南字喃的比较中,以为:"缺少'象形'与'指事'两项造字法是西夏文字与字喃共通的

---

① 史金波:《西夏文教程》,第115—116页。

现象,因为这两种文字不像汉字或古埃文字楔形文字那样独立从象形文字发展出来,而是间接取材于其他文字。所不同的是字喃完全取材于汉字的偏旁,而西夏文字则独创了自己的偏旁形体,这一点正造成了西夏文字的特性。"在创制之初,"字喃完全采用了日本八世纪的'万叶假名'模式,即利用汉字拼写其本国语言,而西夏却创造了其独特的偏旁形体"。西夏文字左右对称及基本形体加装饰成分的字不少,龚煌城认为这些乃代表西夏文中的基本字。"西夏文创造了新的偏旁形体,故也摆脱了汉字的拘束,可以独自设定语意范畴,独自决定偏旁的字音。然而语意的世界千差万殊,西夏语的音韵系统又错综复杂,难以理出贯穿全体的系统。比较简易可行的办法便是以自由联想方式把各种语意串联起来,同时视必要而随时造形声字,于是就产生了一个新的文字系统——西夏文字。"①

　　韩小忙受龚煌城关于"西夏文的意符与声符及其衍生过程"中的"增添法"以及"西夏文字的形成是先制成基本字然后由此基本字依次变换文字偏旁而衍生所有的其他西夏文"的启发,以为西夏文创制中吸取了藏文字母叠加拼写的原理,虽然"藏文脱胎于梵文字母,是一种拼音文字",但是"西夏文在形体上模仿了汉字,在造字方法上借鉴了六书理论,然而党项人的语言和思维习惯与汉人并不相同,因此完全可以造出与汉字迥然不同的文字来,用于表达自己本民族的思想,传播本民族的文化。同理,西夏文虽然与藏文格格不入,但是并不妨碍西夏人借鉴藏文的造字方法以为己用"。②

----

① 龚煌城:《西夏语言文字研究论集》,第350、351、353页。
② 韩小忙:《西夏文的造字模式》,中国社会科学出版社,2016年,第293页。

从语言学的角度而言,目前对于西夏语的属性大致有三点共识:第一,西夏语是藏缅语族中的"羌语支",这得到了国内外学术界的普遍肯定、承认和赞同;第二,对羌语支的内涵和外延基本上有一个比较明确的界定,对羌语支语言的特点有了更深一步的论证;第三,对羌语支在藏缅语族语言中的分类矩阵基本确定,羌语支内部分类更加精细、准确。在这个分类中,根据语音特点、形态的丰富程度以及同源词的多少等,西夏语应属于羌语支的中支。这三点共识对西夏语语音构拟的框架将产生重大影响,对西夏语言语法特点的挖掘和认识也将起重要推动作用。①

另外,现代语言学意义上的西夏语法探索由西田龙雄开其先河,其后比较著名的成果有:克平对主宾语一致关系的研究、对动词趋向前缀的研究,以及龚煌城对派生词音韵转换的研究。②由于笔者对此不能进行专门研究,故仅梳理至此。

五、西夏活字印刷术③

从西夏用西夏文刊印的佛经《大方广佛华严经》中识读辨认为活字印刷的是罗福苌。特别是卷四十题记有"实勾管作选字出力者"中的"选字"被认为佛经印刷过程已有拣选活字拼

① 孙宏开:《西夏语言研究》,甘肃文化出版社,2018年,第4页。
② Guillaume Jacques、聂鸿音:《〈党项语历史音韵和形态论纲〉述评》,《当代语言学》2016年第4期。
③ 本节主要参考了牛达生:《西夏活字印刷研究》,宁夏人民出版社,2004年;史金波:《中国活字印刷术的发明和早期传播:西夏和回鹘活字印刷术研究》,社会科学文献出版社,2000年。

版程序,这大抵是判定《华严经》是活字印刷的重要证据。

克恰诺夫在《俄藏黑水城西夏文佛经文献叙录·绪论》中说:"我多次提到过刊本佛经,我们猜测,在西夏不仅有木刻本雕印佛经,而且还有活字版佛经。在我们收录的西夏藏品中也证明西夏的确有活字刊印佛经的存在。如在《胜慧到彼岸要论教学现量解庄严论显颂》(第393号,馆册第5130号)经文的题记(1216)中提到了'印活字'(字活印〔𗈁𗀸𘂤𗊱〕),并提到了'都案头监'的官职,很显然,这是国家官办的刊印机构。大概,西夏的活字印刷是从12世纪后半期到13世纪上半期才开始出现的,因为在此之前,如西夏的法典当中,只提到国家印刷机构'刻字司'(𗈁𘝣𗥤)用雕板方式来印刷书籍。皇家的书籍一般都是由'刻字司'来刊印的。但有关私人或寺院刊印佛经或书籍的材料,在西夏文佛经中还没有找到。"①

两宋时期,虽然雕版印刷有了很大的发展,但这种印刷方法费工费时,一套书版只能印一种书,而保存书版又要占用很大空间,因此其缺欠和局限性是很明显的,自有改革的必要。于是,在北宋仁宗庆历年间(1041—1048),印刷技术出现了重大的突破,这就是毕昇发明的活字印刷术。

沈括《梦溪笔谈》对此有详细的记载:

> 版印书籍,唐人尚未盛为之。自冯瀛王(冯道)始印五经,以后典籍,皆为版本。庆历中,有布衣毕昇,又为活版。其法用胶泥刻字,薄如钱唇,每字为一印,火烧令坚。先设

---

①〔俄〕叶·伊·克恰诺夫:《俄藏黑水城西夏文佛经文献叙录·绪论(2)》,《西夏研究》2011年第1期,第40页。

一铁板,其上以松脂腊和纸灰之类冒之。欲印则以一铁范置铁板上,乃密布字印。满铁范为一板,持就火炀之。药稍熔,则以一平板按其面,则字平如砥。若止印三二本,未为简易。若印数十百千本,则极为神速。常作二铁板,一板印刷,一板已自布字,此印者才毕,则第二板已具,更互用之,瞬息可就。每一字皆有数印,如"之"、"也"等字,每字有二十余印,以备一板内有重复者。不用则以纸贴之。每韵为一贴,木格贮之。有奇字,素无备者,旋刻之,以草火烧,瞬息可成。不以木为之者,木理有疏密,沾水则高下不平,兼与药相粘,不可取,不若燔土,用讫再火令药熔,以手拂之,其印自落,殊不沾污。昇死,其印为予群从所得,至今保藏。①

活字印刷术自北宋仁宗时期布衣毕昇发明以后,由于沈括的记载,在宋朝境内得到了一定程度的传播和发展。例如,1965年,在浙江温州白象塔修复过程中,曾发现北宋崇宁二年(1103)前后的《佛说观无量寿佛经》残页。不少专家以其中"杂色金刚"的"色"字倒置等为据,推断此《无量寿经》为北宋泥活字印本。果真如此,则这一印本是现存最早的泥活字印刷品。不过,有些学者对此还存有疑议。南宋绍熙四年(1193),时任观文殿学士兼判潭州(今湖南长沙)的周必大,在给友人程元成的信札中写道:"近用沈存中法,以胶泥铜板,移换摹印,今

---

① (宋)沈括:《梦溪笔谈》卷一八,《沈括全集》中册,第442页。(宋)沈括:《梦溪笔谈》卷一八《技艺》,朱易安、傅璇琮等主编:《全宋笔记》第二编第三册,第137页。

日偶成《玉堂杂记》二十八事……"①周必大运用沈括所记毕昇活字印刷术,印制《玉堂杂记》,这是现在已知最早见于文献记载的泥活字印本。显然现今对宋朝辖境内活字印刷的流布知之有限,但在约同时期的西夏却有新的发现。这就是黑水城文献中有关西夏时期泥、木活字印本和1991年宁夏贺兰山腹地拜寺沟发现的活字刊本西夏佛经《吉祥遍至口和本续》,为中国宋代发明活字印刷术提供了强有力的证据。从20世纪30年代罗福苌先生到80年代苏联学者克恰诺夫,再经由我国学者牛达生、史金波、白滨、聂鸿音诸位先生的不断探索和研究,终于确定了西夏时期的木活字印本是世界上现存最早的活字印本实物。

关于西夏使用的活字印刷的起始和发展的历史,在汉文文献和西夏文文献中都没有直接记载,了解西夏应用活字印刷是从发现和认识西夏文活字印刷品开始的。首先西夏文《维摩诘所说经》下卷,是我国最早发现的西夏泥活字版印本,西夏文佛经《吉祥遍至口和本续》是我国最早发现的西夏木活字版印本。②

西夏文佛经活字印刷有哪些特点?根据对多种西夏活字印刷品的考察可见:因多人刻字拼为一版,造成同一页面字体肥瘦不同,笔画粗细不一,甚至大小有别;由于活字聚版不精或活字不规范而造成一部分字字形歪斜;因版面不平,也造成文字以字为单位浓淡有别,经背透墨也往往以字为单位深浅不一,甚至纸面凹凸不平;个别字的边缘有因活字稍微倾斜而造成活字印文

① (宋)周必大:《周益公文集》卷一九八《程元成给事》,《宋集珍本丛刊》第50册,第793页。
② 牛达生:《西夏活字版印本及其特点和价值》,《宁夏社会科学》1999年第1期。

墨迹,有的空字处印出空活字的边缘印痕,甚至近于墨钉;文中上下字之间距离较宽,无木雕版印本中上下字点画撇捺相接、相触的情况;有边栏线或版心线时,竖线和横线间往往有间隔;边栏线为双线时,栏线交角处内线和内线、外线和外线不相衔接;版心中的页码同一数字内有西夏文,也有汉文,这是活字印刷容易造成的现象;有的印本中的字有倒字,这是排字时不经心错排所致,是活字印刷特有的现象。

以上特点往往是早期活字印刷的"缺点",这些缺点恰恰成为现在识别早期活字印刷品的依据。有的活字印本除有上述特征外,还有更直接的证据。有的印本直接记录它是活字印本。如西夏文活字版《三世相照言集文》发愿文末有三行题款,明确记载了"活字"二字。这三行题款,最后一行译文是"活字新印者陈集金"。

灵武县发现的西夏文《大方广佛华严经》卷五(现藏日本京都大学)题记汉译文有"都发愿令雕碎字勾管为印者都罗慧性",该书卷四十(现藏国家图书馆)题记汉译文有"实勾管作选字出力者"等。在西夏文中,"字活"、"碎字"的意思都是汉文中的"活字","选字"则为拣字和排字。

俄藏西夏文《德行集》的题款中有"印校发起者番大学院学正学士节亲文高",其中"印校发起者"只强调了印、校,而没有提到雕刻者。纵览西夏雕版印刷品,比较重视书写者和雕版者,特别是对雕版者更加重视。因为雕版印刷要有专人一版一版地写,一版一版地雕,写者和雕者技术性很强,且费时费力。所以这些题款中多记写者和雕者,一般不记印者,特别是没有只记印者而不记写者、雕者的实例。而活字印刷与雕版印刷大不相同,活字皆非出自一人之手所写、所刻,活字造好后,最费时费力的是拣字和印刷,印刷时工序多而复杂。

从发愿题款的形式也可看出雕版印刷和活字印刷的区别。如西夏文《吉祥遍至口和本续》之一的《要文》最后一页有题款,翻译成汉文是"印经勾管为者沙门释子高法慧","印本勾管为者"这一特有提法是该经属于活字印刷品的重要证据。"印本勾管为者"强调印本的组织者,反映出活字印刷是一个复杂的过程,除制作活字外,还有拣字、排版、固版、印刷等工序,正符合活字印刷的特点。宁夏新见西夏文佛经中题款文字,为其定为活字印本提供了新的参考依据。

西夏使用活字印刷的另一个重要的证据,是西夏已设有管理活字印刷的政府管理机构。在俄藏黑水城文献中,有一种佛经5130号,名为《胜慧到彼岸要文慎教现前解庄严论明偈一卷》,在其经末的题款中记载了西夏活字印刷的重要史实:

　　　　西天大巧健钵弥怛毗陀迦□波□讹所译传,比丘吉卓执梵本勘定羌译,
　　　　复大钵弥怛吉祥果名无死与勒兀路赞讹谋多智众师执梵本再勘正译,
　　　　五明现生寺院讲经律论辩番羌语比丘李慧明、五台山知解三藏国师沙门杨智幢译番文,
　　　　出家功德司正禅师沙门宠智满证义,
　　　　出家功德司正副使沙门没藏法净缀文,
　　　　出家功德司承旨沙门尹智有执羌本校,
　　　　御前疏润校都大勾当中兴府签判华阳县司检校罔仁持
　　　　御前疏润印活字都大勾当出家功德司承旨尹智有,

御前疏润印活字都大勾当工院正罔忠敬

光定丙子六年六月日①

光定丙子六年（1216）六月此经题款中末款前的两行记录
了印刷负责人是"御前疏润印活字都大勾当出家功德司承旨尹
智有，御前疏润印活字都大勾当工院正罔忠敬"。"印活字"在
原文中是西夏文"字活印"（𗙊𗗿𗏃），"字活"即"活字"，在前面
提到黑水城出土西夏文末尾题款时已经作了分析。此经题款中
两次记载"印活字"，证实此经原版确系活字印本。

尹智有的官职是"御前疏润印活字都大勾当出家功德司承
旨"，"印活字都大勾当"应是活字印刷的主管，尹智有应是一名
有一定地位、主管活字印刷的僧人。罔忠敬的官职是"御前疏
润印活字都大勾当工院正"，"工院"也是西夏政府中的一个机
构，管理工技制作之事，京师工院属中等司，罔忠敬是主管活字
印刷的工院官吏。

西夏的木活字技术是由内地传入的，刊印工作也大多是由
党项族工匠和汉族工匠共同完成的。现经专家鉴定的西夏文泥
活字、木活字印本在黑水城、宁夏拜寺沟方塔、灵武、敦煌北区洞
窟等地出土的佛经文献印本中得到较广泛的印证。另外，还有
实物旁证。在黑水城出土的文献中也有少量回鹘文献。敦煌北
区石窟中先后发现了1000余枚木活字，其中960枚为法国人伯
希和发现，现藏法国吉美博物馆。这些木活字应属于12世纪晚
期，最迟不晚于13世纪前期。这段时间是属于西夏的时间。所
以印制和阅读这些活字印刷的回鹘文献的人，应是西夏境内的

① 聂鸿音：《俄藏5130号西夏文佛经题记研究》，《中国藏学》2002年第1期。

回鹘人。因为在西夏灭亡以后,敦煌地区的回鹘人已经衰落,就其政治、文化和宗教状况已无可能在那里制作活字,印刷回鹘文佛经。这批回鹘文木活字当为世界上现存最早的木活字实物。西夏偏居内陆西北,却比中原地区更多使用活字印刷术,一方面说明党项民族对华夏文明汲取的主动和积极,另一方面也是西夏适应当时的社会需要。西夏在建国后不到百年的时间用西夏文翻译了汉民族差不多经过千年才翻译完成的佛经,这些佛经的印制若只用雕版印刷,其费时费工是极其巨大的。北宋初期只印行儒家经典,就需十万多雕版,而儒家经典的数量和字数远不能与佛经相比,西夏要印制佛经,其所需雕版数量之大是可以想见的。这对于社会生产和经济发展水平都还不能与中原政权相比的西夏而言,无疑是一个巨大的负担。使用活字印刷可以直接减轻这样的负担,这大致是西夏比中原地区更容易推广使用活字印刷术的重要原因。西夏的活字印刷已经形成相当规模,对活字印刷做出了重大贡献。西夏还用活字排印了表格式汉文历书,是目前所见最早的汉文字印本。元朝在杭州用活字印刷过大量的西夏文佛经,也是活字印刷史上的早期珍本。据史金波研究,"西夏活字印刷还用于西夏官府向农户收取粮、草的印本填空文书,在基层收取粮、草时使用量很大。将印刷术用于这类社会文书中,格式固定,用语规范,规格统一,填写时节省人力和时间,操作方便、快捷,是经济文书发展上的一次进步"。①

西夏文献中保存着这些世界上最早的活字印刷品,在印刷出版史上具有特殊意义。这主要表现在两个方面。一是提供了

---

① 史金波:《西夏对中国印刷史的重要贡献》,《中国史研究》2020年第1期。

早期泥活字和木活字印刷实物。西夏活字印刷实物的发现,澄清了早期活字印刷史上的怀疑和模糊认识,更加确认了中国首创活字印刷的地位。在今宁夏银川,甘肃武威、敦煌,内蒙古额济纳旗等广大地区,都发现了西夏活字印刷实物,可见当时中国活字印刷文化底蕴之深,使用范围之广。二是为活字印刷西传提供了证据。毕昇发明活字在11世纪,而欧洲采用活字印刷是在15世纪中叶。活字印刷由东西渐的过程中,很早使用活字的西夏,其地理位置是不容忽视的。从时间上看,西夏使用活字大约在12世纪中叶至13世纪初。西夏文和回鹘文活字印刷实物的发现,从使用时间上填充了西传中两个世纪的过渡时间,从地域上由中原地区向西推进了2000多公里。

保存到今天的西夏刻本书籍大多出自寺院或者一个叫作"刻字司"(𗥤𗆐𗒐)的西夏官署,有比较明确标记的坊刻本好像仅《番汉合时掌中珠》一件,这本书的版式和字体呈现出了典型的宋代"大字体"风格。装订也采用了宋代最为流行的"蝴蝶装",就是把印好的纸叶对折,有字的一面向里,然后在纸叶对折处的背面逐一涂上糨糊黏合。全书37叶,刻版的边框高18.7厘米,半叶宽12厘米,序言半叶8行,汉文每叶16行,西夏文每叶17行。版心有汉文叶码,只是不像宋版书那样镌有书题简称和刻工名字,不知这可不可以看成非官方刻本的一个特征。

同时期的西夏有一种标准的"官刻本",版心既有书题也有刻工名,那些刻工隶属于刻字司。在这以前我们知道,西夏时期的文献把党项人名译成汉语的规则是姓氏用音译而名字用意译,把汉语人名译成西夏语的规则是姓和名都用音译。从俄罗斯西夏学家克平辑录的刻工名字来看,那些人名使用的西夏字大多是专门用来译写汉语的表音字,这引导我们相信当时在西夏从事活字印刷工作的主要是汉族人而不是党项人。尽管没有文献表明这些汉族工匠是怎样从中原来到西夏,又是怎样一代代传承技艺的,但是西夏的书籍制作技术全部来自中原,这个结论应该不会有任何疑义。① 笔者以为西夏文虽是官方文字但是在西夏并不普及,大致只限于党项族上层或皇室。另外在西夏故地,华夏文明熏染已近千年,这里的居民可能蕃化,但是文化传承不会中断。

---

① 聂鸿音:《打开西夏文字之门》,第8页。

第10章 西夏的儒家政治文化与法典

一、西夏的儒学与儒家政治文化

1.概念的定义与讨论问题的范围

儒家文化和学说,是中华文化的主要代表。西夏立国,将儒家学说作为治理国家的基本理论。但是儒家文化和学说在历史长河中,表现出两个鲜明的特征,一是儒家文化学说自身的发展,也就是儒学,亦称经学。从两汉至两宋,有汉学和宋学之谓。元明清的经学实则是汉学宋学之争。二是统治阶级利用或运用儒家的政治理念治理国家,这可称为儒家的政治文化。两者有联系又有区别。

准确地界定概念和讨论问题的范围应当是学术研究的前提或起点。现今国内西夏学界讨论西夏的学说或学术思想,常将两者相混淆,笼而统之称为西夏儒学,因此需要辨析何谓儒学。

儒学从孔子创立之日起到汉武帝罢黜百家之后,已有四个层面的含义。

一是指孔子创立的儒家学派,所谓:"儒家者流,盖出于司徒之官,助人君顺阴阳明教化者也。游文于六经之中,留意于仁义之际,祖述尧舜,宪章文武。宗师仲尼,以重其言,于道最为高。"①在子学时代,儒学实际上是指称百家争鸣中的一个显学学派。

二是作为统治思想的儒家学说,如班固赞誉汉武帝:"罢黜百家,表章六经,遂畴咨海内,举其俊茂,与之立功。兴太学,修郊祀,改正朔,定历数,协音律,作诗乐,建封禅,礼百神,绍周后。号令文章,焕焉可述。"②"儒学者,王教之首也。尊其道,贵其业,重其选。"③

三是后人对孔子学说的研究和发展,形成的带有不同时代特点的学说。譬如清代学术有所谓汉学、宋学之争。汉学和宋学即汉儒和宋儒对儒学的研究和发展。《宋史》道学传序云:

> 仁宗明道初年,程颢及弟颐寔生,及长,受业周氏,已乃扩大其所闻,表章《大学》《中庸》二篇,与《语》《孟》并行,于是上自帝王传心之奥,下至初学入德之门,融会贯通,无复余蕴。迨宋南渡,新安朱熹得程氏正传,其学加亲切焉。大抵以格物致知为先,明善诚身为要,凡《诗》《书》六艺之文,与夫孔、孟之遗言,颠错于秦火,支离于汉儒,幽沉于魏、晋六朝者,至是皆焕然而大明,秩然而各得其所,此宋儒之学所以度越诸子,而上接孟氏者欤。其于世代之污隆,气化之荣悴,有所关系也甚大。道学盛于宋,宋弗究于用,甚至有厉禁焉。后之时君世主,欲复天德王道之治,

①《汉书》卷三○《艺文志》,第1728页。
②《汉书》卷六《武帝纪》,第212页。
③《晋书》卷四七《傅玄传》,第1319页。

必来此取法矣。①

这里所言的"儒学"或"道学",并不是指孔子的思想或学说,而是指对孔子即儒家的思想进行研究的学说和研究儒家的思想而产生的学说。换言之,后世的儒学虽然"宗师仲尼",但已不能将其视同为"儒家的学说",因为后世的儒者所面对的历史条件不尽相同,时代的认知也总有偏差,他们对儒家的学说的阐释不可能承袭不变,而必然要赋予新的时代精神,在不违反基本原则的前提下作出新的解释和发挥。汉学、宋学或者道学即是这种新的解释和发挥的结果。②

四是泛指兴办儒学教育和饱学儒家经典的学人。从《汉书》以降,《二十四史》大都设有"儒林传"和"儒学传",记述历朝历代兴办以传授儒家经典为主的学校教育制度的情况以及博学鸿儒的事迹。譬如《新唐书》卷一九八《儒学上》序云:

> 高祖始受命,锄颣夷荒,天下略定,即诏有司,立周公、孔子庙于国学,四时祠。求其后,议加爵土。国学始置生七十二员,取三品以上子、弟若孙为之。太学百四十员,取五品以上;四门学百三十员,取七品以上。郡县三等,上郡学

---

① 《宋史》卷四二七《道学传》,第12710页。
② 周予同先生认为孔子死后,经学有三大派:西汉今文学以孔子为政治家,以六经为孔子致治之说,所以偏重"微言大义",其特色是功利的,而其流弊为狂妄;东汉古文学以孔子为史学家,以六经为孔子整理古代史料之书,所以偏重"名物训诂",其特色为考证的,而其流弊为烦琐;宋学以孔子为哲学家,以六经为孔子载道之具,所以偏重于心性理气,其特色为玄想的,而其流弊为空疏。见(清)皮锡瑞:《经学历史·序言》,中华书局,2008年第2版。

置生六十员,中、下以十为差;上县学置生四十员,中、下亦以十为差。又诏宗室、功臣子孙就秘书外省,别为小学。①

又如《元史》卷一八九《儒学一》序云:

> 前代史传,皆以儒学之士,分而为二,以经艺颛门者为儒林,以文章名家者为文苑。然儒之为学一也,六经者,斯道之所在,而文则所以载夫道也。故经非文则无以发明其旨趣,而文不本于六艺,又乌足谓之文哉! 由是而言,经艺、文章不可分而为二也明矣。元兴百年,上自朝廷内外名宦之臣,下及山林布衣之士,以通经能文显著当世者,彬彬焉众矣。今皆不复为之分别,而采取其尤卓然成名、可以辅教传后者,合而录之,为儒学传。②

杜佑《通典》的《选举门》,郑樵《通志》的《选举略》,马端临《文献通考》的《选举考》《学校考》大致都要叙述选举取士、学校教育与儒学的密切关系。

从以上对儒学含义的界定来看西夏儒学的讨论,第一个定义可以忽略不计,因为自汉朝以降儒学已占统治的官学地位,而孔子的学说早在战国时代就有了不同的分野:"自孔子之死也,有子张之儒,有子思之儒,有颜氏之儒,有孟氏之儒,有漆雕氏之儒,有仲良氏之儒,有孙氏之儒,有乐正氏之儒。"③所以后世

---

① 《新唐书》卷一九八《儒学上》序,第5635—5636页。
② 《元史》卷一八九《儒学一》序,第4313页。
③ (清)王先慎撰,钟哲点校:《韩非子集解》卷一九《显学》,中华书局,1998年,第456页。

所讨论的儒学概不出后三个层面的儒学含义范围。在后三个层面的儒学中，所有目前已揭示出的有关西夏儒学发展的全部史实表明，第三种含义的儒学在西夏几乎没有什么发展，这即是笔者曾提出的两个基本观点：一是西夏儒学没有明确的思想发展以推动儒家传统的前进；二是在学说思想方面，儒家的影响甚小。① 在西夏学术思想上占据主导地位的无疑是佛教。西夏儒学的发展主要是第二、第四种含义上的儒学，亦即是一种处在儒家影响下的官僚体制与政治文化，和西夏的儒学教育。

另外，现今使用"儒学"一词多是第三层含义，百度百科的"儒学"词条即是一例。而第二、第四层的含义多用在叙述历史上的政治制度、统治思想时，如儒家政治思想，或政治文化，或以儒治国、崇儒，等等。从上述儒学概念的界定，下面分别介绍西夏儒家政治文化与西夏学术思想的一般状况。

2.西夏时期儒家政治文化的发展

目前有关西夏儒家政治文化的研究已有比较大的进展，发表的论著颇为可观。② 概括地讲主要表现在以下四个方面。

---

① 参见拙稿《论儒学与佛教在西夏文化中的地位》，《西夏学》第1辑，第22—27页。杜维明《何为儒家之道》有类似的看法。
② 史金波：《西夏文化》第三章政治制度和儒学；白滨：《西夏的学校与科举制度》，《西夏文史论丛》（一），宁夏人民出版社，1992年；张迎胜：《儒学与西夏文化刍议》，《宁夏大学学报（社会科学版）》1995年2期；刘建丽：《论儒学对西夏社会的影响》，《西北师大学报（社会科学版）》2000年第5期；李蔚：《略论西夏的儒学》，《西夏史若干问题探索》，甘肃文化出版社，2002年；史金波：《西夏佛教史略》，宁夏人民出版社，1988年；〔日〕野村博：《西夏语译经史研究》，日本《佛教史研究》第19卷2号，1977年。

第一,从李继迁伊始至西夏末年,历代西夏统治者都积极学习唐朝和模仿宋朝,设官建制。"潜设中官,全异羌人之体,曲延儒士,渐行中国之风。"①李元昊为建国更是模仿宋朝建立一套官制,官分文武两班,设立了中书、枢密二司,及御史台、开封府、翊卫司、官计司、群牧司、飞龙苑、磨勘司、文思院等机构。元昊于立国的第二年再度改革官制,改宋二十司为十六司,使西夏官制和机构颇具规模。此后,西夏的官职和机构在中后期又有新变革,与前期相比有两点不同:一是职官和机构愈分愈细,二是前期的官制改革多属政治军事方面的,而中后期有关社会经济文化方面的官职有了明显的增加。②

第二,建学校,发展科举制度。西夏时期大致设立了五种学校:蕃学、国学、小学、宫学、太学。西夏建立学校主要是为了培养人才的需要,而且随着王国制度的不断健全与完善,学校制度的建设更加迫切。西夏学校学习的内容"完全是儒学经典,'尊孔子为文宣帝',把儒学抬到了极高的地位,比之宋朝毫不逊色"。③西夏在中后期还发展科举制度,大约于崇宗后期开始设童子科实行科举考试,西夏仁宗人庆四年(1147)正式实行科举取士制度,策举人,立唱名法,复设童子科。西夏正式实行科举制度共八十年,后期基本以科举取士选拔官吏,不论蕃汉及宗室贵族,由科举而进入仕途成为必然的途径。西夏在实行科举之后于天盛十三年(1161)正月仿唐宋制设立翰林学士院,翰林学士无疑都是通过科举进身授职的。

---

① 《长编》卷五〇,咸平四年十二月丁卯,第1099—1100页。
② 详见《字杂》官位部和司分部;《番汉合时掌中珠》,第56—58页。
③ 白滨:《西夏的学校与科举制度》,《西夏文史论丛》(一)。

第三,引进和翻译儒家经典。西夏获得儒学经典的途径有二:一是通过榷场购买,"诏民以书籍赴沿边榷场博易者,自非九经书疏悉禁之,违者案罪,其书没官",①说明九经一类书籍可以输入西夏,并不禁止;二是派遣贡使请求赐予,如宋嘉祐七年(1062)"进马五十匹,上表求太宗御制真草,国子监九经《册府元龟》《唐书》并本朝贺正旦冬至二节仪。诏止以九经赐之,还其马"。②用西夏文翻译的经典有《孝经传》《论语全解》《孟子》《孟子传》《经史杂抄》《类林》等。

第四,一些儒臣在西夏积极倡导儒教,至西夏后期确也培育了一批颇有儒家文化修养的大臣,如元朝人虞集所赞誉的斡道冲就是一位"早究典谟,通经同文"③的儒臣;又如西夏亡国后入仕蒙元对元初"用儒生,卒以文治太平……实与有力"④的高智耀也是一位著名的儒臣。

此外,学者们还注意到儒家思想文化熏陶濡染了西夏党项世代皇亲宗室,使他们爱好汉族文明,崇儒尚文,编写了一些融合和宣扬儒家学说的书籍,如《圣立义海》《四合杂字》《德行记》《新集慈孝记》《新集锦合辞》等。⑤

以上便是学界目前对西夏"儒学"的基本认识,如果从前揭定义而言,对其在西夏文化中的影响和地位有不尽相同的认识。

---

① 《宋会要辑稿》食货三八之二八,第5480页。
② 《宋会要辑稿》礼六二之四〇、四一,第1714—1715页。
③ (元)虞集撰:《道园学古录》卷四《西夏相斡公画像赞》,四部丛刊初编本,第1436册。
④ 陈垣:《元西域人华化考》,收入《陈垣集》,中国社会科学出版社,2000年,第94页。
⑤ 参见《俄藏黑水城文献·西夏文世俗部分提要》,上海古籍出版社,1997年。

一是认为"西夏儒学在政治、文化界十分流行，整个国家机器在这一思想指导下运转"。①二是给以极高的评价："儒学的文化思想已较全面地渗透到西夏文化之中，儒学的文化结构已大都被移植到西夏文化之中。""儒学实际上已成为西夏文化的重要核心和主要成分。""儒学对西夏党项社会的影响是全方位的，渗透到各个领域，促进了西夏党项与各个兄弟民族的融合及自身封建化。"②

3.西夏儒学学术思想发展面临困境的原因

检讨目前学界对西夏儒学发展状况的研究，前一种评价较符合西夏儒学的实际影响和所处地位，即严格地讲西夏儒学的发展仅是一种处在儒家影响下的官僚体制与政治文化。而后一种评价与实际有一定的距离，值得重新思考。这种思考有两点：一是西夏儒学没有明确的思想发展从而推动儒家传统的前进；③二是在学说思想方面，儒家的影响甚小。这两点是互为关联的，下面从六个方面进行说明。

其一，近年来，聂鸿音先生发表几篇文章，认为西夏时期对儒学经典的重视并不像以往学者所认识的那样高。这是基于两个事实。一是从西夏文献典籍中辑录西夏人翻译的《诗经》文句二十六则并考察其义训正误，试图据以窥知西夏党项人对经典汉文学的理解能力。经考察知道："西夏《诗经》译例中有半数均存在不同程度的误解，有的甚至可以说是严重失误，这说明

---

① 史金波：《西夏文化》，第127页。
② 张迎胜：《儒学与西夏文化刍议》；刘建丽：《论儒学对西夏社会的影响》。
③ 杜维明《何为儒家之道》有类似的看法。

西夏知识分子对于《诗经》并不像预期的那样熟悉,以《诗经》为代表的中原古典文学没能成为党项文人文学的滋养。"①二是通过校理西夏人对中原儒家经典的异译,并分析有关史料记载,指出西夏王廷虽然口头上在国内倡导儒学,但并未真正把儒家经典列为番学的必修课程,王廷没有组织过九经的翻译,番学出身的文臣也不研读九经。西夏人对中原儒学没有表现出像对藏传佛教那样的热情。②

其二,元昊时期创制西夏文,是元昊同宋朝分庭抗礼、标新立异的重要步骤,是强调其民族特点的突出举动。为了在西夏境内大力推广西夏文,西夏王廷做出了很大努力,这反映在黑水城出土文献中,便是西夏人编纂的字书、词典甚为突出。大致可分为三类:一类是西夏文语言词典,如《音同》《文海宝韵》《五音切韵》;一类是西夏文字书,如《三才杂字》《义同》《新集碎金置掌文》;一类是夏汉对照双解词典,如《番汉合时掌中珠》《纂要》。当然编纂字书、词典是为了便于学习和阅读西夏文,但是也从一个侧面说明西夏党项人、吐蕃人在接受和使用西夏文的同时,对汉语言文字的学习和阅读已存在严重困难,以致阻碍了正常的文化交流和沟通。骨勒茂才在《番汉合时掌中珠》的序文中说:"番有智者,汉人不敬;汉有贤士,番人不崇。若此者,由语言不通故也。"③由此联系到前揭西夏王廷未着力翻译儒家经典和西夏知识分子对《诗经》一类经典存在理解错误等事实,西夏党项人对汉语已感到生疏,就更谈不到发展推进儒家的学

---

① 聂鸿音:《西夏译〈诗〉考》,《文学遗产》2003年第4期。
② 李吉和、聂鸿音:《西夏番学不译九经考》,《民族研究》2002年第2期。
③《番汉合时掌中珠》序言,第5—6页。

说思想。

其三,笔者在几年前对元朝人不修西夏史曾发表过几点意见,其中有一点是:"就西夏文化的总体情况来看,西夏是一个不重修史的地方政权。""中国自古以来史学与经学、文学并重,缺少了史学,一代文化就是不完整的。虽说蒙古火使西夏文献百不存一,但是既然其他门类的文化能从废墟中寻找到蛛丝马迹,进而集腋成裘,可以述其大概,唯独史学著作空憾,则不能不是从一个侧面反映了西夏不重修史所造成的匮乏。"这是从修史的层面而言,若从儒家文化的传播来讲,史学更是无可替代的载体。且不说儒家经学中春秋学的重要性,单说汉唐以降,史学著作无不贯穿着从儒家正名分、寓褒贬和三纲五常理论取舍历史的修史精神,西夏人不重史学,只能说明西夏知识界受儒家学说影响有限。

其四,当西夏统治者模仿、学习宋朝,在儒家影响下,大力发展官僚体制与政治文化之时,宋学正处在诸学派形成并进入繁荣的时期。众所周知,魏晋以降,儒学虽在政治上居于主导地位和起支配作用,但是在学说思想特别是在哲学理论上,佛教和道教风靡数百年,汉儒之章句之学相形见绌。入宋以后以复兴儒学至尊地位为己任的宋儒,正是在吸收、改造和批判释道的宇宙论、认识论的理论成果的基础上,再建孔孟传统的。荆公新学、二程洛学、苏氏苏学,诸学派著书立说,呈现出一派繁荣景象,儒家学说的发展达到一个新的高峰。但在西夏现存文献中却很难找到相对应的蛛丝马迹。如果说北宋时期荆公学派的少数著述如陈道祥《论语全解》和宋蜀刻本《吕观文进庄子义》等在西夏尚有一些反映的话,那么南宋建立以后的儒学最新成果在西夏几乎是一无所知。因为金朝占据陕北,夏宋两国边疆互不相连,两国的往来也处于隔绝状态,南宋蓬勃发展的理学思想不仅在西夏,甚至连南宋毗邻的金朝也知之甚少。[①]这是西夏不可能发展和推进儒家思想的一个外部因素。

其五,从现今传世的被翻译成西夏文的汉文著作和西夏文世俗著作来看,除几部儒家经典之外,绝大多数著作都属于治国方略、兵法、法律等内容,绝少讨论儒家经学思想的学术著作。[②]当然这与史料缺征有关,但也从一个侧面反映出西夏人讨论儒家学说的学术水平很低。

其六,毋庸讳言,目前学界对西夏儒学学说思想的研究,因文献的匮乏几乎还是一片空白,学者们探讨的所谓西夏儒学,大致限于儒家文化对西夏社会影响的层面。即使是这方面的研究似也还不够充分。陈寅恪先生有一段论述儒家政治文化对中国历史影响的议论颇有助于对这个问题的思考:

> 自晋至今言中国之思想,可以儒释道三教为代表之。此虽通俗之谈,然稽之旧史之事实,验以今世之人情,则三教之说,要为不易之论。儒者在古代本为典章学术所寄托之专家,李斯受荀卿之学佐成秦治,秦之法制实儒学一派学说之所附系,《中庸》之"车同轨、行同伦"(即太史公所谓"至始皇乃能并冠带之伦"之"伦")为儒家理想之制度,而于秦始皇之身,而得以实现之也。汉承秦业,其官制法律亦袭用前朝,遗传至晋以后,法律与礼经并称,儒家周官之说悉入法典。夫政治社会一切公私行动,莫不与法典相关,

---

① 〔德〕傅海波〔英〕崔瑞德编:《剑桥中国辽西夏金元史》,第354页。
② 详见《俄藏黑水城文献》汉文部分目录、西夏文世俗部分提要。

而法典为儒家学说具体之实现。故二千年来,华夏民族所受儒家学说之影响最深最巨者,实在制度法律公私生活之方面。①

前揭事实表明,儒家文化主要在政治上和文化界流行,而对儒家文化影响最巨的制度、法律、公私生活之方面似还需做进一步探讨,因为在一个农牧并重而党项、吐蕃人又以牧业为主的社会里,大多数不懂汉语又笃信佛教,儒家对他们的公私生活能有多大影响呢?

还有一个很值得关注的现象,论者常以如下这条材料来说明元昊建国即发展儒学的重要史实:

> 元昊自制蕃书……用蕃书而译《孝经》《尔雅》《四言杂字》为蕃语。②

其实,对这条材料可以从另外的角度作一些新的解释和补正。因为材料中的《孝经》和《尔雅》虽然是儒家经典,但是都不在汉唐间学校和隋唐科举考试所用的《五经》《九经》,北宋学校、科举使用的《九经》《三经》之列。《孝经》只在明经科中列为兼通的经典,即所谓“兼经”。《孝经》其所以见重于唐宋,主要是在于它的伦常理念,而非学术思想,所以西夏前期蕃学所学的儒家经典着眼点不在发展儒学,而在于倡导政治伦常。或者如学者所论:“元昊时既然要与中原分庭抗礼,那么他的本来

① 《金明馆丛稿二编》,上海古籍出版社,1980年,第251页。
② 《宋史》卷四八五《外国一·夏国上》,第13995页。

目的也许并不是要用西夏文宣扬儒学文化,而只是想用这几本篇幅较小的书来作为传播西夏文字的媒介。"① 目前所见元昊、野利荣仁创制的西夏文中很少涉及"儒"、"儒学"字样及其解释,也从一个侧面说明了这个问题。

4.西夏儒家政治文化与西夏学校教育发展原因试析

儒家经学在西夏诚如以上所论未见有任何推进,但是儒家文化或儒家教育在西夏还是颇有发展的。其发展的原因主要是西夏统治者在建立政权的重建华夏文明过程中,自觉或不自觉地接受儒家的政治文化,如宋人富弼在元昊建国不久的庆历四年(1044)时所说的:"拓拔自得灵夏以西,其间所生豪英,皆为其用。得中国土地,役中国人力,称中国位号,仿中国官属,任中国贤才,读中国书籍,用中国车服,行中国法令,……皆与中国等。"② 显然这里所说的中国是指唐宋,唐宋的政治制度、法令、礼仪、图书、器物无不打着儒家文化的烙印,虽然元昊时期企图以"胡礼蕃书抗衡中国",行秃发,创制蕃字,然蕃学胡礼的内容依然脱离不了汉文明,所谓蕃学只是利用蕃书来讲解汉文化的经典而已。所以汉文化在元昊制蕃书和建蕃学以后,仍然是西夏统治者行蕃礼和蕃学的重要基础。蕃学或蕃礼其所以脱离不了汉文化,是因为汉文化始终是党项统治者巩固统治、扩大统治的一个重要手段。党项统治者如果想要僻处朔方、河西,或向关中、中原伸张势力,单凭游牧的部落武装,而不去努力汲取汉文化,都是不能想象的事情,所以在这个阶段西夏儒学的发展只不

---

① 聂鸿音:《西夏文〈新修太学歌〉考释》,《宁夏社会科学》1990年第3期。
②《长编》卷一五〇,庆历四年六月戊午,第3640—3641页。

过是一种模仿中原王朝官僚体制与政治文化的反映。换言之，因模仿中原的政治、经济、文化制度而学习、接受儒家政治、伦常思想，与西夏主动积极研究和阐释儒家经典而产生新的学派、新的学说是不能混淆的两个方面。

儒学教育在西夏真正有所发展，或者说西夏统治者由模仿唐宋政治制度和文化，自觉或不自觉地接受儒家文化、学习儒家经典，到自觉接受并积极兴办儒学教育，应是在西夏的中后期。恩格斯曾指出："理论在一个国家的实现程度，决定于理论满足这个国家的需要程度。"[①]西夏中期以后儒学得到尊崇是当时西夏社会和政治发展的需要所决定的。学界有关这方面的论述已较多，不赘。在这里只是要强调儒学教育是西夏儒学发展的主要方面。西夏行科举考试，给番汉中小地主和普通民众以参加政权的机会，这与西夏前期以吸纳宋朝汉族知识分子参加政权建设不尽相同，当时宋朝的"举子不第，……往投于彼，元昊或授以将帅，或任之公卿，推诚不疑，倚为谋主"。[②]宋人盛传张元、吴昊二人为西夏谋划侵宋，正说明这种情况。仁孝实行科举制、庙祀孔子后，大大改变了这种格局，对后世无疑产生了重大影响，同时也大大推动了西夏的儒学教育，西夏不仅从宋朝引进、购买儒家经典，而且还用西夏文翻译儒家的主要经典《论语》、《孟子》《孝经》《尔雅》等，依据汉文典籍编译而成的《经史杂抄》《新集慈孝传》《德行集》，以及西夏人自己编纂的《圣义立海》《新集锦成对谚语》，等等，虽说番学儒家经典的翻译水平

①《恩格斯致卡尔·马克思》，《马克思恩格斯选集》第一卷，人民出版社，1972年。
②《长编》卷一二四，宝元二年九月丁巳，第2926页。

不高,①但是对于党项族来说已是一个了不起的进步。随着儒学教育的发展,儒家的政治理念、道德观念被编入字典。譬如骨勒茂才编于西夏后期的《番汉合时掌中珠》:

> 人体上:圣人、贤人、智人、愚人、君子、小人
>
> 人事下:阴阳和合,仁义忠信、五常六艺、孝顺父母、六亲和合、学习圣典、立身行道、世间扬名、行行禀德、国人敬爱、万人取则、恤治民庶、君子有礼、小人失道、孝经中说,父母发身、不敢毁伤也,如此打拷,心不思惟,可谓孝子,彼人分析,我乃愚人,不晓世事,心下思惟,我闻此言,罪在我身。②

这是儒家的政治理念、道德观念深入社会各阶层的重要标示。

至于儒学教育在其他方面的发展,如对元朝儒学和政治的影响等,学界已多有论述,不赘。

---

① 参见聂鸿音:《西夏文〈新修太学歌〉考释》,《宁夏社会科学》1990年第3期;《西夏文〈新集慈孝传〉释读》,《宁夏大学学报(哲学社会科学版)》1999年第2期;《〈贞观政要〉的西夏文译本》,《固原师专学报》1997年第1期;《西夏本〈经史杂抄〉初探》,《宁夏社会科学》2002年第3期;《〈孔子和坛记〉的西夏译本》,《民族研究》2008年第3期。
② 《番汉合时掌中珠》,第108—109,112—113页。

二、西夏法典与中华法系

1.《天盛改旧新定律令》的编纂特点

自黑水城遗书中发现西夏文《天盛改旧新定律令》(简称《天盛律令》)以来,这部法典引起了国内外西夏学界的高度关注。学界不仅用以弥补西夏文献的匮乏,对西夏政治、军事、经济、刑法作深入的研究,深化了人们对西夏历史和社会的认知,而且对《天盛律令》作了非常有益的探索,硕果累累,[1]使人们对中国历史上第一部用少数民族文字印行的法典,有了较为清晰的了解。但是,笔者在结合学界已有相关成果的基础上研读这部法典时,感到目前大多数学人对这部法典的认识存在一些误区,值得进一步商榷和厘清。

西夏于1038年建国,此前一般认为尚没有确立较为完整的法律制度,此后随着社会历史的进步,接受以汉族为主体的中原

---

[1]〔苏〕克恰诺夫:《天盛改旧新定律令》(四卷),苏联科学出版社,1987—1989年;〔俄〕克恰诺夫俄译,李仲三译,罗矛昆校:《西夏法典〈天盛年改旧新定律令(1—7章)〉》,宁夏人民出版社,1988年;王天顺主编:《西夏天盛律令研究》,甘肃人民出版社,1998年;史金波、聂鸿音、白滨译注:《天盛改旧新定律令》修订本,科学出版社,1994年,法律出版社,2000年;杨积堂:《法典中的西夏文化——西夏〈天盛改旧新定律令〉研究》,法律出版社,2003年;杜建录:《〈天盛律令〉与西夏法制研究》,宁夏人民出版社,2005年;姜歆:《西夏法律制度研究:〈天盛改旧新定律令〉初探》,兰州大学出版社,2005年;陈永盛:《西夏法律制度研究》,民族出版社,2006年;邵方:《西夏法制研究》,人民出版社,2009年。

王朝法治思想,开始自行创制法典。虽然《天盛律令》是用西夏文写成,但是其修纂受唐代以来形成的中华法系特别是受唐宋法律修纂原则和体例的影响,则没有异议。只是在比较《天盛律令》与《唐律疏议》和《宋刑统》的修纂特点时有三种不同意见。

第一种意见认为与唐、宋律比较,《天盛律令》编纂有三失。从法律编纂史的角度看,我们对《律令》的编纂水平不能估计过高。《天盛律令》综合诸法,混编西夏职官、经济等制度的方法,虽然大大增加了它的史料价值,但却影响了它作为律书的编纂质量。和唐宋律编纂方法的先进性相比,《天盛律令》的落后性恰如西夏之经济、文化落后于唐宋一样。《天盛律令》编纂形式的缺点主要有三:(一)类例不分;(二)纲领不立;(三)科条不简。头一条带有根本性,后二条是头一条派生的。类例不分,没有沿用唐宋律12篇分类法。除少数几卷将同类律文集中记载外,半数以上每卷虽有一个中心内容,但也夹杂其他性质的律文。由于类例不立,编次无序,就难免出现内容重出而文繁的问题。①

第二种意见认为《天盛律令》法典体系和条文结构具有鲜明的独创性,其形式上的系统性在当时也是领先的。②此法典从形式到内容都受到中原王朝成文法的很大影响,特别是《唐律疏议》和《宋刑统》都对《天盛律令》产生了重大影响。然而西夏是以少数民族为主体建立的王朝,所修律令也有自己的特点。即便在形式上也与唐宋律有很大不同。(一)《天盛律令》

---

① 王天顺主编:《西夏天盛律令研究》,第31页。
② 邵方:《西夏法制研究》,第41页。

在篇目设置上很有特色。《唐律疏议》共有律12篇，计30卷，502条。条后有注释，时称律疏。这种篇目格局对后世影响深远。《宋刑统》因袭唐律，亦有律12篇，30卷，仍为502条，连目录共31卷。每卷又分若干门，共213门，除条下有律疏外，还另附有令、格、式、敕177条，起请32条。而西夏《天盛律令》共20卷，未明确区分若干律，各部分内容排列次序与唐、宋律差别很大。它与《宋刑统》相近的是每卷有多少不等的门，共150门，分1461条。（二）宋朝的法律典籍庞杂而混乱，难以掌握和实施。宋真宗时敕条竟多达18000多条。后虽有减缩，但数目仍很可观。西夏天盛年间值南宋高宗、孝宗时期，其时南宋法律更加紊乱，往往以断例和指挥（尚书省等官署对下级官的指令）行事。此时西夏律法却能依据本朝实际情况，别开生面，将律（刑法）、令（政令）、格（官吏守则和奖惩）、式（公文程序）系统地编入律令之中，使之成为整齐划一、条理清楚、比较完备的法典。实际上把中原王朝法典中分割开的法律内容有机融合在一起，使法律条文规定划一，条理清楚，翻检方便。①在《天盛律令》律文中没有区分律、敕、令、格、式，而以一种法律形式表述来编纂整部法典。《天盛律令》中每条律文第一行都是以一个"一"字开头，"一"字下为本条内容，第二行行文是降一格再书写。若在同一条中包含几项不同情况，则分几小条叙述，每小条第一行仍是降一格书写，第二行依次再降一格书写。如果每一条下又分为若干情形，仍是按照此种格式规范书写。《天盛律令》书写格式特点是层次分明，一目了然，这种格式有些接近现代法律条文格式。在中古时期西夏创造了这种一目了然、便于掌握使用的律

---

① 史金波:《西夏社会》上册，第249页。

令条目形式,在中国法制史上又是一次大胆的、成功的革新。[①]

第三种意见认为"在其结构(条文的数量和结构)方面与和它同时代的中国法典不同","存在了至少四个世纪的中世纪中国法律的两种基本立法体系(律——刑法,令——行政规约)实际上到10世纪末时已过时。西夏法学家们之所以扩充了西夏法典,正是依靠他们放弃了将法令严格地划分为四种传统类型:律、令、格、式(后两者是较狭隘的本位主义行政法令)。他们创造出统一的法典。在统一法典里,除定有罪行和惩治办法的律这类法律外,还包括有其他三种传统的中国法令"。[②]

"在编纂内容上《天盛律令》与《唐律疏议》《宋刑统》有很多不同。将《天盛律令》诸门内容与《唐律疏议》《宋刑统》相关内容进行比较,发现在《天盛律令》150门中,91门的内容是《唐律疏议》《宋刑统》所没有的,约占60.7%。其他59门的内容与唐宋律类似或相近,约占39.3%。在内容相似的部分中,除《天盛律令》中的'十恶'、'八议'等十几门内容基本因袭唐宋律以外,其余四十多门与唐宋律的相关内容虽有一定关联,但是又有很多差异,体现出西夏党项民族自身的特点。"[③]

从编纂条文细节上看,宋与西夏法律编纂形式也有各自特点:无论是对于律文补充形式的选择,还是对于条文逻辑结构的处理,都体现出两个政权对各自统治政策、经济关系、文化思想

---

① 史金波:《西夏〈天盛律令〉略论》,《宁夏社会科学》1993年第1期,第50页。

② 引自白滨:《西夏的政治制度》,白钢主编:《中国政治制度通史》第七卷,人民出版社,1996年,第531页。

③ 邵方:《西夏法制研究》,第42—60页。参见杜建录:《〈天盛律令〉与西夏法律制度研究》,第5—25页。

的选择和坚守,这也就形成了中原政权与少数民族政权两个相对独立的法律编纂形式。①

　　根据上述可知,学界在论述《天盛律令》的修纂时,不论是批评其形式存在缺陷,还是肯定其独创和大胆革新,抑或是强调其民族自身的特点,均是基于与《唐律疏议》《宋刑统》的比较而得出的,而且是基于《唐律疏议》和《宋刑统》是唐宋主要成文法典这一主观成见上。就这两部法典的属性而言,的确是唐宋的两部基本法典。但是从唐中叶以降至两宋修纂法典等立法活动的历史演变来看,显然上述三种意见只知其一而不知其二,存在明显的不周之处,甚或是误区。其实,近二十年来唐宋法制史学界对唐宋法典修纂、立法活动已有较多的论述,基本厘清了唐中叶以后至两宋的法典修纂演变过程,可惜这些成果没有引起西夏学界的足够关注,因而依然承袭以往的旧观点来讨论《天盛律令》与唐宋法典的比较,以致一些误区迄今没有得到纠正。换言之,《唐律疏议》《宋刑统》在唐中叶以后至两宋并不是主要的立法活动或法典修纂形式,《天盛律令》的修纂受这两部基本成文法典的影响有限,更多的影响来自编敕、条法修纂。

2.唐宋法典修纂形式的演变

　　为了便于讨论,下面简要叙述唐中叶以降法典修纂演变过程。

　　《唐律疏议》是唐前期在继承隋朝乃至北朝法典编纂基础上,采用律令格式的形式组成的一套完整的法律体系。"取汉魏晋三家,择可行者,定为十二篇,大概皆以《九章》为宗。历

---

① 李殊:《宋与西夏法律编纂形式比较研究》,湖北大学硕士学位论文,2012年。

代之律至于唐,亦可谓集厥大成矣。"①"唐之刑书有四,曰:律、令、格、式。令者,尊卑贵贱之等数,国家之制度也。格者,百官有司之所常行之事也。式者,其所常守之法也。凡邦国之政,必从事于此三者。其有所违及人之为恶而入于罪戾者,一断以律。律之为书,因隋之旧,为十有二篇:一曰名例,二曰卫禁,三曰职制,四曰户婚,五曰厩库,六曰擅兴,七曰贼盗,八曰斗讼,九曰诈伪,十曰杂律,十一曰捕亡,十二曰断狱。"②"凡律以正刑定罪,令以设范立制,格以禁违正邪,式以轨物程事。"③这部法典确定的修纂模式在此后迄清朝为止的中华法系发展过程中产生了深远的影响。但是在宋元时期法典修纂形式发生了一些重大变异,主要表现在两个方面:一是自皇帝而经由中书颁行的"敕"在法典中的地位日益提高;二是法典的名称也发生了变化。而这两个变化均出现在唐中叶以后。先说第一种变化。

《旧唐书·刑法志》载:

（开元）二十二年,户部尚书李林甫又受诏改修格令。林甫迁中书令,乃与侍中牛仙客、御史中丞王敬从,与明法之官前左武卫胄曹参军崔见、卫州司户参军直中书陈承信、酸枣尉直刑部俞元杞等,共加删缉旧格式律令及敕,总七千二十六条。其一千三百二十四条于事非要,并删之。二千一百八十条随文损益,三千五百九十四条仍旧不改,总成律十二卷,《律疏》三十卷,《令》三十卷,《式》二十卷,《开

①（明）宋濂撰:《宋学士文集》卷一〇《进大明律表》,浙江古籍出版社,2014年,第916页。
②《新唐书》卷五六《刑法志》,第1407页。
③（唐）李林甫等撰,陈仲夫点校:《唐六典》卷六,第185页。

元新格》十卷。又撰《格式律令事类》四十卷,以类相从,便于省览。二十五年九月奏上,敕于尚书都省写五十本,发使散于天下。①

唐玄宗这次对唐律的修订,值得注意的有两点:一是对由唐初以来增加至七千二十六条的律令进行删订损益时,其中有相当数量的"敕"也在删订之中;二是"又撰《格式律令事类》四十卷,以类相从,便于省览"。这是宋代条法事类体法典的滥觞,也可说是《天盛律令》修纂仿制的源头。唐宪宗时,刑部侍郎许孟容等删天宝以后敕为《开元格后敕》。文宗命尚书省郎官各删本司敕,而丞与侍郎覆视,中书门下参其可否而奏之,为《大和格后敕》。宣宗大中五年四月,刑部侍郎刘琢等奉敕修《大中刑法总要格后敕》六十卷。②

此后"格后敕"的法典形式在立法中趋于常见,"敕"由于其更适应当时的政府统治需要而正式开始成为重要法律渊源,"敕"的地位上升使得律令格式的法典体系开始变化。时人在论及"敕"更为便用的原因时说:"敕,简而易从,疏而不漏……至于律令格式,政之堤防,岂惟沿袭,亦致增损,条流既广,繁冗遂多,或轻重不伦,或交互相背,侮法之吏,因以情坐,得罪之人,何妨误入。触类而长,颇乖折中。"③

有学者指出:"关于唐代的法律体系,学者通常都沿用《唐六典》和《新唐书·刑法志》的说法,认为主要有律、令、格、式

① 《旧唐书》卷五〇《刑法志》,第2150页。
② 《旧唐书》卷五〇《刑法志》,第1413页。
③ 《唐大诏令集》卷八二《政事·刑法·颁行新定律令格式敕》,第474页。

构成,未把敕列入其中。事实上,开元十九年编纂《格后长行敕》起,敕便成为唐后期的重要法律形式,与律令格式一起,共同承担了调整唐代社会关系的职责,发挥了不可替代的作用。唐后期出现的《格后敕》,是对开元二十五年已定律令格式后新删订的敕而言的。所谓'格后敕',其实就是敕。""唐后期至五代十国时期的法典编纂概况:总括而言,该时期处于法典体系的变革前夕,其表现就是律典的转变和'编敕'的法典化。"① 即后梁是以唐代的律令格式为基础进行删定,而后唐废除后梁对唐代删定的法律,直接继承了唐代的法律,② 后晋申明:"应明宗朝敕命法制,仰所在遵行,不得改易。"③ 后晋除了遵从后唐的法制之外,最为重要的是对编敕的详定,后汉也以后唐为本。后周则是以编纂刑统、编敕的方式进行立法。

到宋代编敕的地位进一步巩固。"国初用唐律、令、格、式外,又有元和《删定格后敕》、太和《新编后敕》、开成《详定刑法总要格敕》、后唐同光《刑律统类》、清泰《编敕》、天福《编敕》、周广顺《续编敕》、显德《刑统》,皆参用焉。"④

据研究统计,从宋初编纂《建隆编敕》以降,至南宋共修纂了19部编敕。

---

① 戴建国:《唐宋变革时期的法律与社会》,上海古籍出版社,2010年,第47—48页。
② 参见《册府元龟》卷六一三《刑法部·定律令第五》,第7078—7079页。
③《旧五代史》卷七六《晋书二·高祖纪第二》,第991页。
④《宋会要辑稿》刑法一之一。

宋代全国性综合编敕表 ①

敕名	编者	卷数	出处
《建隆编敕》	窦仪等	4卷	《玉海》卷六六
《太平兴国编敕》	不详	15卷	《宋会要》刑法一之一一
《淳化编敕》	苏易简等	30卷	《宋会要》刑法一之一
《咸平编敕》	柴成务等	12卷	《宋史·艺文志》
《大中祥符编敕》	陈彭年等	40卷	《长编》卷八七
《天圣编敕》	吕夷简等	12卷,敕书等42卷	《宋史·艺文志》
《庆历编敕》	贾昌朝等	20卷	《玉海》卷六六
《嘉祐编敕》	韩琦等	30卷	《玉海》卷六六
《熙宁详定编敕》	王安石等	25卷	《宋史·艺文志》
《元丰编敕令格式》	崔台符等	81卷	《宋史·艺文志》
《元祐敕令格式》等	苏颂等	56卷	《长编》卷四〇七
《元符敕令格式》	章惇等	134卷	《宋史·艺文志》
《政和重修敕令格式》	何执中等	138卷,看详410卷	《宋会要》刑法一之二六
《绍兴重修敕令格式》	张守等	156卷,看详604卷	《宋会要》刑法一之三五
《乾道重修敕令格式》	虞允文等	246卷	《宋会要》刑法一之四八

---

① 孔学、李乐民:《宋代全国性综合编敕纂修考》,《河南大学学报(社科版)》1998年第4期。

敕名	编者	卷数	出处
《淳熙重修敕令格式》	李彦颖等	248卷	《宋史·艺文志》
《庆元重修敕令格式》	京镗等	256卷	《宋史·艺文志》
《淳祐敕令格式》	史嵩之等	不详	《宋史·刑法志》
《重修淳祐敕令格式》	不详	430卷	《宋史·刑法志》

再看法典名称的变化。这个变化主要是以《刑统》命名法典。"刑统"是刑法统类的简称,最早见于唐宣宗大中七年(853)五月编纂的《大中刑法统类》:"左卫率仓曹参军张戣进《大中刑法统类》一十二卷,敕刑部详定奏行之。"①其编纂体例以律为中心,分为一百二十一门,附以令、格、式及敕,形成一部以刑法为主的综合性法典。这对后来五代及宋朝的法律修纂影响巨大。

显德四年(957)后周对现存法典进行重新修订,五月二十四日,中书门下奏:"今奉制书,删律令之书,求敕理之本,经圣贤之损益,为今古之章程,历代以来,谓之彝典。朝廷之所行用者,《律》一十二卷,《律疏》三十卷,《式》二十卷,《令》三十卷,《开成格》一十卷,《大中统类》一十二卷,及皇朝制敕等,折狱定刑无出于此。……至五年七月七日,中书门下及兵部尚书张昭远等,奏所编集勒成一部,别有目录,凡二十一卷。""刑名之要,尽统于兹,目之为《大周刑统》,伏请颁行天下,与律疏令式通行。其《刑法统类》《开成格》《编敕》等,采掇既尽,不在法司行使之限,自来有宣命指挥公事及三司临时条法,州县见今施

_____

① 《旧唐书》卷五〇《刑法志》,第2156页。

行,不在编集之数。应该京百司公事,逐司各有见行条件,望令本司删集,送中书门下详议闻奏。敕宜依,仍颁行天下。"①

就五代修纂法典而言,后周显德《大周刑统》是总结性的法典,它正式确立了刑统作为基本法典的位置而取代了原来律典,同时也使敕上升到法律的地位,改变了唐代律令格式法典体系的格局。

《宋刑统》是在《大周刑统》基础上修纂的。太祖建隆四年(963)二月五日,工部尚书、判大理寺窦仪言:"周《刑统》科条繁浩,或有未明,请别加详定。""乃命仪与权大理少卿苏晓、正奚屿、承(丞)张希让,及刑部、大理寺法直官陈光又(乂)、冯叔向等同撰集。凡削出令或(式)宣敕一百九条,增入制十五条,又录律内'余条准此'者凡四十四条,附于《名例》之次,并目录成三十卷。别取旧削出格令宣敕及后来续降要用者凡一百六条,为《编敕》四卷。其厘革一司、一务、一州、一县之类不在焉。至八月二日上之。诏并模印颁行。"②窦仪《进刑统表》云:"伏以《刑统》,前朝创始,群彦规为,贯彼旧章,采缀已从于撮要;属兹新造,发挥愈合于执中。"③以《刑统》的篇目、条款和疏议,"求之唐律,乃知律十二篇,五百二条并疏,悉永徽删定之旧,历代遵守无异","律条所列,从首至尾,初无异文",只是"疏议小有不符"。④这就明确了《宋刑统》的主体部分与《唐律疏议》无异的关系。

<hr>

① (宋)王溥撰:《五代会要》卷九《定格令》,中华书局,1998年,第113页。《旧五代史》卷九《刑法志》,第1965页。
②《宋会要辑稿》刑法一之一。
③ (宋)窦仪等:《宋刑统》,中华书局,1984年,第5页。
④ 刘承幹:《重详定刑统校勘记》,引自《宋刑统》,第513、549页。

《宋刑统》编纂特点:1.律典不称律:所谓刑统,即集刑事法规统类编纂,分载于律文各条之后,汇成一部综合性的刑典。取一代大法之名曰"刑统"者,则唯有宋朝而已。2.分门类编:"唐律逐条为目,刑统分门立目。"①《宋刑统》在每篇之下都分若干门,划分各卷条文,每卷头并标明门类,这是唐律所无的。这样,创于唐代的刑统体式的律典遂告定型。

综观两宋立法,虽然历朝不少活动,但是《建隆重详定刑统》纂定之后,对于这部大法,自太祖以下诸皇朝都以其为祖宗成法而恪守不渝,未曾变改。②《宋刑统》是唐宋变革时期法律修纂的一项重要成果。此后实施了三百多年,直至宋代灭亡。③

根据上述可知,宋代法典有两种形式并行:历朝编敕与《宋刑统》。那么这两种形式的法典在宋代的地位孰轻孰重?

宋初至仁宗天圣年间(1023—1031)编敕的地位逐渐向刑统靠拢,但是需要注意的是,在《天圣编敕》以前的《编敕》如《建隆编敕》《咸平编敕》就没有"丽刑名轻重"④("丽",附着之意,"丽刑名",即附有刑名的法律规定),也就是说编敕的地位

---

① 刘承幹:《重详定刑统校勘记》,引自《宋刑统》,第513页。
② 据王应麟的记载,《宋刑统》曾有二次申明订正:"淳熙十一年,臣僚言:《刑统》由开宝、元符间申明订正,凡九十有二条目,曰:《申明刑统》,同绍兴格式敕令为一书。自乾道书成,进表虽有遵守之文,而此书印本废而不载。《淳熙新书》不载遵守之文,而印本又废而不存,谳议之际,无所据依,乞仍镂板附淳熙随敕申明之。后四年六月令国子监重镂板颁行。"(王应麟:《玉海》卷六六《绍兴申明刑统》)
③ 薛梅卿:《宋刑统研究》,法律出版社,1997年,第13、33页。又见戴建国:《唐宋变革时期的法律与社会》,第41页。
④《宋史》卷一九九《刑法一》,第4964页。

还在律之下。仁宗时期的《天圣编敕》开始有"丽于法者"，①这部分敕已具有律的性质，但有刑名的敕仅是一部分。

不过，编敕内容是多方面、综合性的，编敕中必定有修改、补充内容。因为敕比律更具有灵活性，在法律适用上往往优先于律，这也就使得大量的编敕活动成为北宋法律编纂的一大特点。正因为编敕较之律文具有更大的灵活性和变通性而为统治者所喜爱，所以随着编敕适用范围的不断扩大，在仁宗天圣年间至神宗元丰年间，其地位也越来越高，逐步由补充律之未备而到敕律并行。②

同时，由于《宋刑统》自宋初修纂完毕后没有再续修，随着社会历史的变化，有的律令已不能适应时代的要求，如赵彦卫所云："《刑统》，皆汉唐旧文，法家之五经也。国初，尝修之，颇存南北朝之法及五代一时旨挥，如'奴婢不得与齐民伍'，有'奴婢贱人，类同畜产'之语，及五代'私酒犯者处死'之类，不可为训，皆当删去。"③

所以到神宗时期，编敕的地位进一步提高，正是由于律不能适应政治社会变化要求的现实，便出现以敕令格式代替律令格式的局面。(熙宁)四年二月五日，"检正中书户房公事曾布言：'近言《刑统》刑名、义理多所未安，乞加刊定。朝旨令臣看详。今条析《刑统疏义》，繁长鄙俚，及今所不行可以删除外，所驳《疏义》乖谬舛错凡百事，为三卷上之。'诏布看详《刑统》，

① 《长编》卷一〇八，仁宗天圣七年九月丁丑，第2523页。
② 郭东旭：《宋代法律与社会》，人民出版社，2008年，第39页。
③ (宋)赵彦卫撰，傅根清点校：《云麓漫钞》卷四，中华书局，1996年，第57页。

如有未便,续具条析以闻"。①(熙宁十年)二月二十七日,详定编修诸司敕式所上所修《敕令格式》十二卷,诏颁行。②宋神宗曾对敕令格式下了定义:"禁于已然之谓敕,禁于未然之谓令,设于此以待彼之至之谓格,设于此使彼效之之谓式。"③元丰二年六月二十四日,左谏议大夫安焘等上《诸司敕式》,上谕焘等曰:"设于此而逆彼之至曰格,设于此而使彼效之曰式,禁其未然之谓令,治其已然之谓敕。修书者要当知此,有典有则,贻厥子孙。今之格式令敕即典则也,若其书全具,政府总之,有司守之,斯无事矣。"④(元丰)六年九月一日,诏:"内外官司见行敕律令格式,文有未便,于事理应改者,并申尚书省议奏,辄画旨冲革者徒一年。即面得旨,若一时处分,应著为法,及应冲改者,随所属申中书省、枢密院奏审。"⑤明朝人丘濬曾指出:"唐有律,律之外又有令格式。宋初因之,至神宗更其目曰敕、令、格、式,所谓敕者,兼唐之律也。"⑥这样唐代的律令格式的法典体系到了宋代就发生了变革,成为了敕令格式的法典体系。也就是说,自宋神宗时的《元丰编敕令格式》开始,包括各种部门的法令、法规,均以敕、令、格、式分类进行编排,是宋代法典编制的一次改革。

必须指出,尽管"神宗以律不足以周事情,凡律所不载者一断以敕,乃更其目曰敕、令、格、式",但是以《宋刑统》为代

①《长编》卷二一四,神宗熙宁三年八月戊寅注文,第5215页。

②《宋会要辑稿》刑法一之一一。

③《长编》卷三四四,神宗元丰七年三月乙巳条注文,第8254页。

④《宋会要辑稿》刑法一之一二。

⑤《宋会要辑稿》刑法一之一二。

⑥(明)丘濬:《大学衍义补》卷一〇三《治国平天下之要·慎刑宪·定律令之制下》,文渊阁四库全书景印本,第713册,第209页。

表的律,仍然在继续使用。作为一代大法的《宋刑统》"恒存乎敕之外",①正说明宋律法式为其他敕令格式不可完全替代而"恒存"。②

　　要之,虽然涵盖《唐律疏议》的《宋刑统》终宋一代始终沿用不改,但是宋朝的立法活动和法典修纂形式主要是《编敕》,特别是宋神宗以后修纂的"敕令格式"。毋庸讳言,作为刑律,《宋刑统》在有宋一代具有不可替代的作用,而作为包括经济、行政、民事等日常事务内容的综合法典,宋仁宗以后的《编敕》、《敕令格式》乃至南宋的《条法事类》,在宋代法律制度中居于主导地位。所以,讨论《天盛律令》的修纂就不能仅限于对比《唐律疏议》和《宋刑统》,而应更多地与占据宋朝法典修纂主导形式的各朝《编敕》或《敕令格式》比较,这样才能得出合乎事实的正确结论。

3.西夏法典与宋代《庆元条法事类》比较

　　虽然宋朝修纂的《编敕》或《敕令格式》部数众多、卷帙浩繁,但是却很少流传至今。只有残本《庆元条法事类》还能窥其一斑。所以能与《天盛律令》比较的就只有《庆元条法事类》。前揭学界在比较《天盛律令》与《唐律疏议》《宋刑统》之间的修纂形式和内容之后,得出西夏法典与唐宋律有很大不同。但是若与《庆元条法事类》比较就会发现有很大相似性。

　　首先比较一下两者的内容。学者以为"将《天盛律令》诸门内容与《唐律疏议》《宋刑统》相关内容进行比较,发现在

---

① 《宋史》卷一九九《刑法志》,第4963—4964页。
② 薛梅卿:《宋刑统研究》,第152页。

《天盛律令》150门中,91门的内容是《唐律疏议》《宋刑统》所没有的,约占60.7%。其他59门的内容与唐宋律类似或相近,约占39.3%。"其实将《庆元条法事类》与《宋刑统》相关内容进行比较,其内容的增加幅度和数量远远超过《天盛律令》的增加幅度和数量。现今残本仅是原书的43%,其敕887条就比《宋刑统》全部502律条多出近1倍。《庆元条法事类》残存的令格式2279条,是《宋刑统》全部令格式202条的11倍多。具体内容方面,与《宋刑统》相比,《庆元条法事类》大大增加了经济方面的法规,残存的就有五门10卷之多。同时还增加了在《刑统》中几乎空白的"蛮夷门"及"道释门"。所收的行政法规及民事法规均大大超出《宋刑统》。

《庆元条法事类》作为宋代的一部综合性法规汇编,包括了刑事、民事、行政、经济等方面的立法,内容极为丰富。两国国情不同,在调整社会关系诸多矛盾冲突上亦有所不同,如《天盛律令》所载有关牧业生产、管理等,肯定比《庆元条法事类》卷七九畜产门的规定具体而丰富,如卷十一中的草果重讼门,卷一五养草监水门,卷一九的畜利限门,牧盈能职事管门,牧场官地水井门,贫牧逃避无续门,等等。

《天盛律令》比《宋刑统》增加了较多的行政管理和经济法规方面的内容,但与《庆元条法事类》相比就有较大差距。

《天盛律令》卷九,共计7门90条,主要是对于司法制度的规定。《庆元条法事类》卷七三至卷七五为刑狱门,分为18个小类。此门已不完整,但仍记载了宋代刑事审判的程序、法官的责任及囚犯的管理等一系列法规。卷七六为当赎门,计分2门,是有关官当和赎罪的法规。

《天盛律令》卷十,共5门89条,主要是对官吏品级编制、迁转考核、赴任的规定;《庆元条法事类》从卷四至卷一三为职制门的内容,分为51个别门,涉及官吏的职掌、官品、考课任用、叙复以及致仕、荫补、封赠等,几乎涵盖了有关宋代官吏的各项法规,对研究宋代官制具有重要参考价值。卷一四、一五为选举门,分为10个别门,涉及文武官员荐举、文学授官、考试、换授官资等。卷五二为公吏门,分为3个别门,是有关公吏的职责、升降方面的法规。卷一六、一七为文书门,有11个别门,内容涉及制书、敕书、表奏及各种文书的格式、传递、执行及管理,各种印章的雕刻、管理,书籍的雕印及禁约,等等。其细密周详远非《天盛律令》可比。

总的来讲,《天盛律令》与《宋刑统》相比而增加的内容,绝大多数也是《庆元条法事类》所增加的内容,而且《庆元条法事类》更加的丰富、详尽和细致。《天盛律令》现今所见本有所佚失,不是全本,但根据《名略》两卷可知其佚失门类之要点,而《庆元条法事类》是残本,佚失部分已不可知晓。《庆元条法事类》残本已与《天盛律令》内容多有相同处,可以想见,如果是全本,会有更多相合相同处,应是符合历史逻辑的推理。

其次,《天盛律令》的修纂形式与宋代《编敕》、《敕令格式》更接近和相似,理由有五。

一是《天盛律令》是一部综合法典,与《唐律疏议》、《宋刑统》偏重于刑律不同,全部律令条文的内容包括刑法、诉讼法、行政法、民法、经济法、军事法,多方位地反映西夏社会生活的各个方面,给研究西夏政治、经济、军事、文化提供了大量资料。这与《编敕》、《敕令格式》以及由此演化而来的《条法事类》的修纂旨趣一致。

二是《天盛律令》自身的名称"改旧新定",很形象地把握了

《编敕》具有的每朝根据当时情况改删已有的旧法典而重新修订新法典的特点，即所谓"以后冲前，以新改旧，各自为书"。①《天盛律令》所附《颁律表》云："奉天显道耀武宣文神谋睿智制义去邪惇睦懿恭皇帝，敬秉古德，欲全先圣灵略，用正大法文义。故而臣等共议论计，比较旧新《律令》，见有不明疑碍，顺众民而取长义，一共成为二十卷，奉敕名号《天盛改旧新定律令》。印面雕毕，敬献陛下。依敕所准，传行天下，着依此新《律令》而行。"②对此，史金波解释说："《律令》既称'改旧新定'，自然在此之前西夏已有法律。《天盛律令》书首的《颁律表》中有'用正大法文义'、'比较旧新律令'、'着依此新《律令》而行'等文字，皆可作为西夏早有《律令》的佐证。《颁律令》又指出，旧律有'不明疑碍'处，故而要加以修订。在黑水城遗址发现的西夏文献中，除《天盛律令》外，尚有西夏文手写本《新法》《亥年新法》。可知西夏也非止一次修订法律。"③此与宋代文献所载每次修纂《编敕》《敕令格式》《条法事类》的背景原因和实际操作颇为相似，这类记载很多，文繁不具。

三是西夏《天盛律令》共20卷，未明确区分若干律，各部分内容排列次序与《唐律疏议》《宋刑统》差别很大。但是它与宋代《编敕》《庆元条法事类》"各分门目，以类相从"④却很相近。《庆元条法事类》在宋代有两个本子流行，一为437卷别门本，一为80卷总门本。前者是以一别门为一卷计算，后者则是以总门分卷，某一总门内容多者，则分成若干卷，即一卷中包含若干别

①《文献通考》卷一六七，第5012页。
②《天盛改旧新定律令》，法律出版社，2000年，第107页。
③ 史金波：《西夏社会》上册，第246页。
④《长编》卷四〇七，哲宗元祐二年十二月壬寅，第9912页。

门。①《天盛律令》与《庆元条法事类》80卷总门本相近的是每卷有多少不等的门,共150门,分1461条。

四是宋人称《宋刑统》为"刑统"或"律",而对《编敕》《敕令格式》等法典则又称作"条法",如:"靖康初,群臣言:'祖宗有一定之法,因事改者,则随条贴说,有司易于奉行。……宜令具录付编修敕令所,参用国初以来条法,删修成书。'""(建炎)三年四月,始命取嘉祐条法与政和敕令对修而用之。"②可见"条法"者,即敕令格式法典的通称。而这个名称在《番汉合时掌中珠》有相近的表述:"都案案头,司吏都监,局分大小,尽皆指挥,不许留连,莫要住滞,休做人情。莫违条法,案捡判凭,依法行遣。"③再者,引文中"尽皆指挥"的"指挥",在宋代就是"诏敕"同义语。④

五是《天盛律令》在律令条款和内容上杂糅《宋刑统》和《庆元条法事类》的编纂方法,虽然在编纂体例上没有明显标明律、令、格、式,也没有标明敕、令、格、式,但是仔细阅读《天盛律令》的每一个条款,还是能够分辨出律(敕)令格式的编纂方式。《天盛律令》中"律"和"敕"是互用的,第七卷有敕禁门13条,第十卷有官军敕门37条,明确说明是用"敕"作"律"。又如第二卷黥法门,唐律中没有"黥法",是宋太祖以后修法增修的,宋人朱熹说:"律是历代相传,敕是太祖时修,律轻而敕重。如敕中

---

①《庆元条法事类》点校说明,黑龙江人民出版社,2002年,第3页。

②《宋史》卷一九九《刑法志》,第4965页。

③《番汉合时掌中珠》,甲种本第58—59页,乙种本第130—131页。

④ 参见戴建国:《〈永乐大典〉本宋〈吏部条法〉考述》,《中华文史论丛》2009年第3期(总第九十五期)。

刺面编配,律中无之。"①《天盛律令》正文有明确规定依照"敕"作为判罪的根据,如:"依前已有敕条比量,按承罪之法,及逃跑人穿过罪等,依其重者判断。"②"于敕上有而得军等……"③"当依□□□□□指挥,当执官之行法。"④此处"指挥"是敕令的同义语。

通过以上梳理,可以得出三点认识。

第一,比较《天盛律令》与唐宋法律制度的异同,不能仅限于与《唐律疏议》和《宋刑统》的比较,而应更多、更主要地与能够代表宋代实际立法活动和修纂形式的每一朝修纂的《编敕》、《敕令格式》《条法事类》等法典比较,就目前法典文献存续的实际情况而言,主要是与《庆元条法事类》的比较。

第二,作为综合性的法典,《天盛律令》与代表宋代《编敕》、《敕令格式》《条法事类》等法典而仅存的《庆元条法事类》,不论是修纂的内容还是形式,相同远大于相异。相同是主体和整体,相异是细节和枝节,因此似不能说是形成了中原政权与少数民族政权两个相对独立的法律编纂形式。

第三,《天盛律令》的编纂形式虽然既不是按"律令格式"也不是按"敕令格式"进行修纂,但是在结构上明显糅合了《宋刑统》和《庆元条法事类》的修纂形式,在刑律上主要参考《宋刑统》的形式,律条很明显,而在事务性条法上则更多参考了《条法事类》的形式。

---

① (宋)黎靖德编:《朱子语类》卷一二八《本朝二·法制》,中华书局,1986年,第3080页。
②《天盛律令》卷四《敌军寇门》,第213页。
③《天盛律令》卷二〇《罪则不同门》,第612页。
④《天盛律令》卷一一《使来往门》,第399页。

三、儒家礼教思想与《天盛改旧新定律令》

前揭陈寅恪先生论述儒家政治文化对中国历史影响的议论:"秦之法制实儒学一派学说之所附系,《中庸》之'车同轨、行同伦'(即太史公所谓"至始皇乃能并冠带之伦"之"伦")为儒家理想之制度,而于秦始皇之身,而得以实现之也。汉承秦业,其官制法律亦袭用前朝,遗传至晋以后,法律与礼经并称,儒家周官之说悉入法典。夫政治社会一切公私行动,莫不与法典相关,而法典为儒家学说具体之实现。"[①]西夏儒学的发展除了建构西夏官僚体制外,还特别表现在西夏的法典上。

《天盛律令》不仅在形式上模仿唐宋法典,更重要的是在制定法律的精神上秉承了中华法系的基本原则和宗旨,故还可再申言。众所周知,早在秦始皇统一中国的时候,秦帝国就建立了一套相当完备的律、令。这套律令经汉朝及其后世的不断完善,到唐代最终形成中华法系的代表《唐律疏议》。汉唐时期的法律与罗马法不同,它始终贯穿着儒家的"礼"的精神,即人们在日常生活中必须遵守圣人所定的行为规范。礼虽然有很高的权威性,却没有强制力。因此君主"爱敬尽于事亲,而德教加于百姓,刑于四海"(《孝经》),"刑于四海"就是对违礼者的惩罚,即由帝王代为古代圣人赋予礼以强制力。"从而可以说,儒家的礼

---

①《金明馆丛稿二编》,第251页。

的特点,就此完整地成了律的特点。"①

由此观察《天盛律令》,不仅在第一卷十恶、第二卷八议中遵循了唐宋法典对违逆礼教最根本规定的刑法处置原则和精神,而且对于日常生活中涉及亲属、家庭、近邻、婚姻、伦常等礼教关系、行为规范规定的详尽和细致,甚至与唐宋法典相比有过之而无不及。②

从《天盛律令》卷二《亲节门》有关服丧的规定,可以看到西夏家族内部长幼有序、亲疏有别、对死者的敬意,体现了儒家礼和孝的精神:

> 应服三年丧:子对父母,妻子对丈夫;父死长孙对祖父、祖母;养子对养父母,子对庶母;未出嫁在家之亲女及养女。

> 应服一年丧:对祖父、祖母、兄弟、伯叔姨、亲侄;父母对子女,在家之姑、姐妹;在家之亲侄女,丈夫对妻子;父死对改嫁母,祖父长子死对长孙;父母对养子,养子对原来处父母;父死改嫁庶母对往随子;改嫁母对原家主处所遗子;亲女及养女等出家后对父母。

> 应服九个月丧:对一节伯叔姨、伯叔子兄弟及其在家之姐妹;……

> 应服五个月丧:族亲:曾祖父母、二节伯叔姨、姑,从祖父、姐妹及妻子,兄弟之孙,伯叔侄子、二节伯叔子兄弟、姐

---

① 参见〔日〕宫崎市定:《宋元时期的法制与审判机构》,杨一凡、寺田浩明主编:《日本学者中国法制史论著选》宋辽金元卷,中华书局,2016年,第2页。

② 可参阅拙稿《再论"天盛律令"的修纂》,《西夏学》第12辑,2016年。

妹;伯叔子出家姐妹,出嫁孙女,曾孙;兄弟之妻。

应服三个月丧:族亲:高祖父母、三节伯叔及姑,曾祖之姐妹,及兄弟以及其妻子,三节伯叔子兄弟、姐妹,兄弟之曾孙;祖父之伯叔子兄弟及其妻子并姐妹,伯叔子兄弟之孙,二节伯叔侄子及住家未嫁女;玄孙,伯叔子出嫁侄女。

应服五个月丧:姻亲:母之父母、舅、姐妹之子,母子姐妹以及其子,同母不同父姐妹,庶母之父母、兄弟、姐妹。

应服三个月丧:姻亲:女之子,姐妹等儿子姐妹,舅之子;姑之子,妻子之父母,子盖;女儿子之妻子、姐妹儿子之妻子,婿,姐妹子之妻子。

以上对于直系至亲、姑表亲、姨表亲、族亲、姻亲的规定可谓细致,充分反映了西夏立法者将汉文明中的礼教思想通过法典深深烙在西夏文明的精髓里。

《天盛律令》卷二《罪情与官品当门》:

一等有官人自"十乘"官至"柱趄"官之子、兄弟犯罪时,依庶人法判断以外,有"语抵"官以上之祖父母、父母、伯叔姨、子、兄弟、侄、孙、重孙、姑、姊妹、女、妻子、媳、亲侄母等犯杂罪时,比庶人罪……

而对于违犯礼制和孝道则处以严刑,子女对长辈不恭,杀无赦。《天盛律令》卷一《不孝顺门》:

一子女对自己亲高、曾祖及祖父、祖母、父、母、庶母,及儿媳对此数等人撒土灰、唾及顶嘴辱骂及举告等之罪法:

一撒土灰、唾等,实已著于身、面上,及当面说坏话、顶嘴等时绞杀。

　　一除谋逆、失孝德礼、背叛等三种语允许举告,此外不许举告,若举告时绞杀。

《天盛律令》卷一《不睦门》:

　　节下人卖节上中父母、祖母、父、母等者,造意以剑斩。

西夏法典要求下级绝对服从上级,下级冒犯上司而杀人,一律剑斩。而上级官员杀死低级官员,处罚相对要轻许多。《天盛律令》卷一四《误殴打斗门》:

　　一诸司大人、承旨、司判等,被自己司属局分都案、案头、司吏、所使用人,以所属事务中诸人因有所诉讼缘由等打斗而杀时,杀人者与属司大人、承旨、司判等官品相等及官低等,则不论官,与庶人一样以剑斩。若死者官低,杀人者官大,则自"语抵"官以上,官、职、军皆革除,判无期徒刑。自"柱趣"官以下,官、职、军皆革除,绞杀。

　　一官家所遣皇使,带牌与不带牌一样,自伴随局分都案、案头、司吏、所使用人,及已遣派各地方局分所使用人已离开后,所属职事已明,自己有诉讼缘由等,对此等皇使打斗而杀者,依前与杀局分人所属司大人、承旨之官罪相同。若虽已入地方中,但局分所派遣人未离开,非因故诉讼,俟来往半道上被他人等将皇使以打斗而杀时,与皇使官品相等及官低等,则与庶人一样当绞杀。若杀人者官大于

"语抵"者,官、职、军革除,徒十二年。若为自"柱趣"官以下者,官、职、军革除,无期徒刑。①

类似上述的法律条文,在《天盛律令》中可谓俯拾即是,这里仅举几个法律条文,已足以说明《天盛律令》体现了儒家的礼教,较为完整地体现了礼的主张。而《天盛律令》卷八《行非礼门》《为婚门》对于乱伦的惩罚和对婚姻关系的规定,都表现了儒家伦理纲常在社会生活中对行为规范的指导。这与前述党项社会部落联盟制时期的婚姻状态相比有了翻天覆地的变化。

---

① 参见《天盛律令》卷一四《误殴打斗门》。

第11章　圆融:汉藏佛教在西夏的传播

一、西夏汉传佛教的兴盛

　　近代西夏佛教的研究始自黑水城出土文献的发现。据不完全统计,这批文献有九千多号,其中90%以上是西夏文和汉文佛教经典。"黑水城出土文献后来编成八千多个编号,其中大部分是西夏文佛经。据苏联整理出的目录可知,约有三百多种近两千卷。英国、法国、瑞典、日本、德国、印度等国也都藏有不同数量的西夏文佛经。"①因而对西夏佛教的研究就是从整理佛教经典遗存文献开始的。至迟从1930年起,苏联东方学研究所已开始对这批黑水城文献进行编号、造册。参加整理、编号、造册的工作人员有:聂历山、A. A. 德拉贡诺夫(龙果夫,A. A. Драгунов)、З. И. 戈尔巴乔娃和 Е . И . 克恰诺夫。还应补充一点,整理、编目、造册的最后工作是由А. П. 捷连吉耶夫－卡坦斯基(А. П. Терентьев-Катанский)完成的(从馆册8091号到8360号)。1963年,苏联学者戈尔巴乔娃和克恰诺夫在整理研

_____

① 史金波:《西夏佛教史略》,台湾商务印书馆,1993年,第72页。

究俄藏西夏文文献的基础上合作撰写了《西夏文写本与刊本》一书,对部分西夏文文献进行了编目和研究。1977年,日本学者西田龙雄在其《西夏文华严经》第3卷中也编制了一份西夏文佛经目录,对部分西夏文佛经文献进行了研究和记述。1984年,苏联学者孟列夫发表了《俄藏黑水城出土汉文文献叙录》,对黑水城藏品中的汉文文献进行了研究、编目和叙述。1999年,E. И. 克恰诺夫主持整理编写的《俄罗斯科学院东方研究所馆藏黑水城出土西夏文佛经文献叙录》在日本出版。据编辑者所言,在初次编辑成稿后,为了达到出版要求,“我个人又花费了四年多的时间对书稿进行修改,对文中所涉及的材料都与原件逐一进行核对、订正,检查并重新翻译了所有的题记,还补充了一大批以前未予收录的题记,并对书稿的结构作了根本性的调整和改动。我为此书的修改完成付出了大量艰辛的劳动”。[1] “本书收录的经文,能够确定年代的,最早的是1084年的《佛说阿弥陀经》,最晚的是1225年的《二十唯识记》。”[2]

在整理黑水城西夏文佛经的同时,对西夏佛教的研究也渐次展开。从20世纪初以来,早期研究者中国罗氏兄弟、王静如,法国学者伯希和、沙畹,俄国学者伊凤阁、聂历山,日本学者石滨纯一郎等都是开拓者,其后卓有成绩者有日本的西田龙雄,俄国的克恰诺夫,中国的史金波、聂鸿音,美国的邓如萍,等等,从20世纪90年代黑水城西夏文文献陆续公布以后,从事西夏佛教研究的除了西夏学学者外,藏学学者陈庆英、沈卫荣也关注和加入进来,使得西夏佛教研究领域明显扩大。这一时期,克恰诺夫、

---

① 〔俄〕克恰诺夫:《俄藏黑水城西夏文佛经叙录》,第6页。
② 〔俄〕克恰诺夫:《俄藏黑水城西夏文佛经叙录》,第32页。

西田龙雄、史金波、聂鸿音、邓如萍仍是主力,后起者有孙伯君、段玉泉、俄国索罗宁、日本荒川慎太郎等。西夏佛教史研究的代表作当首推史金波《西夏佛教史略》、西田龙雄《西夏佛典华严经》、克恰诺夫《俄藏黑水城西夏文佛经叙录》中的西夏佛教史概述、聂鸿音《西夏佛经序跋译注》导言。西夏藏传佛教史的代表作见后。下面对西夏佛教研究取得较多共识和重要的方面胪列于下。

西夏佛教的兴盛主要表现在以下几方面。①

赎经和译经。西夏统治者最早的佛教活动,见于史载的是宋景德四年（1007）,德明母亲罔氏卒,下葬时,德明向宋朝请求去北部佛教中心五台山修供十寺,并派遣阁门祗候袁瑀为致祭使,护送所供物品至五台山。其后,随着德明时期夏州政权趋于稳定和佛教发展的需要,不断从宋朝赎取大藏经,并开始对佛经的翻译活动。据文献记载,西夏向宋赎经前后有六次。

第一次是天圣八年十二月丁未,德明"乞赐佛经一藏,从之"。②

第二次是景祐元年十二月癸酉,元昊"献马五十匹,以求佛经一藏,诏特赐之"。③

第三次是至和二年（夏福圣承道三年,1055）四月庚子,宋仁宗诏赐西夏大藏经。④

第四次是嘉祐二年（夏奲都元年）十二月,谅祚请赎大藏

---

① 以下参考了史金波《西夏佛教史略》。
②《长编》卷一〇九,天圣八年十二月丁未,第2549页。
③《长编》卷一一五,景祐元年十二月癸酉,第2708页。
④《长编》卷一七九,至和二年四月庚子,第4330页。

经,宋诏候嘉祐四年正旦进奉人到阙,至时给付。①

第五次是嘉祐七年(夏奲都六年,1062),谅祚请赎经文,宋诏后四年给付。②

第六次是熙宁六年(夏天赐礼盛国庆四年)十二月癸巳,秉常献马赎大藏经,宋特诏赐之而还其马。③

这些求赐佛经的活动,主要集中在西夏建国前后,说明这一时期西夏佛教的发展,重点在吸收中原佛教,这与西夏政治经济引进、模仿各种中原王朝的制度,在时序上是相一致的。

西夏立国之初,元昊在发展佛教方面又开始了一项浩大的工程,即用本民族文字西夏文翻译佛经,这就使包括皇族在内的党项族有可能直接接受佛教的理论知识,为佛教在西夏境内的顺利发展,为西夏文佛经的流传创造了先决条件。西夏覆亡将近一个世纪后,党项遗民在《过去庄严劫千佛名经发愿文》里追溯了这段历史:

> 又千七年,汉地熙宁(景祐)年间,夏国风帝兴法明道图新。戊寅年间,令国师白法信,承道年,又令臣智光等先后三十二人为首,译为番语。民安元年,五十三载,其中先后成大小三乘半满教及不见著录者三百六十二帙,八百十

---

① (宋)欧阳修著,李逸安点校:《欧阳修全集》卷八六《赐夏国主赎大藏经诏》,中华书局,2001年,第1256页;另,《宋大诏令集》卷二三四《赐夏国主赎大藏经诏》,第911页,系于嘉祐三年。

② (宋)王珪撰:《华阳集》卷一九《诏夏国主乞赎大藏经诏》,文渊阁四库全书景印本,第1093册,第135页。又见《宋大诏令集》卷二三四《赐夏国主乞赎大藏经诏》,第912页。

③ 《长编》卷二四八,熙宁六年十二月癸巳,第6063页。

二部,三千五百七十九卷。①

从元昊时起至崇宗时止,用了53年(1038—1090)的时间,译成了3579卷西夏文佛经,共812部,分装于362帙中,基本上是十卷一帙。众所周知,汉文大藏经自东汉至五代宋初,花费了近一千年的时间,共译出6000多卷,成为佛教史上的盛事。西夏译经开始于汉藏佛典译成之后,故能较快地借鉴其成熟的经验,仅用了半个世纪多一点的时间,就译出了3000余卷佛经,平均每年译出67卷,这在我国译经史上乃至世界翻译史上都是一个惊人的创举。②

西夏用西夏文翻译汉文佛经,以《开宝藏》为蓝本。宋朝始于太祖开宝四年(971)完成于宋太宗太平兴国八年(983)的《开宝藏》所雕大藏经5048卷,13万余版,是我国历史上第一部汉文大藏经。其后多次雕印。在西夏中后期译经参考了辽《契丹藏》、女真金国《赵城藏》。

在12世纪中期以后,汉文佛经的译经活动主要是校勘经文,虽然译经工作并没有停止,但重译或者新译经文已不再像以前那么经常进行了。"在西夏文中,佛教可解释为:信仰、真理(𗙫)、清信(𗙫𗂧)、净善(𗼄𗜐)、大善(𗑗𗜐)。佛教典籍称为净本(𗼄𗹦)。无疑,在12世纪中期以前就已经有了三

① 引自聂鸿音:《西夏佛经序跋译注》,第10—11页。
② 聂鸿音认为,当时遗漏经典颇多:"西夏时代所谓'大藏经'只是那以前翻译的众多释典的泛称,并非依照统一体例编成并依照统一规格刊印的佛教作品总集。""根据目前的资料我们宁可相信,真正意义上的西夏文大藏经结集和刊印只是在元代首次完成的。"见《西夏佛经序跋译注》,第13页。

藏（𘃡𗳦）、三乘（𗍫𗊲）的概念。在西夏文佛经题记中常提到某经文来源于汉文、藏文或西夏文的三藏经典。正如我们所见到的，西夏文《三藏经》（𘊝𘃡𗳦）成书于11世纪至12世纪之间。"①

　　在西夏文佛经中可以找到当时中原佛教主要宗派的经典。史金波分析西夏文佛教典籍后，将其划分为大乘佛教的宝积经、般若经、华严经、涅槃经；小乘佛教的阿含经，以及律藏部、显教和密教的各种经文。克恰诺夫说："在西夏文佛经中找到了汉传佛教各主要宗派的经文，如《瑜伽师地本母》（第293号）是瑜伽宗的经典，《大智度论》（第290号）是天台宗的主要经典，《大方广佛华严经》（第84—90号）是华严宗的经典，《大乘无量寿经》（第193—195号）则属禅宗和净土宗的经典。11至12世纪正是藏传佛教各主要宗派的形成时期，我们在译自藏文的西夏文的佛经中也找到了当时传法大师的名字，如那罗巴、巴尔杰卡、玛尔巴等。"②目前大抵只有索罗宁对华严禅宗在西夏的传播有较多研究，认为西夏华严禅宗与辽僧道□之间存在或多或少的源流关系。目前尚不太清楚华严宗传入西夏的时间，根据克恰诺夫的《佛经叙录》，在西夏翻译的中原著作中，最重要的是"华严七祖"以及唐宋时期华严禅教宗师的经典著作，而且中原华严教派在西夏被奉为圭臬。但是据现有的材料判断，华严禅宗在西夏可能仅流传于民间，并没有得到官方的支持。③

　　佛经的散播："在藏品中一些经文标明的年代为1143—

---

①〔俄〕克恰诺夫：《俄藏黑水城西夏文佛经叙录》，第23页。
②〔俄〕克恰诺夫：《俄藏黑水城西夏文佛经叙录》，第38—39页。
③聂鸿音、孙伯君：《西夏译华严宗著作研究》导言，中华书局、宁夏人民出版社，2018年，第1—7页。

1149年,这大概是仁孝皇帝执政时期刊印散施的首批佛经。此后,我们可以明显地感觉到佛教典籍的流传散播比以前多得多。我们有些藏品标注的年代为1151—1158年,在随后的1158—1168年这十年时间当中,有一个短暂的休整期,我们只找到很少的经文标明是1163年刊印的。接下来是新一轮的校勘、抄写、刊印佛经的繁盛期,如1168年、1170年、1172—1174年、1176年、1178—1180年、1185年、1186年、1188—1193年,以上各个年代都有大量经文刊印流传。仁孝皇帝死后抄、刊印佛经的活动似乎并没有停止,但是,我们却没有见到蒙古入侵西夏的前几年刊印的佛经,即没有1201—1206年间的,也没有1209—1215年间的佛经。西夏藏品中刊印时间最晚的佛经应是1225年,这距离西夏灭亡也只剩下两年时间了。"①

建造寺院。佛教中国化不仅表现在佛经的翻译上,还表现在佛寺的建置上。中国佛教不同于印度佛教及其南传佛教的重要特点之一,即是中国佛教建造走上另一条路——建造佛寺。汉传佛寺集中了两汉以降汉传佛教与中国传统文化冲突与融合所形成的建筑、造型艺术、图籍、仪礼轨制等具体的事物与行事的特点。元昊在发展西夏佛教的过程中,十分重视建设大规模的寺庙。天授礼法延祚十年(1047),建立规模宏大的佛教寺庙高台寺,乾顺天佑民安四年(1093)由皇帝、皇太后发愿,动用了大量人力物力和财力重修凉州感通塔及寺庙,第二年完工后立碑赞庆,这通碑就是保存至今的著名重修护国寺感通塔碑。乾顺时期另一个大规模的活动是在甘州建筑卧佛寺。这个寺庙规模宏大,现仍可从保存至今的卧佛寺略见其当年的风采。

---

① 〔俄〕克恰诺夫:《俄藏黑水城西夏文佛经叙录》绪论,第31—32页。

正如重修凉州护国寺感通塔碑碑文所讲,西夏统治者"至于释教,尤所崇奉,近自畿甸,远及荒要,山林溪谷,村落坊聚,佛宇遗址,只椽片瓦,但仿佛有存者,无不必葺,况名迹显敞,古今不泯者乎"? 故而"浮图梵刹,遍满天下"。从多种文献资料和出土的西夏佛经文献可知,今宁夏境内的西夏寺庙有戒坛寺、承天寺、高台寺、海宝寺、大度民寺、贺兰山佛祖院、五台山寺、慈恩寺、奉天寺、劝圣寺等,甘肃境内的西夏寺庙有凉州护国寺、圣容寺、崇圣寺、张掖卧佛寺、崇庆寺、禅定寺、阿育王寺、众生普化寺等。西夏寺庙今存遗址不多,现今可知的有银川承天寺和张掖卧佛寺遗址。据研究,不论是文献记载,还是今存遗址,无不说明西夏的佛寺和佛教建筑除了细部或局部吸收吐蕃、回鹘文化外,布局、形式、规模、风格等都体现了"唐宋杂用,兼而有之"的总体特点。①

　　佛事活动。由于佛教的传播和普及,西夏的佛事活动也呈现发展壮大的趋势。西夏以每一季的第一个月的朔日为圣节,让官民礼佛。西夏早期佛事活动多见于赎经、建寺、译经等,至于法会等很少涉及。至西夏中期以后,法事活动在佛教信仰中占据越来越重要的地位,因而也越来越频繁、越来越铺张。仁宗乾祐十五年(1184)刻印《佛说圣大乘三归依经》,恳命国师、法师、禅师,及副、判、承旨、僧录、座主、众僧等,烧施结坛,摄瓶诵咒,作广大供养,放千种施食,读诵大藏等经,讲演上乘等妙法,打截截,作忏悔,放生命,喂囚徒,饭僧设贫等诸多法事,印施经番、汉51000余卷,并彩绘功德51000余帧,数珠不等51000余。仁

---

① 牛达生:《西夏遗迹》,第195—222页。史金波:《西夏佛教史略》,第97—118页。

宗乾祐二十年令施经活动时,共散施西夏文、汉文佛经达二十万卷,可见当时佛教信徒之众,其佛教的广泛传播是不言而喻的。[1]

与这种情况相应的是,现存的西夏佛经序跋也纯粹是在汉文化影响下的产物,只不过比敦煌藏经洞所出的同类民间作品多了些皇家的侈靡气派。例如太后罗氏的汉文《大方广佛华严经普贤行愿品发愿文》在叙述这次法会所做功德时说:

> 大法会烧结坛等三千三百五十五次,大会斋一十八次。开读经文:藏经三百二十八藏(大藏经二百四十七藏、诸般经八十一藏),大部帙经并零经五百五十四万八千一百七十八部。度僧西番、番、汉三千员,散斋僧三万五百九十员,放神幡一百七十一口。散施:八塔成道像净除业障功德共七万七千二百七十六帧,番汉《转女身经》《仁王经》《行愿经》共九万三千部,数珠一万六千八十八串。消演番汉大乘经六十一部,大乘忏悔一千一百四十九遍。皇太后宫下应有私人尽皆舍放并作官人。散囚五十二次,济贫五十六次,放生羊七万七百七十九口,大赦一次。[2]

通过"追荐"来祈求国泰民安似乎是西夏人举办大型法会的永恒主题。西夏举办的几次极大规模的法会都是由皇太后和皇帝发起的,目的都是追思去世的前代君王,其用度自然不菲。当然,在几天时间内一次成就如此巨大数目的功德自无可能,那

---

① 史金波:《西夏佛教新探》,《宁夏社会科学》2001年第5期。
② 影件见《俄藏黑水城文献》第2册,上海古籍出版社,1996年,第372—373页。

实际上是西夏皇室给寺院和政府部门下发的"订单"。就是说，皇室向寺院和政府有关部门拨款，要求在那前后的较长一段时间内陆续完成这些任务。这样，如果把寺院的日常诵经、生活开支和慈善用度都计算在内，这个庞大的目标倒也并非全然不可实现，只不过相关的史料记载不足，我们无从得知当时成就这些功德究竟用了多少时间以及花费了多少钱财。

与皇室相比，大臣的气派自然要略逊一筹。呱呱在1200年发起的那次法事是官吏阶层里用度较大的，其目的是超度他刚刚去世的父亲、西夏中书相贺宗寿。他在汉文《父母恩重经发愿文》里说：

> 敬请禅师、提点、副判、承旨、座主、山林戒德、出在家僧众等七千余员，烧结灭恶趣坛各十座，开阐番汉大藏经各一遍，西番大藏经五遍，作《法华》《仁王》《孔雀》《观音》《金刚》《行愿》经《千随般若》等会各一遍，修设水陆道场三昼夜及作无遮大会一遍，圣容佛上金三遍，放神幡、伸净供、演忏法，救放生羊一千口。①

如果依前面所说，"大藏经"并非指后世概念里的整套藏经，那么就可以推测到，在几天时间内完成这些功德应该不无可能。②

西夏礼佛活动中最常见的功德是散施同一种佛经的若干个

---

① 影件见《俄藏黑水城文献》第3册，上海古籍出版社，1996年，第48—49页。

② 聂鸿音：《〈西夏佛经序跋译注〉导言》，《西夏学》第10辑，2013年。

印本。皇室散施的佛经有时是组织僧人新译或重行校订的,有时是据原有经文复刻的,而其他人散施的佛经则有时是据原有经文复刻的,有时是用原有雕版加印的。散施的佛经数量可以成百上千,实际上大都是发愿人出资向寺院"订制"。为了散施的方便,施主订制的经文大都篇幅短小,一般仅为一卷,而不会出现数十卷乃至数百卷的大经。我们知道,从古至今都有这样的传统,即施主给寺院捐献一定数量的钱财并提出施经的愿望,寺院就会按照他要求的数量刊刻或者加印某种佛经,并把施主写的发愿文附在后面,然后将印好的经本放在佛堂里任人自取。上至宗室,下至僧尼庶民,大多如此。例外的情况仅见郭善真的西夏文《圣观自在大悲心总持并胜相顶尊总持复刻跋》:

> 此《大悲心总持》者,威灵巨测,圣力无穷。所爱所欲,随心满足,一如所愿,悉皆成就。因有如此之功,先后雕刊印版,持诵者良多,印版须臾损毁,故郭善真令复刻新版,以易受持。有赎而受持者,于殿前司西端来赎。

我们不知道这个郭善真是何许人,但看到他投资刊印的佛经竟然不是用作发愿和散施功德,而是要人们到官府的大墙外购买——宣传佛法的根本目的是赚钱,这使我们相信郭善真必是一位政府官员。他不信佛,但是会利用佛。[1]

禅宗兴起是汉传佛教的重要标识。据研究,早在唐中宗时期禅宗僧人已受到皇室的高度礼遇,北宗在两京势力达到鼎盛。安史乱后,南宗神会因为帮助朔方军筹集军饷,势力渐渐兴起。

---

[1] 聂鸿音:《〈西夏佛经序跋译注〉导言》,《西夏学》第10辑,2013年。

远在甘肃西部的敦煌石窟,保存下来许多唐代的禅宗文献,南北宗以及其他禅宗派别的语录、灯史、名赞、伪经都有多少不等的遗存,反映了禅宗在河西地区的流行。①可见唐代禅宗在西夏故地的朔方和河西走廊都有广泛影响。而且禅宗对吐蕃也有深刻影响,因而禅宗在西夏颇为流行是历史的一种延续。②《六祖坛经》是禅宗的主要经典,在西夏有西夏文译本,现分藏于国家图书馆和日本东洋文库的西夏文《六祖坛经》残叶即是明证。③特别值得一提的是,近年有关"吐蕃僧诤"历史背景的研究,不仅揭示了这一事件的历史书写的演变,"基本可以肯定于后弘期藏文史学传统中出现的'吐蕃僧诤'不可能是一个实际发生的历史事件",而且敦煌汉藏文禅宗佛教文献的出现,以及大致成书于10世纪的藏文判教文献《禅定目炬》的作者毫不含糊地判定和尚所传的"顿门法"高于莲花戒所传的"渐门法",表明汉地禅宗教法确曾于吐蕃广泛传播。④禅宗与密宗有很深的渊源关系。另外也有学者指出:"西夏语译本《坛经》与敦煌本则基本一致,特别是从西夏文本翻译地为瓜州,即今之敦煌这一点

① 荣新江:《唐代禅宗的西域流传》,氏著《丝绸之路与东西文化交流》,第173—184页。

② 张广达:《唐代禅宗的传入吐蕃及有关的敦煌文书》,氏著《西域史地丛稿初编》,上海古籍出版社,1995年,第189—216页。杨富学、王书庆:《关于摩诃衍禅法的几个问题》,《唐史论丛》第10辑,三秦出版社,2008年,第228—247页。樊丽沙:《出土文献所见西夏禅宗发展相关问题》,《求索》2014年第10期,第152—156页。

③ 参见史金波:《西夏文〈六祖坛经〉残叶译释》,《世界宗教研究》1993年第3期。

④ 沈卫荣:《"吐蕃僧诤"背后的历史叙事》,《读书》2016年第4期,第80—87页。

看,夏译《坛经》确实是敦煌本的翻译。由此可知,从唐末五代到北宋中叶,在韶州确立的《坛经》传到了遥远的敦煌,并流传到更北方的黑城。此事显示了《六祖坛经》是如何在广大的范围内流传的,因此,必须指出这在禅宗史上别有意味。"[1]

二、藏传佛教在西夏的传播和流布

西夏的佛教,从12世纪中叶起,主要是将藏文佛经译成西夏文,并对以前所翻译出的大量的佛经经文进行校勘和重译。西夏文佛经虽然是译自汉文或藏文,但译经者在翻译佛经时常常会注意到佛经的梵文原意并对照参详。

藏文文献中有关于西夏接受藏传佛教的记载。如《贤者喜宴》记录了吐蕃佛教中的噶玛噶举派和萨迦派在西夏中期受到重视和发展的事实。西藏噶玛噶举派的都松钦巴(1110—1193)是该派的初祖法王,他不仅在吐蕃有很大影响,也很受西夏仁宗皇帝的崇敬。仁宗遣使入藏专程迎请,都松钦巴未能前来,但还是派遣弟子格西藏索哇来到西夏。藏索哇被西夏王尊为上师后,就传授藏传佛教的经义和仪轨,并组织力量大规模翻译佛经,很受宠信。后来,都松钦巴所创有名的楚布寺修建白登哲蚌宝塔时,西夏王又献赤金缨络及幢、盖诸种饰物。都松钦巴死后,在其焚尸处建造吉祥米聚塔,藏索哇又自西夏作贡献,以金铜包饰此塔。又西藏萨迦派祖师札巴坚赞(1149—1216)的

---

① 束锡红:《西夏文献学研究》,南京师范大学中国古典文献学博士学位论文,2007年。

弟子迥巴瓦国师觉本,曾被西夏人奉为上师。①由此可见,至少在西夏中、后期,吐蕃佛教中的噶玛噶举派和萨迦派都已传入西夏,并产生了相当的影响。在西夏西部地区,如敦煌、安西、千佛洞等地西夏石窟中有密教壁画,②黑水城佛画中,也有许多为密教题材;③在西夏东部地区,如兴庆府周围的拜寺口双塔、宏佛塔中发现的多幅密宗唐卡、木雕上乐金刚双身像,拜寺沟方塔前述西夏文《本续》及汉文《是竖撅咒》《初轮功德十二偈》等密典。④《黑鞑事略》记载:"西夏国俗,由其主以下皆敬事国师,凡有女子,必先以荐国师,而后敢适人。"⑤这一记载可能有夸大之处,但也可以反映出佛教密宗在西夏社会生活中已产生一定影响。元朝人马祖常亦有诗曰:"贺兰山下河西地,女郎十八梳高髻,茜根染衣光如霞,却召瞿昙作夫婿。紫驼载锦凉州西,换得黄金铸马蹄,沙羊水脂蜜脾白,个中饮酒声渐渐。"⑥

"瞿昙",即乔达摩,原为释迦牟尼的族姓,这里当泛指僧人。诗中所描写的河西地区的旧俗,和前面所记可以互相印证,

---

① 史金波:《西夏的藏传佛教》,《中国藏学》2002年第1期。
② 参见史金波、白滨、吴峰云《西夏文物》中有关图录。
③ 许洋主译:《丝路上消失的王国:西夏黑水城的佛教艺术》,"国立历史博物馆",1996年出版。
④ 牛达生、孙昌盛:《宁夏贺兰县拜寺沟方塔废墟清理纪要》,《贺兰县拜寺沟西夏遗址调查》1994年第9期。于存海、雷润泽、何继英:《宁夏贺兰县宏佛塔清理简报》《宁夏贺兰县拜寺口双塔勘测维修简报》,《文物》1991年第8期。
⑤ (宋)彭大雅撰,(元)徐霆疏证:《黑鞑事略》,《丛书集成初编》,中华书局,1985年,第3177册,第18页。
⑥ (元)马祖常撰:《石田文集》卷五《河西歌效长吉体》,文渊阁四库全书景印本,第1206册,第537页。

也能反映出密宗在西夏的影响。藏传佛教的后弘期中噶举和萨迦两大派创宗传法者大多有妻室,在藏传佛教传入西夏时,这样的习俗也传到了西夏。①

1.从《大乘要道密集》中发现西夏藏传佛教

虽然藏文资料有藏传佛教在西夏的记录,但真正揭示西夏藏传佛教的真实历史,有赖于三种文献的出土和发现:一是俄藏黑水城出土文献中的西夏文、汉文译藏传密教文献,二是《大乘要道密集》所保留的藏传佛教文献,三是西夏故地陆续出土的西夏文和汉文佛教文献。而对西夏藏传佛教文献研究的实质性进展,是从《大乘要道密集》中拣出的多种源自西夏时代的长篇文献的揭示,以及与黑水城藏传佛教文献的勘同及其研究。《大乘要道密集》是一本流传甚广的藏传佛教密教典籍。一般人认为此书是藏传佛教萨迦派密法的法本,是萨迦派上师在元朝宫廷所传修行法本的汉译本,并视此书为八思巴汇集和翻译的。陈庆英根据有关历史文献认为,《大乘要道密集》并不是由八思巴,而是由八思巴的侍从弟子、精通汉文的萨南屹啰译师汇集和翻译的,并且收入不少西夏王朝时期所翻译的道果法和大手印法的汉译本。并认为藏传佛教在西夏传播的规模远比我们想象的要广,而且在藏传佛教后弘期教派出现以后很快就流传到西夏地区,噶举派的玛尔巴、米拉日巴,萨迦派的萨钦贡噶宁波、杰尊扎巴坚赞等人的名字和一些法传法本在西夏时期就已翻译成汉

---

① 史金波:《西夏的藏传佛教》,《中国藏学》2002年第1期。参见孙伯君、聂鸿音:《西夏文藏传佛教史料:"大手印"法经典研究》,中国藏学出版社,2018年,第5—8页。

文和西夏文,这在西藏和内地的文化交流史上是有重要意义的。他进一步推断,在西夏活动的藏传佛教僧人应以萨迦派、噶举派僧人为主。因此,对西夏在藏汉佛教文化交流中的作用,对萨迦派、噶举派在藏传佛教文化东传中地位应予以重新审视。①

  沈卫荣等研究指出,以往人们习惯于将所有与"大手印法"有关的文本都归属于噶举派,但据他们的研究,在噶举派所传的有关大手印修法要门的早期文献中,均无法找到与这些文本对应的藏文原本。事实上,将藏传佛教严格地分成噶当(bKa'gdams)、宁玛(rNying ma)、萨迦(Sa skya)和噶举(bKa'brgyud)、格鲁(dGe lugs)等派别是相当后期的事情,至少在这些文本于西夏传播的11、12世纪,乃至13世纪初期,在藏传佛教中尚没有像后来一样严格地区分教派。当时有多种多样的教法传轨(bka''babs)在西番平行地于师徒间流传,它们之间并没有像后来一样的壁垒分明的门户之见。我们基本可以确定《大乘要道密集》是一部萨迦派道果修法的仪轨集成。②

  沈卫荣等进一步研究指出,黑水城出土文献中发现的这些汉译、西夏文译藏传佛教文献也为我们证明《大乘要道密集》中的许多文本为西夏时代的作品提供了十分充分的证据。《依吉祥上乐轮方便智慧双运道玄义卷》中有引《能照无明要门》,寻找此文本之本源本来接近无解,而恰好在黑水城文献中出现了一篇《拙火能照无明——风息执着共行之法》,为西夏时代写本,内容正是被引用者。这可证明这部《依吉祥上乐轮方便智

_____

① 筱洲:《"西夏佛教在藏汉佛教交流中的地位与作用"学术讨论会综述》,《中国藏学》2001年第1期。
② 沈卫荣、侯浩然:《文本与历史:藏传佛教历史叙事的形成和汉藏佛学研究的建构》,第264、265页。

慧双运道玄义卷》或并非某部藏文原著的直接翻译,而是西夏
传法之师根据当时存在的各种汉译藏传密教文本编写而成的
一部修持欲乐定的仪轨。《依吉祥上乐轮方便智慧双运道玄义卷》
还引用了《另明体性要门》《伏忘要门》等文本,相信它们也都
是西夏时代所传的藏传密教要门,可惜今不见于黑水城出土文
献中。当然,更能为《大乘要道密集》包含西夏时代藏传密教文
献提供证据的是,在黑水城出土文献中发现了《解释道果金刚
句记》和众多有关"大手印法"文本的西夏文译本。随着更多
的黑水城佛教文献被解读出来,必将发现越来越多的文本可与
其同一收藏中的汉文文献,以及与《大乘要道密集》中的文献同
定,这无疑将使西夏和元朝藏传密教传播史的研究走上一个新
的台阶。而将它们进行对勘、分析,不但可以帮助正确地理解这
些汉文藏传密教文本,而且也能为正确地解读这些稀见的西夏
文文本提供可靠的参照。①

2.拜寺沟方塔出土文献与西夏藏传佛教史

1991年8月至9月,宁夏文物考古研究所的考古工作者在
位于宁夏首府银川市附近贺兰山区拜寺沟深处的西夏方塔废墟
中,清理出了三十余种西夏文、汉文文献,其中最重要的是几部
与藏传佛教相关的西夏文、汉文文献。这些文献的出现,引发了
西夏研究一次不小的震动,迄今已有大量的研究成果陆续问世,
而最初的较权威的整理和研究则见于2005年才出版的《拜寺沟
西夏方塔》一书中。不管是从藏传佛教于西域和中原传播的角

---

① 沈卫荣、侯浩然:《文本与历史:藏传佛教历史叙事的形成和汉藏佛学研
究的建构》,第270—271页。

度,还是从整个密教在中国生成、传播之历史研究的角度,拜寺沟方塔中出土的这些西夏文、汉文佛教文献的意义都十分可观,对它们的同定、整理和研究在某种程度上可以帮助学界彻底改写中国密教史。

拜寺沟出土的《吉祥遍至口和本续》实际上就是见于《西藏文大藏经》中的《真实相应大本续》(Yang dags byor ba zhes bya bai rgyud chen po)的一个今天已经失传了的异译本,也就是在萨迦诸祖师著作中常常引用的《三菩怛本续》(The Samputa Tantra)的西夏翻译本。这是密教无上瑜伽部母续,或曰智慧续中的一部非常重要的续典。智慧续有喜金刚、胜乐、四座和大幻化等四部根本续,按照元代布思端大师的说法:"于喜金刚部,根本续《二品续》、释续《不共通空行母金刚帐续》、众续之释续共通《吉祥三菩怛续》及其后续品等。"此即是说,《三菩怛本续》不但是《喜金刚本续》的解释续,而且也是所有智慧部本续的解释续。于无上瑜伽部智慧续中,它可以说是仅次于《喜金刚本续》和《吉祥胜乐本续》的一部重要续典,更是萨迦派所传道果法修习的根本所依之一。

与此同时出土的它的几部释论,题为《吉祥遍至口和本续要文》《吉祥遍至口和本续广义文》《吉祥遍至口和本续之解生喜解疏》等。它不仅是迄今极少见的卷帙浩繁,又基本完整的西夏文藏传密教文献,而且它还可能是唯一经国家鉴定的西夏时期,也是宋辽金时期的木活字版印本。沈卫荣等以为它和它的多部释论被翻译成西夏文传世,反映出了西夏时代密教传播的深度。[①]

---

① 沈卫荣、侯浩然:《文本与历史:藏传佛教历史叙事的形成和汉藏佛学研究的建构》,第283、284页。

拜寺沟出土的另一部相对比较完好的藏传密教文本被整理者定名为《初论功德十二偈》,于西藏被认为是密教第一续典的汉译本。从以上同定的这几部西夏文和汉文译藏传密教续典,再结合黑水城出土的同类文献,可知西夏时代所翻译的藏传密教文献极为丰富,特别是无上瑜伽部的几部大根本续及其释论都已有了西夏文或者汉文的翻译。

　　沈卫荣和他的同道认为完全有理由猜测西夏时代或曾有过它的汉文全译本。

　　以上的发现证明在西夏时代,几乎所有重要的无上瑜伽部之本续及其释论都曾经有汉译或者西夏文译本,它们都曾经在西域和中原有过流传。这说明宋以后,密教在中国的传播实际上有过宋和西夏两条不同的途径,而元初曾经出现的所谓"显密圆融"运动应该就是在这一背景下形成的。密教之大瑜伽部和无上瑜伽部的文献及其修习在西夏时代的传播无疑是中国译经史和中国密教史上亟待增补的一个新篇章。①

3."大手印"法在西夏的流布

　　藏传佛教各派高僧到西夏弘法,不仅传授三宝经咒,也必然会带来藏传佛教宗教建置方面的仪轨和范本。目前发现的西夏译自藏文的佛教文献以黑水城和宁夏拜寺沟方塔出土的文献最为丰富,有数百种之多。从这些佛经的经论目录和题记看,当时藏传佛教主要密法,如上乐金刚本尊法、大手印法、道果法、那若

---

① 沈卫荣、侯浩然:《文本与历史:藏传佛教历史叙事的形成和汉藏佛学研究的建构》,第286—288页。

六法等在西夏均有所传播。①下面主要介绍"大手印"法在西夏的流布。

"大手印"是梵文mahāmudrā的意译,藏文作phyagrgyachenpo。梵文mahā,义为"大",引申为"无限"、"无所不包"、"至高无上",mudrā义为"姿态"、"运动"或"象征"。"大手印"指的是一切的现象、一切的宇宙姿态与运行,以及一切所化现的无边无际,因此"大手印"也可以译作"大象征",它实际上是指心灵的妙用之境,指玄奥的精神照耀。

西田龙雄曾在《西夏语佛典目录编纂的诸问题》中介绍了西夏文《大印究竟要集》《大手印顿入要门》《大手印定引导要门》等与藏密"大手印"法有关的经典,并简要翻译了其中有关传承体系的内容。

沈卫荣更是对黑水城出土汉文文献中的"大手印"法经典的内容、所属流派的梳理用力颇多,不仅对个别经典的藏、汉文本做过细致对勘,还极力倡言西夏遗存文献对藏学研究的意义和价值,为黑水城文献的传承来源的考定乃至有效利用奠定了基础。索罗宁则通过对俄藏西夏文инв. No.2841、No.7216所收大手印经典,以及《大印究竟要集》内容的考察和分析,指出《大印究竟要集》所代表的是12世纪西夏的"大手印"法传承体系,而《大乘要道密集》则代表的是西夏晚期的"大手印"传统。②

2018年孙伯君、聂鸿音从黑水城特藏中选取二十几种汉文

<hr/>

① 孙昌盛:《试论在西夏的藏传佛教僧人及其地位、作用》,《西藏研究》2006年第1期。
② 〔俄〕索罗宁:《西夏文"大手印"文献杂考》,载沈卫荣主编:《汉藏佛学研究:文本、人物、图像和历史》,第235—267页。

译本的西夏文"大手印"修法文本试为解读,大部分可与《大乘要道密集》中同名汉文译本勘同;西夏文《亥母耳传记》则为"吉祥金刚默有母求法"的精要,与黑水城出土汉文本《四字空行母记文》内容大体一致;此外,西夏文《大印究竟要集》也为西夏所传"大手印"法中的重要经典,没有汉文译本存世,孙伯君、聂鸿音参照其他文本也进行了翻译。①

　　《大乘要道密集》中有一系列有关"大手印"修法的文本,它们主要由三个部分组成:一、《新译大手印不共义配教要门》,二、《新译大手印顿入要门》,三、《新译大手印金璎珞等四种要门》。对这些在《大乘要道密集》中出现的大手印要门之渊源的探讨,过去学术界有两种不同看法:一是将所有与大手印之义理及修法相关的文本,全部归结为噶举派传统;一是将在《大乘要道密集》中出现的这些大手印要门,归属为萨迦派道果法的一个重要组成部分。沈卫荣认为,这些文本在西夏时代传承时,藏传佛教各教派的划分尚未成型,简单地将它们划归噶举派或者萨迦派显然有违藏传佛教历史发展之时代顺序,略显武断。在藏传佛教最终于15、16世纪形成噶举派、萨迦派、格鲁派和宁玛派等四大教派前,讨论西藏佛教后弘期之传承历史应当只能以"道果法"、"大手印法"等几种主要的教法传轨为重要线索。所以,确定这些大手印要门实际上均来源于印度大成就者铭得哩斡上师之传轨,就显然更能帮助学界理解它们对于西夏佛教形成和发展之历史的意义。②

---

① 孙伯君、聂鸿音:《西夏文藏传佛教史料——"大手印"法经典研究》,第12—13页。

② 沈卫荣:《论西夏佛教之汉藏与显密圆融》,《中华文史论丛》2020年第2期,第265—309页。

三、西夏帝师与藏传佛教的传承

一般认为,中国帝师制度开始于元朝忽必烈统治时期,大约在1253年开始出现。忽必烈邀请西藏萨迦派僧人八思巴到皇宫,后来封他作帝师,他们之间,即护教者与帝师的关系就好比太阳与月亮一样。公认的所谓帝师制也就是从这时开始实行的。但是自20世纪80年代以来的对西夏藏传佛教的研究,对这个传统看法提出了挑战。

最为重要的研究是美国学者范德康(Leonard W.J.van der Kuijp)、史伯岭(Elliot Sperling)等做出的,早在20世纪80年代史伯岭在《夏王的喇嘛》一文中据藏文文献比较详细地介绍了藏族喇嘛在西夏王廷的活动。[1]20世纪90年代,邓如萍又发表了《党项王朝的佛教及其元代遗存》,[2]尝试综合西藏和西夏两类文献对西夏帝师制度进行全面的描述。这方面的最新成果还有史伯岭的《再论跋绒派和党项人》。[3]美国学者的研究表明,西夏是在1170年以后开始建立"帝师"制度的。据藏文史书说,当时在位的夏仁宗仁孝曾召请藏传佛教噶玛派的创始

---

[1] E. Sperling, "Lama to the King of Hsia", *The Journal of the Tibet Society*, vol. 7, 1987.

[2] 〔美〕邓如萍:《党项王朝的佛教及其元代遗存》,聂鸿音、彭玉兰译,《宁夏社会科学》1992年第5期。

[3] E. Sperling, "Further Remarks Apropos of the 'Ba'-rom-pa and the Tanguts", *Acta Orientalia Academiae Scientiarum Hungaricae*, vol. 57 (1), 2004.

人都松钦巴从拉萨西北的粗朴寺到西夏去,都松钦巴本人没有前往,只派去了他的弟子臧波巴贡却僧格(Gtsang-po-pa Dkon-mchogseng-ge,?—1218)。臧波巴到西夏后被奉为帝师,号称臧巴底室哩(Gtsang-pa Ti-shrī),他大概在仁宗去世后不久离职,由弟子底室哩喇实巴(Ti-shrī Ras-pa,1163—?)继任。底室哩喇实巴为党项王室效力30年后,于西夏灭亡前夕返回了西藏。①

　　从目前的讨论来看,大多数人基本承认西夏帝师制度存在这一事实,但是在三方面还存在分歧。第一,帝师的数量。史金波先生考证出帝师3人,即贤觉帝师波罗显胜或(贤觉帝师)显胜、大乘玄密帝师和慧宣。陈庆英依据《大乘要道密集》题记内容对大乘玄密帝师的生平和所属教派进行了考证。熊文彬则认为西夏有4位帝师,即贤觉帝师波罗显胜、大乘玄密帝师、藏波巴和日巴。克恰诺夫在《俄藏黑水城西夏文佛经叙录》中指出,俄藏西夏文佛经中共有8处提到帝师封号,能确定身份和名称的有4位,即贤觉帝师波罗显胜、贤觉帝师显胜、大乘玄密帝师慧宣和慧竹。聂鸿音在《西夏帝师考辨》中提到,西夏帝师有4位,即妙觉、波罗显胜、藏波巴、底室哩喇实巴。②陈庆英认为:"西夏王朝的帝师和后来元朝的帝师一样,也是每一任只有一人。而我们已经知道在仁宗仁孝的时期有一位贤觉帝师波罗显胜,这样,大乘玄密帝师应当是在贤觉帝师和帝师藏波巴之间担任帝师的,他很可能是在1193年仁宗去世桓宗即位之后由桓宗加封为帝师,而且保留了他担任国师时的封号,所以被称为大乘

---

① 聂鸿音:《西夏帝师考辨》,《文史》2005年第3期,第205—217页。
② 崔红芬:《再论西夏帝师》,《中国藏学》2008年第1期。

玄密帝师。"①

第二,2009年聂鸿音对西夏帝师制度提出两点质疑,一是现存文献中帝师是否形成一种制度?二是西夏帝师是否具有像元朝帝师那样的政治影响力?聂鸿音以为西夏使用帝师头衔并不意味着建立了帝师制度,与著名的八思巴喇嘛奠定的元代帝师制度不同。此后,美国学者邓如萍对聂鸿音的质疑做了正面回应,她以为有四种主要文献提供了西夏帝师的证据:1.西夏文和汉文的西夏佛经,主要出自黑水城文献,以及其他发现于宁夏、甘肃等地的佛经;2.一部汉文密教经典的汇编本,其中有些经文是12世纪和13世纪在西夏寺院从藏文翻译的,大约在14世纪末结集,书题就是今天著名的《大乘要道密集》,这份材料仅仅是在20世纪才得以印行(下文将进一步讨论);3.明版汉文佛经(1447、1641);4.较晚的藏文史书,主要是15世纪到17世纪的。这里还应包括西夏汉文本《杂字》,其在官位部中列有帝师、国师、法师、禅师称号,其他西夏佛经题跋中亦可见到。这些文献所载虽然还不够充分,但是要否认西夏时代具有真正帝师,现在还为时过早。②

第三,帝师制度的性质。西夏僧官制度是西夏职官制度的重要组成部分。帝师是最重要也是最高的师号。西夏僧官制度有一个发展、变化的过程,后期最突出的特点是设立帝师。《天盛律令》中所见僧人师号有:国师、法师、禅师、定师等,这些僧人的官位和职务一般都比较高,他们如有违法行为,功德司是管不了的,要报告中书才行。他们往往被封为"国师、法师、禅师、

---

① 陈庆英:《西夏大乘玄密帝师的生平》,《西藏大学学报》2000年第3期。
② 〔美〕邓如萍:《西夏佛典中的翻译史料》,《中华文史论丛》2009年第3期。

定师"等称号,有的甚至被封为"帝师",但绝少见汉族僧人有如此高的封号,可知是对藏传佛教的一种礼遇。

克恰诺夫认为,西夏佛教僧人的封号分为四等五级,即:1.帝师(𗴾𗁨),2.国师(𗒴𗁨),3.上师(𗡜𗁨),4.大师(𗀔𗁨),5.法师(𗹦𗁨),6.禅师(𗧯𗁨)、信师。其中帝师、国师、上师、大师这前四级封号地位较高。尤其是帝师和国师,是西夏佛教僧侣的高级称号,都是由国家最高当局册封,他们的地位崇高,能够参与国家对某些事务的决策。帝师封号虽未见诸西夏正式的官职封号表,但在佛经题记中确有存在。据推断,帝师制大约是12世纪后半期,即1182年以后由仁宗仁孝所设立,这样就比以往所认为的帝师制出现于元代忽必烈时期要早70多年。国师封号在西夏建国之初就已经出现,在帝师出现以前,它是僧人的最高封号。克氏发现有6位帝师,15位国师。已经确定身份的有4位帝师,13位国师。这些帝师和国师的封号都有确切的佛经题记加以佐证,为学者进一步弄清西夏帝师和国师的有关情况提供了极大帮助。①西夏佛教中有"大乘玄密帝师"一名,但因资料的零散,对此多有猜测,找不到确切的证据。陈庆英根据现存的宋元时汉译的藏密佛典《大乘要道密集》,考证了这一名称出现的历史背景和大乘玄密帝师的生平,认为他是西夏天庆年间的一种僧官的封号,是位出生在西夏的僧人,曾经到过内地、中亚和印度游学,返回西夏后获得了这个封号。他是一位西夏高僧,在西夏佛教史上应该占有重要的地位。②

搞清帝师制度源流对于研究西夏佛教来讲,多是限于西夏

---

① 〔俄〕克恰诺夫:《俄藏黑水城西夏文佛经叙录》,第23—26页。
② 陈庆英:《大乘玄密帝师考》,《佛学研究》2000年,第138—151页。

的佛教政策和藏传佛教经师在西夏的地位而言,但从西夏藏传佛教的角度而言,其意义更在这一制度实际上是藏传佛教密宗在西夏流布衍生出来的一个问题。因为藏传密教首重师承,无师承一切法不能安立,所以明法统之不容紊乱也。秉承这一理念和传统,西夏藏密经典往往以"敬礼最妙诸上师"和师承次第开篇。此前,西田龙雄在《西夏语佛典目录编纂的诸问题》中率先介绍了西夏文《大印究竟要集》《大手印顿入要门》《大手印定引导要门》等与藏密"大手印"法有关的文本,简要翻译了其中有关传承体系的内容,并指出西夏所传藏传密法与《大乘要道密集》中所收萨迦派、噶举派传承的"道果"法、"大手印"法经典有很大关联。此后,这一现象受到藏学界的普遍重视,陈庆英通过《大乘要道密集》所收传承关系进行了说明。孙鹏浩则通过对《大乘要道密集》和黑水城出土汉文献中四篇相关经典的分析,指出藏传佛教"息解派"祖师帕当巴桑杰(Dam pa sangsrgyas)所传教法曾在西夏时代的汉文化圈中流传。索罗宁最近对《大印究竟要集》所载德慧的师承进行了初步考察,指出《大印究竟要集》所代表的是12世纪西夏的"大手印"法传承体系,而《大乘要道密集》则代表的是西夏晚期的"大手印"传统。此外,吕澄、王尧等也较早注意到《大乘要道密集》中所载藏传佛教的传承世袭,并对照藏文本和佛教史料,介绍梳理并考证了诸位上师的藏文名字及其世系。①

美国学者邓如萍为具有"师"的头衔(法师、禅师、国师、上师)的八个西夏僧人钩沉资料立小传。1.周慧海:12世纪中叶;

---

① 孙伯君:《西夏文藏传佛教史料:"大手印"法经典研究》绪论,第14—15页。

2.德慧:12世纪中晚期;3.德妙:12世纪中晚期;4.西毕(鲜卑)宝源:12世纪中晚期;5.法狮子:12世纪和13世纪之交;6.法慧:12世纪中后期至13世纪初;7.宝狮子:12世纪和13世纪之交;8.慧明、慧昭、慧聪:12世纪和13世纪之交。他们大都与帝师有关联,也是从另一个层面讲述西夏佛教的藏密师承和译经源流。①

　　孙伯君和聂鸿音在整理翻译勘同文本基础上,对西夏藏传佛教的传承世系做了较多研究,亦即通过汇集西夏文献卷首所载师承次第,并结合《大乘要道密集》和黑水城出土汉文本的相关内容对其加以解读和考释,理清其中所涉商余啰歌巴、刘掌厮啰、金刚座、雅碦斯巴、玄密、玄照诸位上师的传承关系,从而明确西夏所传诸多"大手印"修法的传承脉络,为进一步梳理西夏藏密的传承系统和早期藏传佛教的面貌提供更为直接的证据:一、西夏"金刚默有母修法"之传承,二、西夏"大手印"烧施、念定修法之传承,三、西夏文《大手印伽陁支要门》所载传承世系,四、西夏"大手印"成就法——大黑求修法之传承世系,五、西夏"大手印"金刚亥母修习法之传承次第,六、西夏"圣观自在大悲心求法"的传承世系,七、西夏"那若六法"修习之传承世系,八、西夏《大印究竟要集》之传承世系。由此可知,西夏的"大手印"修法多为11—12世纪藏传佛教著名经师传授,这些教法并不专属于噶举派,很可能也是萨迦"道果"法的重要组成部分,与《大乘要道密集》所反映的情况颇为类似。②

①〔美〕邓如萍:《西夏佛典中的翻译史料》,《中华文史论丛》2009年第3期。
②孙伯君、聂鸿音:《西夏文藏传佛教史料:"大手印"法经典研究》,第15、47页。

四、西夏佛教的文明特征

1.藏传佛教在西夏兴起和传播的原因

首先,藏传佛教从宋太宗太平兴国年间,进入后弘期,即下部多康地区和上部阿里地区得以复兴的重要历史时期,一大批藏族僧侣前往印度、克什米尔等地学习佛法,将大量梵文经典带回西藏并译成藏文。此时正值印度密宗盛行的时期,所以西藏引进的佛教,尤其是上路宏传的佛教中,密宗占了很大的比例。其后随着伊斯兰教进入印度,印度佛教迅速衰落,印度佛教徒的一部分拥入卫藏等地传法,印度佛教后期所传的密典得到全面译介,确立了西藏佛教,尤其是密教的中心地位。后弘期的藏传佛教经典亦被翻译成其他文字。最初传入的是西夏地区,藏文佛教经典被译成西夏文和汉文在西夏境内流传。[①]

当后弘期藏传佛教开始向外传播之时,西夏政权在12世纪30年代后逐渐控制安多地区和康区一带,在很大程度上促进了西夏和康区以及卫藏地区的文化交流。据研究,"西番中国"曾是西夏人对西番,即古代西藏的一种常见的称谓,它或当是藏文Bod yuldbus一词的直接翻译。藏文文献中较早将西番称为Bod yuldbus,或者径称yuldbus,意谓"中国"。这样的称呼或蕴含有二层意义:一是将Bod yuldbus,即"西番中国"与地

---

① 扎西卓玛:《藏传佛教佛经翻译史研究》兰州大学民族学博士学位论文,2007年。

处西番边缘的 mDosmad（朵思麻，即今安多）和 mDokhams（朵甘思，即今康区）等边缘地区分开，其意义或与 dBusgtsang（乌思藏）或者 Bod dbusgtsang 相同；二是为了凸显西番当时已取代西天（天竺、印度），居于佛教世界之中心地位，故而自称 Bod yuldbus，即"西番中国"。①

其次，藏传佛教的精髓是藏密，藏密的修行讲究咒语，这一点接近党项人的原始宗教习俗。党项人"笃信机鬼，尚诅祝"，"病者不用医药，召巫者送鬼"。又藏密特色"在事多神"，藏密中拥有各式各样的佛、菩萨以及变化万千、形象怪诞的本尊神、护法神。藏密中的护摩法就是通过利用不同的护摩坛，念不同的咒语，召请各种神祇，以达到息灾、增益、敬爱和驱魔逐鬼的目的。在党项人的心目中，神鬼先知先觉，主宰一切。神主善，谓之"守护"；鬼主恶，谓之"损害"。神鬼各种各样，起守护作用的神要尊崇、供奉、祭祀；有损害作用的鬼要驱逐、诅咒。可见，藏传佛教与党项人的原始宗教信仰有诸多相似之处，党项民众很容易接受藏传佛教。②

再次，藏传佛教重仪轨重实践修行方法，极易吸引好佛的西夏民众。藏传密教的修法虽然名目繁多，但万变不离其宗，追求的无非是行者与佛、菩萨、本尊或者上师之间身、语、意三门的相应，与佛相应是一切瑜伽修习的本来意义。俄藏黑水城文献中有大量藏传密教瑜伽修习仪轨，其中有本尊禅定仪轨，如修习观音、弥勒、佛顶尊胜佛母、金刚亥母、佛眼母等本尊的禅定仪轨

---

① 详见沈卫荣：《论西夏佛教之汉藏与显密圆融》，《中华文史论丛》2020年第2期，第265—309页。
② 孙昌盛：《试论在西夏的藏传佛教僧人及其地位、作用》，《西藏研究》2006年第1期。

等。而且这些源出于西夏时代的一系列瑜伽修习仪轨,均与印度大成就者那若巴所传、大译师玛尔巴及其弟子们在西藏推广的"那若六法",即拙火、梦、幻身、中有、光明和破瓦等六种瑜伽修习相关。①

最后,前揭西夏前期用53年翻译近6000卷佛教经典,学界多以为是一个创举,其实这是忽略了一个相反的问题,即翻译质量的低下。翻译速度超常,必然造成翻译质量的低水平,更何况西夏文刚刚创制,用刚形成的文字翻译深奥的佛经,其粗制滥造是可以想象的。也正因为如此,后弘期藏传佛教用规范和严谨的藏文翻译的佛教经典传入西夏,对西夏无疑是一个巨大的冲击乃至震撼,因此可以看到现今出土的几种西夏文音韵辞书都出现在中后期,这是不难理解的。而且翻译藏文佛经和用汉文、藏文、梵文佛经校勘佛经也主要出现在仁孝之后,这也是不难理解的。

另外,西夏中后期之所以重视藏传佛教,推测其原因,可能是西藏本部对此有所加强。藏人是由雅鲁藏布江流域土著民与河湟地区的吐蕃加入形成,吐蕃政权崩溃后,大部留在本部,而河西河湟散落分裂,后又聚集在河湟,唃厮啰重新崛起,但他们的生活习俗与党项羌差不多,可是这个时期党项羌的文明程度明显高于河湟吐蕃,而且河湟吐蕃与于阗、回鹘以及宋等交好却与西夏为敌,宋徽宗把河湟统一后又归于西夏,这应是西夏与本部吐蕃加强联系的背景。

---

① 沈卫荣:《藏传佛教在西夏的传播》,《中国社会科学报》2012年11月23日第A06版。

2.西夏佛教管理与世俗化

佛教中国化的一个重要特点是隋唐以后中央集权政府都设僧官来管理佛教界事务。"国家管理教会,教会不管理国家,教会要依靠国家来发展。"①西夏对佛教的管理秉持了这一特点,《天盛律令》第十一卷《为僧道修寺庙门》设有23条,是对于僧人、道士资格取得、登记注册与寺庙管理制度的规定。

西夏前中期的佛教主要是受汉传佛教影响,特别是唐宋的佛教管理影响。为规范管理佛教道教,西夏统治阶级积极制定法律,对佛教信徒有严格的管理制度。

表现之一是与唐宋相仿而又不完全相同的佛教管理机构,其管理机构的名称是僧人功德司、出家功德司、在家功德司。在西夏官职机构的五等职司中,被列于次等司之中,也就是次于上(等)司中书、枢密之后,而是与殿前司、御史、中兴府、三司等次等司同级。而且西夏的佛教管理机构较之唐以鸿胪寺、祠部、宗正、主客等政府曹司,宋以鸿胪寺、祠部、中书省、开封府等政府曹司对佛教事务进行多重性指令和管理不尽相同。西夏"以僧法治僧"的管理机构,显然要更专职更合理一些。

表现之二是寺院是地方管理僧人的具体机构,其主要职官为:僧监、副、判、寺检校、寺主、众主、坐主等。西夏寺院直接归功德司领导,关系比较简单,从寺院纳册、童子变道诸事务,寺院直接上报功德司或中书等情况,即可明了。此外,赐衣、师号制度原本是中原王朝的一种服饰制度,以服色表示官员职位的高低,有赐紫、赐绯等,大致在唐朝中期以后已用于僧人管理,五代

---

① 白化文:《汉化佛教参访录》,中华书局,2005年,第26页。

至宋,赐衣之制逐渐制度化。西夏不但沿用了这一制度,而且还有所发展。

表现之三是有关俗家弟子变道为僧、僧人还俗、再入道的规定和考试;寺院中凡居士、童子以上人员当入纳册,其中僧人纳册,要上报中书,居士、童子纳册,须上报殿前司,并当为磨勘;以及僧人的案件被列入官案中办理,使用出家牒等诸多方面,均有明确的法律规定,形成了一套比较完善的制度。

表现之四是西夏政权大力提倡佛教的政策,提高了佛教寺庙和僧人的社会地位。西夏在法律上给予僧、道特权;在经济上给予寺观大量的财产,并在法律上严格保护寺观的财产私有权。不仅如此,众多寺观还享有免收或减免赋税的特权。法律对僧、道的犯罪等都有详尽规定,僧人犯罪后,可以减免罪刑,可以用官品抵当,可以不受黥刑;对寺庙道观、神像、修缮等也作了规定,寺院的周围环境受到法律的保护;等等。①

将佛教事务纳入国家的管理体制,确定僧官品级、选任、知事,确立寺院内部制度规范、寺院经济经营方式、出家还俗原则,明确僧人的社会义务和责任,令其遵纪守法等,都是西夏佛教中国化的最重要标识,也是世俗化的重要表现,这一点与中原王朝并无二致。换言之,寺院、僧人及团体的权利来自世俗的统治者,世俗政权高于神权,神权服从于政权。

即便是西夏帝师制度表明了西夏统治者很尊崇藏传佛教,但是正如克恰诺夫所说:"退一步讲,就算帝师封号因某种原

---

① 韩小忙:《〈天盛改旧新定律令〉中所反映的西夏佛教》,《世界宗教研究》1997年第4期。参见姜昉:《西夏法典〈天盛律令〉佛道法考》,《宁夏师范学院学报(社会科学)》2009年第4期,第86—91页;邵方:《西夏的宗教法》,《现代法学》2008年第4期,第36—45页。

因未列入正式的官职封号表,但它与国师封号一样,都是由国家来册封的,单凭佛教寺庙内部是没有权力册封这样高的封号的。"① 西夏的藏传佛教与西藏的政教合一的佛教还是不尽相同,它仍然是世俗化的一种表象。

3.汉藏佛教圆融

西夏王国境内所发生的各种佛教传统,与各个民族之间的文化和宗教互动,远比我们今天可以想象的要紧密得多。当时有来自印度的传法高僧长期居住于西夏王国,他们和当地的信众们合作留下了不少直接传自印度的新译显、密佛教文献。而来自西藏的上师,或者曾往印度、西藏求法的西夏高僧也为数不少,留存至今的西夏汉译藏传密教文献多半很难找到与其对应的藏文原本,它们多为长期在西夏传法的西藏上师,或者曾经长期在西藏学法的西夏僧人们的作品。西夏王国内也曾有过不少修习藏传密法的畏兀儿人,他们比西夏人更早接触到藏传佛教,并最终成为西夏和元朝传播藏传密教的有力推手。②

过往对于西夏佛教及其历史,学界的关注点不是藏传佛教影响西夏佛教,就是汉传佛教影响西夏佛教。近年来,沈卫荣在比较勘同黑水城出土藏传佛教文献和《大乘要道密集》中的藏传佛教文献时,参照国外学者的研究,提出了一个十分大胆的构想:"我们或可以这样来理解西夏佛教,此即是说,在处于汉藏之间的西夏王国内,当西夏的佛教徒们,其中既有西夏人,也有

---

① 〔俄〕克恰诺夫:《俄藏黑水城西夏文佛经叙录》,第27页。
② 沈卫荣:《藏传佛教在西夏的传播》,《中国社会科学报》2012年11月23日第A06版。

汉人,甚至亦还可能有西藏人、回鹘人和蒙古人等等,开始接受、实践和传播佛教时,他们同时受到了来自汉、藏两种不同的佛教传统的影响,于是,如何来兼容和调和这两种不同的传统,特别是化解显密之间的巨大差异,形成适合自己传习的独特的佛教传统,便成为西夏佛教徒们曾经面临的一个严峻挑战。”“不能简单认为藏传佛教影响了西夏佛教或者汉传佛教影响了西夏佛教,而是在同一时代汉、藏佛教都传到西夏,二者有机地结合在一起,形成了西夏佛教最典型的特色。可以说,西夏佛教是汉、藏佛教的有机合流,它是‘汉藏佛教’的最好典型。”沈卫荣把这一有机合流用佛教术语“圆融”来表示,圆融一词在佛教语境中是破除偏执、圆满融通的意思。华严宗师法藏在所著《五教章》文末,总结六相的颂文说:“一即具多是总相,多即非一是别相,多类自同成于总,各别体异现于同,一多缘起理妙成,坏住自法常不作,唯智境界非事识,以此方便会一乘。”这是法藏发扬六相圆融教义所作出的结论。用这个佛教概念表现西夏汉传佛教与藏传佛教之间的交流交融,无疑把对西夏佛教的认知提高到一个新层面新高度。沿着这个思路,沈卫荣通过许多具体圆融事例加以证明,譬如《心印要门》是见于《大乘要道密集》中之二十余种“大手印”法修习要门中的一种,可以确定它是西夏时期所传的藏传密教的一个修习仪轨类文本。尽管从其形式和传承来看,《心印要门》毫无疑问是一部藏传密教的修法类文本,但仔细研读之后,却发现其用辞、名相与汉传佛教特别是禅宗佛教十分接近,其中与藏传密教修法直接相关的内容却反而很少。此外,《心印要门》中提及的“心印”与汉传禅宗之心印或者汉传密教之《大日经》也无关。尽管这部《心印要门》看似与“大手印”无关,可事实上它就是大手印的一种修法,只不过在名相上以"心印"代替了"大手印"。沈卫荣将《心印要门》与《新译大手印顿入要门》中的那几部大手印修法要门,特别是其中的《大手印赤引定要门》和《大手印伽陁支要门》比较,发现它们所述之求修法同出一辙,甚至其中措辞也有不少是完全一致的。由此沈卫荣认为它更像是由某位兼擅汉藏两种佛教传统的西夏法师或者学僧自己创作、传习的一篇要门。又如沈卫荣通过对汉译《四字空行母记文》(俄藏 TK329)的密教文本,与西夏文译《亥母耳传记》的藏传密教文本的对照阅读和比较指出,如果说《亥母耳传记》或确实是根据一个藏文原本所作的直接的翻译的话,那么《四字空行母记文》应该是一个已被其汉文传译者做了不少有意的改译和增删的文本,其中明显被掺入了一些当不见于其藏文原文本的、纯粹属于汉传佛教和汉文化因素的内容。这些内容显然是传译者为了使这个文本及其他所传达的密教义理和仪轨更容易为汉人信众接受和理解而有意为之的一种非常善巧的改变。沈卫荣以《四字空行母记文》和《亥母耳传记》中对"金刚"、"亥母"等词的不同解释来论证他的观点,再次说明西夏佛教从本质上来说是一种有机地圆融了汉藏和显密两种佛教传统而形成的一种新的佛教传统。①

　　索罗宁近年也在关注汉藏佛教的圆融问题。西夏曾流传过两种"大手印"体系。一种是西夏高僧德慧上师的《大印究竟要集》及其注释文本,另一种是起源于冈波巴的卫藏典型噶举体系,该体系稍晚于德慧上师的法门传入西夏,但传入后逐渐取代了德慧的传承。通过考证勘同,认为西夏高僧德慧上师

---

① 沈卫荣:《论西夏佛教之汉藏与显密圆融》,《中华文史论丛》2020年第2期。

的"大手印"教法传承,继承了藏传佛教的内容,同时也吸收了许多汉传佛教的因素,是文化发展史上民族交往、交流的真实反映,成为汉藏佛教圆融的典范,这也是西夏佛教的显著特征。①

4.佛教的国教地位及其与儒家文化的关系

学界有佛教是否西夏国教之争,②若从早期基督教国家和现今伊斯兰国家的政教合一角度而言,西夏的佛教不是"国教"则无疑。前揭西夏对佛教寺院、僧人有严格的管理制度,王权高于教权,教权服从于王权,即使帝师有很高的地位,与西夏封孔子为文宣帝应当不相上下。正如聂鸿音所言:"尽管12世纪中叶以后进入河西地区的藏族喇嘛受到了西夏的举国尊崇,其中有些人还得到了皇家的封赠并在政府的宗教管理部门任职,但他们除了翻译少量藏传佛教的经典和主持皇家的法事之外,似乎并没有在宗教普及方面做过更多的规划工作。"③一言以蔽之,从佛教的世俗化来讲,西夏佛教不具有"国教"的地位。

但现代对国教有另一种解释,即国教指的是由国家确立的在本国具有高于其他宗教地位的宗教。国教往往负担着通过宗教宣扬国家思想的任务。国教是实行国教制度的国家中占统治地位的官方意识形态,得到国家的支持和保护,并为维护国家政权的稳定和社会生活的秩序服务。若从这一角度来看,西夏的佛教无疑是"国教"。前面对西夏佛教的论述充分证明了这一

---

① 〔俄〕索罗宁:《西夏德慧上师两种传承与汉藏佛教圆融》,《中国藏学》2021年第3期。

② 牛达生:《佛教不是西夏"国教"论》,《西夏研究》2014年第3期。秦宇:《为国祈安:西夏尊佛教为国教考》,《文史杂志》2014年第5期。

③ 聂鸿音:《〈西夏佛经序跋译注〉导言》,《西夏学》第10辑,2013年。

点。儒教虽然在西夏也有很高的地位,但是笔者以为"儒教"之教,应作教化、教育来解,不具有宗教意义。儒家学说偏重法律、制度和日常生活的行为准则,而佛教则基本属于信仰思想层面。而且西夏佛教与儒家思想合流基本与唐宋以来中原地区的发展总趋势相一致,都是统治者的统治工具。

值得注意的是,克恰诺夫曾发现一个有趣的现象:"西夏文佛经还有一个特点,就是它独特的帙号,这是欧洲书籍中所没有的。帙号体系是中国佛教典籍所采用的一种专门的标识方法。大家都知道,很多时候,一部佛经可能有几十卷。为了确定某一部分的内容在整部经文中的位置和排序,采用了这种较为特殊的标识方法——帙号标识法。通常,各卷经文,比如说按每10卷经文,每100页一分开,分别装入一个竹盒或是丝绸、麻布等做的套子中,称作一帙经文。为了确定它们在整部经文中的位置和排序,按当时流行的'千字文'的文字顺序,取其中的一个字,给每一'帙'经文编上一个帙号。'千字文'是当时的识字课本,很多人都能倒背如流,而且,'千字文'内的字是不重复的。有些学者认为,从中国唐末到五代时期(9至10世纪),就已经流行使用'千字文'来作书籍的帙号了。"①这从一个侧面,说明了西夏佛教与华夏文明不可分的关系。

①〔俄〕克恰诺夫:《俄藏黑水城西夏文佛经叙录》,第16页。

第12章 西夏史学和文学平议

中国古代的图书分类,至迟在《隋书·经籍志》中已有了经、史、子、集的四分法,可知史学和文学在华夏精神文明中所占的地位。对西夏文明来讲尤其如此,西夏的历史基本上是靠汉文献的记载传世的,而黑水城文献出土后,随着西夏文日渐被解读和掌握,西夏人用自己的语言创作的自己对自然、社会、国家、族群的心灵感悟也逐渐展现在世人的面前。

当然由于出土文献数量有限,距离全面展现西夏人的心灵世界还差得很远很远。历史学只能根据史料进行评价。先将西夏的史学和文学作品大致梳理如下。

一、西夏史学的沉寂

为了较完整地评价西夏的史学,先从为什么元朝史臣不修西夏史说起。

1.元朝史臣不为西夏修正史的原因

"国亡史作",这是汉唐以来修史的传统。但元朝人修前朝史时,却未给与辽宋金鼎立约二百年,幅员70余万平方公里的西夏王朝修一部专史,只是依据辽宋金三朝旧国史编成分量不大的传记,附于三部正史之中(《辽史·西夏外纪》一卷,《宋史·夏国传》二卷,《金史·西夏传》一卷)。这种做法,对后世研究西夏史乃至辽宋金史造成不可弥补的缺憾。那么,为何元朝人不给西夏修一部专史呢?

从现代民族平等的观点看,元朝人给辽宋金"三国各与正统,各系其年号"①修成三部正史,而独不给西夏修专史,是带有明显的偏见和歧视,则是无疑的。虽然西夏时期党项人与其他民族共同创造的西夏文化,足以与辽金文化并驾齐驱而毫不逊色,但就从唐宋以来,特别是程朱理学居于官学地位以后所盛行的所谓春秋笔法和正统观念的实际来看,西夏不具备单独入"正史"之列的资格,也是无可厚非的。不论北宋、南宋如何视辽金为蛮夷,但辽金的帝制王朝是独立确立的,且在辽金与宋双方的交往过程中都是互称南北朝的。然而西夏却没有这样的礼遇,它始终是辽宋金的藩属国。即使是元昊倔强之日,企图依靠武力摆脱宋的约束而独立称帝,但旷日持久的陕西之战并没达到目的。庆历和议对北宋来说,固然是屈辱的,但西夏最终还是接受了"国主"的封号。故平心而论,"立国二百余年,抗衡辽、金、宋三国,侚乡无常,视三国之势强弱以为异同"②的西夏,始终是一个偏霸一隅的地方政权,与辽金的地位有所不同。

当然,脱脱等人将西夏列为三部史书的外国,则是有欠妥当

---

① (明)权衡:《庚申外史》卷一,《续修四库全书》,上海古籍出版社,2002年,第423册,第775页。

② 《金史》卷一三四《外国上·西夏》,第2877页。

的,对此清人赵逢源说:"考拓跋本党项八部,《唐书》厕诸《西域》宜也。洎仁福晋封王爵,俨然西陲一大国矣。乃欧阳氏《五代史》仿龙门例,撰十《世家》摈而不与。或以是时十国次第铲夷,而西夏与抗衡中国,尚未能要其始终,且恶其夜郎自大,不予以割符世爵故耶?然《仁福列传》犹进之刘守光、李茂贞等藩镇之列,则固未尝夷之也。厥后元人修《宋史》,则竟置西夏于外国,曾留从效、陈洪进之不若,遂与高丽、日本同科。辽金二史因之,夫岂欧阳氏进退之意哉!"① 显然,在看待西夏与中原王朝的关系的史识上,元史臣比欧阳修退步了许多。

元朝人不给西夏修"正史",还有一个不容忽视的重要原因,即是蒙古人对西夏文化的摧残。我们知道,成吉思汗建立起蒙古汗国,为了征服吐蕃和金国,首先把战争的矛头对准西夏。然而从蒙古第一次进攻西夏起,便遭到西夏军民极为罕见的顽强抵抗。虽然这种抵抗使不可一世的蒙古征服者付出了惨重的代价,但也使蒙古人在一次次受挫之后,加深了对西夏的仇恨情绪,更以百倍的疯狂蹂躏来发泄心中的怨恨。《蒙古秘史》续集卷二载:成吉思汗每饭则言"殄灭无遗,以死之,以灭之",因而"天兵破灭夏以西,有旨,戈矛所向,耆髦无遗"。② "破银州,斩夏人万人。"③破肃州,"皆歼之,不遗龆稚",免死者仅一百零六户。④ 中兴府在被蒙古兵围半年后,夏末主李睍及全城居民出降,蒙古兵却执

①《西夏书事校证》附录赵序,第506页。

②(元)柳贯撰:《柳待制文集》卷一〇《师氏先茔碑铭》,四部丛刊初编本。

③(元)元明善:《清河集》卷三《丞相东平忠宪王碑》,《续修四库全书》,第1323册。

④(元)姚燧撰:《牧庵文集》卷一九《李公神道碑》,文渊阁四库全书景印本,第1201册,第605页。

行成吉思汗的遗诏密令,遂入中兴府,城中居民惨遭屠掠,宫室、陵园付之一炬。察罕谏后,蒙古军才停止屠杀,但城中人口所剩者不过十之一二。蒙古人的血腥屠杀极大地殄灭了西夏文化,所以西夏实录、谱牒之类的典籍毁于战火而无幸免,当是脱脱等人修辽宋金史的西夏传没有西夏国史的根本原因。

　　蒙古人不仅极大地殄灭了西夏文化,而且在征服西夏后相当长的历史时期内对西夏遗民实行了极为凶残可怕的惩罚和报复政策,"历史将幸存的西夏人抛进当时社会的最底层"。西夏人"种地不纳税者死",①蒙古人将西夏故地分封给蒙古宗王,西夏遗民既要受河西诸王的奴役和盘剥,又要向蒙古汗国交纳租税,承受着双重压迫和剥削,因而西夏遗民与蒙古统治者处于较为严重的对立状态。而忽必烈即位之初,西北地区连续发生了拥护阿里不哥的浑海都、阿蓝答儿、霍忽等人的叛乱,元朝与叛军交锋的主要战场大都在西夏故地,西夏遗民再一次遭受战争的屠戮。整个西夏地区在亡国以后的数十年中一直处于动荡不安的环境之中,故吴海言:"元初得天下,惟河西累年不服。"②在这样的历史背景下,对于蒙古统治者来说,既亡其国,又亡其史,应是彻底征服西夏的最佳手段。由此便不难想象,元世祖决意修辽金史,既而又决意修宋史时,而不提及与辽宋金鼎足而立的西夏的真实原因所在。

---

① 《元史》卷一四六《耶律楚材传》,第3457页。
② 详见汤开建:《元朝时期西夏人的社会地位》,《宋元文史研究》,广东人民出版社,1988年。《西夏纪》序。

2.西夏是一个不重修史的地方政权

我国自春秋战国以降,史书的修撰就有了官私两条途径,两宋时期官私修史均极发达,流风所及,亦影响到周边少数民族政权。据《辽史》记载,辽太祖耶律阿保机建国以后,就已在朝廷设置监修国史官,并仿照中原王朝建立起《起居注》《日历》、《实录》等,以记载皇帝的言行和辽朝的重大事件。金朝亦建有比较健全的修史机构,中央设有国史院,负责修撰实录和国史,秘书监下辖的著作局,负责编修日历,记注院则负责撰修起居注,而自太祖完颜旻之后,几乎每位金朝皇帝都修有实录。以辽金修史反观西夏则大不相同,虽然《宋史·夏国传》记西夏于"绍兴三十一年,立翰林学士院,以焦景颜、王金等为学士,俾修《实录》",[①]说明西夏在后期开始设置史官,《天盛改旧新定律令》第十卷《司序行文门》有"史院"属三品,但就西夏文化的总体情况来看,西夏是一个不重修史的地方政权。

其一,自20世纪初以来,经过国内外学者的共同努力,经考古、钩沉、研究已揭开了西夏文化神秘的面纱,西夏的佛教文化、儒学教育、文学艺术、科学技术、风俗习惯等都已清晰地展现在世人面前。然唯独西夏的史学迄今仍然是一个空白点,最明显的例子即是史金波著《西夏文化》和张迎胜主编《西夏文化概论》均未述及西夏的史学。众所周知,中国自古以来史学与经学、文学并重,缺少了史学,一代文化就是不完整的。虽说蒙古火使西夏文献百不存一,但是既然其他门类的文化能从废墟中寻找到蛛丝马迹,进而集腋成裘,可以述其大概,唯独史学著

---

① 《宋史》卷四八六《外国二·夏国下》,第14025页。

述空憾,则不能不是从一个侧面反映了西夏不重修史所造成的匮乏。

其二,西夏设官多与宋同,从《宋史·夏国传》对西夏元昊谅祚时期的职官记载,还有《番汉合时掌中珠》《文海》《音同》以及西夏文《杂字》《西夏官阶封号表》等词典文献所载西夏各种官名,上自皇室、中书、枢密二府,下至军县地方机构,均有非常细致的记载,可是翻遍这些文献,除前揭那条于绍兴三十一年设史官、学士和秘书监与修史有关系的名词外,诸如起居院、起居注、勾当院事、楷书、起居舍人、起居郎、记注案、时政记房、时政记、编修官、日历所、著作郎、佐郎、国史案、编修院、实录院、实录国史等官修史制度中的各种称谓竟不见于上述文献,这种在制度上反映出的不重修史的情况,是不能用文献缺征来解释的。

其三,20世纪初俄罗斯探险队在我国西部居延海南侧黑水城(蒙古语称哈拉浩特意为黑城)的"著名的塔"中发现了大批迄今世界上数量最多的西夏文献(数达8000余号,其中80%为佛经),还有不少汉文、藏文、回鹘文、突厥文、女真文、蒙古文等书籍和文卷。然从戈尔巴乔娃和克恰诺夫《西夏文写本与刊本》以及孟列夫《黑城出土汉文遗书叙录》所公布的资料来看,不仅没有西夏实录、国史一类的文献,而且历史著作也极少见,以致孟列夫发出这样的疑问:"历史著作这样少,应看成是西夏人对历史不感兴趣呢? 还是西夏人收藏的主要是佛教著作?"[1]

根据俄国学者对黑水城文献的公布,和聂鸿音所作《西夏艺文补》中西夏的历史著作,西夏人自己编的国史目前仅见于《宋

---

[1]〔俄〕孟列夫:《黑城出土汉文遗书叙录》,第18页。

史》和《金史》的记载,即《李氏实录》,焦景颜、王金等撰,见《宋史·夏国传》及《金史·西夏纪》(按:颇疑此书为汉文本);《夏国谱》,罗世昌撰,见《金史·西夏纪赞》(按:此书当为汉文本)。

西夏编译汉文史部著作如下。

《十二国》西夏文译本。聂鸿音按:《十二国》,三卷,西夏旧刻译本。国别体史书,记先秦鲁、齐、晋、魏诸国史事,内容似据中原《国语》《国策》节录,汉文原书不详。馆刊目录著录是书,且谓"由汉语译成之历史书"。①

《贞观政要》西夏译本。聂鸿音按:《贞观政要》十卷,唐吴兢撰,西夏旧刻节译本,于吴兢原书记事多有删削。馆刊目录著录为"贞观政要",苏联目录著录为"贞观要文"。按:西夏文书题四字,直译为"德事要文"。②

《新集慈孝传》西夏文。聂鸿音按:《新集慈孝传》二卷,西夏曹道乐新集译,西夏旧写译稿,间有校改。按:此书实据汉文史书节选,当入史部传记类。传记史书,故事原出汉刘向《列女传》及《唐书》以前正史,经夏人节译或改写成书,故文字与原书多有不合。苏联目录著录为"新集慈孝记",按:西夏语"记"、"传"同词,依中原史传习惯则当译"传"而不当译"记"。③

西夏人创作的法律政书著作如下。

---

① 〔俄〕索罗宁著,贾瑞雪译:《十二国》,宁夏人民出版社,2012年。
② 原书照片迄未刊布,简略介绍见聂鸿音《贞观政要的西夏文译本》(《固原师专学报》1997年第1期),文中校出西夏译本现存十余页中已略去汉文原本三大段,即《规谏太子第十二》贞观五年李百药作"赞道赋"以讽太子事、同章贞观十四年十五年于志宁上书谏太子事《诚信第十七》太宗谓长孙无忌任用得人事。此外,一句至数句的删削亦多有所见。
③ 参看聂鸿音:《西夏文新集慈孝传考补》,《民族语文》1995年第1期。

《贞观玉镜统》四卷,西夏贞观年间(1101—1113)崇宗敕编,西夏旧刻本。军事法典,记西夏兵制、军纪及奖惩规则。①

《新法》西夏文。聂鸿音按:《法则》九卷,西夏旧写本二种。西夏法典,撰述年代不详,唯卷中屡言"律令曰"云云,则似成书于《天盛改旧新定律令》之后。是书苏联目录误断为"新法"之别本,盖因西夏文"则"字与"新"字形近而误译,今为之析出。按:《法则》与下述《亥年新法》内容及体例迥异,不得视为一书。

《亥年新法》十七卷,西夏旧写本多种,字体各异,有楷书、行书、草书,内容全同。该书为《天盛改旧新定律令》颁布之后部分条款之修订增补。于西夏寺院组织等细节较《天盛律令》为详。一本卷末题写于光定辛巳年(1221),则"亥年新法"之"亥年"盖指西夏神宗乙亥年(1215),或早至桓宗癸亥年(1203)。

《天盛旧改新定律令》西夏文,见克恰诺夫刊本(莫斯科,1987)。聂鸿音按:《天盛改旧新定律令》二十卷,卷首"律令名略"二卷。夏天盛年间(1149—1169)嵬名地暴等奉敕修,天盛年间刻本。有旧写本及天盛年间刻本多种,内容全同。该书修纂时曾参考《唐律疏议》及《宋刑统》,然除"十恶"、"八议"二门直接译自《唐律疏议》外,其余诸条款与中原律令颇异。②

《官阶封号表》西夏旧刻卷子,录西夏皇帝、太子至七品臣僚

---

① 中国学者又有译为"贞观玉镜将"、"贞观将玉镜"者。汉译见陈炳应:《贞观玉镜将研究》,宁夏人民出版社,1995年。
② 汉译见史金波、聂鸿音、白滨:《西夏天盛律令》,《中国珍稀法律典籍集成》甲编第5册,科学出版社,1994年。

称号及封号。原卷失题,苏联目录拟题为"西夏官阶封号"。①

除以上可列入史部分类的著述和译作外,还有大量的社会文书、经济文书、军事文书1500余种。②

其四,不仅西夏官府不重修史,而且西夏遗民亦无修史的优良传统。诚然,蒙古元初西夏遗民处于社会地位最底层,尚不具备修史的条件,但自元成宗铁穆耳以后西夏遗民在元朝的社会地位有了明显改善,及至后期出将入相者大有人在,以至于在元顺帝一朝担任中书省、枢密院、御史台、宣政院四大中央机关高级要职的西夏遗民约占总数的一半,政治势力可谓显要。元朝中后期的西夏遗民在文化上亦取得较为突出的成就,像孟昉、余阙、斡玉伦徒、刘沙剌班、贺庸、王翰、张雄、甘立、昂吉、迈里古思等,都是名噪一时的文人。有的党项族上层人物,如余阙、斡玉伦徒、刘沙剌班、纳麟大都参与了辽金宋三史的编修工作。可是这些显宦名士竟不知为其先民留一部史书传世,很令人费解,是他们甘愿做元朝的顺民,而不去触动元朝统治者的隐痛呢?是如上所述,他们是一个不重修史民族的后裔之使然呢?还是另有其他原因? 或许如白滨所言:"党项上层人物在为元朝的政治、军事、经济、文化事业充分发挥自己的才智,竭尽心力的同时,也为党项自身的灭亡创造了条件,元代党项文人斡玉伦徒,面对凉州孔庙中从祀的先祖斡道冲之画像,发出了'遗像斯在,国废人远,人鲜克知'的哀叹。移民庐州的党项上层余阙,对当

---

① 校录、汉译及考证见史金波:《西夏文官阶封号表考释》,《中国民族古文字研究》第3辑,天津古籍出版社,1991年。
② 详见杜建录、史金波:《西夏社会文书研究》,上海古籍出版社,2010年;史金波:《西夏经济文书研究》,社会科学文献出版社,2017年;史金波:《西夏军事文书研究》,甘肃文化出版社,2021年。

时来自西夏故地的戍守士兵,深虑其习日以异,其俗日不同,但也不得不承认,即使在西夏故地'今亦莫不皆然'。"①

要之,据以上所述,元朝人不为西夏修专史的原因可归纳为两点,一是西夏作为辽宋金的藩属国地位,不合旧史家的正统观念;二是蒙古统治者仇视倔强不顺的西夏,亡其国并亡其史。至于元朝人修辽金宋三史中的西夏传未能采录西夏的实录、国史一类的典籍,不是由于元史臣草率从事或不识西夏文所致,而是由于西夏的实录、国史一类文化典籍,在蒙古火中被湮灭殆尽,以及西夏党项族不重修史,使得史作典籍匮乏、流布不广等原因所致。

3.西夏文与国史命运的蠡测

元朝人没有给西夏修一部"正史",固然是历史的遗憾,但更为遗憾的是辽宋金三史所附西夏传主要是采录辽宋金旧国史中的资料。众所周知,历史上后一王朝按传统为前一王朝修史,所依凭的史料来源,主要是前朝留下的文化典籍,在魏晋以降则主要是前朝官修的实录、国史、会要一类的典籍。但元朝人在修辽宋金三史中的西夏传时,却没有依凭西夏的实录和国史。如近人赵尔巽所说:"尝读元《进辽金史表》皆称其《国史》,独《西夏传》只称兼采《夏国枢要》等书,而夏之史无闻焉。"②可是自清乾嘉以来,许多论者都以为西夏国史在元修辽宋金史时尚有流传,只是元史臣或黜夏或草率从事不加征引,以致湮灭失传。最有代表性的意见有以下两种。

---

① 详见《党项史研究》,吉林教育出版社,1989年。
②《西夏纪》序,第2页。

第一种意见是清人吴广成辑佚修撰《西夏书事》时,把元史臣不征引西夏国史一类文献的原因归咎于元昊创制蕃书(即西夏文),他说:"宋有天下几三百年,西夏、辽金并雄西北,而辽金有史,夏鲜专书,缘其地连沙碛,人半羌夷,元昊自造蕃书以纪国事,国亡之后,文义莫辨,遂至掌故失传,宋辽金三史有附传而弗详。"①近人柯劭忞亦有相同的看法:"良以元昊自制蕃书,摈汉文不同,简册流传,翻译不易,故典章制度,概从湮没。"②胡玉缙也认为:"或者,其时《夏史》尚在,史臣鲜通其文,且但纂列传,不修专史,遂亦不复聘人译,置之高阁,未可知也。"③王秉恩则说:"乃西夏事未有宏编名作,岂非以所纪国事胥用蕃书,殆国亡而史亦偕亡。以非汉文存者,亦不之识,今所见碑刻,犹是蕃书,湮没不彰,职是故也。"④

不过,这种观点受到赵尔巽的批评:"论者以文献无征,咎在制蕃书而屏汉文,岂其然乎! 史载元昊立蕃、汉学,乾顺屏蕃学而立国学,仁孝以斡道冲为蕃、汉教授,其文之传于今者,《感通碑》则阳蕃而阴汉,《掌中珠》以二体为一书,斯皆蕃汉并行之确据也。况元用夏儒多尔济、高智耀,而多尔济为《国史》世家。元臣石天麟、察罕,尤以精通诸国字书名,通唐兀特之文者,固不乏人也。"⑤笔者以为赵尔巽的批驳是符合实际的。这从元世祖时曾下令雕刻"河西字藏经版",元大德六年(1302)一次刊印西夏文大藏经3620余卷,并施放于宁夏、永昌、沙州等西夏故

①《西夏书事校证》凡例,第1页。
②《西夏纪》序,第3页。
③《西夏纪》序,第10页。
④《西夏纪》序,第12—13页。
⑤《西夏纪》序,第1—2页。

地①的事实来验证,即可知把元朝人不征引西夏国史的历史遗憾归在元史臣不识元昊创制的西夏文上,是难以成立的。

第二种意见认为元史臣进辽金而黜西夏,"灭其国而并灭其史作",赵尔巽在为《西夏纪》作序时说:"尝读元《进辽金史表》皆称其《国史》,独《西夏传》只称兼采《夏国枢要》,而夏之史无闻焉。则夏史之散亡于元断可知矣。或疑耶律楚材入夏,收其遗书而归。安有至正散亡之理?不知世祖修史,进辽、金而黜夏,其遗书卒未上诸朝史书,张柔之上《金实录》,而《耶律传》无之,此其证也。而修史者亦以夷之载记,遂不遑发故府之椟藏,集遐方之甄献,草创为之,灭其国而并灭其史,此不能不援《春秋》之笔以责之也。"②

吴天墀先生著《西夏史稿》时,则认为元史臣不征引西夏文献是草率从事所致:"脱脱等人既未能检出耶律楚材于蒙古灭夏时所收得的大宗文献,如实录、谱谍、档案、文书等类,也未能利用宋人有关西夏的著作,如孙巽的《夏国枢要》、刘温润的《夏国须知》以及佚名史学家的《赵元昊西夏事实》《西夏事宜》《西夏杂志》《契丹夏州事迹》等书,并其他零散纪录,撰成拥有足够篇幅的西夏专史。"③对赵尔巽和吴先生的看法,笔者不敢苟同。固然,笔者在前面也论到灭其国并灭其史作是元世祖时修辽金史而绝不提及修西夏史的重要原因。但事物是发展变化的,当脱脱等人修辽宋金三史时,西夏人在元朝的社会地位已有了根本变化,虽元史臣仍囿于正统的观念不给西夏修专史,但在

---

① 详见史金波:《西夏佛教史略》,宁夏人民出版社,1988年。
②《西夏纪》序,第2页。
③《西夏史稿》前言,四川人民出版社,1983年增订版。

修辽宋金史附传的西夏传记时,已不再黜夏,袁桷等人奉命收集西夏遗书即可为证。是故,若西夏国史仍在的话,元史臣再草率也不至于竟弃夏国史而不顾,更何况西夏后裔斡玉伦徒、余阙等也参与了修辽宋金史的工作。余阙是一位很注重西夏文化传统的儒士,若连他们也不顾西夏国史则于情理不合。依笔者之见,元史臣修西夏传时,西夏国史、实录一类典籍已亡于战火而不存,其理由有二。

首先,西夏亡国之时,其实录、国史一类文化典籍,没能像金亡、宋亡时虽遭屠城,然仍能幸免于难。如金亡时张柔之"于金帛一无所取,独入史馆,取《金实录》并秘府图书"。①而元灭宋时,负责临安留守事宜的董文炳将宋史馆所藏"宋史及诸注记五千余册,归之国史院"。②西夏亡国时则未见有保存西夏国史的记载,这恐怕与是时蒙古成吉思汗及宪宗等以征战为务,不遑文治有关。据史载,直到至元元年(1264)元世祖接受王谔等人的建议才设翰林国史院、置学士、立馆舍,搜访记录先朝事迹,而《元史·太祖纪》说太祖"在位二十二年,帝深沉有大略,用兵如神,故能灭国四十,遂平西夏,其奇勋伟迹甚众,惜乎当时史官不备,或多失于纪载云"。③试想成吉思汗时期蒙古人连对本民族的伟大业绩尚无暇顾及,更何谈去保存必"以灭之"而后快的敌国西夏的历史文化典籍呢? 至于耶律楚材所取西夏遗书,很可能也没有西夏实录、国史一类的典籍。《元史·耶律楚材传》记载:"丙戌冬(1226)从下灵武,诸将争取子女金帛,楚材

---

①《元史》卷一四七《张柔传》,第3474页。
②《元史》卷一五六《董文炳传》,第3672页。
③《元史》卷二《太祖纪·铁木真》,第25页。

独收遗书"，①请注意这里只提及耶律楚材入灵武，但蒙古攻陷灵武后，成吉思汗只留部分兵马进围中兴府，而自己率军渡黄河进攻积石州，并于翌年五月回师六盘山避暑。不久西夏中兴府陷落。据此可知跟随成吉思汗左右的耶律楚材在中兴府陷落之时未曾入城，而夏翰林史院在京师，其实录、国史、谱牒或档案资料均在焉，耶律楚材未进夏都城，自然不会有实录一类的遗书，因此元朝国史没有耶律楚材和其子曾监修国史的耶律铸上《夏实录》的记载也就不足为怪了。

其次，从《宋史·夏国传》兼采《夏国枢要》和《金史·西夏外纪》云"夏之立国旧矣，其臣罗世昌谱叙世次"，均不提及西夏实录、国史来看，"夏史之散亡于元断可知矣"。但笔者要强调的是，其散亡是在蒙古灭亡西夏之时，而非元史臣不征引后所致。吴天墀先生曾引钱谦益和柯劭忞的记载，认为西夏实录、国史在明清时期在民间仍有流传，但考其记载似不足为凭。请看钱谦益《牧斋有学集》卷二六《黄氏千顷斋藏书记》云："庆阳李司寇家有西夏实录，其子孔度屡见许而不可得。"又近人柯劭忞为戴锡章《西夏纪》写的序里说："犹忆光绪辛巳（1881），予与福山王文敏公俱客成都，文敏言'有得西夏《国史》数册者，皆梵字也'，予谓'当是元昊所制图书'，非梵字，嘱文敏购之，其人秘为鸿宝不肯售。"从钱、柯二氏的记述来看，均是道听途说，连他们自己都未亲见，焉能以片言只字即认定那些自许家有的西夏实录和国史为事实呢？再说元修辽宋金史时曾搜访西夏遗书，②清乾嘉以来补修西夏史书成风，诸撰者亦尽其所能搜访西

①《元史》卷一四六《耶律楚材传》，第3456页。
②《清容居士集》卷四一《修辽金宋史搜访遗书条列事状》。

夏文献,均未有所得,由此亦可验证钱、柯二氏之道听途说之为不实。总之,笔者就元朝以来迄今修西夏史的轨迹而言,可以断定西夏实录和国史在民间已散亡殆尽,至于地下所藏则不敢妄断,只能拭目以待。

就现今掌握的资料来看,西夏人不用汉文编写《实录》或《国史》,用西夏文是难以胜任的。历史著作,尤其是包罗天文、律历、礼仪、舆服、五行、职官、食货、刑法、地理、艺文、传记、世家的国史,与编写《天盛律令》《圣立义海》《贞观玉镜将》显然不能同日而语,故补编《西夏艺文志》推测鉴于史载的西夏《实录》《国史》《世次》不是空穴来风。

二、西夏文学的落寞

1.西夏文学作品的流布

西夏文学主要有汉语言文学创作和西夏文语言文学创作。汉语文学成就高,西夏文文学最能体现西夏人的内心世界和情感世界。先看西夏文学留下的作品。

《新集锦合道理》一卷,西夏乾祐七年(1176)梁德养初编,十八年王仁持增补,旧写本及乾祐年间蒲梁尼刻本二种。西夏民间谣谚集。每句少则三言,多至二十余言,两句为一联,上下对仗工整。①

---

① 汉译见陈炳应译:《西夏谚语:新集锦成对谚语》,山西人民出版社,1993年。

《西夏诗集》五卷,西夏乾祐十六年(1185)刻字司刻本。分《赋诗文》《大诗》《月月乐诗》《道理诗》《聪颖诗》各一卷,每卷录杂言体长诗一首,内容及形式颇具西夏民间风格。①

《宫廷诗集》不分卷,西夏乾祐年间(1170—1194)抄本。杂言体诗集,似为西夏臣僚应制之作。

《贤智集》西夏文,西夏沙门宝源集,西夏旧刻本。释家劝世文。②

《西夏遗文录》聂鸿音编。截至2006年,从宋元史籍及出土文物、文献中辑录西夏一朝的汉文、西夏文、藏文文章(含残句)凡94篇(西夏文27篇,汉文67篇)。所录文章为西夏人写的散文和骈文,包括写给比邻诸王朝的表章、公私书信、书籍序跋、发愿文、内容明确的题记、金石铭刻等。除此之外,宋元史籍中引述的西夏君臣谈话、20世纪出土的西夏文诗歌、翻译作品、契约户籍帐簿之类文书以及简单的佛经抄写译校题款,均不在收录之列。③

现代学者将《圣立义海》作为文学作品进行研究。《圣立义海》五卷,西夏乾祐十三年(1182)刻字司复刻本。西夏类书,体例仿中原《艺文类聚》,记载西夏自然地理及社会风俗甚详。苏

---

① 聂鸿音按:《大诗》节译及研究,有〔俄〕克恰诺夫《关于西夏文文献圣立义海研究的几个问题》(载上引〔俄〕克恰诺夫等《〈圣立义海〉研究》卷首),《月月乐诗》汉译及研究亦见该文,校录铅排本及日译见〔日〕西田龙雄:《西夏语〈月月乐诗〉之研究》(京都大学文学部研究纪要25,1986年)。

② 以上详见聂鸿音:《补〈西夏艺文志〉》,《古籍整理研究学刊》1990年第6期;《俄藏黑水城文献·西夏文世俗部分提要》,上海古籍出版社,1997年。

③ 聂鸿音:《西夏遗文录》,《西夏学》第2辑。

联目录已著录,且疑为"诗体格言"。按:西夏文书题四字,前二字直译"圣立"或"圣用",犹中原"御览"之意,知是书当为敕编。①

目前出土的西夏诗歌作品有《西夏诗集》,宗教诗《忍教搜寻颂》,五言诗《新集金碎掌直文》,四言诗《四言纪事文》,杂言诗《月月乐诗》《颂师典》《新修太学歌》《西夏宫廷诗》,诗体类书《圣立义海》,西夏史诗《夏圣根赞》,劝世诗文集《贤智集》,等等。

今天所能见到的真正的汉文诗歌都来自宁夏银川贺兰山西夏方塔废墟中所出的一部无名诗集。②诗集原件为残损极其严重的写本,共13纸和一些无法缀合的碎片,集内存诗约60首,但没有一首是完整的。诗集通篇不存题款,其书名和作者均不得而知。至于诗集的写作年代,似可以从两个地方看出来:第一,诗集中有"侍亲孝行当时绝,骇目文章□□无"之句,其中"孝"字在书写时缺末笔,为避夏仁宗仁孝名讳,仁宗时期的西夏文译本《论语全解》写西夏文"孝"字也阙末笔,③由此可以

① 原书照片及汉译见克恰诺夫、李范文、罗矛昆:《圣立义海研究》,宁夏人民出版社,1995年。

② 按:1990年11月下旬,位于贺兰山拜寺沟内的一座无名砖塔被盗宝的不法分子炸毁,这部诗集就是次年9月宁夏考古工作者去清理现场时发现的,同时出土的还有12世纪下半叶的活字印本西夏文佛经等。1996年,宁夏文物考古研究所的牛达生教授寄来诗集和一些西夏文残片的照片复印件,嘱为鉴定。下文的介绍便据复印件写成,因有些文字在复印件上颇难辨认,故学者引用当以日后宁夏方面发表的原件及校录本为准。

③ 参看科洛科洛夫和克恰诺夫《西夏文译的汉文典籍》(B.C. Колоколов и Е.И. Кычанов, *Китайская классикав тангутском переводе* [*Лунь Юй, Мэн Цзы, Сяо Цзин*], Москва:Наука, 1966),图版第10页第1行第7字。

断定诗集必成于仁宗时期(1140—1193);第二,诗集中有一首题为《求荐》的诗,叙述作者"昨遇储皇"而希冀提拔,仁宗朝储皇为太子纯祐。史载夏桓宗纯祐于乾祐二十四年(1193)即位,时年十七,说明作者遇到他必不早于他即位前的十数年。依此看来,这部无名诗集应是公元1180—1193年间的作品。

诗集上可以识别出的诗题有:《炭》《冰》《冬住兰亭》、《窗》《忠臣》《孝行》《柳》《梨花》《桃花》《放鹤篇并序》、《春水》《上元》《春云》《春雪二十韵》《门人高□拜呈……》、《菊花》《晚》《武将》(二首)《儒将》(二首)《樵父》(二首)、《茶》《僧》《烛》《酒旗五言六韵》《烛五言六韵》《上招抚使……》《贺金刀……》《久旱喜雪》《打春》《元日上招抚》、《人日》《春风》《雪晴》《闲居》《……值雪》《王学士……》、《求荐》《上招……》《和雨诗》《寺》《善射》《画山水》《征人》《日短》《冬至》。①

2.现代学者视域下的西夏文学

黑水城出土文献发现之前,没有西夏文学研究,西夏文学是比较晚起的,相对于西夏语言文字和历史研究而言要薄弱许多。毋庸讳言,国外的西夏文学研究起步要早于国内。首先是对西夏文《新集锦合道理》进行的研究。聂历山在其遗著《西夏语文学》(又名《唐古特语文学》,莫斯科,1960年)中对西夏谚语作了初步的探讨。克恰诺夫则俄译了《新集锦合辞》中的

---

① 聂鸿音:《西夏文学史料略说》。另参见孙昌盛:《方塔出土西夏汉文诗集研究三题》,《宁夏社会科学》2004年第4期;黄震云、杨浣:《论西夏诗》,《徐州工程学院学报(社会科学版)》2013年第5期。

全部谚语,并进行了全面系统的研究。其研究成果已于1974年由苏联莫斯科科学出版社出版,书名为《新集锦合道理》。其次是对西夏文诗歌的研究。俄国人克恰诺夫和日本人西田龙雄的成就最为突出,两人分别在《关于西夏文文献〈圣立义海〉研究的几个问题》(《〈圣立义海〉研究》,宁夏人民出版社,1995年)和《西夏语〈月月乐诗〉之研究》(《京都大学文学部研究纪要》25,1986年)两篇长文中对三首西夏文诗歌《道理诗》《大诗》、《月月乐诗》进行了俄译和日译,为国内学者提供了有益的参考。但是这些研究毕竟有限,不足以引起文学史界的重视。由德国人傅海波、英国人崔瑞德主编的《剑桥中国史》,专立辽西夏金元史卷,是较早系统介绍西夏历史的国外著作,但对西夏在历史上曾经创造的绚丽多彩的文化却付之阙如,未著一字。到1994年,国内出版的各种版本的《中国文学史》都未见谈及西夏文学。中国文学史长期缺少西夏文学的内容,李范文主编的《西夏通史》通篇约73万字,西夏文学竟不足4000字。①

　　直到20世纪90年代,国内对西夏文学才开始较为系统地研究。陈炳应于1993翻译了俄译本《新集锦合辞》(山西人民出版社,1993年),《中国谚语集成(宁夏卷)》(北京出版社,2000年)也收录了罗矛昆翻译的西夏谚语。20世纪末,聂鸿音《西夏文学史料略说》②和张建华《西夏文学概论》③,较为全面地概述了西夏文学的史料源流、文学特点和价值,这两篇文章可以说基本奠定了西夏文学的范畴和对象。其后西夏文学研究受

<hr>

① 李范文主编:《西夏通史》,宁夏人民出版社,2005年。
② 聂鸿音:《西夏文学史料略说》(上、下),《文史》1999年第3、4期。
③《首届西夏学国际学术讨论会论文集》,宁夏人民出版社,1998年。

到重视,发表了不少论著,客观地说,聂鸿音的《西夏遗文录》、《西夏文学史略说》基本将西夏文学的地位说清楚了,但是此后类似重复的研究仍不断见诸报刊,虽然亦有所推进,但不明显。

下面将西夏文学研究状况,分几个专题介绍。

其一是关于西夏文学的分期。一种观点是在掌握大量西夏文学史料的基础上,将西夏文学划分为三期。前期始于宋太平兴国七年(982),终于景祐二年(1035)。认为此期文学作品体裁以表章为主,大都不出唐宋表章窠臼,没有反映出党项本民族的丝毫特色。中期始于夏大庆元年(1036),终于乾祐二十四年(1193),是西夏文学史上最辉煌的时期。首先表现为使用文字的变化,出现了用西夏文创作的文学作品,现存的三十多首西夏文诗歌即产生于仁宗乾祐时期;其次是文学形式也比任何时期都显得丰富多彩,除传统的诗歌、骈文和散文外,还有与"影戏"、"杂剧"、"傀儡"等民间艺术形式相伴而生的戏曲文学。此期的文学风格则呈现出各民族文化交融的景象。后期始于夏天庆元年(1194),终于明宣德年间。这一时期西夏文学一片黯淡,留存下来的大多是内容空灵的佛教发愿文。在大致确定西夏文学的历史分期的基础上,又从汉文"文"、西夏文和藏文"文"、汉文诗、西夏文格言和诗四个部分对西夏文学进行更深一步的阐述。①

另一种观点是从党项与西夏历史发展的角度将西夏文学大致分为五个时期。第一,党项从青藏高原迁徙到银夏(今陕西北部)地区,这一时期的文学主要是口头流传的民间文学。第二,自拓跋思恭讨黄巢有功而晋爵夏国公到德明结好宋辽、全力

---

① 聂鸿音:《西夏文学史料略说》(上、下),《文史》1999年第3、4期。

西拓,此时的党项左冲右突开疆拓土,是西夏文学发轫时期。第三,自元昊创制文字、建立蕃学到秉常恢复汉礼,以武立国的西夏重视文治,促进了西夏书面文学的大力发展。第四,自乾顺创建国学、作《灵芝歌》到仁孝广立学校、尊崇孔子为文宣帝,西夏的文治达到了顶峰,西夏文学也出现了空前的繁荣。第五,自纯祐的皇位被篡到末帝出降蒙古而旋即被杀,这一阶段西夏与金累年征战,无力抵御蒙古,西夏文学也与王朝一样逐渐走向衰落。①

以上分期值得商榷,如果以"西夏文学"进行分期,就应当严格按时间和时代来划分,也就是按照西夏建国至灭亡为限;如是以"党项与西夏文学"为名,则可以将党项族始见于记载至西夏建国为一期。但不论是"西夏文学"还是"党项与西夏文学",均应以西夏灭亡为终止。其后虽然还有西夏遗民创作,那也是元和明时代的文学,不再属于西夏。笔者的分期意见是,党项与西夏文学第一期,以党项拓跋部归顺唐朝为起始,贞观五年(631)"于是与思头并率众内属,拜赤辞为西戎州都督,赐姓李氏,自此职贡不绝",②由此至景祐二年(1035)。其间都是碑石文学作品,体裁以碑石、表章为主,大都不出唐宋碑石、表章窠臼,没有反映出党项本民族的丝毫特色。第二期、第三期,除了以西夏亡国为终止外,其余均采纳聂鸿音的划分。

第二期从景祐三年(1036)至乾祐二十四年(1193)。这一时期的文学作品有诗集三部、谚语格言集一部、佛教及世俗文章

① 杨梓:《试论西夏文学的特色》,《宁夏大学学报(人文社会科学版)》2001年第4期。
②《旧唐书》卷一九八《党项羌》,第5292页。

数十篇。文学风格既有中原汉族传统的,也有党项本民族的,甚至还有吐蕃式的,呈现出各民族文化交融的景象。西夏文学史上最优秀的作品都是在乾祐年间产生的,这一时期的文学形式也比任何一个时期都显得丰富多彩。除了传统的骈文和散文以外,还有三十余首具有浓郁党项民族风格的西夏文诗歌,堪称西夏文学的精华。另从这一时期编纂的汉文识字读本《杂字》来看,其"司分部"列有"教坊","音乐部"列有"影戏"、"杂剧"、"傀儡",可以推想这些民间文艺形式此前已从金朝传入西夏。

第三期从桓宗天庆元年(1194)至末主睍宝义二年(1227)。这一时期现存资料除了张公辅的汉文《陈经国七事疏》和婆年仁勇的《黑水守将告近稟帖》之外,几乎都是内容空灵的佛教发愿文。

其二是汉文的"文"。从体裁上看西夏文学大致可分为公文、碑文、序文、民谣、谚语和诗歌等。①

西夏时代没有留下一部文集。聂鸿音据汉文文献和已公布的西夏文献列出45篇遗文,骈文占有十之七八,且都是政治和宗教生活中的应用文章,并没有出于纯文学目的而专门进行的创作。其中写得较有文采的多是以皇帝名义上给宋、金的表章,这些表章不一定出自皇帝本人之手,只不过实际执笔人的名字大多没有保留下来。迄今所见最能代表西夏骈文风格的是以仁宗皇帝名义写的《报吴璘遣使檄夏国书》:

> 仰维巨宋之兴,咸托群心之辅,列圣承休于洪祚,深仁

---

① 以下重点参考了聂鸿音:《西夏文学史料略说》(上、下),《文史》1999年第3期、第4期。

克浃于寰区。繄我小邦,赖为盟主,二百年讲修于信息,亿
万姓陶冶于淳浓。嗟夫! 弗率之女真,不自安于微分,鼠窃
一隅之地,狼贪万乘之畿。天地所不容,神明为咸愤。故此
用兵薄伐,尚敢肆志不庭。毁先庙以示战士之威,杀君母而
杜谏臣之口,似此盈科之罪,难逃负楱之诛。幸使命之来
临,快舆情之奋厉;共切驱羊公忿,敢辞汗马勤劳? 布告庶
邦,遐迩偊来苏之后;奋扬师旅,鼓行解倒悬之民。以至仁
伐不仁,因多助攻寡助。请同李广,勿令一骑生还;毋效丁
公,遽听片言反旆。此上天之假手,宜壮士之同心。允穆
师言,恭行天讨。尔众士既造于南土,我小国当应于西偏。
前冲而九野生欢,左顾而千军振色。从兹歃血,动有余威。
誓将灭其众而犁其庭,相与寝其皮而食其肉。成大功于不
日,守中夏于历年。不取必有天殃,今其时矣;一征当自葛
始,君其念之! 余须报捷之临,别候献琛之贺。

其三是西夏文、藏文之"文"。目前发现的西夏文的遗文有
20余篇,包括佛教作品、世俗序跋和一篇"禀帖",此外还有大量
西夏文的官府公文、私人信件、契约等,其中有些或许可以算作
文学作品。西夏文的文章也可以分成骈文和散文,其中骈文虽
然有严整的对仗,但却没有套用中原传统的"四六"格式,例如
《重修护国寺感通塔碑铭》的开头部分:①

----

① 聂鸿音按:这篇碑文并不是汉文碑文的对译,而是西夏人围绕相同内容
另行创作的,所以今人的解读也有一些分歧。这里采用了史金波的译
文,因为他的译文较好地保持了原句的字数和阅读节奏。

坎性上古不动虽然为,风起摇击波浪荡漾常不绝;正
体本于不变虽然为,随缘染着烦祸沉沉永不息。如化迷
愚,六道轮回众生得名;圣合尘埃,三界流转有情生受。上
世最安,一一行行住者稀;下狱紧苦,千万趋趋至者稠。悲
哀发悲悲不舍,诸佛世间民庶劝救已出现;无相立相相不
稀,摩揭陀国金刚座上正觉成……

另外,西夏帝后臣民在编印或散施佛经时写下的短文,包括
"序"、"跋"、"后序"、"愿文"、"题记"等,一般附在相关佛经的卷
首和卷尾,这些短文或用西夏文写成,或用汉文写成,"构成了西
夏文学中一个独特的类别"。下面从聂鸿音著《西夏佛经序跋
译注》选取两例。一是纪实性发愿文,佚名用西夏文撰写的《应
天四年施经发愿文》,其汉语译文:

  ……做广大法事烧结坛等一千七百五十八次。开读
经文:番、西番、汉大藏经一百八藏,诸大部帙经并零杂经
共二万五十六部。度僧三百二十四员。斋法师、国师、禅
师、副判、提点、散僧等共六万七千一百九十三员。放幡五
十六口。散施番汉《金刚般若经》《普贤行愿经》《阿弥陀
经》五万卷。消演番汉大乘经五部。大乘忏悔一百八十一
遍。散囚八次。济贫八次。放生羊三百四十三口。大赦二
次,一次各三日。又诸州、郡、县、边复之地,遍国僧俗臣民
等所为胜善不可胜数,实略记之耳。
  应天四年六月日谨施。

  二是功德性发愿文,有代表性的是夏神宗遵顼用西夏文撰

写的《金光明最胜王经发愿文》,其汉语译文:

> 朕闻:我佛世尊,以根本智,证一味纯真之理,后得因
> 缘,开万千妙法之门。其中守护邦家,祈求福智,佛俗义理
> 双全,利益今生后世者,唯此《金光明王经》是也。今朕位
> 居九五,密事纷繁,如临深渊,如履薄冰。焚膏继晷,想柔
> 远能迩之规;废寝忘餐,观国泰民安之事。尽己所能,治道
> 纤毫毕至;顺应于物,佛力遍覆要津。是以见此经玄妙功
> 德,虽发诚信大愿,而旧译经文或悖于圣情,或昧于语义,
> 亦未译经解、注疏,故开译场,延请番汉法师、国师、禅师、
> 译主,再合旧经,新译疏义,与汉本细细校雠,刊印传行,以
> 求万世长存。伏愿:以此胜善,德化长行,六合俱洽,□龙
> 道转,远布八荒……①

西夏的散文大多比较简略,往往是叙述一两件事情,并没有
真正体现出作者的思想境界和写作技巧,以致其文学价值远逊
于历史价值。②

其四是西夏汉文诗和西夏文诗。综观西夏人用汉文写的
诗,可以看出这仅是对中原格律诗的幼稚的模仿,只能得其形
而不能得其神,若放在中原诗歌中恐怕要被列为中品以下。其
创作与发展具有四个特点:(1)现实主义的创作方法;(2)鲜明
的民族特色和深厚的汉文学烙印;(3)掺杂着浓烈的宗教色彩;

---

① 聂鸿音:《西夏佛经序跋译注》,上海古籍出版社,2016年,第150页。
② 汤君:《西夏文学研究的回顾与展望》,《西夏学》第15辑。

（4）随历史的发展而发展。①现存西夏诗歌一般都是杂言体，只有每一"联"中上下两句构成词类和字数的对仗，对全篇字数则无统一要求，尤其令人难以理解的是，人们至今还没有发现西夏诗歌有用韵的情况。②西夏诗歌虽受汉诗的影响，有五言和七言，但由于用西夏文创作，其汉诗中严谨的格律便不复存在，甚至没有了韵脚，所以相对来说较为自由。尤其是字数不等的杂言诗，不同于宋词，而且占西夏诗歌的多数，的确是党项人"逐水草而居"的游牧文化的集中体现。

目前已经发现的西夏诗歌集可以分析研究的主要有《新集碎金置掌文》《新集锦合辞》和《拜寺沟西夏方塔诗集》等。因此整体上看，西夏的诗歌数量尚不足千首，与辽代诗数量差不多。

西夏诗歌的主流思想和书写方式，除了一些地域文化特质以外，与唐宋的诗歌似乎没有太大的区别。目前仅就现存的诗歌说，没有达到辽代如辽道宗和萧观音那样的水平，与宋更是没法比。

西夏的诗歌主要由西夏文、藏文和汉文等文字写成。诗歌有三言、四言、五六七言不等，因为西夏文字的发明得力于汉字和佛教，因此不仅有汉字排列整齐的特点，也体现出梵呗的

---

① 张建华:《西夏文学概论》,《首届西夏学国际学术讨论会论文集》。
② 参看聂鸿音:《〈文海〉探源》,《固原师专学报》1990年第3期。另外,克恰诺夫在《献给西夏文字创造者的颂诗》(《中国民族史研究（二）》,中央民族学院出版社,1989年）一文中认为,有一首西夏诗歌"有高度严谨的结构",不但有韵脚,还有句首韵和声调的搭配。我觉得克恰诺夫教授对这个问题的解释有些勉强。事实上真正押韵的地方都是同一个字的重复使用所造成的,其他情况如no和tôn、we和wə、ni和ɪuo等,似很难算成是押了韵。

悠扬。①

此外,西夏文学中的"辩"与敦煌文学中的"唱辩"一脉相承。《贤智集》收有9篇"辩",如第一辩《劝亲修善辩》,正文为四六骈文,非常适合说唱;同时广征博引,历数西夏几位先祖的丰功伟业,陈说他们难逃死后成灰的宿命,从而劝导人们清心修善;而文句又两两对仗,辞藻富有变化,可以说充分运用了"声、辩、才、博"的手法,展示了西夏文学中"唱辩"的典范技巧。作为俗讲的形式,西夏僧侣文学无疑继承了敦煌俗文学的样式,并有其自身的时代特色。②

其五是西夏的翻译文学。据俄藏黑水城文献《西夏文世俗部分》,汉文古籍的西夏文译本有《孝经传》《论语全解》《孟子》《孟子传》《十二国》《新集慈孝传》《经史杂钞》《德事要文》《德行集》《孙子兵法三注》《六韬》《黄石公三略》《类林》等。依据这些夏译汉文书籍来推知西夏人对经典汉文学的理解能力,以及中国的主流文学传统对西北少数民族地区的

---

① 诸论详见史金波:《高度发展的文学》,《西夏文化》,吉林教育出版社,1986年,第132—140页。陈炳应译:《西夏谚语:新集锦成对谚语》,山西人民出版社,1993年。杨梓:《试论西夏文学的特色》,《宁夏大学学报(人文社会科学版)》2001年第4期。冯剑华:《西夏诗歌概论》,《宁夏大学学报(人文社会科学版)》2001年第4期。张迎胜:《浅谈大宋时代的西夏文学》,《第三届宋代文学国际学术研讨会论文集》,宁夏人民出版社,2005年。张丽华:《西夏文学研究述评(社会科学版)》,《固原师专学报》2006年第1期。崔红芬:《西夏文学作品中所见儒释相融思想》,《青海民族研究》2007年第4期。王昊:《试论西夏文学的华儒内蕴》,《北京大学学报(哲学社会科学版)》2013年第5期。黄震云、杨浣:《论西夏诗》,《徐州工程学院学报(社会科学版)》2013年第5期。汤君:《西夏文学研究的回顾与展望》,《西夏学》第15辑。
② 孙伯君:《西夏俗文学"辩"初探》,《西夏研究》2010年第4期。

影响,无疑是一个独具价值的学术视角。张丽华对聂鸿音的西夏翻译文学研究有概括性的梳理,颇具代表性:"《西夏译〈诗〉考》①从6种西夏文汉籍中辑录到夏译《诗经》26则,考察其义训正误,发现西夏《诗经》译例中有半数存在不同程度的误解,有的甚至是严重的失误。作者认为,以《诗经》为代表的中原古典文学没能成为党项文人文学的滋养。《西夏本〈经史杂钞〉初探》②考察了杂钞汉文古书中的文句译成西夏文的一本小书《经史杂钞》,发现该书涉及的汉文书籍有《礼记》《左传》《论语》、《毛诗》《孙子》《孝经》《孟子》《庄子》《老子》《周易》等。通过与汉文古书中相应文句的对校,聂鸿音认为该书的夏译与汉文原著相去甚远,同样存在着严重的误译。这说明,西夏下层民众的教育水平与中原还是有相当的差距。《新集慈孝传》是一部据汉文典籍编选的小型传记故事集,目的是宣扬中原传统的家庭伦理道德和慈孝节义观。编者曹道乐在编书过程中摒弃了逐字逐句摘译汉文古书的做法,而是将一段冗长的故事变成自己的话简单地转述出来,其中有些话和原始文献歧义较大。聂鸿音《西夏文〈新集慈孝传〉释读》③一文对该书进行了全文汉译,指出歧义之处,这为深入研究此书提供了帮助。"④尽管近十多年来在这方面又发表了不少论著,但总体上看大致无出其右者。

---

① 《文学遗产》2003年第4期。

② 《宁夏社会科学》2002年第5期。

③ 《宁夏大学学报》1999年第2期。

④ 张丽华:《西夏文学研究述评》,《固原师专学报(社会科学版)》2006年第1期。

3.关于西夏文学研究的几点认识

不论是文学的体裁,还是创作手法,西夏文学是中国传统文学的一支或组成部分,这应是国内西夏文学研究者高度一致的共识,尽管俄国学界有自己的观点,但在笔者看来多是不值一驳的。如果说,黑水城文献的出土结束了只依靠他人书写西夏历史的"伤心史",那么新发现的西夏文学作品,特别是西夏文诗歌、格言为世人了解西夏人的心灵世界、情感理路、民族精神打开了一扇窗户。其丰富的历史价值和思想高度得到大多数人的认可,数量虽少,却弥足珍贵。但是从文学创作水平和文学价值来衡量,西夏文学处在一个较低的层次上。

第一,西夏学和西夏历史研究从现今的各类著录来看,成果可谓琳琅满目,但是重复研究、炒冷饭、泥沙俱下的现象极为严重。西夏文学研究更是如此,聂鸿音的《西夏遗文录》《西夏文学史略说》基本将西夏文学的地位说清楚了,但是此后类似重复的研究仍不断见诸报刊,大多数西夏文学研究者多是自说自话,较为夸张。

第二,西夏文学因资料匮乏,传世文学作品甚少,而出土文献所展现的亦是雪泥鸿爪,难以全面窥视。根据现今已知西夏文献记录和研究,西夏时期没有出现一位有大影响的诗人,没有留下一部文集。虽然"目前的西夏文学研究更多地倾向于挖掘史料的历史文献价值,而忽略了对其文学价值的关注",① 但是"文学史属于大历史学科范围,没有或缺少史料实际是巧妇难为

---

① 张丽华:《西夏文学研究述评》,《固原师专学报(社会科学版)》2006年
第1期。

无米之炊,希望有大的突破基本不太可能,不能如现今部分学者为了强调西夏文学的重要性,拔高西夏文学的水平和意义"。"结合西夏佛教、儒学典籍的翻译和创作,再与西夏缺少史学来衡量,西夏人本身的创作就处在一个较低层次的状况。"① 笔者以为这个判断符合基本事实。

第三,从以诗证史的角度来看待西夏文学对于西夏的文化思想史的研究价值和意义,似远高于文学本身的价值。②

第四,西夏文学就目前看到的史料和研究,不足以与汉唐时期西夏故地的文学成就相比美。文化没有高低,但是从西夏文学反映的文明进程来看是比较落后的,这是无可争议的。

西夏文学创作的落后与西夏文字的使用有密切关系。现今翻译西夏文散文和诗歌,颇有润色拔高之嫌。西夏语创制甚晚,其文字典故、创作积累、文史传统、语言风格、文化素养,尚在形成和成长中,而且西夏语的单词不多,一直处在普及推广过程中,西夏文词典出现在后期,说明这一时期的西夏文才刚刚达到一个初级水平。西夏文佛教翻译主要来自宋开宝藏,翻译人的汉语极佳,而用西夏文创作作品还在摸索之中,并且大量使用汉语又会极大地妨碍西夏语文学的创作,西夏语不能表达之时可以用汉语替代。刻字司工匠多是汉人说明了这一点。

---

① 汤君:《西夏文学研究的回顾与展望》,《西夏学》2017年第2期。
② 梁松涛《西夏文〈宫廷诗集〉整理与研究》(上海古籍出版社,2018年)就属于这类比较有代表性的研究。

三、克恰诺夫的西夏格言、谚语研究

"党项人用西夏文写的格言和诗歌是全部西夏文学中的精华,无论是在形式上还是在内容上都显示出了与汉文诗歌迥然不同的本民族特色。""在西夏地区广为流行的格言是西夏诗歌的直接源头。单纯从形式上看,一首西夏诗歌实际上等于是用若干首格言连续排列而成的。结合西夏骈文的比较,我们甚至可以说格言是党项本民族一切文学形式的始祖。"①《新集锦合道理》是1187年由西夏语言文学家梁德养和王仁持搜集编辑,商人蒲梁尼赞助出版的。这部民间文学著作所搜集的文学作品,俄国人认定是格言,俄文最先译作《新集锦成对格言》,陈炳应先生则视作谚语,故他翻译的中文本名为《西夏谚语:新集锦成对谚语》。一共364条。

最早研究西夏格言、谚语的是聂历山和克恰诺夫。聂历山在《西夏语文学》撷取23条格言,作了初步研究。克恰诺夫则借鉴俄国语言学家对格言的语文学研究和对党项与西夏社会历史的考察,从版本、印刷、编辑、研究过程、西夏格言的音韵特点,格言与西夏社会发展诸阶段的关系,格言的结构和造形方法,西夏谚语格言与中亚各民族谚语格言在体裁、题材方面的比较和特点等方面,作了全面系统的研究。张丽华在《西夏文学研究述评》中评论说:"上世纪80年代后,我国学者也在译释西夏谚语方面进行了有益的尝试,但总体水平未能超过前苏联学

---

① 聂鸿音:《西夏文学史料略说》(上、下),《文史》1999年第3、4期。

者。"① 这个判断应当是符合实际的。

克恰诺夫的研究有两点值得注意。第一,是克氏研究的高水平。下面撷取克氏论述的一些片断:

"意义和文法并重是唐古特格言一眼可见的基本的结构特点,所以它们被唐古特称为'成对格言',并不是偶然。"

"我们所知的所有唐古特格言,甚至与我们的选集无关的格言,都是成对格言,即具有文法和伦理重叠现象的特点。这种结构方式是中亚各民族——蒙古人、布略特人、吐蕃人、图瓦人、苏尔茨人占压倒多数的格言的特点。在与中亚邻近的各民族——汉人、吉尔吉斯人、哈萨克人、土库曼人等等的谚语中经常遇到它,而在其他很多民族的谚语中却极为罕见。"

"唐古特格言重叠现象的基础,像按这个原则构成的其他民族的格言一样,诗文比拟是显著的,用三种方法比拟、对立和次序。"（第172页）

"唐古特格言在结构上由四个部分组成:是两节的重叠构成,被分成两个有联系的比拟、对立、次序或重复的重叠的,每一个句子同样个个分别成两部分。"

"诗的形式是基本的文艺表现,格言的核心。其寓意没有被揭露,没有被强求,从现存最简练的形式中总结出格言注目的,相当的联想。"（第176页）

"唐古特格言的和谐、韵律的获得,首先依靠固定的词义、词法和句法的重叠现象,依靠成对的形式和严格的韵脚中断重叠现象。"

---

① 张丽华:《西夏文学研究述评》,《固原师专学报（社会科学版）》2006年第1期。

"大部分唐古特格言没有韵脚,常常'还不是诗'。"(第178页)

"重叠结构是唐古特格言韵律学的基础。这种方式是可作为藏族和语言方面与他们接近的民族的所有诗文的特征的。R.A.石泰安指出,在西藏诗文中,'由于缺乏其他诗文通常用的方式——韵和头韵,所以,节拍和结构造成一切美妙。''重叠现象——西藏民族诗很有特点的现象,其传统发展成西藏的诗,我们认为是在达赖喇嘛六世的诗文中。'"(第180页)

"正是在唐古特谚语性质的格言中,开始奠定将来唐古特诗的基础,我想是,在研究后者的规律性中它们的作用将是不小的。"①(第182页)

第二,是克氏的研究立场和倾向。毋庸讳言,克氏在深入探讨西夏格言的文学价值和特点的同时,时时处处在论证西夏格言是属于中亚格言,亦即虽然与中国传统文学有地缘关系,但是格言的渊源、性质和风格都与中国传统没有直接的关系。归纳克氏的观点有以下五点。

其一,中国古代的雕版印刷起源于中央王朝的边缘地区,四川和敦煌,这两个地区都以非汉族居民为主。而西夏时期的敦煌不在当时中国宋朝的境内,"唐古特人与宋朝的中国同时从书籍印刷的早期中心、书籍印刷可能的诞生地敦煌承继了书籍印刷技艺",而西夏文格言的印刷最早也只能追溯到西夏文诞生的年代:1036年以后。然后笔锋一转很自然将西夏归属到中亚,"这个时期,唐古特的书在质量和装潢上都不逊于最好的中国书。唐古特人民用这些书为发展中亚民族文化作出了重要贡

---

① 〔俄〕克恰诺夫:《论唐古特格言的性质和文艺特征问题》,陈炳应译:《西夏谚语:新集锦成对谚语》,山西人民出版社,1993年。

献,中亚人民在发展书籍出版方面的贡献是毫无疑义的,在讲到人类文化的这个最伟大的成就时,不应该忽视它",克恰诺夫的用意很深,即前面说中国西部很久不在中国境内,即汉族国家内,西夏是独立的,敦煌虽然在此前是唐朝的边疆,但是,到西夏时期,它不属于中国,故唐古特利用中国过去的技术独自发展了雕版印刷业。克氏真是用心良苦。

其二,将搜集、编辑西夏文格言的梁德养论证为没有汉族血统的党项人(唐古特)。"聂历山认为,选集的编者梁德养'按姓名判断',是汉人。但可能并非如此,从6世纪起,唐古特人中就有梁氏的记载,它是当权的党项姓氏。以梁氏为主的党项部落联盟有时有政治独立性(6世纪),实际上组成唐古特部落的第一个国家。……可见,梁德养出自这一家族。认为他是汉族,没有足够的根据。他的汉姓不能说明任何问题,因为唐古特的儒学学者和佛教徒经常使用汉姓。毫无疑问,梁德养是12世纪中叶唐古特文化杰出的活动家。"(第136页)

其三,西夏文格言与中国对联有关系,但思想内容不同:"唐古特格言尽管在命名和压倒多数的形式上(与中国联语)有相似之处,但在内容方面,却不相像。""我们被迫强调指出,没有任何材料证明:唐古特的成对格言杰乌里,来源于中国的成对格言对联。尽管在我们看来术语的全部相似点有很大的、实质上的差异。""但我们似乎觉得,唐古特成对格言是西藏格言体裁发展的不可分离部分,按照我们的意见,为我们保存了从萨加·班智达类型的格言到藏族谚语这种体裁的某个发展阶段。""在《新集锦成对格言》这部古文献中,汇集了不同性质和来源的唐古特格言,不排除其中的个别格言是为了这本选集或其他类似的选集而写的,有一些是根据中国的联句写作的,有一些是依据唐古特文学或中国古典文学写作的。但这类格言数目不多,没有决定整部古文献的面貌。唐古特成对格言选集的主要成分按其性质近似中亚古代民族的谚语和稍晚的、直到现在的西藏、蒙古、布列特、图瓦、维吾尔的等等。"

其四,论证唐古特格言和中亚其他民族的格言之间的关系,意义和语法的重叠现象不仅是唐古特格言的重要特点。比较显示唐古特格言在其形式和体裁方面近似西藏的、蒙古的、布略特的、加尔梅克人的和许多其他民族的格言。"在很大程度上已搞清楚的,主要是在有较完备的中亚各民族谚语选集的情况下,类似的数量,恐怕已增加。而上述例子足以说明,大部分唐古特格言属于世界民族谚语格言哪一类型,构成中亚民族格言。这已正式证明无误,在地理上,与中亚多数民族距离很近达一百多年之久;在历史上,特别是在10至13世纪,唐古特人在中亚历史上起了作用,那时存在唐古特国家——'大夏'。"

其五,如果说上面几点还是属于学术讨论的话,那么在克恰诺夫为自己著作写的序论最后则道出了论证西夏格言是中亚格言一部分的真实目的:"研究这本书的历史只有 H. A. 聂历山的著作。……正如我们已经提到的那样,H. A. 聂历山在自己的论文中给予这本书第一次评价。按照他的意见,格言好极了,'格言中,除了从邻近民族借用的这些或那些之外,可以看出是反映民族智慧的真正的民族作(品)或民间传说,它们非常相似我们的谚语。'因此,H. A. 聂历山的功绩不仅在于他发现和按古文献的价值给予评价将其内容的样品介绍给广大的科学界和读书界,而且在于他正确地描述了大部分唐古特格言的实质,指出它们的言语性质。"① 由此不难看出克氏一语道破将西夏作为中亚国家的历史观,是为苏联攫取长城以外中国领土张目。

对于克恰诺夫的观点实际上不需要特别的反驳,因为克恰诺夫研究西夏格言之时正值中苏交恶,那时苏联对华采取敌对政策,对中国西部觊觎之心昭然若揭,那时的学术研究不可能不打着时代的烙印。同时西方对于非汉族政权的历史有种种偏见,通常不把非汉族政权视作中国,这是克恰诺夫中亚观的一个重要来源。西夏不属于宋朝,但是不能说不是中国国家的组成部分,因为:一,当时庆历和议,西夏为国主,是宋朝的臣属地;二,西夏把自己看作唐朝华夏文化的继承者;三,西夏前后也是辽金的臣属国,辽祚帝封西夏为皇帝,辽金都与宋并称南北朝,都是唐朝华夏的合法继承者;四,元朝统一后,各修辽金宋三史,西夏都附于三史中。所以从历史归属上不能将西夏割裂出去。

从学术角度而言,克氏的论点也站不住脚。首先,克氏用唐古特指称西夏国人,本身就是有意识将西夏主体民族按照西方自蒙元之后的习惯称呼来划定西夏主体民族的属性。克恰诺夫不能仅从与后世中亚民族的相似性来证明其影响,更应当从当时西夏与吐鲁番以西的于阗、高昌、龟兹、黑汗及契丹的关系说起,何以越过这些国家和地区、民族,与没有多少交集的中亚民族挂钩?事实上西夏以西更西的中亚民族与西夏是怎样交流和影响,在克氏的论述中,付之阙如。而西夏历史的基本常识告诉人们,它的政治中心、经济文化重心,都在邻近宋朝金朝的东部。

---

① 〔俄〕克恰诺夫:《〈新集锦成对格言〉序论》,《论唐古特格言的性质和文艺特征问题》,译文载陈炳应译:《西夏谚语:新集锦成对谚语》,第129—144、145—196页。

其次,根据现今研究,格言诗是吐蕃、党项等羌系民族的特点,党项羌应该更多受吐蕃、藏族的影响。这一点克氏讲对了,但是在藏族谚语格言外并没有拿出与西夏相关的中亚其他地区的直接例证,只是泛泛而谈。再次,《新集锦成对格言》用的是西夏文,但唐古特不仅是党项人,用唐古特就扩大了格言谚语作家群的民族。最后,西夏的统治集团具有鲜卑血缘,他们早期草原的记忆比羌族更深刻,而集锦格言缺少农业经济生活活动——克氏感到很奇怪,这一点恰恰证明了这种血缘关系的存在,而克恰诺夫先生讲西夏统治者是鲜卑,讲格言又一律不顾及自己的论点,不免前后矛盾。至于克氏将西夏格言比附"我们"(俄罗斯)酷似,并不能说明什么问题,因为西夏兴亡之时,俄罗斯历史上的莫斯科大公国还没有成立,其后除了蒙古国把中国包括西夏、西藏文化带到俄罗斯,俄罗斯受中国文化影响之外,还能说明什么问题? 也就是说与俄罗斯没有任何实际关系。

第13章 西夏美术考古中的文化基因

一、西夏美术概观

  毋庸讳言,由于资料的匮乏,除了继续挖掘和深入研究西夏文和汉文文献之外,西夏的田野考古是考察西夏文明属性不可或缺的重要组成部分。从1908—1909年黑水城文献出土以来,西夏考古及研究经历了110多年的发展历程,但是比较有成就的考古发掘主要是集中在20世纪70年代以来的近50年。西夏考古不仅在很大程度上弥补了文献不足的缺憾,而且为西夏美术考古打开了一扇大大的天窗。1908—1909年黑水城文献文物出土,诸多西夏美术品随之问世,可谓是西夏美术考古的肇始,但是其后相当长时间,西夏美术考古陷于沉寂。直至20世纪60年代,敦煌石窟艺术研究重新认识了西夏石窟艺术的价值,由此开始的调查和确认,使得西夏美术考古开始进入学术的殿堂。1964年经过中国科学院民族研究所和敦煌文物研究所的联合考察,最后认定莫高窟、榆林窟有80多个西夏洞窟。这是西夏美术考古的第二个重要阶段。1970年代对银川附近的西夏陵的大规模考古,则是西夏美术考古的第三个重要阶段。除了西夏石窟艺术和西夏陵考古外,从20世纪50年代后期至90年代,国内西夏考古在内蒙古、甘肃、宁夏等地区逐步展开和深入,先后出土了数千件珍贵的西夏艺术品,包括金饰品、数千件瓷器及残片,以及许多珍贵的绢画、唐卡、泥塑、木雕。由此西夏美术考古也成为观察和了解西夏文明史不可或缺的重要组成部分。

西夏美术考古从20世纪60年代以来,取得了较大成绩,主要成就表现在三个方面。

一是对美术艺术品的汇集和清理。20世纪90年代刊布的《丝路上消失的王国:西夏黑水城的佛教艺术》和《俄藏黑水城文献》,以及21世纪以来国内陆续刊布的《中国藏西夏文献》,使得大量西夏艺术品公之于世。据统计,现在可见黑水城出土绘画470件,其中《俄藏黑水城艺术品》编号233件;《俄藏黑水城文献》版画编号132件;《英藏黑水城文献》版画残片82件;《中国藏黑水城汉文文献》1件(可辨认);《中国藏西夏文献》北京编1件;日本天理大学藏3件。此数量当然并非黑水城出土的全部,俄藏应有二十来件尚未公布。① 特别是由史金波任总主编的《西夏文物》,分"甘肃编"6册、"内蒙古编"4册、"宁夏编"12册、"石窟编"、"综合编"。每编下设遗址、金属器、陶瓷器、石刻石器、木漆器、造像绘画、织物、文献、建筑构件。

二是西夏文物研究。1985年宁夏人民出版社出版了陈炳应的《西夏文物研究》,重点对甘肃留存的石窟壁画、碑刻,墓葬

---

① 杨迪、邵军:《黑水城出土西夏汉式风格绘画的研究成果与前景展望》,《陕西师范大学学报(哲学社会科学版)》2020年第6期。

出土的木版画、金银器、瓷器等进行了较为系统的研究。1988年文物出版社出版史金波、白滨、吴峰云编著的《西夏文物》,以图录的形式介绍了西夏的建筑、绘画、金石、陶器等。1995年文物出版社出版雷润泽、于存海、何继英的《西夏佛塔》,收录宁夏贺兰县宏佛塔出土的唐卡、绢画、彩塑,拜寺口双塔出土的唐卡、彩绘绢画、彩绘影塑,一百零八塔出土的彩绘绢画、彩绘泥塑;等等。同年东方出版社出版许成、杜玉冰的《西夏陵:中国田野考古报告》,从考古发掘的角度对西夏陵出土的文物进行了系统整理。

三是西夏美术研究。俄国学者借占有资料的便利率先目睹了黑水城的西夏美术品,并做了初步研究。其中影响较大的有:1914年俄罗斯科学院院士C.奥登堡《黑水城佛教造像学资料:藏传风格图像学》(《俄国民族学资料》第2卷),1947年苏联科学院副博士C. M. 柯切托娃《黑水城艺术中的天界神灵》(《艾尔米塔什博物馆东方学部学刊》第4期)。景永时编《西夏语言与绘画研究》(宁夏人民出版社,2008年)收录苏俄萨玛秀克4篇和鲁多娃的1篇,共计5篇绘画论文。有关西夏藏传唐卡的研究,谢继胜对苏俄、欧洲学者的研究有专题介绍。[1]国内研究除了散见于报刊的数百篇论文外,西夏美术或艺术史研究的专著,主要有韩小忙、孙昌盛、陈悦新《西夏美术史》(文物出版社,2001年);谢继胜《西夏藏传绘画——黑水城出土的西夏唐卡研究》(河北教育出版社,2002年);汤晓芳主编《西夏艺术》(宁夏人民出版社,2003年);陈育宁、汤晓芳《西夏艺术史》(上海三联书店,2010年)。

---

[1] 谢继胜:《黑水城出土唐卡研究述略》,《民族研究》2002年第1期。

西夏美术考古起步虽然较晚,但通过100多年的努力,西夏美术门类也初具规模,大致有:一、书法;二、官印篆刻;三、绘画:1.岩画,2.佛教壁画(石刻壁画、墓室壁画、寺观壁画、装饰图案、壁画装),3.佛经木刻版画,4.木板彩画,5.纸、麻布、绢、织锦画;四、雕塑:1.泥塑,2.彩塑,3.雕刻(石雕、木雕、竹雕);五、建筑:1.民居与城市建筑,2.佛教建筑(石窟、佛塔、佛寺),3.陵墓建筑;六、工艺美术:1.服饰,2.纺织与刺绣工艺,3.陶瓷工艺,4.金属工艺,5.木器(家具、生活用具、宗教器具),6.印刷,7.书籍装帧。

尽管西夏美术门类已初具规模,但是由于各类美术作品的数量不尽相同,其相应的研究层次也深浅多寡不一。比如都城遗址是考古的重要内容,也是展现西夏文明的重要方面,但是毋庸讳言,学界对西夏都城兴庆府的研究,多是从清人编纂的西夏史料和明清方志等历史文献入手,而"真正从考古学角度对兴庆府形制布局和内部结构进行复原与探讨的成果少而又少(除汪一鸣、许成等几篇论文外)"。①窑址与窖藏多以西夏瓷器和钱币为主,属于工艺美术,"就瓷器工艺的方面而言,西夏瓷与宋、辽、金瓷器无论是釉色、胎质,还是烧制水平、技法等均有一定差距",②且更为社会经济史所关注。钱币亦大体如此。又如西夏书法,多是仿照汉字的书写特点,分别创造出楷、行、草、篆、隶等不同书体,但从艺术水准来讲,没有特殊贡献。西夏官印,据统计,接近150方,但其形制仿照唐代风格,千篇一律。西夏的寺观壁画、墓室壁画发现较少,文人画就更少了。而西夏的

---

① 杨蕤、周禹:《三十年来西夏考古研究述评》,《西夏研究》2014年第2期。
② 韩小忙、孙昌盛、陈悦新:《西夏美术史》,第357页。

工艺美术主要是20世纪初以来考古发掘所获得的实物资料,借助零星记载的文献资料,尤其是西夏文辞书中出现的器物名称及文字结构所提供的器物信息进行研究,其中许多内容在前面几章中都或多或少已经涉猎,就不再作专门的论述,至于服饰,本章石窟艺术会有涉及。

这些内容固然重要,但是限于篇幅不能一一叙述,本章选择在规模、等级上能突出反映西夏文明的西夏陵、西夏石窟艺术、西夏唐卡对其属性进行分析和叙述。

在进入正文之前,还有一点需要说明,就西夏美术的艺术风格、特点和技法而言,学界已有较多讨论,而且许多方面达成共识,笔者对于美术史和艺术史都没有专门训练和研究,故以下只是根据学界讨论,从影响西夏美术的四个方面,即美术品艺术的渊源有自,模仿继承中原传统文化艺术(华夏文化)的主要特质,藏传佛教及文化对西夏艺术影响的占比,来自中亚美术的元素,西夏国内民族风格的表现等,对西夏美术考古的文化基因做一些宏观的蠡测。

二、渊源有自的西夏美术

所谓渊源有自,是指在拓跋氏党项羌建国之前,其美术形态和风格就已存在,这以西夏石窟艺术最有代表性。

西夏故地在西夏建国前分布着自十六国始创以来,经北朝、隋唐、五代、宋初陆续开凿重修的众多石窟,主要集中分布在甘肃敦煌莫高窟、西千佛洞,安西榆林窟、东千佛洞、旱峡石窟,以及肃南文殊山石窟、金塔寺石窟,民乐童子寺石窟,玉门昌马石窟,武威天梯山石窟,肃北五个庙石窟;内蒙古鄂托克旗阿尔寨石窟;宁夏贺兰山山嘴沟石窟,等等。除极少数石窟是西夏时新开凿的以外,绝大部分都是继承前代而来,亦即利用前人开凿的石窟经兴建、重修、装绘而成。其中以敦煌莫高窟和安西榆林窟的西夏石窟数量最多,规模最大,保存最系统完整。但是在20世纪60年代以前,可以确定为西夏时代的洞窟很少,"过去把统治敦煌近二百年的西夏,几乎从石窟里一笔勾销,把大量的西夏洞窟划进了宋、元时代"。[①]在莫高窟和榆林窟各占四窟。这主要是因为,处于同一时代的宋和西夏,在洞窟壁画艺术上总体以模仿为主,创新不多,题材贫乏,千篇一律,艺术感染力都不太突出,宋初曹氏窟和西夏窟往往混淆不清。

基于上述原因,1964年秋,由敦煌文物研究所和中国科学院民族研究所共同组成了敦煌西夏资料工作组,对敦煌莫高窟、安西榆林窟的洞窟时代、分期、壁画艺术和西夏文题记等方面,作了一次专题考察,初步确定西夏时代的洞窟70余座,其中大部分是过去认为属于宋代的洞窟。[②]其后据文物工作者在西夏故地的调查,在内蒙古的鄂托克旗阿尔寨石窟,在甘肃的武威天梯山石窟、肃南马蹄寺石窟和文殊山石窟、玉门昌马石窟、肃北五个庙石窟,等等,都有一定数量西夏时期开凿或重修的石窟。1982年,刘玉权《敦煌莫高窟、安西榆林窟西夏洞窟分期》首次对敦煌石窟中的西夏石窟进行了分期,认为莫高窟有77个西夏

---

① 段文杰:《晚期的莫高窟艺术》,《敦煌研究》1985年第3期。
② 白滨、史金波:《莫高窟、榆林窟西夏资料概述》,《敦煌学辑刊》第一集,1980年,第65—70页。

石窟,榆林窟有11个西夏石窟。①西夏石窟是具有浓郁的民族和地方特色的艺术遗产。②近期沙武田注意到敦煌地区世家大族的衰败与集体式营建功德的可能性,亦即西夏建立之前以世家大族营建敦煌石窟为主,向西夏时期以党项人集体营建石窟为主的模式转变,使得西夏时期的洞窟营建与之前各时期表现出完全不一样的时代特征。在榆林窟和东千佛洞,则表现出以统治者党项人为主的营建功德行为,是他们努力在瓜州地界对西夏时期包括汉地传统佛教、藏传密教、外来回鹘宗教等经典与信仰融合的努力。同时又以开拓创新的精神,大胆引入同时期来自中原宋、回鹘、辽等的艺术表达手法,以使得西夏的佛教图像跳出莫高窟受曹氏归义军和沙州回鹘艺术的单纯影响,而形成更加富于时代创新精神的佛教艺术,让我们感受到西夏时期洞窟营建独特的一面。③

1.西夏石窟的形制和塑像

从石窟的形制看,西夏石窟基本延续了莫高窟的洞窟形制,多为前代旧式,很少有西夏时代特点。西夏的洞窟布局亦承袭北宋格式,龛内置塑像,全顶华盖;南北壁为说法图、净土变;龛侧多为佛、菩萨。内容越来越贫乏。但是有一些洞窟,西夏改造或重修得比较彻底。如第263、246窟均为北魏窟,原平面呈长方形,前部有人字披窟顶,后有中心柱。第263窟中心柱被改为中心龛,第246窟则保持四面龛,但塑像和壁画则全部属于西

---

① 凌明、李世愉:《党项羌(西夏)的美术》,《新美术》1993年第4期。敦煌文物研究所:《敦煌研究文集》,甘肃人民出版社,1982年。
② 牛达生:《西夏石窟》,《西夏遗迹》,第223页。
③ 沙武田:《敦煌西夏石窟营建史构建》,《西夏研究》2018年第1期。

夏时代作品,俨然一个完全的西夏窟。有的石窟,紧贴石窟前壁还修建了殿堂式的木构建筑,称为"窟前殿堂建筑"。这就形成了部分石窟多代作品共存的局面。如第328窟,开凿于初唐,五代、西夏重修。窟中西壁为西夏画说法图、净土变。在晚唐五代宋初曹氏主室正壁开龛和中心设方形佛坛的殿堂窟的基础上,西夏殿堂窟出现了多层圆形佛坛的形式,如莫高窟第465窟、榆林窟第3窟等。

值得注意的是,东千佛洞共有9窟,其中西夏4窟,元代以后5窟。西夏4窟编号为第2、4、5、7窟,皆为甬道式中心柱窟,这种窟形,与莫高窟直接窟顶、四面出龛的中心柱窟不同,而是新疆龟兹式窟形,即将中心柱置于窟室后部,并有可以沿柱右旋的甬道。中心柱后面往往有涅槃像,前面为覆斗顶或穹隆顶的殿堂空间,这种窟形在河西地区并不多见。西夏时期东千佛洞再现龟兹样式的窟形,是一个值得注意的现象。

晚唐以来石窟彩塑存留很少,仅存五代第261、宋代第55、西夏第246数窟彩塑。西夏石窟彩塑,塑像题材与风格承唐代之余绪,但已缺乏唐塑之神韵。20世纪60年代新发现的西夏第491窟塑供养天女,都是新题材。天女额广颐窄,相貌朴实;头垂双鬟,穿大袖襦,长裙蔽膝,两侧有流,行走时随风飘动。这是中原贵族妇女的礼服。造像风格亦如宋代。此外残存者有佛、弟子、菩萨、力士等,并有释迦、多宝并坐说法像。因受唐、宋艺风影响甚深,莫高窟的西夏塑像制作,总体上说,缺少创新,但较好的造像面貌丰润,衣纹流畅,犹有唐宋遗风。①

---

① 段文杰:《晚期的莫高窟艺术》,《敦煌研究》1985年第3期。参见牛达生:《西夏石窟》,《西夏遗迹》,第227页。

2.西夏石窟壁画

壁画内容很多,常见的有佛本生故事、佛传、尊像(曼荼罗)、经变、供养人像和装饰图案等。著名敦煌学家段文杰将西夏壁画分为尊像画、经变画、供养人画像和装饰图案四类。

西夏尊像画。可分为两大类。一类是显教尊像,如药师佛、大型供养菩萨行列、十六罗汉图;另一类为藏密尊像。莫高窟第465窟为萨迦派密教艺术,内容有以大日如来为中心的五方佛,有双身像,即"欢喜天"、"欢喜金刚"。

西夏经变画。与五代宋初曹氏洞窟仍以大幅经变为主、洞窟规模扩大、入画增多超越前代相比,西夏时代,莫高窟经变品种越来越少,仅有《西方净土变》《药师变》等二三种。有的题材已绝迹,画面更趋格式化。人物均等距离排列,身量大小、姿态角度几乎同一格式,既无楼阁栏楯,亦无音乐舞蹈,除了佛的坐式、手印的特点、化生童子的出现等特征外,经变内容更趋贫乏空洞,人物神情呆板,千篇一律,色彩单调贫乏,线条柔弱无力,缺乏艺术生命力。几乎无法识别是何经变。这说明大乘教思想已逐步转向密教,显教经变日益衰落。

榆林窟的西夏经变画远较敦煌丰富。比如第3窟壁画,除敦煌所见的《西方阿弥陀净土变》《药师经变》外,还有《文殊变》、《普贤变》《天请问经变》《弥勒变》《法华变》《维摩变》《观无量寿经变》《降魔变》等。在表现形式上,与敦煌"简单化及程序化"倾向相比也有明显变化,有的则场面宏大,着重意境创造。

西夏壁画后期在进一步汉化基础上,产生了兼有中原风格和党项民族特征的人物造型。受中原两宋画风之影响,有的主要表现法会场面,着重人物刻画;人物造型、山石云气、线描赋色、结构布局、意境神韵都是西夏时期绘画的代表作。这些壁画都有很高的艺术水平。与此同时受藏传密教艺术的影响,曼陀罗、五方佛、明王、金刚等藏传佛教题材增多,出现藏密绘画艺术的新因素、新技法。

西夏石窟供养人画像。五代、宋初曹氏洞窟供养人画像较前代的数量增加较多,形象更为高大。曹氏归义军政权一门五代及其姻亲、显官、属史,还有与曹氏联姻的于阗国王、王后,甘州回鹘公主,均与入壁。至西夏时期,出现了党项羌、回鹘族供养人像,有国师、贵族、官员,体格魁梧,身材高大,身着不同民族的服饰。第409窟的回鹘王及其侍从就是一幅别具风格的肖像画。人物直鼻竖眼,面相丰圆,王者戴云龙纹白毡高帽,穿团龙袍,长黝毡靴,腰束革带,悬鞊鞢七事。身后有仆人张伞。武士背圆盾,持弓箭、铁爪篱等武器。女像头饰博鬓冠,穿翻领窄袖红袍,与吐鲁番回鹘高昌时代柏孜克里克石窟壁画中的回鹘供养人造型风格几乎完全相同。

西夏装饰图案。是在宋初曹氏画院图案的基础上发展起来的,具有比较明显的时代特点。西夏时代装饰图案是把洞窟建筑、彩塑和壁画连接在一起的纽带。在衬托出作为石窟主体的塑像和壁画的同时,也独立存在,成为佛教艺术的一个重要组成部分。其中最具特色的有龙凤图案、法器图案、曼荼罗图案。西夏时期是在莫高窟、榆林窟绘制龙凤藻井最多的王朝。龙和凤是中原传统的吉祥物,也是绘画题材。[①]

---

① 段文杰:《晚期的莫高窟艺术》,《敦煌研究》1985年第3期。段文杰:《榆林窟党项蒙古政权时期的壁画艺术》,《敦煌研究》1989年第4期。参见陈育宁、汤晓芳:《西夏艺术史》,第65—67页。

3.众家论西夏石窟的艺术特色

段文杰先生总结莫高窟晚期艺术说："西夏政权延续近二百年,石窟艺术的内容和形式风格变化比较明显,大体可分为三期:初期继承曹氏画院规范,内容则更为贫乏,形式全面装饰化,艺术生命日益枯萎;中期受到回鹘高昌壁画的影响,出现直鼻眉眼上斜的人物造型;晚期,在西夏进一步汉化的基础上出现富于中原风格又具有党项民族特征的造型,艺术上有了一些新的发展。……西夏元代壁画的人物造型,早期继承曹氏画院型汉式方脸;中期高昌型,条脸高鼻竖眼;晚期党项型,条脸、小嘴、细眼……塑造形象的线描也有所发展。早期继承曹氏画院的兰叶描,中期接过了中原的折芦描,挺拔有力,圭角毕露。折芦线描始于梁楷、李公麟,西夏又有所发展,线条挺拔坚硬,大约与西夏人用黄羊毛制笔有关……西夏壁画的色彩极为贫乏,色种少、质地差、褪变快。只有涂地的石绿,耐久不变,因而以石绿为主的清凉色调,便成了西夏壁画突出的时代特征。"①

韩小忙等人从西夏美术发展史的角度总结西夏壁画的艺术特色时说："敦煌莫高窟、安西榆林窟保存的西夏壁画最多,且最具特点。明显地可以看出,西夏早期的前半段,壁画在题材、布局、人物形象、衣冠服饰、绘画技法等方面都是直接模仿北宋壁画的影响,其画风可与归义军时期(公元851—1036年)相衔接,具有严谨和写实的风格,但构图上往往公式化、体裁化比较单调,经变故事趋于简略,千佛图案较多,供养菩萨雁列成行。早期的后半段,在学习宋代艺术成就和吸收回鹘壁画风格的同

---

① 段文杰:《晚期的莫高窟艺术》,《敦煌研究》1985年第3期。

时,逐渐形成了本民族的特点,发展成为具有西夏民族风格和特点的壁画艺术。其明显的特点是人物形象逐渐接近党项族的面部和体质特点,衣冠服饰也发生了较大的变化,西夏所流行的服饰突出地占据了壁画。到了晚期,壁画所反映的民族风格和民族特点进一步发展并臻于成熟。藏传佛教的影响进入洞窟,藏式佛画开始流行,密宗的本尊大日如来和观音为坛主的壁画也出现了,壁画供养人物已是典型的党项人装饰了。"①

陈育宁、汤晓芳认为:"西夏壁画分布广、数量较多,作品受到中原、西藏、西域、印度等各种绘画风格的影响,主要吸收中原传统风格和西藏传统风格。在中原传统的壁画中更多地继承了唐代绘画传统,吸收宋代佛画中人物世俗化的倾向,脸部刻画细腻,衣着装饰繁多,色彩淡雅。在大型经变画中菩萨的形象如同世俗宫廷雍容华贵,更引人注目。山水画渗入大型经变画,山水和人物相结合,使佛画俗化,也是西夏佛教壁画艺术繁荣和兴盛的标志。"②

4.西夏石窟壁画的艺术贡献

刘玉权从敦煌石窟壁画艺术发展史的角度总结了西夏对敦煌艺术的八个特殊贡献。

独一无二的纹样。西夏时期莫高窟第400窟的窟顶中心藻井纹样创造了一个奇迹形象:两条相互追逐盘旋的龙形怪兽,其造型均为凤首而龙身,姑且称其为"凤首龙",无论是凤首还是龙身,都为当时流行的典型形象。这种单体造型的龙凤复合式

---

① 韩小忙、孙昌盛、陈悦新:《西夏美术史》,第374页。
② 陈育宁、汤晓芳:《西夏艺术史》,第83页。

图像,在整个敦煌艺术中为首次出现,前无古人后无来者。

新鲜独特的藻井图案。榆林窟第3窟藻井图案,以藏传佛教艺术风格的金刚界曼荼罗为中心纹样,外周依次为古钱纹、回纹、卷草纹、千佛纹、莲瓣纹、联珠纹、六出龟背纹、神禽瑞兽卷草纹及垂幔纹等花边,组成别具一格的藻井图案。将汉族传统纹样及表现形式同藏传佛教题材及艺术风格熔为一炉,最终构成具有西夏时代特征的新颖独特艺术。这种艺术模式在其后的元代乃至明清佛教艺术中,产生了较为深远的影响。

最早的连环画书籍。敦煌研究院收藏的西夏文出土本《妙法莲华经·观世音菩萨普门品》,为乾顺时期译制刊印的一部佛经。计西夏文256行,2324字。扉页有占两个页面的《水月观音图》,经文内容系表现善财童子五十三参的五十三段文字,每段文字上面配一幅注释经文内容的图,文图均为木刻雕版印刷。这是中国现存时代最为古老的连环画书籍。据有关专家考证研究,它是中国连环画书籍的最早模式。

对建筑界画的新贡献。西夏晚期,建筑界画出现复兴之势。画幅之规模,结构之谨严、线描之规范、风格之细腻,都超越五代宋,而可与隋唐媲美。榆林窟第3窟南北二壁中央大型《净土经变》与西壁窟门两侧《文殊经变》《普贤经变》中之建筑界画以及文殊山石窟西夏建筑界画等,同为西夏时期建筑界画的代表作品。①

最早的唐僧取经图。榆林窟还有三处壁画是唐僧取经图,这三处壁画即第29窟东壁北端观音像下、第2窟西壁北端水月

---

① 刘玉权:《西夏对敦煌艺术的特殊贡献》,《国家图书馆学刊》2002年增刊《西夏研究专号》。

观音像北下角、第3窟西壁南端普贤像南。三处唐僧取经图有个共同的特点,就是只画唐僧、孙行者和白马,没有猪八戒和沙和尚。

唐僧取经的故事,系由唐贞观年间玄奘到印度取经的史实演变而来。以玄奘取经故事为题材的壁画,在记载中最早见于欧阳修《于役志》所记述的五代扬州寿宁寺壁画,可惜这一壁画原物早毁,只留下欧阳修的记载。现存唐僧取经图的壁画,当以榆林窟西夏3窟所见为最古了。①

别具一格的《千手经变》。《千手经变》早在唐初即由印度传入中国,是一种宣扬观世音菩萨无上"功德"的密教图像。在敦煌石窟的莫高窟、西千佛洞、榆林窟、五个庙等石窟寺中的50余个洞窟中,留存有约56铺由盛唐至元朝的《千手经变》图像。若论规模之最宏伟壮观、内容之最繁复庞杂、历史文物价值最高、格式之最有创新精神,唯推西夏时期榆林窟第3窟东壁南侧的《五十一面千手千眼观音变》。与其他《千手经变》相比,最大特点在于千手中显现了众多的法物、法器,并在构图上采用左右对称的形式展现出来。这些法物法器,虽然具有浓烈的宗教色彩,但实际上都是包括宗教用品在内的现实生活用品,以及现实生活的事物。其中生产用具有斧、锯、铲、耙、双桅船、曲尺、墨斗、斗斛等,生活用具有铁剪、提壶、印盒、铜镜、竹篓、药钵、玉环等,兵器有弓、箭、刀、矛、盾牌、宝剑、斧钺、铁钩、三叉戟、长柄戟等,乐器有筚篥、排箫、琵琶、笙、横笛、筝、铜钹、铜铎、拍

---

① 刘玉权:《西夏对敦煌艺术的特殊贡献》,《国家图书馆学刊》2002年增刊《西夏研究专号》。详见王静如:《敦煌莫高窟和安西榆林窟中的西夏壁画》,《文物》1980年第9期,第51—57页。

板、阮咸、胡琴、方响、手鼓、鸡娄鼓、腰鼓、鼗鼓（即拨浪鼓）等，动物有鸡、鸭、狐、兔、大象、卧牛、耕牛、海龙、麒麟等，植物有芭蕉、葡萄、棉花、荷叶、瓜果、香花、杨柳枝、菩提树、各色莲花等，佛教用品有施无畏手、化佛、华盖、幡、拂尘、旌旗、大钟、金刚杵、金刚轮、七宝盆、骷髅杖、锡杖、海螺、珍珠、珊瑚、摩尼宝珠、如意宝珠、舍利盒、贝叶经、数珠、须弥座、袈裟等，建筑有佛塔、庙宇、宫殿、楼阁。此外，更令人感兴趣的，还有反映生产和娱乐的场面，如牛耕图、冶铁图、踏碓图、酿酒图、商旅图、百戏图等。这些经变画无所不包，展示了庞杂的西夏社会生活、物质文化状况，在敦煌艺术中既是前无古人，又是后无来者的伟大作品。①

　　除了以上六点贡献外，刘玉权先生认为西夏对敦煌艺术的特殊贡献还有两个方面：一是对线描艺术的贡献，一是对水墨山水画之贡献。"西夏在学习继承两宋（特别是南宋）以马远、夏珪等为代表的绘画新成就、探索综合运用多种线描技法，创作简约经制的白描人物画方面，充当了'奠基'角色，起到了承上启下的'桥梁'作用。""创造性地继承和发展了两宋（特别是南宋）以李唐、马远、夏珪为代表的传统，开启敦煌白描淡彩画之先河。""创造性地继承和发展了两宋绘画风格与传统，开启水墨淡彩山水画之先河。"最为典型的代表仍是前已提及的榆林窟第3窟《文殊经变》和《普贤经变》，并由此"将敦煌罕有的水墨山水画的水准推到了顶峰"。

　　刘玉权先生的观点为西夏绘画史研究者津津乐道，但是对

<hr>

① 刘玉权：《西夏对敦煌艺术的特殊贡献》，《国家图书馆学刊》2002年增刊《西夏研究专号》。详见段文杰：《榆林窟党项蒙古政权时期的壁画艺术》，《敦煌研究》1989年第4期；牛达生：《西夏遗迹》，第241页。

于南宋中后期的绘画风格如何传入西夏没有任何交代,因为南宋中后期正值西夏晚期,西夏佛教艺术重点转向模仿和传承藏传佛教艺术,与此同时南宋与西夏境土不再直接接壤,双方是怎样越过金朝的陕西路和西夏沿边监军司,似没有可信的资料印证。南宋与西夏关系的史料与北宋西夏关系史料是不可同日而语的,目前从汉文资料和西夏文资料都不能考察双方的文化交流,所以榆林窟第3窟的画风断限有待重新讨论。

三、西夏美术的模仿和文化传承

本节选择在规模、等级上能突出反映西夏文明的西夏陵和西夏石窟艺术对西夏文明的属性进行分析和叙述。有关西夏陵的文献记载始见于《宋史》夏国传。1038年,元昊建立西夏,追谥祖父李继迁为神武皇帝,庙号太祖,墓号裕陵;追谥父亲李德明为光圣皇帝,庙号太宗,墓号嘉陵。其后西夏共历10帝,其中:元昊谥曰武烈皇帝,庙号景宗,墓号泰陵;谅祚谥曰昭英皇帝,庙号毅宗,墓号安陵;[①]秉常谥曰康靖皇帝,庙号惠宗,墓号献陵;乾顺谥曰圣文皇帝,庙号崇宗,墓号显陵;仁孝谥曰圣德皇帝,庙号仁宗,陵号寿陵;纯祐谥曰昭简皇帝,庙号桓宗,陵号庄陵;安全谥曰敬穆皇帝,庙号襄宗,陵号康陵。西夏末期,神宗遵顼、献宗德旺和南平王李睍三代没有陵号,因他们皆死于西夏灭亡的前两年(1226—1227),"未及造陵"。[②]

---

① 《宋史》卷四八五《外国一·夏国上》。
② 牛达生:《西夏陵园》,《考古与文物》1982年第6期。

1.西夏陵布局研究取得的新进展

西夏陵的考古发掘起步很晚,20世纪70年代才逐步开始。① 西夏陵"地处贺兰山东麓中段的山前洪积扇地带,东距银川市(城区)35公里,总面积近50平方公里。就目前勘查情况而言,陵区内分布有9座帝陵、260余座陪葬墓、1处建筑遗址和若干处窑址。陵区自南而北分为4个自然区域"。② 现今对9座帝陵墓主,根据出土一通碑的碑额铭文"大白高国,护城圣德。至懿皇帝,寿陵志文",只能确认七号陵墓主是西夏仁宗仁孝之寿陵。根据1990年对陵区陵墓编号:一号、二号、三号、五号、七号和九号是"平原起冢",四号、六号和八号则"依山起冢"。但是由于文献阙载,加之西夏王陵损毁严重,在田野考古中难以发现有关西夏陵墓主的有用信息,以致学界对西夏陵墓主问题尚无统一的认识和看法。截至2014年,根据西夏陵新出土资料,对西夏陵墓主进行了重新推测,见附表。③

① 发掘报告主要有:钟侃、李志清、李范文:《西夏八号陵发掘简报》,《文物》1978年第8期。宁夏博物馆:《西夏陵区108号墓发掘简报》,《考古与文物》1983年第5期。宁夏文物考古研究所:《西夏陵园北端建筑遗址发掘简报》,《文物》1988年第9期。宁夏文物考古研究所:《银川西夏陵区三号陵园东碑亭遗址发掘简报》,《考古与文物》1993年第2期。许成、杜玉冰:《西夏陵》,东方出版社,1995年。宁夏回族自治区文物考古研究所、银川市西夏陵区管理处:《宁夏银川市西夏3号陵园遗址发掘简报》,《考古》2002年第8期。《西夏六号陵》,科学出版社,2013年。
② 《宁夏银川市西夏3号陵园遗址发掘简报》,《考古》2002年第8期。
③ 杨蕤、周禹:《三十年来西夏考古研究述评》,《西夏研究》2014年第2期。

关于西夏陵墓主的几种认定

排列法 序号	一 号陵	二 号陵	三 号陵	四 号陵	五 号陵	六 号陵	七 号陵	八 号陵	九 号陵
杜玉冰 等	裕陵	嘉陵	泰陵	安陵	献陵	显陵	寿陵	庄陵	康陵
吴峰云 等	裕陵	嘉陵	泰陵	康陵	安陵	神宗	寿陵	献宗	庄陵
孙昌盛	康陵	庄陵	泰陵	裕陵	献陵	嘉陵	寿陵	安陵	显陵

西夏陵区的九座帝陵,每座都由月城和陵城相连组成,平面呈"凸"字形。陵园内单体建筑的角台、阙台、碑亭、献殿、陵塔以及附属于陵城门的门阙和角阙的平面分布基本相似,形成西夏陵园群体建筑的基本格局。据考古调查,"在陵园形制上,西夏陵仿北宋皇陵,在陵园总体布局上大同小异,小异之处又显现出西夏陵的特色。如在营建陵墓的主要部分上宫、陵城上,两者都是以墓为中心,四周围筑墙,墙四面各开一门,正门与墓之间置献殿,是正式举行奉祭的重要地方"。西夏三号陵与北宋皇陵,在陵园建筑总体布局上,都强调南北中轴主线,左右对称均衡。西夏三号陵,从陵园前端的阙台起至陵城北门,在这条南北中轴线左右,依次为阙台、碑亭、石像生、门、门阙和角阙。这组群体建筑,左右对称,布局精确,序列严密。在中轴主线上,建有等级高而尊贵的月城门、南门、献殿、陵墓和陵塔,层层递进,并突出主体建筑从低到高的献殿、陵墓和陵塔,使整座陵城格局和谐、气氛庄严。①

西夏陵的选址和布局继承和发展了中国古代陵寝制度:"西夏王陵位于贺兰山东麓,9座帝陵和273座陪葬墓散布于50

---

① 宁夏文物考古研究所、银川西夏陵区管理处:《西夏三号陵——地面遗迹发掘报告》,科学出版社,2007年,第322—323页。

平方千米的陵区范围内。……与其他朝代帝陵不同,西夏陵园内有两条轴线:一为主轴线,贯穿整个陵园,陵城、月城、神道、鹊台、碑亭、石像生等大部分建筑都遵此轴对称布置;另一条为陵城内的副轴,由献殿、墓道、墓室、陵塔连线而成,比中轴线偏西。"通过定位"四步法"——同类文化溯源、实地勘察假设、原初环境考证、地理信息验证——可以阐释西夏王陵的空间设计:"西夏王陵在选址、规划布局中,遵从了中国传统的山川定位的营建传统,从超大尺度上择贺兰山东侧高亢之地为陵区;通过宏观尺度上的玄武定位,以陵园主轴遥指贺兰山主脉主峰、副轴近指支脉主峰,确定陵园的基本朝向;以谒陵路线上的驻足点为视点,通过调整平面和竖向视角控制距离来确定陵园的具体定位;在陵园设计尺度上以'陵制与山水相称'为基本原则,各陵园因地制宜,根据周围山体围合度和地面坡度确定陵城长宽比。因此在统一的陵园形制下,不同地势条件造就了每个陵园统一中有变化的布局特点。"①

　　虽然西夏都城、宫殿、官署等官式建筑现今基本荡然无存,但是对西夏王陵进行的多次考古调查与发掘,出土了一批可观的建筑及其装饰构件,与成书于宋哲宗时期,集古代建筑等级、技术、形式、规格等规范之大成的《营造法式》有密切的关联,"西夏王陵出土的大批建筑材料及其装饰构件,如鸱吻、套兽、垂兽、石础、石柱、方砖、瓦当、滴水、屋脊饰件等,大都属于《营造法式》中所明确的中国传统木构架建筑体系中官式高等级殿堂

---

① 张瑶、刘庭风:《"四步法"释读西夏王陵遗址空间格局》,《中国文化遗产》2021年第6期。参见杨宽:《中国古代陵寝制度史研究》中编"二十 西夏陵园的布局",上海人民出版社,2016年,第166—168页。

建筑的构件"。而且从继承中原木结构建筑的技术程序及伦理传统来看,西夏王陵出土的建筑构件,在"陵区建筑群中的单体殿宇建筑是传承中国传统木构架建筑'大屋顶'形制而营造的,其遗留的建筑构件大多是台基和屋顶的装饰件。这些构件不仅是中国传统建筑中最富艺术表现力的部分,也是官式建筑在结构和营造技术手法上的具体,与宋《营造法式》所总结的殿堂式建筑的营造技术与规范相一致"。值得注意的是,西夏重要法典《天盛律令》对西夏建筑伦理也作出了与中原王朝相一致的规定:"诸人为屋舍装饰时,不许用金饰。若违律用金饰时,依前述做金枪、剑、辔鞍等罪状告赏法判断,所装饰当毁掉。""佛殿、星宫、神庙、内宫等以外,官民屋舍上除□花外,不允装饰大朱,大青,大绿。旧有亦当毁掉。若违律,新装饰,不毁旧有时,当罚五缗钱,给举告者,将所饰做毁掉。"[1]说明西夏统治者基本接受了唐宋传统的建筑伦理及其建筑技术规范,"用尊卑差别和严格的等级突出了宫室陵寝皇家建筑的独尊和佛教庙宇的崇高地位。西夏官式建筑所表现的文化内涵,拉近了与中原的距离,促进了民族间的文化交流,同时也有利于维护封建统治"。[2]

2. 西夏陵园不仿巩县宋陵

明《万历宁夏志》卷上陵墓条记载:"贺兰山之东,数冢巍然。传以为西夏僭窃时,所谓嘉陵、裕陵者,其制度、规模,仿巩县宋陵而作。"但是在考古发掘时,调查者发现西夏陵在陵园形

---

①《天盛律令》卷七《敕禁门》,第282—283页。
② 陈育宁、汤晓芳:《西夏官式建筑的文化特点——西夏王陵出土建筑构件之分析》,《西北民族研究》2006年第1期。

制上与北宋皇陵是有小异的:"不同点是北宋皇陵墓穴,位于上宫城的中心,并于墓上起'方上',作两层或三层的陵台,突出了陵墓的主题;在建筑平面上,方整的上宫城,突出了纵横轴线的十字交叉,在纵轴中线上从南端的南门起,向北有献殿、陵台和北门,横轴线上有东门、陵台、西门;上宫平面方正,体形对称均衡,体现出上宫布局的'中正无邪'的主题思想,显现出上宫的尊严效果。"①20世纪研究西夏陵者,几乎均持此说。近十多年来有多位学者对此提出了异议,以为西夏陵"仿巩县宋陵而作",是从大的布局方面而言。西夏陵"仿巩县宋陵而作",反映了唐、宋陵寝制度对西夏的影响,但是,如果将西夏与唐、宋陵园作详细比较,会发现西夏陵有许多创新和独到之处。

西夏陵陵园形制布局与北宋帝陵最大的差别,是出现了北宋帝陵所无的双碑亭和月城,并将石像生置于月城内两侧。双碑亭和月城的出现,是西夏陵陵园形制布局最突出的重要特点之一。就这个较宋陵的巨大变化来看,很难断言西夏陵陵园形制布局均仿宋陵。"其实北宋帝陵陵园形制布局是在唐陵基础上演变而来的。因此,西夏陵与宋陵在陵园形制布局上相同或近似之处,归根结底还是与唐陵的关系问题。""宋陵陵寝制度大体继承唐陵制度。"西夏陵选址依山而建,同唐陵而不同于宋陵,陵园的形制也主要源于唐陵,这种差异,主要表现在:西夏陵的外城,阙台、双碑亭、月城与石像生,陵城神墙、神门、门阙、角阙和献殿等。

西夏陵和宋陵相比,还有许多不同的特点。诸如平面布局,宋陵都是单城方形,西夏陵则多为双城长方形。宋陵建筑中

---

① 宁夏文物考古研究所、银川西夏陵区管理处:《西夏三号陵——地面遗迹发掘报告》,第322页。

有乳台、下宫,而无碑亭、角台;西夏陵则无乳台、下宫,而有碑亭、角台。宋陵石碑立于南神门前,无建筑围护;西夏陵则在神道两侧显著位置构筑碑亭。宋陵的石像生置于鹊台和神门之间的神道两侧,排列得较长;西夏陵则在月城内神道两侧,缩短了陵园的前后距离,显得更为紧凑、严谨。其中最主要的是陵台,它不在神城中心,而是偏离中轴线,雄踞于陵园西北方;其形制也不是方形,而是一个实心的、多级(五至九层)的八角形密檐式塔,复原起来,有点像侗族的增冲鼓楼,十分壮观,是西夏陵最具特色的建筑。① 此外,很多地面建筑(碑亭、外城、角台、禅院等)为唐、宋陵园所没有。西夏陵园里最重要的建筑陵台是塔形,与北宋覆斗式陵台完全不一样,也不像唐陵依山或积土为陵。墓道之上建有鱼脊形封土,而中原地区的墓道皆隐而不现。西夏陵的左右对称并不是布局重点,有很多地方反而显示出明显的不对称。陵台、墓道、献殿这些重要建筑都在中轴线以西,中轴线以东则没有与之对应的建筑。有的皇陵有三个碑亭:两个对称,一个单独。西夏陵的建筑材料很特殊,也很豪华。其大量使用的琉璃制品和瓦制品在唐、宋陵都很少发现。目前能见到的唐代琉璃建筑构件只有绿色,而西夏陵所见的色彩有绿、褐、黄和黄绿四种之多。埋葬习俗上,随葬完整的羊、狗以及铜牛、石马等大量家畜家禽的骨架或仿制品,反映了党项族原来以畜牧为主的社会经济背景。②

---

① 牛达生:《西夏遗迹》,第85—86页。
② 详见韩小忙:《西夏陵在中国古代陵寝制度发展史上的地位》,《宁夏社会科学》1993年第6期。张雯:《西夏陵其制度不"仿巩县宋陵而作"》,《西夏学》第7辑,2011年。孟凡人:《西夏陵陵园形制布局研究》,《故宫学刊》2012年第1期,第55—95页。牛达生:《西夏遗迹》,第85—86页。

西夏陵不是模仿宋陵而建造出来的。西夏陵所受到的影响主要来自唐代及中国传统陵园制度。西夏统治者在建国时有两个重要的目标。第一个就是进行皇权正统的建设,为自己的统治取得正朔的地位。"宏大的陵园,雄浑壮丽的建筑都是为了表达西夏皇权高大,不能低于唐宋皇帝。皇陵是体现皇权的重要手段。""建国建陵,建设政权正统需要吸收汉族文化,但是西夏建国时的另一个重要目标是强调自强独立。……西夏陵不但显示出党项民族文化,也充分表现出西夏皇帝的宗教信仰与对佛教的重视。""西夏陵建筑者的目标不是模仿宋陵。西夏陵和北宋皇陵都受到的是唐陵影响,同时反映出对中国传统陵寝制度的继承和发展。在这个基础上西夏陵设计者成功地发挥了创造能力。"[1]

3.西夏陵的文化继承和特色

西夏陵是西夏留存至今规模最大、等级最高的文化遗存,学界一般都认为其体现了中原文化、佛教文化、西夏番民文化等多元文化互融共生的历史状况,为西夏文明提供了特殊见证。

关于西夏陵对中原文化的继承,2015年,国家文物局、宁夏回族自治区人民政府主办的"西夏陵突出普遍价值学术研讨会"与会专家有较为一致的看法:"从西夏陵的建筑文化看,陵园布局传承了中原传统封闭式院落,以中轴线为中心、东西对称布局的形制;地面建筑类型多样化,例如单体建筑有殿、堂、阙、塔、城、楼、亭、门、地宫、陵塔等建筑;在工程营造技法及结构上与宋《营造法式》总结的建筑规模要求相一致。西夏陵遗址所反映的建筑文化,是中国中世纪古代建筑文化的代表。""西夏

---

① 张雯:《西夏陵其制度不"仿巩县宋陵而作"》,《西夏学》第7辑,2011年。

政权在宗庙礼中是采用相继为君昭穆异位的礼制。这样,我们便可以发现西夏陵以太祖裕陵为祖陵,采用角姓昭穆葬式,这是源自巩县北宋八陵的葬式。巩县北宋陵的祖陵为永安陵,八陵采用角姓昭穆葬式。实际上,汉唐帝陵陵地的择址跟五音昭穆葬式有关。昭穆葬式是儒家文化的核心理念,西夏陵区采用角姓昭穆葬式择葬,说明西夏陵区所反映埋葬制度是'承唐仿宋'。""西夏陵所体现的陵园制度,是中国历代帝陵制度发展演变过程不可或缺的一部分。"①这大抵是近年来考古学界和西夏学界达成的较大共识。

关于佛教文化的体现。如前所述,佛教是西夏的国教,佛教思想和艺术在西夏陵也有突出表现。根据现有的研究可表现在三个方面。

其一,西夏王陵出土的屋面装饰件中龙的形象。唐宋以来龙被推崇为象征皇帝的真龙天子形象,沿袭至明清。但西夏陵出土的屋顶神兽龙的塑造与宋、明、清的形象略有不同,其上腭宽,上唇上翘,有的卷曲为云涡纹似象鼻,这个造型接近唐朝佛教艺术壁画中龙的形象。敦煌藏经洞有一幅唐绢画《九龙灌顶》,其中九个龙头的造型与西夏陵出土的建筑构件龙的造型相同,它们都是佛经中所述天龙八部中龙神的形象。②

---

① 详见国家文物局、宁夏回族自治区人民政府主办的"西夏陵突出普遍价值学术研讨会"代表发言,《宁夏日报》2015年11月12日专版04、05。参见牛达生:《从考古发现看唐宋文化对西夏的影响》,《考古与文物》2001年第3期,第88—96页。

② 陈育宁、汤晓芳:《西夏官式建筑的文化特点——西夏王陵出土建筑构件之分析》,《西北民族研究》2006年第1期。氏著《西夏艺术史》,第261—262页。

其二,西夏陵陵塔的性质与寓意。"西夏陵的塔式陵台别具一格,是夯土实心砖木混合结构的密檐实心塔状……整体形状既不同于藏密的覆钵式佛塔,也不同于汉地阁楼式佛塔。塔葬或'葬于塔侧'应是佛教徒的葬式,一般民众很少采用。"①"从西夏陵大型陪葬墓在墓室之上均耸立塔式高封土来看,西夏陵陵塔原本或亦仿宋陵之陵台。但是,西夏陵却将陪葬墓塔式高封土改置于地宫之后,变成佛塔式的陵塔。这种巨大的变化,不仅使陵与陪葬墓在规制上形成严格的等差,而且其性质和寓意也进一步深化和升华。""西夏陵起塔,乃是西夏'皇室'笃信佛教的反映。佛塔意译为坟,源于对佛陀舍利之崇拜。佛涅槃后起塔供养,西夏陵在地宫之后亦起塔供养,显然有比附之意……陵塔更重要的是将死去的西夏皇帝比附佛教的'涅槃'……以示西夏皇帝在西夏人佛教'涅槃'信仰中的崇高地位。"②"西夏王陵将陵台建成塔形,在中国传统的陵园建筑中是独一无二的,也可视为崇尚佛教的党项人在其帝王陵园建筑中突出本民族特征的一个标志。"③

其三,"西夏陵出土的脊饰构件明显显示出佛教神灵的艺术形象,与宋代的脊饰造型与题材不同。宋代脊饰是蹲兽,但在西夏陵有些神兽,像摩羯,背上则安了翅膀,同时还创造出艺术价值极高的人首鸟身的迦陵嫔伽。迦陵嫔伽意译为'妙音鸟',在佛经中记载很多,是佛为传扬佛法而幻化出来的。西夏陵的嫔

---

① 张雯:《西夏陵其制度不"仿巩县宋陵而作"》,《西夏学》第7辑,2011年。

② 孟凡人:《西夏陵陵园形制布局研究》,《故宫学刊》2012年第1期,第55—95页。

③ 陈育宁、汤晓芳:《西夏官式建筑的文化特点——西夏王陵出土建筑构件之分析》,《西北民族研究》2006年第1期。

伽分为两种：五角花冠与四角叶纹花冠形，都由三号陵出土。"①

西夏陵献殿、墓道、地宫、陵塔南北一线，偏置于陵城中线之西，有学者以为这种现象为历代陵园中的孤例。实际上在佛教传入西夏以前，党项人一直崇信鬼神，按照他们的占卜信仰，居中处皆为鬼神位，凡人事皆不可当此禁忌之位（西夏一号、二号陵陵城中心台，或即表示鬼神之位）。故西夏陵献殿至陵塔南北一线均偏置于陵城中线之西，现在西夏陵的研究者多持此说。②

陵园的碑亭是一个很特殊的建筑。三号陵的两个碑亭基址呈方形，但是上面中心是圆形砖砌基址。这个圆形基址有可能说明碑亭也是一个塔式而不是亭式建筑。在这个圆形基址上东西方向排列四个方形石雕人像碑座，其浮雕的形象是裸体、跪坐、瞪目咬牙的力士。其中有些两乳下垂，可能是女性力士。这种碑座与传统的赑屃碑座完全不同，而且造型粗犷、简略，反映出很特殊的民族习俗。③"在本民族人物造型的基础上吸收了佛教人物露胸，带臂钏、手镯等装饰品的特点而孕育出人像裸体跪坐的新的艺术形象。这种造型的出现，突出地反映了党项民族所崇尚的人物刻画的美学特征，也反映出以党项人为主体的西夏所特有的审美观和艺术表现力。"④

西夏的陵园建筑吸收了我国秦汉以来，特别是唐、宋时期陵园建筑之所长，同时又受到了佛教建筑的巨大影响，使中原传统

① 张雯:《西夏陵其制度不"仿巩县宋陵而作"》,《西夏学》第7辑,2011年。
② 孟凡人:《西夏陵陵园形制布局研究》,《故宫学刊》2012年第1期。
③ 张雯:《西夏陵其制度不"仿巩县宋陵而作"》,《西夏学》第7辑,2011年。
④ 陈育宁、汤晓芳:《西夏官式建筑的文化特点——西夏王陵出土建筑构件之分析》,《西北民族研究》2006年第1期。

文化、佛教文化和党项族文化三者相融合，从而构成了我国陵园建筑中别具一格的建筑形式。①

四、西夏美术中的藏传佛教和回鹘佛教因素

1. 藏传佛教艺术的影响

藏传佛教艺术对西夏的影响，有两条主线索：一是自781年吐蕃占领敦煌直至西夏建国后的整个历史时期，这主要表现在敦煌石窟壁画、彩塑、建筑等艺术；二是随着藏传佛教在西夏后期日益得到重视，藏传佛教艺术中的唐卡在西夏的广为流传。

先说前者。盛唐时期汉传密教就已经在敦煌开始传播，公元781年敦煌被吐蕃占领后，随着吐蕃引介佛教而使印度、尼泊尔等地流传的密教形式在此时大量涌入敦煌，留下了珍贵罕见的多种早期密教遗存。现存吐蕃统治时期开凿的石窟48个，有40多个洞窟的壁画均与吐蕃画师有关。

2008年在莫高窟举办"敦煌吐蕃文化学术研讨会"。2010年7月21—24日敦煌研究院在莫高窟举办了"2010年敦煌论坛：吐蕃时期敦煌石窟艺术国际研讨会"，作为敦煌吐蕃时期石窟艺术的专题研讨会，会议从"洞窟藏文题记、密教文献与洞窟思想研究"、"政治与样式"、"历史与艺术"、"石窟经变画、图像专题研究"、"密教尊像研究"、"西藏考古与艺术"、"毗沙门天王形象研究"、"莫高窟第465窟研究"等八个方面作了深入的讨

---

① 凌明、李世愉：《党项羌（西夏）的美术》，《新美术》1993年第4期。

论。由这两次学术会议的举办可以明了吐蕃占领时期对敦煌石窟艺术的影响。

西夏壁画受藏传佛教艺术影响,像曹氏开凿洞窟一样,在吐蕃开凿的洞窟中重修或绘制壁画。这可以莫高窟第465窟为例。莫高窟第465窟的开凿、改建、整修等问题的断代,迄今在学界还有争论,有主张是吐蕃时期开凿,有主张开凿于西夏,还有主张开凿于元代。与以上三种观点不同,霍巍认为始凿于吐蕃敦煌统治时期,西夏时期绘制主室相关壁画内容,蒙元时新绘前室壁画并对通廊加以整修。①笔者同意这个看法,因为第465窟留下的汉文题记可以为此意见提供佐证。主室北壁西段西夏重修墙上刻画:"大宋阆州阆中县锦屏见在西凉府□(贺)家寺住坐"、"游□(礼)到沙州山□(寺)宋师傅杨师傅等";南壁西段西夏重修墙上墨书(有说为刻画):"大宋□□府路合州赤水县长安乡杨□□(到)□(此)□(寺)居住□沙州……"谢继胜在认定第465窟为西夏洞窟时,就是以第465窟的题记佐证,但是题记的年代似应重新考虑。西凉府是唐代宗广德二年(764),吐蕃占据凉州以后所置,五代沿用,并一直为吐蕃所据,宋太祖建隆元年(960),吐蕃部族在西凉府设置折逋葛支、六谷部首领潘罗支等自立政权。太宗至道二年(996)七月,北宋辖管西凉府。宋真宗咸平四年(1001),党项首领李继迁攻凉州被潘罗支击败,李继迁中箭身亡,李德明继位后用反间计杀败潘罗支,潘罗支余部翻过雪山投奔青唐吐蕃。李德明打败西凉府吐蕃后没有完全控制西凉府,1028年,西夏发动突然袭击,攻克甘州,灭亡盘踞在河西走廊西部的甘州回鹘政权。因而回鹘族

---

① 霍巍:《敦煌莫高窟第465窟建窟史迹再探》,《中国藏学》2009年第3期。

散居河西各地,其中一支控制沙州,称沙州回鹘。当时瓜沙归义军已在回鹘人统治下,西夏与瓜沙回鹘之间的战争和瓜沙政权何时归于西夏,学界有很大争议。宋仁宗明道元年(1032),李元昊攻占甘、凉二州,从此,河西属西夏版图。仁宗景祐三年(1036),在武威置西凉府,属甘肃监军司(治甘州)辖。宋真宗即位后,承认李继迁对宋沿边的统辖,李继迁开始将发展势力的方向转向西部。李继迁死后,李德明继位,与宋订立景德和约,宋对西部的管辖日益减弱,而由此至西夏建国,河西一带常处在兵荒马乱之际,从宋地到西凉府和由西凉府到沙州的交通应当受到很大影响,特别是西夏立国后对宋夏往来多所监控,所以第465窟中的题记应当反映的是宋真宗统治之前的历史时期。

现今莫高窟第465窟、462窟、464窟、北77窟等是西夏时期藏传美术的集大成者。榆林窟第2窟、第3窟和第29窟壁画都是西夏具有藏传风格的绘画,反映了西夏藏汉佛教及佛教艺术风格的交融情形。西夏洞窟壁画布局与前代不同,以榆林第3窟为例,顶部中心为五方佛曼荼罗(密),四面以祥禽瑞兽花边和垂幔构成。西壁门上维摩变(显),门南普贤变(显),门北文殊变(显)。主室南壁观音曼荼罗(藏密)、天请问经变(显)、五方佛曼荼罗(藏密),北壁金刚曼荼罗(藏密)、观无量寿经变(显)、五方佛曼荼罗(藏密),东壁降魔变(显)及其南五十一面千手观音变(汉密)、北十一面千手观音变(汉密)。这个布局鲜明地显示了显密结合的特点。①

瓜州东千佛洞系列石窟是标准的龟兹石窟形制壁画,表现

---

① 段文杰:《榆林窟党项蒙古政权时期的壁画艺术》,《敦煌研究》1989年第4期。

出典型的 12 世纪前后卫藏波罗式样:框式二维感构图,占画面
2/3 的主尊为双侧并脚、身体曲线扭转、身着犊鼻短裙、掌心施红
的胁侍菩萨。瓜州及其附近尚有旱峡石窟、碱泉石窟、下洞子石
窟及肃南文殊山石窟和肃北五个庙石窟等,其中壁画多有藏传
内容,从中可以看出西夏至元的风格转变。近年在西夏腹地的
贺兰山也发现了藏传壁画,如山嘴沟石窟壁画。[①] 段文杰先生
总结西夏榆林石窟壁画艺术时说:"西夏石窟的壁画是以大乘
显教为主体,密教为辅助;密教中以藏密为主,汉密为辅,并把
各宗各派融合在一起。汉密继承唐宋传统,藏密则多为西藏后
弘期,它们在河西的发展是适应当时各民族的信仰和审美的需
要。""西藏画派,表现密教内容多用藏画手法,重色不重线,形
象多奇异狞恶,又大量使用红兰绿棕等对比重色,手心脚底多画
红色,形成一种阴森恐怖的色彩感,宗教的威灵神秘气氛很浓。
这与密教现忿怒像'以恶制恶'的思想有关,因而艺术的风格与
显教不同。""这是印度、尼波罗密教绘画与西藏苯教相结合的
藏密特殊风格。"[②]

　　西夏石窟壁画中的建筑界画也是受吐蕃以来藏传佛教艺术
的艺术影响。萧默在《敦煌建筑研究》一书对壁画中自吐蕃一
直延续到西夏的几百年间(781—1277)出现的柱弓形式的塔的
研究是:

　　　　它们的外形,尤其是弯柱的做法,显然不合于材料和

---

① 谢继胜:《东渐:汉藏艺术的交流》,《收藏》2010 年第 1 期。
② 段文杰:《榆林窟党项蒙古政权时期的壁画艺术》,《敦煌研究》1989 年
　　第 4 期。

结构的本性,绝非技术物质因素的自然表露,从技术观点来看,它们是不合逻辑的、矫揉造作的作品,但是从建筑意识形态这一角度看来,它却很能符合当时佛教的一支——密宗对建筑的要求……也许随着密宗在中原较快地由盛入衰,密宗建筑并没有造成很大的声势,但是可以相信,这种塔确实曾被建造过,只是木构不经久,没有保存下来而已。①

再看西夏卷轴画。我国在纸和绢上进行绘画创作的历史甚久,而将绘画作品装裱成两端加轴可卷舒的画幅形式,则流行于五代两宋。西夏的卷轴画既有学习模仿两宋的汉族风格,又有被称为"唐卡"的典型藏传佛教艺术风格。这两种卷轴画主要见于1909年黑水城出土的近300幅绘画作品中。

谢继胜将藏传佛教绘画影响西夏的时间追溯到吐蕃占领敦煌时期对党项族的影响:"我们可以确认藏传佛教造像系统传入西夏的时间比噶玛噶举僧人进藏的时间要早得多。西夏佛教中涉及无上瑜伽密的内容与吐蕃佛教前宏期的旧派大圆满法不无关系。""虽然西夏艺术从其党项羌时期就受到了吐蕃前宏期艺术的影响,但西夏唐卡大规模的出现仍然与早期噶举派的上乐金刚坛城仪轨以及大手印法在西夏传播开来有直接关系。所以,我们推断西藏唐卡进入西夏的时间可能很早,但西夏人将这种艺术形式转化为自己的一种绘画样式并能够熟练应用,则是

---

① 萧默:《敦煌建筑研究》,文物出版社,1989年,第159—161页。引自孙毅华:《莫高窟中唐第231、361窟吐蕃建筑画研究》,樊锦诗主编:《敦煌吐蕃统治时期:石窟与藏传佛教艺术研究》,甘肃教育出版社,2012年。

在12世纪初叶以后。""与藏传佛教在西夏传播的历史进程相对
应,西夏故地佛塔所出藏传绘画作品表明,早在元昊时代这些作
品已经存在,至少在仁宗(1139—1193)初期,藏传绘画已经盛
传开来。确凿的文献表明,在噶举派僧人到来之前,当时有来自
印度、克什米尔和西藏的僧人久居西夏从事译经事业。""现在
黑水城出土或者其他博物馆所藏的带有西藏绘画风格的版画常
常被认为是出自西夏文译自藏文的经典,联系到西夏和西藏当
时的教派联系的历史事实,常常将这些作品的断代定得较晚,而
事实并非如此:带有藏式风格的绘画不仅出现在西夏文佛经中,
而且也出现在汉文佛经中。"①笔者以为这个看法符合西夏绘画
艺术的实际。

　　佛教内容的卷轴画,特点十分鲜明,每一幅作品绘有佛像、
菩萨,配以星宿、天人等。如《弥勒佛图》《阿弥陀佛接引图》、
《骑象普贤图》《骑狮文殊图》《观自在菩萨图》等,与中原汉风
佛教绘画相近,较为工丽、细密,有程序化倾向,但不见呆板。值
得注意的是,在一些佛、菩萨、诸天的造型中,西域龟兹壁画中
男子曲波式八字胡被西夏画工吸收、利用,而且《阿弥陀佛接引
图》上的世俗人物也往往画成了西夏贵族,他们向往着被佛国
接纳。织锦画所表现的题材仍为藏传佛教密宗曼荼罗,如《降
魔明王图》,工细、严谨,虚灵神秘,并多了四周的装饰花纹,在
织锦的丝光效果下,平添了几分华丽。相对而言,绢画所表现
的内容受中原佛、道艺风影响较多。如《相面图》《水星神图》、
《土星神图》《月神图》等,人物造型工意相济,亦与中原道教水

---

① 谢继胜:《吐蕃西夏文化交流与西夏藏传风格唐卡》,《中国民族博览》
　　2015年第3期。

陆画人物形象相近,道骨仙风,神情超脱,衣着汉式衣冠,装束古朴,举止清雅,衣褶飘逸,线条颤制飞动,表现较为强烈,勾线填色,画风自然,工丽规整。①

西夏卷轴画的另一大类是"唐卡"。黑水城遗址的佛塔发现唐卡200余幅。

唐卡(Thang-ga)又作唐嘎、唐喀,系藏文音译,它是用彩缎装裱的一种特殊的卷轴画,质地以绢、帛、布或纸为主,其工艺有绘制、刺绣、织锦、贴花、缂丝等,一般还要加装木轴。

谢继胜《西夏藏传绘画:黑水城出土西夏唐卡研究》(河北教育出版社,2002年)将西夏唐卡分作佛像、菩萨、本尊、护法和上师五大类。对1.金刚座触地印释迦牟尼佛在西夏兴盛的原因及其造像渊源,药师佛唐卡下方着黑帽的僧人,2.佛顶尊胜佛母与西夏邻近地区的关系,缂丝绿度母与布达拉宫缂丝唐卡,3.银川宏佛塔与黑水城上乐金刚的比较,4.大黑天神与多闻天王图像的演变,5.西夏上师像的写实风格与藏传绘画的肖像画传统等等,做了较为全面的研究。

笔者只是从出版图书画册上看到西夏绘画的艺术作品,也没有专门研究过,借学界同仁的研究概要梳理如下。

首先对出土的西夏艺术品进行研究的是俄国科学院院士C. Ф. 奥登堡(1863—1936)。他在《黑水城佛教造像学资料——藏传风格图像学》一文中认为:可以根据书法和构思的特点,把作品分成两类——藏族风格和汉族风格。该文主要讨论了藏族风格的绘画作品,对属西藏唐卡风格的绘画,从佛教人物图像入手,诠释了佛和天界神灵的各自身份。他认为藏族绘

---

① 凌明、李世愉:《党项羌(西夏)的美术》,《新美术》1993年第4期。

画的特点是：印度绘画对藏族绘画有决定性影响，释迦牟尼像背景缺乏其生活场景及寺庙的描写（即唐卡中没有出现佛本身、佛本行等生动场面）。西夏藏传风格的图像与西藏安多的绘画风格相同，区别仅在于喇嘛教长（宗派创始人或法王）。认为是12—13世纪，不晚于14世纪。苏联科学院东方研究所研究员索菲亚·米哈伊洛夫娜·柯切托娃《哈喇浩特佛像遗存——汉族风格》认为西夏绘画具有的中原绘画的特点是："裸露、灵活、身体姿态优雅弯曲的印度美学完全没有被清教徒式的儒家所接受，绘画中自然也就不允许有赤裸的体态出现，相反，儒家推崇把整个体形轮廓完全遮掩在长而宽的服饰里。"经柯切托娃整理的具有中原风格的作品有48幅，其中反映与阿弥陀佛有关的诸神3幅，反映天体诸神18幅。她还认为，黑水城的天体祭祀神像仪式是受希腊、伊朗、印度、中国影响而交织在一起的一种独特的混合型天体祭祀神殿。艾尔米塔什博物馆东方部主任萨玛秀克博士认为："在黑水城出土的收藏品中，显示中国（指中原）和吐蕃两种传统的部分一样多。西夏的图像模仿中国和吐蕃，就像他们的佛经和书籍来自这两个国家一样。"专论还从绘画布局、技法等艺术角度对黑水城中国风格卷轴画和西藏风格的唐卡进行了全面的诠释，从作品空间的处理和背景的设计，主次人物的构图及大小配置，到人物姿势、服饰、头饰、发型、佩饰等各种图像的线条和色彩，进行了全面的分析，最后得出的结论是，西夏的绘画只是"巧妙的模仿"，即"仿自中国"、"仿自西藏"，"西夏人没有试图要创立自己的画派"。她认为，西夏绘画唯一有特色的，那就是"主要的菩萨和神的脸，都像西夏人，如文献资料所描述的和施主像所显示的，有阔下巴和典型的大鼻子"。她明确指出，西夏绘画技术手法是模仿的，只有人物形象是本民族的。但是其他如壁画、雕塑、建筑等艺术门类不见论及。这与他们掌握的资料局限于黑水城绘画作品有关。①

藏传佛教绘画,无论是石窟壁画,还是卷轴画,无论是画在棉布、亚麻布或丝绢之上,还是绘于木板之上,画面往往都是浓彩重抹,色调深沉,设色艳丽。例如黑水城出土的《比丘像》,比丘结跏趺坐于仰覆莲花座上,面部表情庄重安详,身披朱红袈裟,秃顶。面部胡须发达、身光、背光。上师像四周为小佛像、祖师像、供养女、护法金刚、菩萨像以及舞女。黑水城出土的《欢喜金刚图》为双尊像,置于莲花座上,欢喜金刚呈三面脸,脸有三目,十二臂,主臂拥抱明妃金刚亥母,余臂执物,裸体,下身挂骷髅璎珞,双足踩人,周围有三十八位欢喜金刚神。

2.回鹘对西夏绘画艺术的影响

回鹘自从9世纪40年代西迁以后,有一支进入河西走廊,建立甘州回鹘政权,到党项拓跋氏势力崛起,1032年被李元昊击败。其后余部留有部分居住在瓜沙一带,另一部分则退到龟兹回鹘和西州回鹘的势力范围。西夏建立政权后,西夏境内的回鹘主要是瓜沙一带的回鹘部落。回鹘佛教对西夏的影响,主要表现在两方面。一是在西夏翻译大量佛经过程起过重要作用。像著名的《西夏译经图》中的中心人物是主持译经的安全国师白智光。西夏奉佛教为国教,自元昊起用新创制的西夏文翻译汉藏佛经,据考订,译经图所反映的是夏惠宗秉常后期的西夏译场。西夏建国以后,回鹘僧人在传播佛教、讲解经文、翻译佛典等方面起了重要作用。"回鹘僧人把汉文经典译为西夏文

---

① 详见陈育宁、汤晓芳:《西夏艺术史》,第33—35页。

要同时精通难懂的汉语文和西夏语文。""译经图中皇太后、皇帝亲临译场,以形象的手法展现出西夏王朝对佛教的崇信和对佛经翻译事业的重视。主译人白智光在图中形象高大、地位突出,反映出当时统治阶级对(回鹘)高僧的宠信以及给予他们极高的地位。"[①]

二是回鹘佛教艺术的影响。敦煌回鹘佛教艺术晚于吐蕃,早于西夏。早期与曹氏归义军佛教艺术并存,回鹘在唐五代宋曹氏敦煌石窟建造的窟龛基础上,利用原窟壁面,以重绘、改绘及重描等方式进行的石窟供养,其产生的佛教艺术遗存,可称为回鹘佛教艺术。回鹘佛教艺术有其自身发展的特点,目前学界多有研究。[②]这里主要讲述西夏境内回鹘石窟艺术的分布及其对西夏佛教艺术的影响。前面提及20世纪60年代以后对宋代曹氏之后的敦煌石窟中的西夏洞窟做了新的划分。但是1987年,刘玉权在敦煌研究院举办的国际学术讨论会上,发表了题为《关于沙州回鹘洞窟的划分》一文,从其前划定的88个西夏洞窟中,划分出23个沙州回鹘期洞窟,其中莫高窟16个,西千佛洞5个,榆林窟2个。他还将原有的西夏洞窟进行了重新划分,提出了"沙州回鹘时期"的时代概念,并将其分为前、后两期。特别是对第409窟中供养人是西夏皇帝还是回鹘王的问题发生激烈的笔墨官司。这个问题最初的起因是,20世纪七八十年代,日本学者冈崎精郎和森安孝夫先后提出1023年至1073年间存在一个回鹘统治沙州的观点,后来得到国内学者李正宇、杨富学等人的呼应,当然这个观点受到国内西夏学者陈炳应、史金波、汤

---

① 史金波:《〈西夏译经图〉解》,《文献》1979年第1期。
② 周晓萍:《敦煌石窟回鹘佛教艺术研究》,兰州大学博士学位论文,2021年。

晓芳等人的批驳。①新近有学者从西夏石窟汉文题记和相关史料，对过往的研究作出新的判断："要探讨西夏正式占领瓜沙地区的时间问题，在未发现更为直接的文字文献资料之前，目前所能依据的资料，还是以正史文献记载为准。"②笔者认为这个观点可取，现今所见最直接的史料来源是《宋史·夏国传》和李焘《续资治通鉴长编》，二者都明确记载西夏攻占沙州的时间是1036年。同时期西夏在甘州和瓜州分设监军司，虽然还没有在沙州建置监军司，但是考虑到西夏在今额济纳旗和居延也设有监军司，说在瓜沙地区还存在一个回鹘汗国缺乏历史的逻辑，但是西夏对分布在瓜沙地区的回鹘部落实行唐朝以来实行过的羁縻制度是可能的。那么莫高窟第409窟中的供养人是西夏皇帝还是回鹘王？自学界提出"沙州回鹘时期"以后，敦煌学的专家认为是"回鹘国王"，西夏学的专家认为是"西夏皇帝"。西夏学专家的观点主要是根据西夏《天盛改旧新定律令》中的礼仪制度，绘制穿有团龙图案服饰的回鹘国王供养人，属于僭越行为，是不允许也是不大可能的。即便是出现在洞窟中，也不会容许它的存在。另外还有西夏帝王在绘画作品中的帝王仪仗等根据。③敦煌学专家主要论证这一时期西夏尚没有完全占领沙州，和西州回鹘地区出现过回鹘国王作为供养人的事实，特别是随着第409窟东壁南侧供养人题记的成功解读，得知这位头戴莲瓣形尖顶高冠、身穿圆领窄袖团龙纹长袍的国王，既不是沙州回鹘可汗，也不是西夏国王，而是高昌回鹘王阿厮兰汗。笔者的观

① 陈光文：《西夏统治敦煌史研究述评》，《西夏研究》2014年第2期。
② 李国、沙武田：《敦煌石窟西夏时期汉文题记辑录——兼谈西夏占领瓜沙的时间问题》，《西夏研究》2021年第1期。
③ 史金波：《西夏皇室和敦煌莫高窟刍议》，《西夏学》2009年第4辑。

点倾向于后者,原因有三。一是西夏攻占瓜沙地区,虽没有完全有效控制而实施羁縻统治,但是说存在一个沙州汗国,与当时西夏与宋辽争雄的强势而言是不大可能的。供养人不应是沙州回鹘国王。二是西夏虽然崇佛,更是一个以儒家文化立国的政权,帝王至尊,没有征得帝王的同意,画师不敢私自绘画。三是即便到了西夏晚期藏传佛教的高僧得到国师、帝师的称号,他们依然是世俗政权管理之下的高僧。宋代自建国之初就有当代佛不拜过去佛之说。西夏帝王是高于佛教的教权的。"总而言之,这23个回鹘风格的洞窟,一定是以西州回鹘人为主导,在沙州回鹘人的参与下共同完成的。"①

西夏时代,河西走廊遍布回鹘部落。东面有甘州回鹘、河湟唃厮啰部落,西面有高昌回鹘、龟兹回鹘,沙州有沙州回鹘。天会五年(1127)"沙州回鹘活剌散可汗曾遣使入贡",南山里居住回鹘族镇国王子。可见当时在石窟里出现回鹘王供养像,正是现实历史的反映。②

回鹘佛教艺术对西夏美术产生了很大的影响。综观河西地区的石窟壁画,西夏喜用石青和石绿等底色,所构成的清冷画风的基调,便是受到回鹘艺术风格的影响。另外,回鹘石窟佛像背光中的编织纹、火焰纹以及两重八瓣莲花、古钱、波状三瓣花卷草纹等,均可在西夏晚期洞窟中见到。西夏壁画还有一个明显的特征,就是花纹边饰特别丰富,如有荷花、三叶、牡丹、石榴和团球等植物纹,有龟背、连环、古钱和万字等规矩纹,有团龙、

---

① 刘永增:《敦煌"西夏石窟"的年代问题》,《故宫博物院院刊》2020年第3期。
② 段文杰:《晚期的莫高窟艺术》,《敦煌研究》1985年第3期。

翔凤和卷云等祥瑞纹。尤其有一种波状卷草式的云纹边饰,其画法是在底色上用另一种颜色勾勒填绘而成,简单而朴素。这种边饰广泛流行于西夏中、晚期。然而,同样的边饰,不论是纹样和组织方法,还是敷色、勾勒和填绘手法,在高昌回鹘时期的石窟,如柏孜克里克石窟和吐峪沟石窟等经常出现。可见,这一纹样是先出现于回鹘地区,然后才流传于河西的西夏石窟中的。①

最新研究表明,相比五代宋曹氏时期的重修活动,到了沙州回鹘和西夏时期,莫高窟的洞窟重修手法出现了新的变化。第一,以洞窟壁画重绘为主。沙州回鹘和西夏时期的洞窟重修活动,不再像曹氏归义军前期重修那样,有木构殿堂、窟檐及缩小窟门的做法,而主要以重绘壁画为主。第二,选择洞窟时以隋和唐前期小型窟为主。回鹘和西夏时期重修的洞窟,以隋和唐前期小型窟为主,个别也有早期较大的窟,但不占主导。第三,遍窟重绘壁画。曹氏归义军前期的重修多局限在前室、甬道,主室一般只重绘曹氏时期的供养人,而回鹘和西夏时期的重修是对洞窟包括前室、甬道、主室的全面重绘,完全覆盖下层的隋、唐壁画,可谓"旧貌换新颜",以简单的重绘手法,把一批前朝的旧窟变成回鹘、西夏时期的功德窟。②

---

① 韩小忙、陈悦新、孙昌盛:《西夏美术史》,第378页。
② 沙武田:《敦煌西夏石窟营建史构建》,《西夏研究》2018年第1期。

五、西夏美术考古中文化基因的大同小异

　　总括西夏美术考古研究的主流观点,陈育宁和汤晓芳先生总结的西夏艺术特点最具代表性:"西夏艺术的主要特征:继承和发展汉族传统文化艺术,大量吸收藏传佛教艺术,学习吸纳北方民族的优秀文化,努力使本民族的艺术特色突现出来。"①西夏美术或艺术研究者不论是总体研究还是个案研究,大致都会从这四个方面进行总结,而且在绝大多数研究者眼里这四个方面是平行的。有的研究者有意无意间会突出党项族所具有的民族特色,如果是做民族史研究或西夏史研究,钟爱党项族的民族特点自然无可厚非,但是从西夏文明史的角度来讲,就需要另作说明。

　　从以上三个方面的论述可以看出,西夏的美术或艺术是源自、是模仿和继承华夏文明而来,是生根于千百年来的中华文明的沃土里的。正如《西夏三号陵》的作者所言:"西夏陵仿北宋皇陵,在陵园总体布局上大同小异,小异之处又显现出西夏陵的特色",所以西夏陵的佛教文化和番民文化特色与西夏陵在总体上显现出的与中华陵寝制度的"大同"之处,是不可等量齐观的。在研究西夏陵问题上,不应过分夸大它的"小异"之处。由此可以衍及对西夏美术整体属性的认知,要处理好"大同"与"小异"的关系。实际上学界已有这方面的高论,比如对西夏陵

---

① 陈育宁、汤晓芳:《西夏艺术研究及特征认识》,《西夏研究》2011年第1期。

的认知:

> 在物质层面上,西夏陵园形制以唐宋帝陵陵园建筑平面布局为蓝本;在精神层面上,西夏陵园以北魏方山永固陵把佛寺、祠庙共建在陵园的建制理念为依托,输入与糅合传统祠庙建筑的祭祀功能,引进和契合佛教寺塔建筑的纪念碑性,陵园建筑中无论是形制还是装饰都深深烙上了佛教色彩的印迹,从而自成为"陵、庙、寺"于一体的建筑格调,与之相适应的丧葬习俗,就是集汉俗、佛俗及党项游牧民族自身的葬俗于一身,使汉族儒家文化和佛教文化与党项民族文化三者有机地结合在一起,反映了在佛教信仰浓厚的氛围下,中原传统文化与西夏民族文化在陵寝制度方面的叠加和交融,令人耳目一新。[1]

又比如对西夏石窟艺术的认知:

> 从总体上说来中原文化对西夏石窟的影响更为浓烈。莫高窟的西夏洞窟,因为大都是利用前代旧式加以修理,在洞窟形制上当然少有西夏时代的特点。同时壁画和塑像的内容,也都承袭北宋格局。连著名的60年代发现的西夏供养天女所穿的"褂衣",也是当时中原贵族妇女的礼服。造像风格也如宋代。在壁画中,唐僧取经图虽属首次出现,但都是取材于《大唐三藏取经诗话》。壁画中的西夏建筑,早

---

[1] 余军:《西夏王陵对唐宋陵寝制度的继承与嬗变——以西夏王陵三号陵园为切入点》,《宋史研究论丛》第16辑,2015年。

中期的和宋代的差不多,只是色彩倾向于青绿;晚期的其构图设色、用线与唐宋壁画所示有很大的不同,却与内地宋、金建筑(如正定县隆兴寺)颇为符合。这一情况,反映了西夏艺术家向现实学习,并反映现实的求实进取精神。①

西夏绘画的艺术表现形式从总体上说与唐宋一脉相承。构图饱满、严谨、对称、均衡,画面饱满却并不复杂,动感流于其中,疏朗有致,留白手法较明显,形成对立统一的完美效果。人物造型完全属于汉民族传统的形象和模式。绘画形式主要是运用中国画传统的线描手法,以铁线与兰叶描为主,辅以折芦、莼菜条、钉头鼠尾描,线条流畅、圆润,准确地表现出了场景的结构、远近层次和透视关系。色彩应用上清淡简约,表现出重墨轻彩的倾向。②

再如西夏的版画,因篇幅所限未能作专门介绍,但是研究者的结论也很能说明问题:"宋以前的佛教版画,受壁画影响,题材多为诠释经籍的内容,有佛说法图、经变图、尊像图等。《俄藏黑水城文献》刊布的11—12世纪西夏刊印的汉文佛经中57幅佛经版画,除说法图、经变图等作品外,突破了经文的题材,把与佛教传播史上有关的历史人物和历史事件作为佛经版画的题材,出现了佛史图,记载了佛教传播史上两次重要的历史事件。如《清凉答顺宗图》《梁皇宝忏图》。"③西夏版画反映了西夏的风俗习惯,提供了不少居室、器物、用具的状况。如汉文《佛说转

---

① 牛达生:《西夏石窟》,《西夏遗迹》,第247页。
② 韩小忙、孙昌盛、陈悦新:《西夏美术史》,第48页。
③ 陈育宁、汤晓芳:《西夏艺术史》,第174页。

身经》版画中出现了众多女子形象,还有她们礼佛、生子、捣药、春米、推磨等生活场景,宛如一幅幅社会风俗画。汉文《妙法莲华经》及西夏文、汉文《观弥勒菩萨上生兜率天经》卷首画中描绘了塔寺、院落、城郭、宫殿等多种建筑物,从一个侧面为我们提供了西夏居室、宫廷建筑的资料。后者的卷首画中还描绘了宫殿中翩翩起舞、婀娜多姿的舞女……西夏文佛经《观音经》版画中则出现了船舶、枷锁、刀剑、戟仗、旗帜、行李、挑筐、珠宝、地毯、床榻、椅子、餐具等器物,还有行船遇险、囚犯戴枷、商人行路、强人劫道、众人礼佛等形形色色的生活场景。① 版画所反映的西夏世俗社会处处都闪现着中华文明之光。有意思的是现存最早的关羽画像是一幅西夏的木刻版画《义勇武安王位图》,20世纪初被俄国人科兹洛夫从我国黑水城遗址盗掘掠走,现藏于俄罗斯艾尔米塔什博物馆(冬宫博物馆)。画像中关羽丹凤眼、卧蚕眉、美须髯,与如今流传的关羽形象无异。早在北宋末年,关羽这一经典的造型就已经形成。②

在透视了西夏艺术文化基因的"大同"总体归属后,再看西夏艺术文化基因的"小异",明显打着地域特点,而不是异质文化。这里有一个问题首先要阐明,不论是藏传佛教艺术还是回鹘佛教艺术,虽然早期来自印度、尼泊尔和中亚,但是经过隋唐以来的中国化,那些原来的异质文化到西夏时期,就像西夏的佛教主要来自唐宋时中国西渐的佛教,已是被改造成中国同质的文化。不能再强调它们的印度、尼泊尔和中亚特点,而是应当

---

① 徐庄:《西夏佛教版画初探》,《国家图书馆学刊》2002年增刊,西夏研究专号。
② 成长:《关羽成"神"之路》,《北京晚报》2022年11月16日。

强调它们是以敦煌为代表的中国西部文化。如谢继胜所言:"对
于西藏艺术,西方艺术史学者很长时间都称其为'印藏艺术'或
'印度尼泊尔·西藏艺术',将其看作是印度、尼泊尔艺术的支
流。事实上,从公元7世纪至20世纪,西藏艺术持续东渐,与汉
地艺术的关系趋向紧密,形成了一种有可辨识特征的'汉藏艺
术风格',这种风格促进了汉藏艺术双向的发展,成为我国多民
族共同创造的中国美术史的重要内容。藏传佛教艺术东渐和汉
藏艺术交流几乎可以将我国自唐以后重要的佛教艺术发展时期
与之贯穿起来。"①

对于党项民族的艺术创造,韩小忙教授颇有不同于挚爱西
夏的一众学者们的看法:"所有西夏绘画作品,可以分为中原或
西藏两个明显不同的派别;其次我们才注意到其中西夏民族成
分的存在,因为西夏人对一幅绘画作品原有风格的改变往往并
不是十分明显。西夏好像一直在学习和借鉴别人,仅有少量自
己的创造欲望。西夏人则缺乏这种既能拿来又能吸收消化的
精神,西夏精神似乎是'拿来——利用——传递'这样一种模
式。"②这种看法可能需要用刘玉权提出的西夏对敦煌艺术的八
大特殊贡献来补充。西夏晚期个别洞窟里出现党项族女供养
像,面相长条,竖眉秀眼,戴步摇冠,穿窄袖衫裙、弓履。这是从
中原汉装改变而来,即是元昊"改大汉衣冠"之后的党项族服
装。西夏供养人画像极少,但人物形象逐渐接近党项族的面部
和体质特点,衣冠服饰也发生了较大的变化,西夏所流行的服
饰,都是对中原风格的细化或传递,本质上属于番人文化的是极

---

① 谢继胜:《东渐:汉藏艺术的交流》,《收藏》2010年第1期。
②《西夏美术史》,第352页。

其有限的。西夏雕塑工艺品十分丰富,而且无论泥塑、石雕,还是木雕、竹雕,皆有成就,其中泥塑、石雕尤为发达。在西夏王陵、额济纳旗古庙、黑水城遗址、敦煌石窟、贺兰县宏佛塔等地的文物遗存中,有一些构思巧妙、制作精美的雕塑艺术品,其技法上吸收了中原雕塑的典雅、中亚雕塑的细谨,而融以北方民族浑厚、质朴的艺风,更见优美、凝重,显示了西夏各族雕塑工匠的造型艺术水平。①

还有西夏岩画。岩画是西夏牧民游牧、狩猎于阴山、贺兰山一带,在岩穴、石崖壁面和独立岩石上,用粗犷、古朴、自然的方法创作出来的,题材有马、羊、飞禽、太阳、骑马的牧民、象征佛祖的人头像、车轮等,平面构图虽然简单稚拙,却含有活泼可爱的原始天真之趣。其中一幅阴山岩画,绘着牧人和羊,画旁有墨书西夏文"黑石"二字题记;贺兰口的西夏岩画达300余幅,绵延千余米。②岩画是牧民对现实生活最直观的观察和表现,除了反映他们粗犷、古朴、自然的现实生活外,西夏岩画中还有岩刻佛塔26个,其形制有三类,两类属于汉地佛教佛塔密檐式和楼阁式,另一类是喇嘛式,这从一个侧面展示了西夏社会中汉藏交融文化最为真切的一面。这就是华夏文明在西夏时期的西部地域特征。

———————————

① 凌明、李世愉:《党项羌(西夏)的美术》,《新美术》1993年第4期。
② 参见凌明、李世愉:《党项羌(西夏)的美术》,《新美术》1993年第4期,第31—46页。

第14章　结语

一、西夏文明前史
——有关党项名称、族属学术论争的回应

1.中外文献指称西夏主体民族称呼的流变

西夏文明史的研究,从20世纪初以来至今已取得相当丰富的成果,但是对西夏主体民族的称呼和族属来源还存在一些分歧,本书拟作新的探索,并希望能够解决至今尚存的"疑案"。

笔者首先讨论了关于党项民族的他称是源自汉族文献,还是源自对北方草原民族的𗼨𗟲(Tangut)的汉译名,或者是"Tangut"是对汉语"党项"对译。汉文献记述"党项"的流变,经过了四个阶段的变化。而且自《隋书》为党项立传之后,在其后中国的主要典籍:《通典》、新旧《唐书》《唐会要》、新旧《五代史》《册府元龟》《资治通鉴》《续资治通鉴长编》《宋会要辑稿》《宋史》《辽史》《金史》,都有大量党项史料,但是在官方文件里,按照《续资治通鉴》所载,至北宋宣和七年(1125)

以后"党项"一词开始淡出汉文史籍。其次讨论非汉文献记述唐古特的流变,两者相比较。本书的结论是从时间发展序列来看,非汉语的"唐古"对音所指内涵是有很大变化的。突厥碑铭中的"Tangut"是指党项部落,因为8世纪前半叶党项羌还没有出现高级政治体。而毗伽可汗与党项部族交战时期,突厥族与党项族均早已被唐朝安置在河套地区边界,且此前也曾共同参与唐朝征伐吐谷浑的战争。党项和突厥之名出现在北朝隋唐相遇之际,双方都在唐朝初期编修的前代史书中列有专传。当时党项人没有文字,留在突厥文碑的记载自然只能是唐朝的官方命名的音译。同时强调,如果是汉语对音突厥语,按汉代以后中国史书的书写方式,应当将党项置于四夷中的北狄叙事,但《隋书》及后世正史都将党项置于西羌之后,显然从这个侧面也说明党项不是鲜卑族,亦即突厥对党项的称呼只能来自对汉语的音译。

对"党项"和"唐古特"概念的文献梳理,可以总结出六个显著特点。

一是党项和"Tangut"是汉民族和中古时期中国北族、中亚游牧民族对西夏主体民族的他称。

二是汉文献对党项特别是党项早期历史记载之翔实,其他任何资料无出其右者(包括西夏文文献)。

三是除了以上提及的正史而外,在汉族旧史家(主要是宋朝人)编写的编年史、别史及其方志、碑铭、笔记小说等材料中,尚没有发现以非汉文史籍对音"唐古"指称党项的记载。

四是非汉文文献除了对成吉思汗征讨西夏和蒙元时期统治下的西夏故地有较多记载外,对"Tangut"(党项)早期历史的社会形态、社会风俗、社会组织几乎没有留下任何有价值的研究资料。

五是蒙元时代改变了"Tangut"指称党项部落的原始意义，而成为西夏国的代称。

六是唐宋汉族史家一律将西夏主体民族按照西羌后继者来书写，而9世纪中期以后包括突厥、蒙古、通古斯语的阿尔泰语系的文献则将西夏主体民族视作突厥族中的一支。

现代俄国、日本和欧美学者缘何以"Tangut"指称党项？这与突厥语在北方的发展变化有很大关系。6世纪到10世纪，伴随生活在蒙古草原和阿尔泰山东部的突厥人源源不断地迁到中亚，在中亚一带出现"突厥化"，突厥语言对这一地区有很大影响，突厥语"Tangut"也随之"突厥化"地出现，如正文所述直接影响了蒙古语对党项和西夏的指称。非汉语学者接受中国史的知识，是源自最有影响的元朝蒙古人的记录和传播，而这些记录和传播所使用的语言大致属于阿尔泰语系。实际上，蒙古语和《元朝秘史》以唐兀惕、唐兀氏指称原西夏故地和西夏后裔对后世产生的影响，远远超过汉文献党项一词的影响。

2.党项羌拓跋氏族属与西夏国名

关于西夏建国前党项族的族源族属，特别是建立西夏王朝的王族拓跋氏的族属，是学界长期争论而没有得到解决的问题。根据近70年讨论的情况来看，大致形成了四种意见：1.认为党项族是羌族的一支，党项拓跋部亦为羌系；2.认为西夏党项族属羌系，而统治者拓跋氏出自元魏拓跋氏；3.认为党项族和党项拓跋氏均出自鲜卑；4.认为西夏主体民族是多民族融合形成的。

经过辨析，笔者认为过去以西夏皇室攀附之说否定党项拓跋姓氏源于鲜卑不具说服力,而是需要举出党项羌何以有"拓跋"这个姓,这是问题最关键的地方,现今所有的材料似并不能反驳这个姓来自鲜卑。探讨党项拓跋氏族属与党项拓跋姓氏的源流是有联系而又有区别的问题,实则是一个铜板的两面。任何姓氏三四百年之后只是历史记忆的一个符号,承认党项拓跋姓氏源自鲜卑,并不意味着唐宋时期党项族中的拓跋氏就一定还是鲜卑族。众所周知,隋唐之际鲜卑族作为民族实体和政权实体已融入其他民族中,基本消亡了。所以准确地说,西夏建立前的党项拓跋氏是具有鲜卑血缘的党项羌人。

为了说明党项拓跋氏的族属,有必要对党项源于"三苗"等说法作一正本清源的讨论。在近二三十年学界相关讨论的基础上,经过新的论证,笔者指出羌在古代本是泛称,"三苗之后"说神话色彩多于历史记述,其中的民族迁徙和杂居问题几乎没有被关注,因而用"三苗之后"否认党项拓跋氏鲜卑来源之说并不合适。对于这个新的提法,有学者认为"这是站在对古代民族认识的基础上进行的破局之论"。

西夏国号(国名)的汉语自称与西夏语自称也是学术界长期争议没有得到解决的问题。笔者在对该问题进行学术梳理时对难以取得共识的原因进行了分析。

其一,早期的研究因西夏语资料不足,其讨论多属没有坚实论据的猜测。

其二,西夏文出土文献公布较晚,按照少得可怜的资料,其解释的意义不免南辕北辙。

其三,依据的文本和范式不同。持不同看法学者间的驳论也多是从一个侧面说明反驳对方观点的疏漏,亦即本身论点尚存在缺陷而不能成立,又如何形成共识?

其四,讨论过程中还有一个突出现象,即以西夏语的名词、诗句汉译为前提,基本上都是从汉译文的字面去理解和论证,在这里研究西夏历史不懂西夏语和西夏文资料匮乏造成的"硬伤"就显得很突出。更重要的是大量依据汉文献钩沉出的史实能解释原西夏文字面所含有的意义吗?研究者好像觉得这个问题从来不是个问题似的,因而尽管研究者殚精竭虑,旁征博引,层层推导,似在探秘,其实更像是在猜谜。

其实西夏国名问题本身并不复杂,元昊在誓表中已非常明确地表明他所建立的国家名称是大夏,是宋人委曲求全、掩耳盗铃请求西夏人用西夏语来称自己国家,所以西夏人改用西夏语称自己的国名,𗼨𗽀𗑾𘕕的语义一定与"大夏"相近,而西夏人用汉语表示的"白高大夏国",白高字面的意义不能从汉语或历史研究者赋予的含义去理解,尚白、白河、五德金主白、河西等释义都带有使用汉语研究者的主观臆测之嫌。

学界一个世纪来热衷讨论西夏语的西夏国名,从学术研究角度自有其重要的学术价值。但是西夏语仅在西夏国境内使用,由于西夏的臣属地位,西夏在与周边宋、辽、金交往时只能使用当时的通用语汉语。宋辽金泛称夏国为西夏,正式公文也只能是"夏国"。从这个角度而言,西夏语的国名在10—13世纪并没有实际的政治、文化意义。换言之,西夏语的国名𗼨𗽀𗑾(白高国)、𗼨𗽀𗑾𘕕(大白高国)、𗼨𗽀𘕕𗣼𗑾(白高大夏国),没有得到三个主体王朝的认可。

二、西夏主体民族早期社会形态与西夏故地的华夏文明

3.关于党项族社会的发展、交融和党项羌拓跋氏政权的性质

党项族社会发展经历了四个阶段。其一,北朝后期出现部落制,羌族与吐谷浑、鲜卑族融合,高级政治力量进入羌族从而形成党项羌。其二,党项内属,唐朝设置羁縻府州时期。其三,唐朝方镇时期的拓跋氏。唐朝前期党项羌拓跋氏崛起,唐朝赐李姓。拓跋氏助唐镇压黄巢起义,形成边区藩镇(定难军节度使),至宋初属性基本不变。其四,李继迁叛宋,元昊追封继迁为太祖,表明西夏雏形已形成。

对于党项早期社会的性质,过去从五个社会形态理论多判定为氏族社会和军事联盟阶段。若仅从汉族史家的描述来看,确实具有氏族社会和军事联盟阶段诸特征,但是对于党项社会性质的判断,不能简单只依据党项社会本身或汉族史家的描述。因为,党项族在形成过程中受到北方游牧民族的影响,而北方民族如鲜卑、吐谷浑都已进入较高的社会阶段,党项族形成过程中就会打有这种烙印,这是其一。其二,隋炀帝统治时党项已开始接触中原王朝,而且中原王朝也开始关注和管理党项。其三,党项族早期并不是铁板一块,其较为强盛的党项部落开始积极接触高级的文明形态。众所周知,判断社会发展形态性质,既要看其内部发展,还要观察其外部的冲击因素。像摩尔根《古代社

会》对印第安人原始状态的研究，即是在印第安人较为固定和封闭的环境尚没有解体的时代作出的，而党项社会从其形成之日起就受到北方草原民族和农耕文明的影响，并没有处于固定封闭的状态。

上世纪对于党项社会发展，按照五个社会形态理论的解释，有两种不同意见：一是党项从氏族公社制阶段，未经过奴隶制而直接过渡到封建制；一是党项从氏族制经过奴隶制而发展到封建制。对于这两种观点孰是孰非，姑且不论，但有一点值得注意的是，两种观点都将党项内迁作为党项社会发生质变的关键节点，尽管向何种社会演变还有不同意见。公元6世纪左右，已处于氏族制度走向瓦解的原始社会末期，7世纪70年代内迁后，在定居内地的300年中，唐朝先进的生产力和生产方式给党项人以极大的影响，使党项社会发生了巨大的变革。

唐朝设置党项羁縻州，给党项社会带来巨大的变化。其实唐朝设置党项羁縻州在使党项融入华夏民族、沐浴华夏文明方面所起的作用也是非常突出的，只可惜过去的研究多把党项社会的发展与王朝国家对立起来，总是强调党项族自身的发展和党项社会在华夏文明中的特殊性，而忽略唐王朝国家在党项社会发展中的促进和统领作用。

王朝原则上要在羁縻州与经制州中推行其共同遵守的约束性法令；在此前提下，尽管羁縻州区域广大，内部情况复杂，并不全面推行内地行政制度，但是原则上又要不同程度地推及唐王朝统一的政治、法律制度。从羁縻州的特殊性而言，唐又根据不同地区具体情况，针对性推行政令、法令。概括地讲，相较于经制州，唐在羁縻州推行政令、法令有"因俗而治"的一面。唐在羁縻州施政，兼具"因俗而治"的特殊性与行政体制一体化的共同性,从而将社会、文化多元性的政治统治区域,整合为有别于西汉的大一统政治结构。充分说明羁縻府州,特别是"侨置羁縻府州"的内附、迁徙民族,是大唐王朝境内的"臣民",不能将他们单独列为所谓的"异族"或"异民"。亦即作为唐朝羁縻州统辖下的党项羌,不能单独列为所谓的"异族"或"异民",认识这一点,对于了解党项羌自古沐浴华夏文明至关重要。

关于党项拓跋氏政权的性质,笔者认为从唐中和元年(881)八月,拓跋思恭被唐朝正式任命为夏州节度使,十二月唐赠夏州节度使和定难军节度之日起,拓跋思恭已成为包括汉族、突厥族等民族在内的全体夏州节度境内人民的共主,不应过分强调拓跋氏的党项族身份。以夏州五州政权为核心发展起来的西夏国是中原政权分割出去的割据政权,而不是与中亚国家有什么实质性关系的国家。在这里,一定要强调西夏与中原的同,远远大于异。

4. 王化之地——西夏故地前史

笔者赞成韩荫晟先生所言:"党项羌是地道的中国土生土长的民族,其活动没有越出现在中国的国界,不像历史上有些民族的活动是跨越国界的。"北宋后期至南宋初期(1081—1131),西夏疆域与今天的行政区划对照,其范围是:东至陕西榆林地区的黄河之滨,西至甘肃敦煌市西的小方盘古城,南抵宁夏海原县高崖乡草场古城,北控中蒙边界一带;包括今内蒙古的西部及河套地区、宁夏的中部和北部、陕西的北部、甘肃的河西走廊。这一地区真正归于中央王朝统治大致始于汉武帝时期,属于凉州刺史部和朔方刺史部,在唐朝安史之乱以前属于陇右道和关内道,大致相当于河西节度使和朔方节度使辖地的凉州、甘州、肃州、瓜州、沙州和灵州、夏州、盐州、绥州、银州等地。为了行文的方便，将这一地区统称为西夏故地。

西夏故地，自秦汉以降至唐朝中期都是在中原王朝的疆理之下。这有三方面的表征：一是将西夏故地纳入疆理范围，设置行政区划；二是将中原内地的农耕生产方式连同汉族迁移至西夏故地；三是作为中西经济文化交流的孔道和中转站。作为地方史这些表征已是属于常识性的知识，但是持西夏是中亚国家观点的域外学者大多还不甚清楚，故有必要专辟一章，讲述西夏故地的前史。在西夏故地，汉文明的建立及存续发展有三个显著特点。

其一，这一地区自古就是一个多民族聚居区。在先秦时期先后有土方、吉方、鬼方、戎、羌、北狄、西戎，到秦汉时北方民族融合为匈奴，魏晋南北朝时期有匈奴、羯、氐、羌、鲜卑（拓跋部）、柔然，隋唐时期则有突厥，安史乱后发生最大规模的民族大迁徙，搅动了吐蕃、吐谷浑、党项、沙陀、回鹘等东来西往。

其二，西夏建国前，这一地区有两次发展高潮。一是在两汉时期，汉政府在新设置的河西四郡推行移民、屯田和王化政策，遂使河西地区成为丝绸之路的重要孔道，所谓"民物富庶与中州不殊"。[①] 二是在唐太宗贞观至吐蕃占领之前。开天之际的盛唐，是中国历史上光辉灿烂的时期，也是河西历史上光辉灿烂的时期。"当唐之盛时，河西、陇右三十三州，凉州最大，土沃物繁而人富乐。"[②]"是时（唐天宝十二年，公元753年）中国盛强，自安远门西尽唐境凡万二千里，闾阎相望，桑麻翳野，天下称富

---

①《文献通考》卷三二二《舆地考八·古雍州·安西都护府》，第8839页。
②《新五代史》卷七四《四夷附录第三》，第913页。

庶者无如陇右。"①

三、西夏文明重建的历史背景

5.吐蕃王国对唐中后期西夏故地的影响

其影响有两个明显特征。其一,开元二十六年(738),吐蕃大入河西。吐蕃占领河西地区长达六七十年之久,有的地区统治时间更长,在其统治期间,将大量的吐蕃人迁徙到河西地区,原汉族居民死于战乱甚多,而没有死于战乱的汉民大多被同化成蕃人。政治机构以及社会基层组织吐蕃化。吐蕃占领河陇地区后,废除了唐王朝的乡、里、邻、保制,而代之以部落、将制,并在将下设十户组织,部落、将制是集军事、行政和经济为一体的军政建置。这种体制带有浓厚的兵、民合一的色彩,涉及行政、军事、司法、经济、佛事等方面。吐蕃的语言文字在河西地区流行,在一定程度上也反映了吐蕃化的倾向。服饰也随之蕃化,即所谓被发左衽无冠带之饰。河西地区在语言、服饰等方面的蕃化现象,具有典型性。其二,唐朝对西夏故地及西域难以进行实际有效的控制,五代宋初中原王朝则实际上已失去行政控制。

对于唐肃宗以后吐蕃占领河西地区至西夏建国前西夏故地出现的蕃化现象,学界已有较多论述,笔者增补了吐蕃文化或文明的形成本身也含有相当丰富的华夏文明因素,即自7世纪持

①《资治通鉴》卷二一六,玄宗天宝十二年八月戊戌,第6919页。

续至9世纪中叶,长达200余年。其间,自公元663年吐蕃灭吐谷浑以后,吐蕃已与李唐直接接界,直至公元842年,近180年。且吐蕃占领李唐大片土地,包括河西、陇右、剑南西山等地,占领近90年。凡此,唐蕃彼此之间频繁接触互动,而波斯于公元7世纪中叶以后未久即已亡于大食,吐蕃与波斯的关系即行终止,而转变成为吐蕃与大食的关系,这又怎能与其和李唐的接触互动比拟。

尽管吐蕃在河西推行蕃化政策,但是蕃化政策的实际内涵却有相当比重延续了唐朝的制度。这表现在四个方面:一、吐蕃统治时期,在农垦区依然采取了唐的制度;二、吐蕃统治河西时期,实行的是蕃汉双重官制,以蕃官管通颊、退浑十部落百姓,以汉人任官管理敦煌汉人的乡级部落;三、吐蕃在陇右、河西地区的统治长达一个多世纪,实施的佛教政策是对当地已有佛教文化的继承和发展;四、河西地区乃至西域与唐宋的朝贡贸易仍然顺利进行,唐宋文化对河西地区的影响仍不可小觑。

笔者还特别强调了吐蕃奄有河西之后,唐朝的灵州、盐州和夏州则与吐蕃形成胶着状态,始终没有被吐蕃占领,成为唐王朝西北部的重要屏障。因此当河西地区日趋"蕃化"之际,灵、盐地区则常处在汉文明的笼罩下。吐蕃衰微后,灵、盐地区的社会经济得到恢复和发展,唐代宗以后党项平夏部被迁至银、夏一带。这里的政治经济环境使得银、夏地区党项部落的发展,较河西等地的其他民族更接近汉文明的腹地。这是西夏重建华夏文明最重要的基础。

四、西夏文明的诸层面

6.西夏建国的历史意义

西夏建国的历史意义,一是结束分裂混乱,彻底结束蕃化与汉文明不彰的局面;二是元昊主动按照中原政治体制和政治文化来建国,使得重建华夏文明成为可能。虽然元昊建国前后都曾强调党项族的民族特色,但是从其建国誓表来看,要建立的国家以恢复华夏文明为己任的意图也是昭然若揭的。元昊建国,是党项灵夏州政权的升华,也是吐蕃部族政权、回鹘政权的升华,国家建立所依存的文明形式只能是高于部族政权文化的更高层次的文明。这个更高层次的文明在当时历史条件下只能是华夏文明。

7.西夏的政治与经济

前期自元昊执政称帝到惠宗秉常时期,约计五十五年。西夏前期基本确立和完善各种新的典章制度,奠定立国规模,巩固以党项贵族为主体的联合统治。

有关西夏的政治,学界已有多部西夏史罗列和论述,笔者对西夏中枢机构中的中书、枢密有一些新的探讨。一、西夏所实行的中书、门下制,是模仿北宋前期的制度,中书、枢密所行职权——司法刑事、征缴赋役、兴修水利,实际上是"侵夺"尚书省刑部、户部、工部的职权,这与北宋前期,三省六部二十四司、九寺、五监的职事,"十无二三",其职为中书(门下)、三司、枢密院所侵,是相当吻合的。二、涉及人事管理方面的较多事例,表明中书、枢密对官员任免、使用是其主要的职权。三、西夏的中书、枢密虽然也是分掌文武大政,但不同于北宋中书与枢密之间文武界限那么分明,大多数情况是中书、枢密共同执掌军政、兵民大政。四、西夏中书、枢密对政务的掌控,得益于西夏有较为完备的各级逐级申报政情的制度,中书、枢密更多的是享有知情权而非决策权。宰相也似没有总揽全国的政务,因而也就不可能"事无不统"。

笔者在叙述西夏社会经济时利用了现今的新成果。史金波所著《西夏社会经济文书探究》,在大量翻译西夏社会经济文书的基础上,结合西夏法典和其他资料进行研究,力图再现西夏社会的人口、土地、税收、物价、借贷、买卖、租赁、交换、互助等具体情况,并进一步研究西夏的社区组织、基层军事组织,以及农业、牧业和手工业,得出了一些可以弥补此前研究不足的新认识。故对该书作了全面的介绍梳理和总结,对于解释西夏社会经济发展有了新的推进。

8.西夏文的创制与华夏文明的传播

汉语言文字是华夏文明的主要载体之一。在中华民族发展史上,与汉语言文字同时并存过多种少数民族文字,在10—13世纪,有契丹文、女真文、吐蕃文和西夏文等,唯独西夏文不是以创制它的主体民族党项族(西夏人自称番人)命名的文字。这个现象从一个侧面说明,西夏文不是单一民族使用的文字,与汉文字有一定的相似度。

笔者在梳理西夏学界对西夏文研究成果的基础上,强调指出:西夏文的创制和使用严格地讲仍然是华夏文明的拓展或延展。为何这样说呢？理由如下。

其一，目前学界对于西夏文与华夏文明的关系，取得重要认知和共识：西夏建国前使用的官方语言是汉语，新创制的西夏文是以王族——弭（ŋĭufi）族为中心的语言。这是东部西夏语。不难设想东部西夏语和王族李氏家族语言均受到较多汉语的影响。

其二，元昊自制西夏蕃书以后，从前设立的汉学毁废，蕃学的地位特别受到重视，但蕃学的内容却依然脱离不了汉文化。元朝史臣指出，西夏"教国人纪事用蕃书，而译《孝经》《尔雅》《四言杂字》为蕃语"。[①] 在这里要特别强调的是翻译《尔雅》。《尔雅》是中国历史上第一部词典，"尔雅"的意思是接近、符合雅言，即以雅正之言解释古语词、方言词，使之近于规范。《尔雅》在唐文宗开成年间已被敕刻石入儒家经典。由此可见，西夏文的词义、语义的释读在编纂之初就以汉语为范本。骨勒茂才在《番汉合时掌中珠》的序言中说："今时兼蕃汉文字者，论末则殊，考本则同。"[②] 这就把西夏字的源流给揭示出来。所以，所谓蕃学只是利用蕃书来讲解汉文化的经典而已，其后汉学不仅没有被排斥，其地位反而日渐提高。元昊建国，虽然反对汉礼，摒弃汉文，企图以"胡礼蕃书，抗衡中国"，[③] 但蕃学的内容仍然脱离不了汉文化，蕃书的功能因而也只是作为传播汉文化的一个工具而已。

另外，唐宋时期，广大西北地区较有影响的少数民族文字，

---

① 《宋史》卷四八五《外国一·夏国上》，第13995页。
② 《番汉合时掌中珠》序言，第5页。
③ 《西夏书事校证》卷一三，宝元二年、夏天授礼法延祚二年五月，第152页。

除了西夏文大致还有突厥文、回鹘文、吐蕃文（古藏文）、蒙古文等，可是从字形而言，只有西夏文与汉字很相像，即所谓"远看都是汉字，近看却一个也不认识"。吐蕃族自7世纪松赞干布王时开始有文字，是博学的吞弥·桑布扎去印度学习后创制的，"创制了一套基本上反映当时藏语语音面貌的拼音文字，用于记录藏语，从事翻译和著述，留下了浩瀚的文献典籍"。突厥文（Turkic script）是7—10世纪突厥、黠戛斯等族使用的拼音文字。又称鄂尔浑-叶尼塞文、突厥卢尼克文。自8—15世纪主要流行于今吐鲁番盆地和中亚楚河流域的回鹘文属于阿尔泰语系突厥语族，由于受粟特文熏陶，回鹘人开始采用粟特字母来拼写自己的突厥语，渐渐演变为回鹘文。在成吉思汗时期蒙古人便采回鹘字母以书写蒙古语，学界称为回鹘式蒙古文。这种书写系统是现行蒙古文的前身。可见在西夏故地使用和传布的吐蕃文主要受印度文化影响，而突厥文、回鹘文、蒙古文大致一脉相承，受流布于中东、波斯一带阿拉米语的影响较多。虽然党项族与这些民族过从甚密，但是以西夏东部和王族使用为主体的西夏语则主要源自汉语，则说明党项族深受汉文明的沐浴，而不是受中亚的影响。

　　活字印刷术自北宋仁宗时期布衣毕昇发明以后，在宋朝境内得到了一定程度的传播和发展。现今对宋朝辖境内活字印刷的流布知之有限，但在约同时期的西夏却有新的发现。这就是黑水城文献中有关西夏时期的泥、木活字印本和1991年宁夏贺兰山腹地拜寺沟发现的活字刊本西夏佛经《吉祥遍至口和本续》，为中国宋代发明活字印刷术提供了强有力的证据。从20世纪30年代的罗福苌先生到80年代的苏联学者克恰诺夫，再由我国学者牛达生、史金波、白滨、聂鸿音诸位先生的不断探索和研究,终于确定了西夏时期的木活字印本是世界上现存最早的活字印本实物。

9.西夏法典与中华法系

虽然《天盛律令》是用西夏文写成,但是其修纂受自唐代以来形成的中华法系特别是受唐宋法律修纂原则和体例的影响,则没有异议。只是西夏学界在相当长时间内认为《天盛律令》主要是模仿《唐律疏议》和《宋刑统》,其实《唐律疏议》《宋刑统》在唐中叶以后至两宋并不是主要的法典修纂形式,《天盛律令》的修纂受这两部基本成文法典的影响有限,更多的影响来自编敕、条法修纂的影响。过去学界在比较《天盛律令》与《唐律疏议》《宋刑统》之间的修纂形式和内容之后,得出西夏法典与唐宋律有很大不同。但是若与《庆元条法事类》比较后就会发现有很大相似性。经过比较有两点新认识。一、作为综合性法典的《天盛律令》与代表宋代《编敕》《敕令格式》《条法事类》等法典而仅存的《庆元条法事类》,不论是修纂的内容还是形式,相同远大于相异。相同是主体和整体,相异是细节和枝节,因此似不能说是形成了中原政权与少数民族政权两个相对独立的法律编纂形式。二、《天盛律令》的编纂形式虽然既不是按"律令格式"也不是按"敕令格式"进行修纂,但是在结构上明显糅合了《宋刑统》和《庆元条法事类》的修纂形式,在刑律上主要参考《宋刑统》的形式,律条很明显,而在事务性条法上则更多参考了《条法事类》的形式。

《天盛律令》不仅在形式上模仿唐宋法典,更重要的是在制定法律的精神上秉承了中华法系的基本原则和宗旨。《天盛律令》不仅在第一卷十恶、第二卷八议中遵循了与唐宋法典贯穿其中的对违逆礼教最根本规定的刑法处置原则和精神，而且对于日常生活中涉及亲属、家庭、近邻、婚姻、伦常等礼教关系、行为规范规定的详尽和细致，甚至与唐宋法典相比有过之而无不及。《天盛律令》不仅清晰地划分家族内的尊卑等级和社会上的上下阶级，促使和教导人们不能违犯，而且较为完整地体现了礼的主张，在各类律令条文中严格划分家族内和社会上的等级，也详细地相应列出上对下的权利和下对上的义务。而《天盛律令》第八卷《行非礼门》《为婚门》对于乱伦的惩罚和对婚姻关系的规定，都表现了儒家伦理纲常在社会生活中对行为规范的指导。

10.圆融：汉藏佛教在西夏的传播

笔者从西夏汉传佛教的兴盛、藏传佛教在西夏的传播和流布、西夏帝师与藏传佛教的传承、西夏佛教的文明特征四个方面，比较全面地梳理和总结20世纪80年代以来国内外西夏学界关于西夏佛教发展的概貌，希望能够准确理解和传达学界的研究成绩，特别是运用学界提出的"圆融"概念，借此展现西夏重建河陇华夏文明在宗教和学说继承上的表征。

学界有佛教是否西夏国教之争，若从早期基督教国家和现今伊斯兰国家的政教合一角度而言，西夏的佛教不是"国教"则无疑。西夏对佛教寺院、僧人有严格的管理制度，王权高于教权，教权服从于王权，即使帝师有很高的地位，与西夏封孔子为文宣帝应当不相上下。一言以蔽之，从佛教的世俗化来讲，西夏佛教不具有"国教"的地位。

但是现代对国教有另一种解释，即国教指的是由国家确立的在本国具有高于其他宗教地位的宗教。国教往往负担着通过宗教宣扬国家思想的任务。国教是实行国教制度的国家中占统治地位的官方意识形态,得到国家的支持和保护,并为维护国家政权的稳定和社会生活的秩序服务。从这一角度而言,西夏的佛教无疑是"国教"。笔者对西夏佛教的论述充分证明了这一点。儒教虽然在西夏也有很高的地位,但是笔者以为"儒教"之教,应做教化、教育来解,不具有宗教意义。儒家学说偏重于法律、制度和日常生活的行为准则,而佛教则基本属于信仰思想层面。而且西夏佛教与儒家思想合流,基本与唐宋以来中原地区的发展总趋势相一致,都是统治者的统治工具。

11.西夏美术考古中的文化基因

西夏美术考古起步虽然较晚,但通过一百多年的努力,西夏美术门类也初具规模,大致有:一、书法;二、官印篆刻;三、绘画:1.岩画,2.佛教壁画(石刻壁画、墓室壁画、寺观壁画、装饰图案、壁画装),3.佛经木刻版画,4.木板彩画,5.纸、麻布、绢、织锦画;四、雕塑:1.泥塑,2.彩塑,3.雕刻(石雕、木雕、竹雕);五、建筑:1.民居与城市建筑,2.佛教建筑(石窟、佛塔、佛寺),3.陵墓建筑;六、工艺美术:1.服饰,2.纺织与刺绣工艺,3.陶瓷工艺,4.金属工艺,5.木器(家具、生活用具、宗教器具),6.印刷,7.书籍装帧。

尽管西夏美术门类已初具规模,但是由于各类美术作品数量不尽相同,其相应的研究层次也深浅不一,比如都城遗址是考古的重要内容,也是展现西夏文明的重要方面,但是毋庸讳言,学界对西夏都城兴庆府的研究,多是从清人编纂的西夏史料和明清方志等历史文献入手,而"真正从考古学角度对兴庆府形制布局和内部结构进行复原与探讨的成果少而又少"。窑址与窖藏多以西夏瓷器和钱币为主，属于工艺美术，"就瓷器工艺的方面而言，西夏瓷与宋、辽、金瓷器无论是釉色、胎质，还是烧制水平、技法等均有一定差距"，且更为社会经济史所关注。钱币亦大体如此。又如西夏书法，多是仿照汉字的书写特点，分别创造出了楷、行、草、篆、隶等不同书体，但从艺术水准来讲，没有特殊贡献。西夏官印，据统计，约接近150方，但其形制仿照唐代风格，千篇一律。西夏的寺观壁画、墓室壁画发现较少，文人画就更少了。而西夏的工艺美术主要是20世纪初以来的考古发掘所获得的实物资料，借助零星记载的文献资料，尤其是西夏文辞书中出现的器物名称及文字结构所提供的器物信息进行研究。

笔者选择在规模、等级上能突出反映西夏文明的西夏陵、西夏石窟艺术、西夏唐卡对西夏文明的属性进行分析和叙述。

根据学界讨论从影响西夏美术的四个方面，即美术品艺术的渊源有自，模仿继承中原传统文化艺术（华夏文化）的主要特质，藏传佛教及文化对西夏艺术影响的占比，来自中亚美术的元素，西夏国内民族风格的表现等，对西夏美术考古的文化基因做一些宏观的蠡测。

总括西夏美术考古研究的主流观点，绝大多数西夏艺术史研究者都秉持"西夏艺术的主要特征：继承和发展汉族传统文化艺术，大量吸收藏传佛教艺术，学习吸纳北方民族的优秀文化，努力使本民族的艺术特色突现出来"这一观点。这个观点的代表性不仅表现在西夏美术或艺术研究者不论是总体研究还是个案研究，大致都会从上述四个方面进行总结，而且在绝大多数研究者眼里这四个方面是平行的。有研究者有意无意间会突出党项族所具有的民族特色，如果是做民族史研究或西夏史研究,钟爱党项族的民族特点自然无可厚非,但是从西夏文明史的角度来讲,就需要另作说明。

　　笔者的论证着重说明西夏的美术或艺术是源自、模仿和继承华夏文明而来,是生根于千百年来的中华文明的沃土里的。西夏石窟艺术、西夏绘画艺术、西夏陵所展现的党项族、吐蕃族、回鹘族文化特色,乃至已华化的中亚文化特色,是"小异",总体上显现出与华夏文明中的石窟、绘画、陵寝制度上的"大同"之处,二者是不可等量齐观的。在研究西夏美术整体属性的问题上,不应过分夸大它的"小异"之处。一定要处理好"大同"与"小异"的关系。

五、西夏文明史研究的范式思考

　　第一,西夏学者研究西夏或党项族早期历史,都喜欢用西夏的文学传说,如《夏圣根赞歌》《颂师歌》,以及藏文早期传说,如《红史》,如果西夏还没有发展到比较高级的文明阶段,或者没有文字,历史记忆通过传说来表达,那么传说对其研究就很有意义。可是《夏圣根赞歌》所讲的是李继迁以来的故事,西夏已进入高级文明阶段,为什么西夏人不用自己的文字记述自己的历史、世系,这才是应该探讨的问题。所以从语言文学角度而言《夏圣根赞歌》有其重要价值,而对于研究西夏历史则没有多少价值。在缺少西夏文历史资料的条件下,汉文字记述的党项和西夏早期历史就是第一手资料,《宋史》中的《党项传》《夏国传》理所应当是最可靠的第一手资料,至少在北宋时期如此。尽管在某些具体细节上有不准确的记述存在,但与猜谜一样推导西夏文学传说的价值不可同日而语。

第二,讨论西夏文明要注意西夏建国前党项族文化与西夏建国后西夏文明的区别。党项族文化在建国前,其来源是多元的,因其地理、族属等原因,生活习性、宗教信仰、社会风俗可能受吐蕃、回鹘的影响较受汉族的影响更直接一些。但在建国后,西夏文明是党项人与夏国其他居民——汉人、吐蕃人、回鹘人共同创造的,即在统一的政治体制内,并受国家统一的经济、文化政策和法律法规的制约,因而与党项族自身兴起、成长、变迁和进化过程吸纳周围其他民族文化有了本质区别,尽管西夏文明中打着党项族文化深深的烙印。

第三,要注意西夏汉化与西夏文明的区别。讲西夏汉化,是在强调党项族建国前提条件下对汉文化的接受及其程度,这适合党项族未建西夏之前。而讲西夏文明,则是强调在复兴或重建华夏文明的基础上彰显党项族的民族特色,从上面的论述来说这适合建国后的西夏发展史。

第四,西夏文明的形成是河陇、河套地区华夏文明在8世纪中叶至11世纪初暂时衰落后的又一次复兴。宋人富弼在西夏立国不久就指出:"拓跋(党项)自得灵夏以西,其间所生豪英,皆为其用。得中国土地(指河陇地区),役中国人力,称中国位号,仿中国官属,任中国贤才,读中国书籍,用中国车服,行中国法令",是"皆与中国等"。[1]在宋人看来西夏文明与宋朝的汉文明并无二致。

第五,西夏文明不是对汉唐河陇地区华夏文明简单的重复,而是有新的文明因素增加进来,甚至进一步成长壮大,将其

---

[1]《长编》卷一五〇,庆历四年六月戊午,第3640—3641页。

影响延伸至灵夏以北地区的西夏都城兴庆府就是显例,兴庆府一带超越了河西走廊和灵夏地区的发展水平。因此,西夏文明不是什么文明的因素分离出去成为另一种独立的文明,称西夏是中亚国家有悖史实。

第六,吐蕃对西夏的影响,过去研究较为笼统,实际上9世纪中叶吐蕃政权分崩离析后,留在河西和朔方的分散的吐蕃部族与党项羌差不多。吐蕃本部与宋朝没有直接联系,与西夏也没有联系。从河陇吐蕃到西夏建国后的吐蕃已经和汉族、羌族、回鹘交融在一起。如果说西夏统一西部前,各分散部族各自为政,及至西夏统一,他们已成为西夏国民,并且在西夏行政统治下,部族文化服从于国家倡导和实施的文化政策,其文化认同重新开始,说西夏受吐蕃文化影响要重新认识。在注意党项族文化受吐蕃、回鹘影响的同时,还要注意唐宋时期吐蕃、回鹘两个民族的文化中并不都是中亚文化,也有华夏文明的身影,即使有一些中亚因素,那也是已经华化的中亚文化。吐蕃的佛教,渊源可以追溯到唐朝和尼婆罗(尼泊尔)。又比如党项人和吐蕃人的占卜之术,在某种程度上均受到汉族影响。严格地讲,吐蕃文化、回鹘文化都是中华民族文明历史形成过程中的组成部分。

附录:研究论著参考书目

（以作者姓氏拼音为序）

B

白滨编:《西夏史论文集》,银川:宁夏人民出版社,1984年。

白　滨:《元昊传》,长春:吉林教育出版社,1988年。

白　滨:《党项史研究》,长春:吉林教育出版社,1989年。

白　滨:《寻找被遗忘的王朝》,济南:山东画报出版社,2010年。

白　滨:《西夏民族史论》,兰州:甘肃文化出版社,2018年。

C

岑仲勉:《中外史地考证》上下册,北京:中华书局,1962年。

陈炳应:《西夏文物研究》,银川:宁夏人民出版社,1985年。

陈炳应译:《西夏谚语:新集锦成对谚语》,太原:山西人民出版社,1993年。

陈炳应:《贞观玉镜将研究》,银川:宁夏人民出版社,1995年。

陈炳应:《西夏文明研究》,兰州:甘肃文化出版社,2018年。

陈高华、陈智超:《中国古代史史料学》,天津:天津古籍出版社,2006年。

陈瑞青:《黑水城宋代军政文书研究》,北京:知识产权出版社,2014年。

陈　玮:《西夏番姓大族研究》,兰州:甘肃文化出版社,2017年。

陈寅恪:《隋唐制度渊源略论稿》,北京:中华书局,1963年。

陈育宁、汤晓芳：《西夏艺术史》，上海：上海三联书店，2014年。

陈育宁、汤晓芳：《西夏历史文化探幽》，兰州：甘肃文化出版社，2014年。

陈育宁、汤晓芳、雷润泽：《西夏建筑研究》，北京：社会科学文献出版社，
　　2016年。

陈育宁主编：《宁夏通史·古代卷》，银川：宁夏人民出版社，1993年。

陈　垣：《元西域人华化考》，上海：上海古籍出版社，2000年。

崔红芬：《西夏河西佛教研究》，北京：民族出版社，2010年。

崔红芬：《文化融合与延续：11—13世纪藏传佛教在西夏的传播与发展》，
　　北京：民族出版社，2014年。

崔红芬、文志勇：《英藏黑水城西夏文佛教文献整理考释》（全三册），北京：
　　社会科学文献出版社，2023年。

D

邓文韬、杜建录：《党项与西夏碑刻题记》，西安：三秦出版社，2022年。

杜建录：《西夏经济史》，北京：中国社会科学出版社，2002年。

杜建录主编：《二十世纪西夏学》，银川：宁夏人民出版社，2004年。

杜建录：《〈天盛律令〉与西夏法制研究》，银川：宁夏人民出版社，2005年。

杜建录：《党项西夏碑石整理研究》，上海：上海古籍出版社，2015年。

杜建录：《中国藏黑水城汉文文献整理研究》，北京：人民出版社，2016年。

杜建录：《西夏史论集》，上海：上海古籍出版社，2016年。

杜建录、史金波：《西夏社会文书研究（增订本）》，上海：上海古籍出版社，
　　2012年。

杜泽逊：《文献学概要》（修订本），北京：中华书局，2007年。

段玉泉：《西夏〈功德宝集偈〉跨语言对勘研究》，上海：上海古籍出版社，
　　2014年。

段玉泉：《绿城出土西夏文献研究》，兰州：甘肃文化出版社，2022年。

G

龚煌城：《西夏语言文字研究论集》，北京：民族出版社，2005年。

H

韩小忙：《西夏王陵》，兰州：甘肃文化出版社，1995年。

韩小忙：《西夏文的造字模式》，北京：中国社会科学出版社，2016年。

韩小忙：《西夏文词典（世俗文献部分）》，北京：中国社会科学出版社，
　　2021年。

韩小忙、孙昌盛、陈悦新：《西夏美术史》，北京：文物出版社，2001年。

胡　鸿：《能夏则大与渐慕华风——政治体视角下的华夏与华夏化》，北
　　京：北京师范大学出版社，2017年。

胡玉冰：《传统典籍中汉文西夏文献研究》，北京：中国社会科学出版社，
　　2007年。

惠　宏、段玉泉：《西夏文献解题目录》，银川：阳光出版社，2015年。

霍　巍：《吐蕃时代考古新发现及其研究》，北京：中国社会科学出版社，
　　2012年。

J

焦进文、杨富学校注：《元代西夏遗民文献〈述善集〉校注》，兰州：甘肃人
　　民出版社，2001年。

姜　歆：《西夏法律制度研究：〈天盛改旧新定律令〉初探》，兰州：兰州大学
　　出版社，2005年。

景永时编：《西夏语言与绘画研究论集》，银川：宁夏人民出版社，2008年。

景永时、〔俄〕I. F. 波波娃：《〈番汉合时掌中珠〉整理与研究》，银川：宁夏人
　　民出版社，2018年。

L

李并成：《河西走廊历史地理》第一卷，兰州：甘肃人民出版社，1995年。

李范文：《西夏研究论集》，银川：宁夏人民出版社，1983年。

李范文编释:《西夏陵墓出土残碑粹编》,北京:文物出版社,1984年。

李范文:《夏汉字典》,北京:中国社会科学出版社,1997年。

李范文主编:《西夏通史》,银川:宁夏人民出版社,2005年。

李范文:《李范文西夏学论文集》,北京:中国社会科学出版社,2012年。

李范文:《简明夏汉字典》,北京:中国社会科学出版社,2012年。

李范文主编:《西夏研究》8辑,北京:中国社会科学出版社。

    第一辑:韩小忙:《同义研究》,2005年;

    第二辑:《五音切韵与文海宝韵比较研究》,2006年;

    第三辑:收录了国内外学者有关西夏研究的文章90篇,2006年;

    第四辑:白滨主编,景永时、李海涛副主编:《罗氏父子西夏研究专
        集》,2007年;

    第五辑:王静如专辑:《西夏研究》1—3辑,2007年;

    第六辑:〔俄〕聂历山:《西夏语文学》,马忠建、文志勇、崔红芬译,
        2007年;

    第七辑:〔日〕西田龙雄:《西夏语研究——西夏语的构拟与西夏文字
        的解读》,2008年;

    第八辑:龚煌城:《西夏语言文字研究论集》,林英津:《西夏语译〈真实
        名经〉释文之研究》,2008年。

李华瑞:《宋夏关系史》,北京:中国人民大学出版社,2010年。

李华瑞:《西夏史探赜》,兰州:甘肃文化出版社,2017年。

李   蔚:《简明西夏史》,北京:人民出版社,1997年。

李锡厚、白滨:《辽金西夏史》,上海:上海人民出版社,2020年。

梁松涛:《西夏文宫廷诗集整理与研究》,上海:上海古籍出版社,2018年。

林冠群:《唐代吐蕃史研究》,台北:联经出版事业股份有限公司,2011年。

刘光华主编:《甘肃通史》,兰州:甘肃人民出版社。

    汪受宽:《秦汉卷》,2009年;

赵向群:《魏晋南北朝卷》,2009年;

尹伟先、杨富学、魏明孔:《隋唐五代卷》,2009年;

刘建丽:《宋夏金元卷》,2009年。

刘建丽:《宋代西北吐蕃研究》,兰州:甘肃文化出版社,1998年。

刘建丽:《宋代西北民族文献与研究》,兰州:甘肃人民出版社,2007年。

刘　统:《唐代羁縻府州研究》,西安:西北大学出版社,1998年。

鲁人勇、吴忠礼、徐庄:《宁夏历史地理考》,银川:宁夏人民出版社,1993年。

罗丰主编:《西夏方塔出土文献（上下册）》,兰州:甘肃人民出版社、敦煌文艺出版社,2006年。

N

聂鸿音:《西夏文德行集研究》,兰州:甘肃文化出版社,2002年。

聂鸿音:《西夏文〈新集慈孝传〉研究》,银川:宁夏人民出版社2009年。

聂鸿音:《西夏文献论稿》,上海:上海古籍出版社,2012年。

聂鸿音:《打开西夏文字之门》,北京:国家图书馆出版社,2014年。

聂鸿音:《西夏佛经序跋译注》,上海:上海古籍出版社,2016年。

聂鸿音:《西夏学述论》,兰州:甘肃文化出版社,2018年。

聂鸿音:《西夏文字和语言研究导论》,上海:上海古籍出版社,2021年。

聂鸿音、孙伯君:《西夏译华严宗著作研究》,北京:中华书局,银川:宁夏人民出版社,2018年。

宁夏文物考古研究所、银川西夏陵区管理处编著:《西夏三号陵——地面遗迹发掘报告》,北京:科学出版社,2007年。

宁夏文物研究所、银川西夏陵区管理处:《西夏六号陵》,北京:科学出版社,2013年。

牛达生:《西夏活字印刷研究》,银川:宁夏人民出版社,2004年。

牛达生:《西夏遗迹》,北京:文物出版社,2007年。

牛达生:《西夏考古论稿》,上海:上海古籍出版社,2013年。

牛达生:《西夏考古论稿(二)》,兰州:甘肃文化出版社,2016年。

P

潘　洁:《〈天盛律令〉农业门整理研究》,上海:上海古籍出版社,2016年。

潘　洁:《黑水城出土赋役文书研究》,兰州:甘肃文化出版社,2022年。

彭向前:《西夏文〈孟子〉整理研究》,上海:上海古籍出版社,2012年。

彭向前:《党项西夏名物汇考》,兰州:甘肃文化出版社,2017年。

彭向前:《俄藏西夏历日文献整理研究》,北京:社会科学文献出版社,
　　2018年。

彭向前:《西夏文〈孙子兵法三注〉研究》,北京:社会科学文献出版社,
　　2023年。

Q

漆　侠、乔幼梅:《辽西夏金经济史》,保定:河北大学出版社,1994年。

钱　穆:《国史大纲》,北京:商务印书馆,1996年修订第3版。

R

荣新江:《中古中国与外来文明》,北京:生活·读书·新知三联书店,
　　2001年。

荣新江:《丝绸之路与东西文化交流》,北京:北京大学出版社,2015年。

荣新江:《归义军史研究——唐宋时代敦煌历史考索》,上海:上海古籍出
　　版社,2015年。

荣新江:《从张骞到马可·波罗:丝绸之路十八讲》,南昌:江西人民出版
　　社,2022年。

S

邵　方:《西夏法制研究》,北京:人民出版社,2009年。

沈卫荣:《西藏历史和佛教的语文学研究》,上海:上海古籍出版社,2010年。

沈卫荣:《藏传佛教在西域和中原的传播:〈大乘要道密集〉研究初编》,北
　　京:北京师范大学出版社,2017年。

沈卫荣:《西夏佛教文献与历史研究》,兰州:甘肃文化出版社,2018年。

沈卫荣、安海燕:《从演揲儿法中拯救历史——元代宫廷藏传密教史研究》,北京:中华书局,2022年。

沈卫荣、侯浩然:《文本与历史:藏传佛教历史叙事的形成和汉藏佛学研究的建构》,北京:中国藏学出版社,北京:北京大学出版社,2016年。

史金波:《西夏文化》,长春:吉林教育出版社,1986年。

史金波:《西夏佛教史略》,银川:宁夏人民出版社,1988年。

史金波:《中国活字印刷术的发明和早期传播:西夏和回鹘活字印刷术研究》,北京:社会科学文献出版社,2000年。

史金波:《西夏出版研究》,银川:宁夏人民出版社,2004年。

史金波:《史金波文集》,上海:上海辞书出版社,2005年。

史金波:《西夏社会》(上下),上海:上海人民出版社,2007年

史金波:《西夏文教程》,北京:社会科学文献出版社,2013年。

史金波:《西夏文珍贵典籍史话》,北京:国家图书馆出版社,2015年。

史金波:《西夏经济文书研究》,北京:社会科学文献出版社,2017年。

史金波:《西夏军事文书研究》,兰州:甘肃文化出版社,2021年。

史金波、白滨、黄振华:《文海研究》,北京:中国社会科学出版社,1983年。

孙伯君编:《国外早期西夏学论集》(一),《国外早期西夏学论集》(二),北京:民族出版社,2005年。

孙伯君:《西夏文献丛考》,上海:上海古籍出版社,2015年。

孙伯君、聂鸿音:《西夏文藏传佛教史料:"大手印"法经典研究》,北京:中国藏学出版社,2018年。

孙昌盛:《西夏文〈吉祥遍至口合本续〉整理研究》,北京:社会科学文献出版社,2015年。

孙继民:《俄藏黑水城所出〈宋西北边境军政文书〉整理与研究》,北京:中华书局,2009年。

孙继民：《俄藏黑水城汉文非佛教文献整理与研究》，北京：北京师范大学
    出版社，2012年。

孙继民：《黑水城出土文书研究》，兰州：甘肃文化出版社，2020年。

孙继民、宋坤、陈瑞青、杜立晖：《考古发现西夏汉文非佛教文献整理与研
    究》，北京：社会科学文献出版社，2014年。

孙宏开：《西夏语言研究》，兰州：甘肃文化出版社，2018年。

T

汤开建：《宋金时期安多吐蕃部落史研究》，上海：上海古籍出版社，2007年。

汤开建：《党项西夏史探微》，北京：商务印书馆，2013年。

佟建荣：《西夏姓氏辑考》，银川：宁夏人民出版社，2013年。

佟建荣：《西夏姓名研究》，北京：社会科学文献出版社，2015年。

W

王静如：《王静如文集》上下册，北京：社会科学文献出版社，2015年。

王明珂：《华夏边缘——历史记忆与族群认同》（增订本），杭州：浙江人民
    出版社，2016年。

王培培：《西夏文〈维摩诘经〉整理研究》，北京：社会科学文献出版社，
    2015年。

王天顺：《西夏战史》，银川：宁夏人民出版社，1993年。

王天顺：《西夏学概论》，兰州：甘肃文化出版社，1995年。

王天顺主编：《西夏天盛律令研究》，兰州：甘肃人民出版社，1998年。

王天顺：《河套史》，北京：人民出版社，2006年。

王小甫：《唐、吐蕃、大食政治关系史》，北京：北京大学出版社，1992年。

王新青、郭卫东：《中亚历史语言文化研究》，北京：人民出版社，2013年。

王 尧：《吐蕃文化》，长春：吉林教育出版社，1989年。

王义康：《覃于风教：唐王朝的政治秩序》，北京：社会科学文献出版社，
    2020年。

吴峰云:《探寻西夏文明》,银川:宁夏人民出版社,2006年。

吴峰云、许成:《宁夏寺庙与佛塔》,银川:宁夏人民出版社,2000年。

吴天墀:《西夏史稿》,成都:四川人民出版社,1983年。

X

薛梅卿:《宋刑统研究》,北京:法律出版社,1997年。

Y

杨富学、陈爱峰:《西夏与周边关系研究》,兰州:甘肃民族出版社,2012年。

杨　浣:《辽夏关系史》,北京:人民出版社,2010年。

杨　浣:《他者的视野——蒙藏史籍中的西夏》,银川:宁夏人民出版社,
　　　2013年。

杨　蕤:《西夏地理研究》,北京:人民出版社,2008年。

杨　蕤:《回鹘时代:10—13世纪陆上丝绸之路贸易研究》,北京:中国社会
　　　科学出版社,2015年。

银川西夏陵区管理处编:《西夏陵》,银川:宁夏人民出版社,2013年。

(清)永瑢等撰:《四库全书总目》,北京:中华书局,1965年。

于光建:《〈天盛律令〉典当借贷门整理研究》,上海:上海古籍出版社,
　　　2017年。

袁行霈、邓小南主编:《中华文明史》第三卷,北京:北京大学出版社,
　　　2006年。

Z

张国刚:《唐代藩镇研究》,北京:中国人民大学出版社,2010年。

钟　焓:《重释内亚史——以研究方法论的检视为中心》,北京:社会科学
　　　文献出版社,2017年。

周伟洲:《早期党项史研究》,北京:中国社会科学出版社,2004年。

卓鸿泽:《历史语文学论丛初编》,上海:上海古籍出版社,2012年。

〔日〕前田正名著,陈俊谋译:《河西历史地理学研究》,北京:中国藏学出版社,1993年。

〔俄〕孟列夫著,王克孝译:《黑城出土汉文遗书叙录》,银川:宁夏人民出版社,1994年。

〔德〕傅海波、〔英〕崔瑞德编:《剑桥中国辽西夏金元史》,北京:中国社会科学出版社,1998年。

〔日〕西田龙雄,那楚格、陈健玲译:《西夏文字解读》,银川:宁夏人民出版社,1998年。

〔美〕朱学渊:《中国北方诸族的源流》,北京:中华书局,2002年。

〔美〕拉铁摩尔著,唐晓峰译:《中国的亚洲内陆边疆》,南京:江苏人民出版社,2006年。

〔俄〕Е. И. 克恰诺夫、聂鸿音著:《西夏文〈孔子和坛记〉研究》,北京:民族出版社,2009年。

〔塔〕M. S. 阿西莫夫、〔英〕C.E.博斯沃思主编:《中亚文明史》第四卷(上下),北京:中国对外翻译出版公司,联合国教科文组织,2010年。

〔日〕前田正名著,杨蕤、尹燕燕译:《陕西横山历史地理学研究——10—11世纪鄂尔多斯南缘白于山区的历史地理学研究》,北京:中国社会科学出版社,2018年。

〔日〕岩琦力:《西夏建国史》,汲古书院,2018年。

〔俄〕叶·伊·克恰诺夫著,崔红芬、文志勇译:《俄藏黑水城西夏文佛经叙录》,兰州:甘肃文化出版社,2021年。

后 记

这部书稿是我从事学术研究四十多年来,写作最为艰难的一部。上世纪九十年代,为写作《宋夏关系史》,曾大量涉猎西夏汉文文献和考古文物资料,对西夏史有较充分的了解,故而写作时也没遇到什么棘手的问题。《宋夏关系史》虽然也涉及宋史和西夏史的方方面面,但严格讲还是属于专题性质。而写《回望贺兰:西夏文明史再研究》,不仅要涉猎西夏学、西夏史的所有方面,还要有比较准确的判断和深入的认知,写作难度陡然提升,尤其在西夏语言、藏传佛教、西夏美术考古上遇到很大的知识瓶颈。虽然我很努力补习自己知识的不足,特别是在西夏语言上曾下功夫,甚至背了二三百个西夏文单词,但是终究没有坚持下去,至今还是一知半解。我能做到的,是研习学界有关西夏语言研究的多部重要著作,并参照李范文、韩小忙编写的西夏文词典,力图使自己对西夏文的理解能最大限度地接近原意。研习藏传佛教、西夏美术考古的过程,与研习西夏语类似。

我以前说过,研究宋史是我的职业,研究西夏史更多的是兴趣,因而我对西夏史的关注不亚于宋史。多年来浸染西夏学领域,得到很多师友的帮助,感谢西夏学界重量级的专家李范文、史金波、陈育宁、汤晓芳、聂鸿音、孙继民、杜建录、韩小忙、孙伯君诸位先生对我多年的帮助。尤其是史金波、杜建录、孙伯君，常邀请我参加他们组织的学术活动，让我在他们领导的学术团队中兼职，使我结识了众多西夏学学者，近距离接受最新研究成果。感谢沈卫荣兄在西夏藏传佛教方面每每惠赠最新研究成果，我的藏传佛教方面的知识多来自他的研究成果，受益匪浅。彭向前在河北大学跟我读硕士，毕业后我推荐他到宁夏大学工作，从此走上西夏学研究的道路。崔红芬在首都师范大学跟我做博士后，她进站时已对西夏佛教有了较深入的研究。对他们二位，我未能在西夏学方面给予什么学术上的教诲，但是目前他们都在西夏学领域成为中坚力量、领军人物，当我在西夏学资料上有所需求时，他们都在第一时间给我提供帮助。感谢杜建录学兄领导下的宁夏大学西夏学研究院各位同仁，近二十年来几乎每年都要去西夏学研究院参加各种学术活动，各位同仁不论年龄大小都很善待我这个打擦边球的西夏史爱好者，他们的研究成果出版后都会赠送我，我每次到西夏学研究院都有宾至如归的感觉。

感谢内子水潞承担所有家务，使我心无旁骛专心于写作。犬子伟伦对我的研究产生兴趣，他现在从事中国文化遗产保护工作，不时关注我的研究，帮助我整理搜集资料，使我感到莫大的欣慰。

借此机会，还要提到两位对我有很多帮助的已故西夏学大家——白滨和陈炳应先生，在此向他们致以无比的敬意和永远的怀念。

李华瑞

2025 年 5 月 14 日